指挥信息网络

(第 2 版)

主　编　李海龙
编　者　李海龙　王利涛　封富君　金　明

西北工业大学出版社
西　安

【内容简介】 本书是在《指挥信息网络》第 1 版的基础上修订而成。全书围绕指挥信息网络的承载网络与网络端系统特点,对指挥信息网络进行了界定,内容包括指挥信息网络的基本原理、骨干设备及原理、服务器与云计算技术、网络安全防护、指挥信息网络集成、管理维护与故障处理以及指挥信息网络的发展等。

本书可以作为军事院校指挥信息网络相关课程的教材,也可供相关专业工程技术人员阅读参考。

图书在版编目(CIP)数据

指挥信息网络 / 李海龙主编. — 2 版. — 西安:西北工业大学出版社,2020.9(2024.8 重印)
 ISBN 978-7-5612-7252-7

Ⅰ.①指… Ⅱ.①李… Ⅲ.①作战指挥系统-信息系统 Ⅳ.①E141.1-39

中国版本图书馆 CIP 数据核字(2020)第 177378 号

ZHIHUI XINXI WANGLUO
指 挥 信 息 网 络

责任编辑:陈 瑶		策划编辑:杨 军	
责任校对:王少龙		装帧设计:李 飞	

出版发行:西北工业大学出版社
通信地址:西安市友谊西路 127 号　　邮编:710072
电　　话:(029)88491757,88493844
网　　址:www.nwpup.com
印 刷 者:西安五星印刷有限公司
开　　本:787 mm×1 092 mm　　1/16
印　　张:18
字　　数:472 千字
版　　次:2015 年 1 月第 1 版　2020 年 9 月第 2 版　2024 年 8 月第 2 次印刷
定　　价:69.00 元

如有印装问题请与出版社联系调换

第 2 版前言

信息化战争是建立在信息基础网络之上的作战体系与作战体系之间的对抗。建立在信息基础网络上的各级指挥机构通过指挥信息交互形成的指挥信息网络,是作战体系实施作战行动的核心,也是体系对抗中体系破击的主要目标。其技术组成主要包括各种承载网络与网络终端系统。

本书从支撑指挥信息网络的理论基础入手,按照从网络核心到网络边缘,再到管理维护的基本思路,介绍了指挥信息网络的骨干设备及原理、服务器与云计算技术、安全防护、综合集成、管理维护及其下一步发展等内容。在内容安排上,突出两大特点:一是将计算机网络的理论和指挥信息网络的工程实践相结合,理论联系实际,知其然,知其所以然。二是将不同军事应用的特殊性和现有网络系统的通用架构相结合,先从不同物理网络到通用的一般组成,再从一般组成的角度组织各分系统涉及的知识点。

本书共分为 7 章,在第 1 版的基础上删除了广域网、宽带传输技术、"业务类"管理软件相关内容。第 1 章指挥信息网络概述,增加了 IP 组播和服务质量 QoS 的相关内容;第 2 章骨干设备与原理,在路由协议部分增加 ISIS 路由协议,并将第 1 版内容中所有案例换成华为命令;第 3 章服务器与云计算技术,细化了虚拟化技术,并增加了云计算技术相关内容;第 4 章网络安全防护,为新增内容,根据网络安全防护需求,介绍网络安全的概念、服务、模型及系统;第 5 章指挥信息网络集成,在高可靠性技术部分增加了 VRRP 和堆叠技术内容;第 6 章管理维护与故障处理,将第 1 版内容中网络设备的管理命令换成了华为设备的命令;第 7 章指挥信息网络的发展,为新增内容,从软件定义网络、网络动态赋能、内生安全机制、可信计算、边缘计算等新兴技术角度介绍了指挥信息网络的发展。

本书第 1 章和第 2 章由李海龙编写,第 3 章和第 4 章由封富君编写,第 5 章和第 6 章由王利涛编写,第 7 章由金明编写。

本书在编写与修订过程中,参考了相关学者的文献、资料,许多同事和学生也提出了宝贵的建议,在此,向他们表示衷心的感谢!

但愿本书能为读者学习网络应用知识提供有益的帮助。不当之处,烦请指正。

李海龙

2020 年 3 月 1 日

第 1 版前言

信息化战争是建立在信息基础网络之上的作战体系与作战体系之间的对抗。建立在信息基础网络上的各级指挥机构通过指挥信息交互形成的指挥信息网络,是作战体系实施作战行动的核心,也是体系对抗中体系破击的主要目标。其技术组成主要包括各种承载网络与网络终端系统。

本书从指挥信息网络理论基础入手,介绍指挥信息网络的宽带传输、核心交换、应用业务、综合集成、管理维护等技术和系统的工作原理。在内容安排上,突出两大特点:一是将计算机网络的理论和工程实践相结合,理论联系实际,让读者在学习原理的同时熟悉工程实践,实践的同时理解其原理。二是将不同军事应用的特殊性和现有网络系统的通用架构相结合,先从不同物理网络到通用的一般组成,再从一般组成的角度组织各分系统涉及的知识点。

全书内容共分为 6 章:

第 1 章从计算机网络的软硬件基本概念开始,介绍一般意义上的计算机网络、网络的互联、局域网、广域网、网络物理连接、媒体接入控制,以及广播、冲突的管理等计算机网络基础知识。在此基础上对指挥信息网络进行概念界定和辨析,讨论其组成。

第 2 章从有线和无线两方面,介绍指挥信息网络典型的广域宽带传输技术。有线以 SDH 光传输为例,介绍 SDH 的帧结构、网元设备和组网方式。无线以宽带无线接入为例,介绍 WiMAX 体系结构与协议栈、帧结构等内容。

第 3 章从设备的角度,介绍指挥信息网络的核心。整个指挥信息网络的交换,以路由器在各种广域网和局域网之间承担的 IP 交换技术为核心。指挥所内部网络的核心交换则是由交换机承担。

第 4 章从指挥信息网络应用业务系统的部署角度,介绍网络终端系统中常用的服务器基本概念、服务器集群、服务器虚拟化等技术知识。

第 5 章以"分层设计法"为面,以需求分析、升级规划、细节规划、规划设计中的可靠性、安全性为点,介绍网络规划设计的基本原理和方法,以及局域网综合布线工程的一般原理。在介绍综合布线产品和工具的基础上,针对 EIA/TIA 568A 标准所规定的综合布线的 6 个子系统,分别阐述了其设计、施工和测试的过程。

第 6 章讨论计算机网络的管理和维护问题。介绍简单网络管理协议(SNMP)、网络管理、网络管理系统等基本原理以及网络管理常用的命令,并分别从"技术类"和"业务类"两个视角,以一些时下常见的网络管理软件为例,介绍两类网络管理软件的功能特征。在介绍网络管理知识的基础上,总结网络故障处理的基础知识,包括网络故障的类别、网络故障处理常用方法和网络故障处理的解决步骤,对故障排除的过程进行描述。

本书第1、3章由李海龙、付光远、李琳琳编写,第2章由叶霞编写,第4章由杨眉、罗眉编写,第5、6章由罗蓉、伍明、王红霞编写。

在本书的编写过程中,许多同事为本书提供了资料和宝贵的建议。在此表示衷心的感谢!但愿本书能为读者学习网络应用知识提供有益的帮助。不妥之处,恳请指正。

李海龙
2014 年 10 月 30 日

目 录

第 1 章 指挥信息网络概述 ………………………………………………………… 1
1.1 计算机网络及 TCP/IP 基础 ………………………………………………… 1
1.2 指挥信息网络的基本概念 …………………………………………………… 42
思考题 ………………………………………………………………………………… 43

第 2 章 骨干设备及原理 …………………………………………………………… 44
2.1 交换机 ………………………………………………………………………… 44
2.2 路由器 ………………………………………………………………………… 59
思考题 ………………………………………………………………………………… 83

第 3 章 服务器与云计算技术 ……………………………………………………… 84
3.1 服务器的概念与分类 ………………………………………………………… 84
3.2 服务器集群 …………………………………………………………………… 86
3.3 虚拟化技术 …………………………………………………………………… 89
3.4 云计算技术 …………………………………………………………………… 111
思考题 ………………………………………………………………………………… 122

第 4 章 网络安全防护 ……………………………………………………………… 123
4.1 网络安全基础 ………………………………………………………………… 123
4.2 网络安全防护系统 …………………………………………………………… 129
思考题 ………………………………………………………………………………… 150

第 5 章 指挥信息网络集成 ………………………………………………………… 151
5.1 网络规划与设计 ……………………………………………………………… 151
5.2 网络集成的高可靠性技术 …………………………………………………… 158
5.3 多网集成中的网络隔离和集中管控问题 …………………………………… 182
5.4 网络综合布线系统 …………………………………………………………… 188
思考题 ………………………………………………………………………………… 212

第 6 章 管理维护与故障处理 ……………………………………………………… 213
6.1 网络管理概述 ………………………………………………………………… 213
6.2 简单网络管理协议 …………………………………………………………… 215
6.3 网络管理系统及其应用 ……………………………………………………… 222

6.4 网络管理维护常用命令 ………………………………………………… 231
6.5 网络故障处理 …………………………………………………………… 250
思考题 …………………………………………………………………… 254

第7章 指挥信息网络的发展 …………………………………………… 255

7.1 SDN 与 NFV 技术 ……………………………………………………… 255
7.2 网络动态赋能 …………………………………………………………… 260
7.3 内生安全机制 …………………………………………………………… 263
7.4 可信计算 ………………………………………………………………… 268
7.5 边缘计算 ………………………………………………………………… 270
思考题 …………………………………………………………………… 276

参考文献 ……………………………………………………………………… 277

第1章　指挥信息网络概述

指挥信息网络（Command Information Network）作为一种独特的计算机网络，具有计算机网络的共同特征，同时又有其不同于其他计算机网络的特点。本章从计算机网络的软、硬件基本概念开始，介绍一般意义上的计算机网络、网络的互联、局域网等知识，并以"以太网"为重点，讨论在实际的局域网中，如何实现物理连接、媒体接入控制，以及广播、冲突的管理、服务质量等计算机网络基础知识。在此基础上对指挥信息网络进行概念界定和辨析，并介绍其组成。

1.1　计算机网络及TCP/IP基础

因特网是一个庞大而复杂的计算机通信系统。普通的用户并不需要关心在这个庞大的系统中，如何实现远距离的传输，以及网络实现的其他细节。若并不接入因特网或者其他互联网，用户只需要关心在自己的园区网络内部，如何通过传输媒体来有效地进行资源共享和数据传输。即便企业接入了因特网，也只需要关心如何屏蔽自己的园区网络与其他网络的差异，并了解通过怎样的方法去实现与其他网络的互相连接。

1.1.1　计算机网络概述

提到"计算机网络"这个词，浮现在人们脑海里的场景可能是色彩斑斓的网页、海量的信息和快捷的搜索、个性的微博、方便的电邮、P2P的资源下载、诙谐的BBS回帖，或者温馨的校友录，也可能是视频聊天、IP电话和视频点播等多媒体应用。但是，无论这些应用是多么令人兴奋，多么富有创造，它们仍然只是因特网的一些应用而已。而且，需要明确一点，因特网也只是一种特定的计算机网络。

当然，对于普通用户而言，如果要在时下的计算机网络中找到一个区别于Internet的网络，的确也是一件困难的事。那些所谓的"专用网"，也使用着与Internet一样的组成和软、硬件配置。所以对计算机网络的描述，不妨从Internet的特征说起。

首字母大写的Internet比较通用的称呼叫作因特网，本书也统一采用这种叫法。首字母小写的internet也表示一种计算机网络，叫作互联网，许多专用网即属于互联网。"inter-"这个词缀的含义是相互之间，internet就是网络和网络的互联。事实上，因特网就是最大的、遍布全球的互联网。本节通过一个粗线条的概述，阐述其硬件和软件构成。

1. 计算机网络的硬件

Google Earth的用户一定很熟悉，如果将地图放大到一定程度，就会看到建筑、公路和河流的细节。如果将地图缩小到一定程度，就会看到国家和国家"拼接"的界线。同样的道理，如果将镜头深入到计算机网络的细节，就会看到一般意义上计算机网络的硬件构成，包括连接设备、用户设备和传输媒体。但如果站在宏观的角度去观察包括因特网在内的任何互联网，就会看到如图 1.1 所示的互联网结构:通过路由器将各种不同的网络连接在一起。这些网络的规模、技术各有区别,但它们都平等地互联在一起,构成了一个更大的"网络的网络"。图 1.1 用不同的网络云来表示这些网络的异构。用户使用计算机或其他智能设备,利用各种连接手段,接入到其中的一个网络。

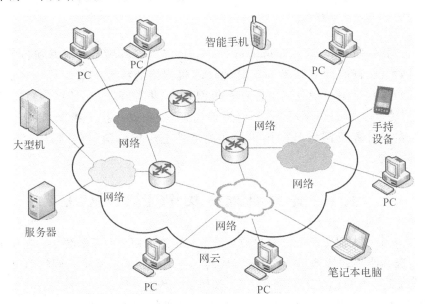

图 1.1　互联网的结构

在因特网中,与因特网相连的计算机通常被称为端系统(End System),它们在图 1.1 中位于边缘。因特网的端系统包括了计算机(便携机、台式机)、智能手机,甚至一些智能的家用设备等。端系统也被称为主机(Host),主机有时又被进一步划分为两类:客户机(Client)和服务器(Server)。这两个概念其实原本是两个软件的概念,客户和服务器都是指通信中所涉及的两个应用进程。因特网利用"客户-服务器"方式来描述进程之间服务和被服务的关系。客户是服务请求方,服务器是服务提供方。但是,由于客户程序经常运行于 PC 和 PDA(掌上电脑)等主机上,因此常被称为客户机。服务器程序常运行于一些可持续工作、功能强大的主机上,用于发布 Web 页面、流媒体、转发电子邮件等,这些主机就被称为服务器。所以,客户机和服务器便约定俗成地成了硬件概念。

那些提供用户接入的网络被称为互联网服务提供商(Internet Service Provider,ISP)。不同的 ISP 提供了各种不同类型的网络接入,包括拨号调制器接入、以 xDSL 为典型的住宅宽带接入、高速局域网接入和无线接入。许多文献中给这些将端系统接到其边缘路由器的物理链路起了一个名字叫作接入网(Access Network)。

依照计算机系统之间互连距离和网络分布地域范围,这些网络经常被划分为局域网(Local Area Network,LAN)、城域网(Metropolitan Area Network,MAN)和广域网(Wide Area Network,WAN)。但是,随着技术的发展,这种划分的界限开始模糊。起初,当网络的作用距离不同时,由于信道的不同,网络采取了不同的技术来实现数据传输。局域网由于作用距离较小,用户数量和传输出错率都比较小,所以一些涉及传输可靠性的技术并不需要和远距离传输一样复杂,而远距离传输则不同,通常需要借鉴传统的电信技术手段来实现。远程的两个局域网需要互联时,就通过与其他跨度比较大的远距离传输网络相连接来实现,如图1.2所示。在图中,用一个笼统的"网云"来表示这样一个远距离的传输。网云可能是某种特定的广域网,也可能是跨接了好几种广域网。

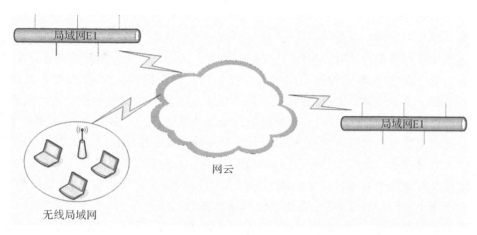

图1.2 远程局域网的连接

现在将注意力集中到图1.1和图1.2中的网云。网云事实上就是由路由器和各种网络所组成的一个网状的网络,正是它互联了端系统和端局域网。通常,将网云称为网络核心。网云在拓扑上的连接是四通八达的,不可能也不需要在每一对发送方和接收方之间都铺设专用的传输线路,这就需要在多个站点相同方向上传输到一定的距离后,根据目的地址进行分支(转接)选择,再通向不同的站点。信号在传输介质上的衰减和所受到的干扰,也需有一个中继节点来完成整形放大。完成这些任务都需要有交换操作。根据所传输信号内容的不同要求,需要相应的交换技术,交换技术的发展与通信和计算机网络技术的应用紧密联系。按照交换技术发展的顺序,目前使用的交换技术有电路交换(Circuit Switching)、报文交换(Message Switching)、分组交换(Packet Switching)和信元交换(Cell Switching)。构建计算机网络的网络核心主要使用分组交换和信元交换。

电路交换过程类似于打电话,当用户需发送数据时,主叫方通过呼叫,由交换网建立与被叫方的一条物理连接数据通路,在通话过程中一直独占该连接线路。通话结束,拆除连接时,由通信双方中任一方完成。在电路交换网络中,沿着端系统通信的路径,为端系统之间通信所提供的资源(缓存、链路传输速率),在通信期间将会被预留。它的特点是适合发送一次性大批量的信息。由于建立连接时间长,传递短报文时效率较低,并且对通信双方在信息传输速率、编码格式、通信协议等方面完全兼容,这就限制了不同速率、不同编码格式、不同通信协议的双方用户进行通信。

分组交换是把电路交换和早期电报通信中所使用的报文交换的优点结合起来产生的一种交换技术。从概念上看,一个分组数据通信系统的硬件组成包括终端用户和分组交换网。其中,终端用户可以是计算机或一般I/O设备,它们具有一定的数据处理和发送、接收数据的能力,通常称为数据终端设备(Data Terminal Equipment,DTE)。分组交换网由若干个节点交换机(Packet Switching Equipment,PSE)和连接这些节点的通信链路组成。与DTE对应的是数据电路终接设备(Data Circuit-terminating Equipment,DCE)。DCE指的是DTE-DTE

远程通信传输线路的终接设备。在物理上,如果传输线路是模拟通道,DCE 就是 Modem;如果是数字通道,DCE 就是多路复用器或数字通道接口设备。它们提供信号变换、适配和编码功能,和 DTE 同属于用户设施。但是在功能结构上,DCE 属于网络部分,是分组交换机的延伸。

分组交换采用"存储-转发"技术。这种技术最早出现在报文交换中,当源站发送报文时,将目的地址添加在报文中,然后网络中的交换机将源站的报文接收后暂时存储在存储器中,再根据提供的目的地址,不断通过网络中的其他交换机选择空闲的路径转发,最后送到目的地址。这样就解决了不同类型用户之间的通信,并且不需要像电路交换那样在传输过程中长时间建立一条物理通路,而可以在同一条线路上以报文为单位进行多路复用,大大提高了线路的利用率。分组交换中所采用的"存储-转发"技术并不像报文交换那样以报文为单位进行交换,而是将报文划分成有固定格式的分组(Packet)进行交换、传输,一般为 1 Kbit~n Kbit,每个分组按一定格式附加源地址与目的地址、分组编号、分组起始、结束标志、差错校验等信息,以分组形式在网络中传输。当源 DTE 将分组传送至本地分组交换机后,本地分组交换机收到每个分组要求的转发信息,不管是否接通目的地址设备,都先存储起来,然后检查目的地址,在分组交换机保存的路由表中找到该目的地址规定的发送通路,分组交换机即按允许的最大发送速率转发该分组。每个中转分组交换机均按此方式存储、转发每个分组,直到将分组送到目的分组交换机,再由该分组交换机送达目的 DTE。

按上述方式传送的是分组交换中的数据报方式,一般适用于较短的单个分组的报文。其优点是传输可靠性高、传输时延小,由于分组交换机的存储器容量减小,所以提高了经济性。缺点是每个分组附加的控制信息多,增加了传输信息的长度和处理时间,增大了额外开销。

分组交换的另一种方式叫虚电路方式,它与数据报方式的区别主要是在信息交换之前,由源 DTE 向本地分组交换机发送一个特定呼叫请求的分组,其中含有目的 DTE 的地址及逻辑信道识别符,并由 PSE 中转转发。若呼叫被目的 DTE 接受,则相应地响应"呼叫接受"予以应答,网络即发出一个"呼叫连通"给源 DTE,此时呼叫建立,在两台 DTE 之间建立一条被称作虚电路的逻辑通路,信息就能在这条虚电路上传输,直到数据交换结束,虚电路被拆除,相应的逻辑信道识别符被释放。虚电路方式在每次通信时都有虚电路建立、数据传输和拆除三个阶段,类似于电路交换方式,但在网络中的传输是分组交换方式。这种方式对信息传输频率高,每次传输量小的用户不太适用。但由于每个分组头只需标出虚电路标识符和序号,所以分组头开销小,适用长报文传送。虚电路又可分为永久虚电路(Permanent Virtual Circuit,PVC)和交换式虚电路(Switch Virtual Circuit,SVC)。PVC 由网络提供者配置,一旦完成,这种虚电路即长期存在。SVC 则需要由两个远程端用户通过相应的控制协议来建立,在完成数据传输后被拆除。

信元交换技术是一种快速分组交换技术,它结合了电路交换技术延迟小和分组交换技术灵活的优点。信元是固定长度的分组,异步传输模式(Asynchronous Transfer Mode,ATM)采用信元交换技术,其信元长度为 53 字节。由于信元的长度更小,因此交换所需的时延更少。

2. 计算机网络的软件

计算机网络的软件构成主要包括网络操作系统软件、网络通信协议、网络工具软件和网络应用软件等。

网络操作系统软件:负责管理和调度计算机网络上的所有硬件和软件资源,使各个部分能够协调一致地工作。常用的网络操作系统有 Windows、Netware、UNIX、Linux 等。

网络通信协议:计算机网络中的数据交换必须遵守事先约定好的规则。这些规则明确规定了所交换的数据格式以及有关的同步问题(同步含有时序的意思)。为进行网络中的数据交换而建立的规则、标准或约定即网络协议(Network Protocol),简称协议。网络协议包括以下三个要素:①语法:数据与控制信息的结构或格式。②语义:需要发出何种控制信息,完成何种动作以及做出何种响应。③同步:事件实现顺序的详细说明。常用的网络通信协议有 TCP/IP、SPX/IPX、NetBEUI 协议等。

网络工具软件:用来扩充网络操作系统功能的软件,如网络浏览器、网络下载软件、网络数据库管理系统等。

网络应用软件:基于计算机网络应用而开发出来的用户软件。如民航售票系统、远程物流管理软件、订单管理软件和酒店管理软件等。

通常提到计算机网络协议,总是和体系结构的概念分不开。计算机网络的体系结构(Architecture)是计算机网络的各层及其协议的集合。这里说的"层"是一种在计算机网络中所使用的方法。通过分层将庞大而复杂的问题,转化为若干较小的局部问题。这些较小的局部问题就比较容易研究和处理。每相邻层间有一接口,下层通过接口向上层提供某种服务,完成特定功能,同时还对上层屏蔽实现该功能的具体过程,使上层可以只简单地使用下层提供的服务而不必关心其具体的实现细节;上层又在其下层提供的服务基础上,向更高层提供更高级的服务。于是,通过接口,各层协议之间能高效地相互作用,协同解决整个通信问题。这种化整为零的思想对计算机网络的研究起到了很大的促进作用。计算机网络大都按层次结构模型去组织计算机网络协议,例如,IBM 公司的系统网络体系结构(Systems Network Architecture,SNA),而影响最大、功能最全、发展前景最好的网络层次模型,是国际标准化组织(International Organization for Standardization,ISO)所建议的开放系统互连(Open System Interconnection,OSI)基本参考模型。它由物理层、数据链路层、网络层、运输层、会话层、表示层和应用层等七层组成。各层的一些典型服务、标准和协议见表 1.1。

表 1.1 OSI 基本参考模型

层级	层次	服务、标准、协议
7	应用层(Application Layer)	Http、DNS、Telnet、SMTP、FTP
6	表示层(Presentation Layer)	ASCII、EBCDIC、QuickTime、MPEG、GIF、JPG、TIFF
5	会话层(Session Layer)	ZIP、NFS、SQL
4	运输层(Transport Layer)	TCP、SPX、UDP、NBP、OSI transport protocol
3	网络层(Network Layer)	IP、IPX、BGP、OSPF
2	数据链路层(Data Link Layer)	HDLC、PPP
1	物理层(Physical Layer)	RS232、RS449

通俗地理解,OSI 模型将一系列复杂的计算机通信问题分解为七类,分别进行研究,而且,分类的特点是"越往上离接受应用服务的用户越近,越往下离机器越近"。

在计算机网络的分层模型中还有一个很重要的概念——封装(Encapsulation)。封装是在数据前加上报头或者将数据包在首尾里面的过程。封装在 OSI 参考模型的每层上都会出现。来自每层的完整的数据包将插入下一个层的数据字段中,并且加入另外一个报头。在偶然情况下,层会将一个数据信元(包括前一层的报头)分为多个部分,形成更小的数据信元,并且每个更小的数据信元用较低协议层的新报头进行封装。这个过程帮助网络控制数据流,因为不同的网络允许通过的最大传输单元(Maximum Transmission Unit,MTU)不尽相同。当接收到数据时,接收节点上的对应层在把数据传送到下一个层之前,重新装配数据字段。随着数据在目的地模型上向上移动,逐渐将分段拼装到一起。图 1.3 显示了数据在各层之间传递时进行封装和拆封的这一过程。

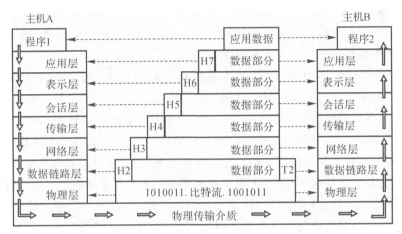

图 1.3 数据在各层之间的传递过程

需要注意的是,法律上的国际标准 OSI 并没有得到市场的认可,而非国际标准 TCP/IP 却获得了最广泛的应用。TCP/IP 常被称为事实上的国际标准。TCP/IP 事实上并没有严格的层次体系结构,只是在因特网中广泛使用的一系列协议的总和。在设计之初并不具有像 OSI 模型那样强的模型指导作用,所以通常称之为 TCP/IP 协议而不是体系结构。如果用分层的思想去描述 TCP/IP 协议,会发现它的层次只有四层:高层应用、传输层、网际层和网络接口层。严格意义上的层只有传输层和网际层两层:在传输层对高层应用提供可靠的(通过 TCP 协议)和不可靠的(通过 UDP 协议)数据传输服务(这里提到的可靠服务,后面会再展开讨论);在网际层通过 IP 及其相关协议来屏蔽下层各种网络的不同,实现网络的互联。为了便于理解并能够和实际网络接轨,一些学者提出了一种五层协议的网络体系结构。所谓五层协议的网络体系结构,是为便于学习计算机网络原理而采用的综合了 OSI 七层模型和 TCP/IP 的四层模型而得到的五层模型。五层协议的参考模型如图 1.4 所示。

图 1.4 五层协议的参考模型

在这种五层协议的参考模型中,各层的主要功能如下:

(1)应用层。应用层确定进程之间通信的性质以满足用户的需要。应用层不仅要提供应用进程所需要的信息交换和远地操作,而且还要作为互相作用的应用进程的用户代理(User Agent),完成一些为了进行语义上有意义的信息交换所必须的功能。

(2)运输层。运输层的任务是负责主机中两个进程间的通信。因特网的运输层可使用两种不同的协议,即面向连接的传输控制协议(TCP)和无连接的用户数据报协议(UDP)。

(3)网络层。网络层负责为分组选择合适的路由,使源主机运输层所传下来的分组能够交付到目的主机。

(4)数据链路层。数据链路层的任务是将在网络层传递下来的数据报组装成帧(Frame),在两个相邻节点间的链路上实现帧的无差错传输。

(5)物理层。物理层的任务就是透明地传送比特流。"透明地传送比特流"指经过实际电路传送后比特流没有发生变化。物理层要考虑用多大的电压代表"1"或"0",以及当发送端发出比特"1"时,接收端如何识别出这是"1"而不是"0"。物理层还要确定连接电缆的插头应当有多少针脚以及各针脚如何连接。

这里有一个非常值得总结的内容,就是各层的数据格式和所使用的地址或者类似地址作用的标识。

(1)应用层:数据格式为各种应用报文,使用域名来表示网站和主机的名字,与 IP 地址等效使用。

(2)运输层:数据格式为报文段,利用端口来标识高层的应用进程。

(3)网络层:数据格式为分组或数据报,因特网中利用每个主机唯一的合法 IP 地址来找到主机所在网络。注意分组有时也被译为"包"。

(4)数据链路层:数据的格式为帧,使用硬件地址来标识每台主机,并利用主机 IP 地址与硬件地址(也叫物理地址)的映射关系找到主机。

(5)物理层:数据的格式为比特流。

通常,在每一层提供的服务中,将不丢失、不重复、无差错的传输称为可靠服务。为了实现可靠服务,通常都会采用面向连接、确认、序号、计时器、流量控制以及拥塞控制等机制来实现,而实现这些机制就需要付出硬件、软件方面的代价。传统的电话网络就设计成一种非常可靠的网络。用户使用普通的电话机就能够享受到清晰的通话质量。电信网负责保证可靠通信的一切措施,因此电信网的节点交换机复杂而昂贵。但这种网络的脆弱性也是显而易见的,一旦电信网的关键节点遭到摧毁,整个通信系统就会瘫痪。

因特网当初的设计思想则不同。网络尽量简单,而智能设备尽可能放在网络以外的用户端。在计算机网络中,用户所使用的端系统是装载了协议栈的计算机。可靠通信由用户终端中的软件(即 TCP)来保证。所以,在层次结构的参考模型中,四层以上的功能都在网络之外的端系统中。技术的进步使得网络出错的概率越来越小,因而让主机负责端到端的可靠性不但不会给主机增加负担,反而能够使更多的应用在这种简单的网络上运行,大大简化了网络层的结构。

3. 带宽与时延

带宽和时延是计算机网络中两个重要的性能指标,也是最基本的概念。

带宽(Bandwidth)本来是通信中的术语,指的是信号所具有的频带宽度,单位是赫兹

(Hz)。在计算机网络中,借用这个名词来表示数字信道所能传送的"最高数据率",单位是比特每秒(b/s 或 bit/s)。更常用的带宽单位是千比特每秒 Kb/s(10^3 b/s)、兆比特每秒 Mb/s(10^6 b/s)、吉比特每秒 Gb/s(10^9 b/s)、太比特每秒 Tb/s(10^{12} b/s)。注意,在表示带宽时,K、M、G、T 都是指 10 的幂,K=10^3=1 000,M=10^6=1 000K,G=10^9=1 000M,T=10^{12}=1 000G,而通常表示存储容量时,K=2^{10}=1 024,M=2^{20}=1 024 K,G=2^{30}=1 024 M,T=2^{40}=1 024 G。

时延(Delay)是指一个报文或分组从一个网络的一端传送到另一端所需的时间。时延包括传播时延、发送时延和处理时延三部分,即

$$总时延 = 传播时延 + 发送时延 + 处理时延$$

其中,发送时延是节点在发送数据时使数据块从节点进入传输媒体所需的时间,有

$$发送时延 = \frac{数据块长度}{信道带宽(数据在信道上的传输速率)}$$

传播时延是电磁波在信道中需要传播一定的距离而花费的时间,有

$$传播时延 = \frac{信道长度}{电磁波在信道上的传播速率}$$

处理时延是数据在交换节点为存储转发而进行一些必要的处理所花费的时间。处理时延的长短往往取决于网络中当时的通信量。

在总时延中,究竟是哪一种时延占主导地位,必须具体分析。通常所说的高速链路,指的是数据的发送速率快而不是比特在链路上的传播速率快。电磁波在特定媒体上传播速率是恒定的。

1.1.2 网络互联原理与 IP 网

1. 网络互联问题

制定体系结构的目的就是为了规范计算机网络的发展,但是实际上,不论是广域网还是局域网都存在着大量的异构网络,各层运行着各种不同的协议。特南鲍姆教授将网络的这些不同总结为 12 点。

(1) 网络所提供的服务不同:有面向连接的服务,也有不连接的服务。

(2) 协议不同:比如应用 IP、IPX、SNA、ATM、MPLS、Apple iTalk 等协议。

(3) 编址方式不同:局域网所采用的地址通常都是平面的,而广域网所采用的地址通常是层次的。

(4) 多播和广播的支持:有的网络支持,有的不支持。

(5) 分组大小:每个网络都有自己的 MTU 限制。

(6) 服务质量:不支持或者采用不同的种类。

(7) 错误处理:可能会是可靠的、有序的,以及无序的递交。

(8) 流量控制:滑动窗口、速率控制,或者其他控制手段,也可能无控制。

(9) 拥塞控制:漏桶、令牌桶、RED、抑制分组等。

(10) 安全性:隐私规则、加密等。

(11) 一些参数:不同的超时值、流规范等。

(12) 计费方式:按连接时间、按分组、按字节,或者根本不计费。

要实现这些异构网络的连接,首先需要的就是互联的设备。通常来说,这些设备工作于不同的层次,而严格意义上的互联只发生在网络层。也就是说,只有应用到网络层的设备,才认为是两个网络的互联。网络层以下的设备只是实现网络内部的拓展或者信号的中继。网络层以上的设备则是为了实现高层协议的转换。

这些工作在不同层次的设备总结如下:

(1) 高层。网关(Gateway)用来实现协议转换。例如传输层网关可以转换 TCP 连接和 SNA 连接,而应用层网关可以翻译消息的语义。

(2) 网络层。路由器(Router)用来实现转发分组和路由选择等网络互联任务。

(3) 数据链路层。网桥(Bridge)、交换机(Switch),实现局域网的拓展。

(4) 物理层。中继器(Repeater)、集线器(Hub),完成信号的放大转发。

注意:由于历史的原因,许多有关 TCP/IP 的文献将网络层使用的路由器称为网关。尤其是微软的 Windows 操作系统中,配置 TCP/IP 的属性时,需要配置的网关 IP 地址,实际上指的就是对外互联的路由器地址。

2. 网络互联的协议

因特网的网际层,使用 IP 协议来屏蔽这些异构网络下层通信技术的差异。互联起来的各种物理网络的异构性本来是客观存在的,但是利用 IP 协议就可以使这些性能各异的网络让端用户看起来好像是一个统一的网络。通常,使用 IP 协议的互联网络常简称为 IP 网。对于端系统而言,看不见互联的各具体的网络异构细节,就好像在一个网络上通信一样。

IP 协议提供无连接的数据报传输机制。IP 协议是点到点的,核心问题是寻径。它向上层提供统一的 IP 数据报,使得各种物理帧的差异对上层协议透明。

TCP/IP 体系中与 IP 协议配套使用的还有三个协议:地址解析协议(Address Resolution Protocol,ARP)、逆地址解析协议(Reverse Address Resolution Protocol,RARP)及 Internet 控制报文协议(Internet Control Message Protocol,ICMP)。

图 1.5 为这三个协议和 IP 协议的关系。在网际层中,ARP 和 RARP 在最下面,因为 IP 经常要使用这两个协议。ICMP 位于这一层的上部,因为它要使用 IP 协议。

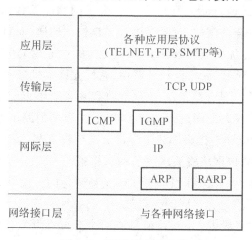

图 1.5 IP 及其配套协议

IP 是 TCP/IP 协议族中最为核心的协议。所有的 TCP、UDP、ICMP 及 IGMP 数据都以

IP数据报格式传输。IP数据报以一个头部开始,后跟数据区。一个数据报的数据长度不固定,数据报的大小取决于发送数据的应用。大小可变的数据报使得IP可以适应各种应用。但是,采用较大的数据报可以获得更高的效率。目前,有IPv4和IPv6两种标准IP版本,后者是前者的升级。现阶段网络使用的是IPv4。

3. IPv4 的报文

IPv4 的报文首部包括一个 20 字节的固定部分和一个可变长度的可选部分,如图 1.6 所示。

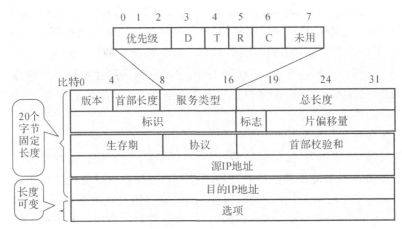

图 1.6 IPv4 的报文首部格式

(1)版本(Version):说明数据报属于哪一个协议版本,以便可以在运行不同版本协议的机器之间进行版本转换。IPv4 和 IPv6 即在此标识,当该域值为 4 时,表示 IPv4。

(2)首部长度(IHL):说明包头的长度(占 4 字节),最小为 5,最大为 15。故头部最长为 60 字节,即可选部分最大为 40 字节。该域值变化 1,表示包头长度变化 32 个字节。此外,对于有些可选项,例如记录分组已经走过路由的源路由选项,40 字节就显得太短了。

(3)服务类型(Type of Service):允许主机告诉子网它需要什么类型的服务,可能是可靠程度和传输速率的各种组合。例如,对数字语音要求快速传递,而对文件传输无差错比快速更重要。该域中,左起 3 位为优先级(Precedence)字段,从 0(正常)到 7(网络控制分组)。后跟 3 个标识(Flag)位分别表示延迟、吞吐量和可靠性,它们允许主机指明在以上三项指标中最关心什么。最后两位没有定义。理论上,这些字段允许路由器在吞吐量大而时延长的卫星链路和吞吐量小而时延短的租用线路之间进行选择。实际上,目前的路由器都不支持服务类型字段。

(4)总长度(Total Length):指头部和正文部分的长度之和,最大为 65 535 字节。(目前允许这一上限,但将来的千兆位网络将要求更长的数据报。)

(5)标识(Identification):用来让目的主机确定新到达的分段(Fragment)属于哪一个数据报。同一数据报的所有分段包含相同的标志值。

(6)标志(Flag):标志字段占 3 bit,目前只有两个低位有意义。标志字段中的最低位记为 MF(More Fragment)。MF=1 表示后面还有分段的数据报;MF=0 表示这已是若干数据报段中的最后一个。标志字段中间的一位记为 DF(Don't Fragment)。只有当 DF=0 时才允许分段。

(7) 片偏移量(Fragment Offset)：告知本分段在当前数据报中的位置。除了最后一个分段以外,一个数据报的所有分组必须是 8 字节的倍数,即 8 字节为一个基本分段单位。该域有 13 位,所以每个数据报最多有 8 192 个分段,数据报长度最大可达到 65 536 字节,比总长度域的最大值大 1 个字节。

(8) 生存期(Time to Live,TTL)：用来限制分组寿命的计数器,最长生存期为 255 s。该域在每条链路上都必须递减。若在某个路由器中排了长时间的队,则要以倍数递减。实际上,它只计算链路上的时间。当该域减为 0 时,就将这一分组丢弃,并向源主机发送告警分组。

(9) 协议(Protocol)：告诉网络层把收到的数据报送给哪一个传输层进程,可能是 TCP,也可能是 UDP 或其他。协议编号在整个 Internet 中是全局唯一的,其定义参考 RFC 1700。

(10) 首部校验和(Header Checksum)：只验证 IP 分组头。每条链路中该域都必须重新计算,因为至少有一个域(生存期域)的值是一直在变化的。每个路由器都会把收到数据报的 TTL 值减 1。

(11) 源 IP 地址(Source IP Address)和目的 IP 地址(Destination IP Address)：指明发送数据报的源地址和目的地址。

(12) 选项(Options)：用来提供一种选择,使协议的后来版本可以包含原有设计中没有的信息,也可以使试验者能尝试其新的想法。选项域的长度是可变的,每个选项都以一个字节表明内容。某些选项还跟有一个字节的选项长度字段,其后是一个或多个数据字节。选项域以 4 个字节的倍数来安排。目前定义了 5 种选项。

4. IP 编址

IP 报文所使用的地址是 IP 地址。所谓 IP 地址就是给每一个连接在 Internet 上的主机分配一个唯一的 32 bit 地址。在 IPv4 中,IP 地址由 4 个字节组成,被表示成用"."隔开的 4 组 10 进制数,每个数最大为 255。这种表示方法被称为点分十进制表示法,即将每个字节值用十进制数表示。例如 IP 地址 11001000.01100100.01100100.00000001 的点分十进制表示为 200.100.100.1。按层次结构组成,IP 地址被分成两部分：第一部分是网络号,第二部分是主机号。分组从一个路由器传到另一个路由器就是一跳(hop),经过若干跳,最后到达目的网络。在目的网络,路由器将它送到目的主机。

IP 地址的最初编码是分类的,尽管目前的用法是无分类的,这里,还是按照分类的编址方式来讨论目前的地址结构,而且这种分类结构偶尔还在用。在分类编址方式中,有 5 种类型地址,如图 1.7 所示,分别是 A 类、B 类、C 类、D 类和 E 类。

A 类地址：有 8 位网络号,网络号的开头 1 位是 0,后面是 24 位主机地址。因此一个 A 类地址的网络可以有 $2^{24}-2$ 个主机。之所以要减 2 是因为主机地址部分为 0 时,代表了该主机所在的网络号,主机地址部分全部是 1 时,代表广播地址,这两个值都不能代表单个主机地址,因此,总主机个数上要减去 2。

B 类地址：有 16 位网络号,网络号的开始 2 位是 10,后面是 16 位主机号,因此一个 B 类网络可有 $2^{16}-2$ 个主机。

C 类地址：有 24 位网络号,网络号的开始 3 位是 110,后面是 8 位主机号,因此一个 C 类网络可有 $2^{8}-2$ 个主机。

D 类地址：地址的开始 4 位是 1110,这是组播地址,将在后面讨论。

E 类地址：以 1111 开头,这类地址暂时保留以后使用。

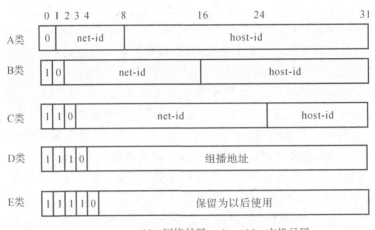

net-id—网络号码; host-id—主机号码

图 1.7 IP 地址的 5 种类型

在 IP 地址的使用中,有下述一些具有特殊意义的保留地址:

(1)0.0.0.0。严格说来,0.0.0.0 已经不是一个真正意义上的 IP 地址了。它表示的是这样一个集合:所有不清楚的主机和目的网络。这里的"不清楚"是指在本机的路由表里没有特定条目指明如何到达。对本机来说,它就是一个"收容所",所有不认识的"三无"人员,一律送进去。如果在网络设置中设置了默认网关,那么 Windows 系统会自动产生一个目的地址为 0.0.0.0 的默认路由。

(2)255.255.255.255。该地址为限制广播地址。对本机来说,这个地址指本网段内(同一广播域)的所有主机。如果翻译成人类的语言,应该是这样:"这个房间里的所有人都注意了!这个地址不能被路由器转发。"

(3)127.0.0.1。127.0.0.1~127.255.255.254 范围内的地址称为环回地址。最常用于测试的环回地址是 127.0.0.1,表示"自己"。在 Windows 系统中,这个地址有一个别名"Localhost"。寻找这样一个地址,是不能把它发到网络接口的。除非出错,否则在传输介质上永远不应该出现目的地址为"127.0.0.1"的数据包。

(4)224.0.0.1。该地址为组播地址,注意它和广播地址的区别。从 224.0.0.0~239.255.255.255 都是这样的地址。224.0.0.1 特指所有主机,224.0.0.2 特指所有路由器。这样的地址多用于一些特定的程序以及多媒体程序。如果主机开启了 IRDP(Internet 路由发现协议,使用组播功能)功能,那么主机路由表中应该有这样一条路由。

(5)169.254.x.x。如果主机使用了动态主机配置协议(Dynamic Host Configuration Protocol,DHCP)功能自动获得一个 IP 地址,那么当 DHCP 服务器发生故障,或响应时间太长而超出了一个系统规定的时间,Windows 系统会分配这样一个地址。如果发现主机 IP 地址是一个诸如此类的地址,那么,大概率是网络不能正常运行了。

(6)10.x.x.x、172.16.x.x~172.31.x.x、192.168.x.x。这些地址为私有地址,被大量用于企业内部网络中。一些宽带路由器往往使用 192.168.1.1 作为默认地址。私有网络由于不与外部互联,因而可能使用随意的 IP 地址。保留这样的地址供用户使用是为了避免以后接入公网时引起地址混乱。使用私有地址的私有网络在接入 Internet 时,要使用地址翻译(NAT),将私有地址翻译成公用合法地址。在 Internet 上这类地址是不能出现的。

对一台网络上的主机来说,它可以正常接收的合法目的网络地址有三种:本机的 IP 地址、广播地址以及组播地址。

对于分类的 IP 地址,总结以上的约定,可得到其使用范围,见表 1.2。

表 1.2 IP 地址的使用范围

网络类别	最大网络数/个	第一个可用的网络号码	最后一个可用的网络号码	每个网络中的最大主机数/台
A	126	1	126	16 777 214
B	16 382	128.1	191.254	65 534
C	2 097 150	192.0.1	223.255.254	254

从表中可以看出,A 类和 B 类网络所拥有的地址数会造成极大的地址浪费,而实际上 32 位的 IP 地址,其地址空间本身已经出现耗尽的危机。目前,有两种方法来解决这一危机(当然,这两种方法的出现,也有路由等其他方面的原因)。

(1)子网划分。子网划分简化了地址管理,它是一种划分地址空间的方法。可以定义一个包含有许多不同物理网段的网络。子网划分就是在分类编址的基础上,在主机号字段再进行层次结构编址。原来的主机号字段变成两部分,即两级的 IP 地址变成三级的 IP 地址:网络号、子网号和主机号。划分子网后每个子网中的最大主机数量,与分类 IP 编址计算每个网络中最大主机数量的方法相同,为 2^n-2。每个分类网络划分的子网数,最新的计算方法是 2^k(k 是子网号位数),RFC 1878 指出,将全 0 和全 1 子网排除在外的做法已经过时,但建议还是采用 2^k-2 的方法进行规划,以免在使用遗留软件的网络中出现问题。针对具体网络的子网划分,以满足用户需要的主机数和子网数为原则。

每个网络地址对应使用一个 32 位的"子网掩码"。子网掩码一般被指定为前面有 n 个 1,后面跟有 $32-n$ 个 0。子网掩码的写法也使用点分十进制表示法,例如,255.255.255.0,它的二进制表示为:11111111.11111111.11111111.00000000。子网掩码的使用方法是:用掩码中的 1 所对应的比特位来表示网络号和子网号,其中的 0 对应的比特位来表示主机号。从本质上讲,掩码真正起作用的是其中 1 或 0 的个数,而不是它们所处的位置。使用 1 和 0 连续写在一起的方法更方便理解和易于使用,所以掩码的写法都约定俗成这样写。

对于分类的 IP 编址,默认的子网掩码分别为:A 类,255.0.0.0;B 类,255.255.0.0;C 类 255.255.255.0。

(2)无类域间路由。无类域间路由(Classless Interdomain Routing,CIDR)将子网掩码的思想扩展成可变长的子网掩码。CIDR 只保留一个子网所需要(大约)的地址数,这样更有效地利用了地址空间。在 CIDR 方式中,一组有公共前缀地址的主机可以组成一个超网,这个公共前缀就当成该超网的网络号。例如,4 个 C 类网络 192.0.8.x、192.0.9.x、192.0.10.x 和 192.0.11.x 共 1 024 个地址,它们有公共的前缀 192.0.8,对应的子网掩码是 255.255.252.0。另一个子网可能对应前缀 192.0.2,还有一个子网可能对应前缀 192.0.5。为了识别正确的子网,路由选择按最长匹配前缀的原则进行搜索。例如,如果目的地址是 192.0.9.123,路由器会找到它所属的子网是 192.0.8。

在给一个部门分配一组 IP 地址时,若给部门内的每个主机都分配一个不同的 IP,也许一组 IP 地址是不够的。但是,可能会出现这样的情况,同时连到 Internet 上的机器只有很少的几台,因此可以采用临时分配 IP 地址的方法来共享一组 IP 地址(如 ISP,它有许多用户,但每次只有几个用户登录使用 Internet)。DHCP 就是为了这个目的而出台的(RFC 2131)。在 DHCP 协议中,需要 IP 地址的主机用它的 MAC 地址广播一个 DHCP discover 分组,DHCP 服务器用一个 DHCP offer 分组进行应答,应答分组中包括没被使用的 IP,主机在得到的 IP 地址中选择一个,并用 DHCP request 分组广播它的选择,被选定的服务器用 DHCP ack 进行确认。分配出的 IP 地址有生命期,必须定期刷新以保持它的有效性。当主机完成任务后,发送一个 DHCP release 分组释放占用的 IP 地址,否则当超过生命期后,地址自动被释放。

5. 数据报转发

一个数据报沿着源地址到目的地址的一条路径穿过 Internet,中间会经过很多路由器。路径上的每个路由器收到这个数据报时,从头部取出目的地址。然后用路由表中每一项的子网掩码和目的地址逐比特进行与运算,依此决定数据报该发往的下一跳(Next Hop)。最后路由器将此数据报转发给下一跳,下一跳可能是最终目的地,也可能是另一个路由器。为了使对下一跳的选择高效而且便于理解,每个路由器用路由表(Routing Table)来保存路由信息。当一个路由器启动时,需对路由表进行初始化,而当网络的拓扑发生变化或某些硬件发生故障时,必须更新路由表。路由表中每一项至少包含以下三个信息:第一,每一项的目的地(Destination)域只包含目的地网络的网络前缀;第二,每项中有一个附加域包含了一个网络掩码(Address-mask),这个掩码决定了目的地中的哪些位对应着网络前缀;第三,当下一跳域指的是一个路由器时,将使用一个 IP 地址。一个典型的路由表还应包含一个默认路由,即一个对应于所有未在表中列出的目的地的项。

图 1.8 是一个由 4 个网络和 3 个路由器组成的互联网。路由器 R_1 的路由表列出了到达 4 个网络的路由。这里的记法"/24"表示掩码的前缀位数。对于网络 210.10.10.0/24 和 20.10.0.0/16 而言,与 R_1 直接相连,属于直接交付。网络 100.10.0.0/16 和 192.10.10.0/24 则需要通过其他路由器实现间接交付。路由表的生成是通过管理员配置或者路由协议产生的。相关内容,本书后续章节会陆续涉及。

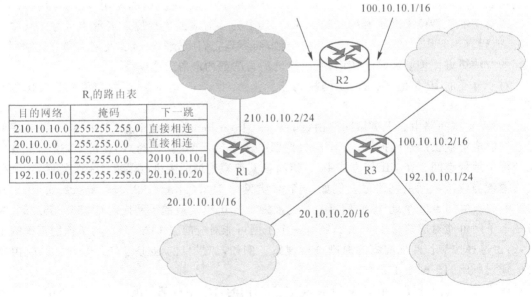

图 1.8 路由表

6.地址转换与封装

用户平时使用的是易于记忆的主机名(域名),若要将网络层中传送的数据报交给目的主机,必须知道该主机的硬件地址。因此必须在 IP 地址和主机的硬件地址之间进行转换。

在 TCP/IP 体系中有两种转换的机制。

(1)域名与 IP 地址的转换。对于较小的网络,可以使用 TCP/IP 体系提供的名为 hosts 的文件来进行从主机名到 IP 地址的转换。文件 hosts 上有许多主机名到 IP 地址的映射,供主叫主机使用。

对于较大的网络,则在网络中的几个地方放有域名系统(Domain Name System,DNS)服务器。上面分层次放有许多主机名到 IP 地址转换的映射表。主叫主机自动找到 DNS 服务器来完成这种转换。当然,域名系统属于应用层软件。

(2)IP 地址到硬件地址的转换。IP 地址到硬件地址的转换由地址转换协议(ARP)来完成。由于 IP 地址有 32 bit,而局域网的硬件地址(也称 MAC 地址)是 48 bit,因此它们之间不是一个简单的转换关系。此外,经常会因为开关机或更换网卡而导致网络中硬件地址的不固定。所以,在计算机中应当存放一个从 IP 地址到硬件地址的转换表,且能够经常动态更新。地址转换协议很好地解决了这些问题。在每一个主机的网卡上维持一个 ARP 高速缓存(ARP cache),里面有 IP 地址到硬件地址的映射表,这些都是该主机目前知道的一些地址。当主机 A 欲向本局域网上的主机 B 发送一个 IP 数据报时,就先在其 ARP 高速缓存中查看有无主机 B 的 IP 地址。如有,就可查出其对应的硬件地址,然后将该数据报发往此硬件地址。也有可能查不到主机 B 的 IP 地址。这可能是主机 B 才入网,也可能是主机 A 刚刚加电,其高速缓存还是空的。在这种情况下,主机 A 就自动运行 ARP,按以下步骤找出主机 B 的硬件地址。

1)ARP 进程在本局域网上广播发送一个 ARP 请求分组,上面有主机 B 的 IP 地址。

2)在本局域网上的所有主机上运行的 ARP 进程都收到此 ARP 请求分组。

3)主机 B 在 ARP 请求分组中见到自己的 IP 地址,就向主机 A 发送一个 ARP 响应分组,上面写入自己的物理地址映射。

4)主机 A 收到主机 B 的 ARP 响应分组后,就在其 ARP 高速缓存中写入主机 B 的 IP 地址到硬件地址的映射。

在很多情况下,当主机 A 向主机 B 发送数据报时,很可能不久后主机 B 还要向主机 A 发送数据报,因而主机 B 也可能要向主机 A 发送 ARP 请求分组。为了减少网络上的通信量,主机 A 在发送其 ARP 请求分组时,就将自己的 IP 地址到硬件地址的映射写入 ARP 请求分组。当主机 B 收到主机 A 的 ARP 请求分组时,主机 B 就将主机 A 的这一地址映射写入主机 B 自己的 ARP 高速缓存中,当主机 B 以后向主机 A 发送数据报时就更方便了。

例如图 1.9 中有两台在局域网中通信的主机 Host_A 与 Host_B,Host_A 的用户发送数据报时,输入了 Host_B 的主机名(或域名),主机 Host_A 会通过 DNS 得到 Host_B 的 IP 地址为 192.168.1.2。而在具体的网络中找到某台主机是通过硬件地址来寻址的,所以还需要 ARP 来实现从 IP 地址 192.168.1.2 到目的主机 48 bit 的硬件地址 085E2B3CEE0A(如网络是广域网,则转换出主机在广域网上的硬件地址)。这一过程都是协议自动完成的,不需要人为参与。

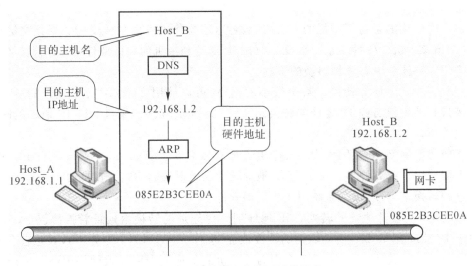

图 1.9 因特网中各"地址"的转换

上述考虑的是两台通信的主机在同一局域网中时的情形。而在因特网或者互联网中通信时,当主机或路由器处理一个数据报时,首先选择数据报发往的下一跳 N,然后通过物理网络将数据报传送给 N。但是,物理网络并不了解数据报格式或 Internet 寻址。相反,每种物理网络定义了自己的帧格式和物理寻址方案,硬件只接收和传送那些符合特定帧格式以及使用特定的物理寻址方案的包。另外,由于因特网包含异构网络,穿过当前网络的帧格式与前一个网络的帧格式可能是不同的。

为了解决上述问题,引入了封装技术,即将一个 IP 数据报封装进一个帧中,这时整个数据报被放进帧的数据区。物理网络像对待普通帧一样对待包含一个数据报的帧。事实上,硬件不会检测或改变帧的数据区内容。

由于网络层可能有多种协议而不仅仅是 IP 协议,因此必须在帧头中设置类型域,以此向接收方说明帧类型。这样,当帧到达接收方,接收方就能根据它的类型域值获知帧中含有一个 IP 数据报。

此外,帧同样要有一个目的地址,它需要根据数据报中的 IP 地址,经过路由选择和地址解析后获得。它实际上是从收到数据报的主机到目的 IP 地址的路径中下一跳主机的硬件地址。需要指出的是,硬件地址就是在单个网络内部对一个计算机进行寻址所使用的地址。例如,在图 1.10 中,主机 H_1 向 H_2 发送数据报,尽管经过了三个网络和两台路由器,但在 IP 层抽象的互联网上只能看到 IP 数据报。源地址 IP_1 和目的地址 IP_2 始终不变。两个路由器的 IP 地址并不出现在 IP 数据报的首部中。路由器只根据目的站的 IP 地址的网络号进行路由选择。在具体的物理网络的链路层只能看见帧而看不见 IP 数据报。经过封装的帧,帧中的物理地址随着转发的网络不同而不断变化。

当帧到达下一跳时,接收软件从帧中取出数据报,然后丢弃这一帧。如果数据报必须通过另一个网络转发时,就会产生一个新的帧。由于每个网络可能使用一种不同于其他网络的硬件技术,因此帧的格式也相应地不同。当数据报要通过一个物理网络时,会被封装进这个网络所对应的帧。主机和路由器只在内存中保留了整个数据报而没有多余的帧头信息。当数据报通过一个物理网络时,才会被封装进一个合适的帧中。帧头的大小依赖于相应的网络技术。

例如,如果网络 1 是一个以太网,帧 1 就有一个以太网头部。类似地,如果网络 2 是一个 FDDI 环,则帧 2 就有一个 FDDI 头部。

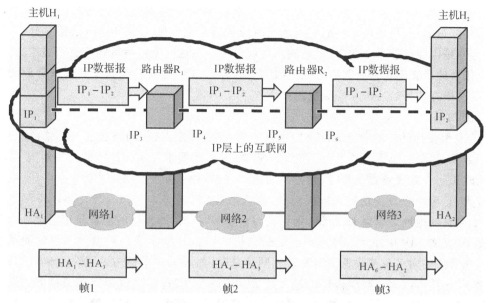

图 1.10　从不同层次看 IP 数据报与数据帧、IP 地址与硬件地址

转发所经过的每一个物理网络都规定了一帧所能携带的最大数据量,这一限制称为 MTU。物理网络在设计上不能接受传输数据量大于 MTU 的帧,因而一个数据报必须小于或等于一个网络的 MTU。在因特网中,包含各种异构的网络,它们的 MTU 各不相同,因此会导致一些问题。特别是由于一个路由器可能连着不同 MTU 值的多个网络,能从一个网上接收数据报并不意味着一定能在另一个网上发送此数据报。如图 1.11 所示,一个路由器连接了两个网络,这两个网络的 MTU 值分别为 1 500 和 1 000。

为此,人们提出分段(Fragmentation)技术来解决这一问题。当一个数据报的尺寸大于将发往的网络的 MTU 值时,路由器会将数据报分成若干较小的段(Fragment),然后再将每段独立地进行发送。

在对一个数据报分段时,路由器使用相应网络的 MTU 和数据报头部尺寸来计算每段所能携带的最大数据量以及所需段的个数,然后生成这些段。路由器先为每一段生成一个原数据报头部的副本作为段的头部,然后单独修改其中的一些域,以记住自己属于哪一个原始数据报的哪一部分。图 1.11 中,路由器根据下一个网络的 MTU 值,对所收到报文进行了分段。

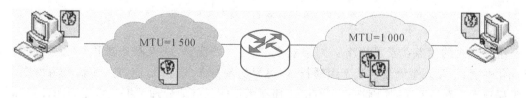

图 1.11　数据报的分段

在所有段的基础上重新产生原数据报的过程叫重组(Reassembly)。由于每个段都以原

数据报头部的一个副本作为开始,因此都有与原数据报同样的目的地址。另外,包含最后一块数据的段在头部设置有一个特别的位,因此,执行重组的接收方能报告是否所有的段都成功地到达。

需要注意的是,只有最终目的主机才会对段进行重组。图1.11中,路由器对分组进行分段后,即使是再经过若干个网络,之后的路由器都不会对这些分段后的报文进行重组。事实上这些分段后的报文也是独立路由的,途经的路由器不可能,也没必要收集到这些分段的报文。所以,只有最终的目的主机才完成重组的工作。

7. IP组播

(1) IP组播概述。随着Internet应用技术的发展,网络点播、网络会议和网络游戏等应用越来越普及,传统的单播方式已经不能满足带宽、时延的要求。组播技术的出现解决了多个接收者同时访问少数服务器资源时,服务器的瓶颈问题,并节省了网络带宽。

分类IP地址的D类地址为组播地址,其范围是224.0.0.0～239.255.255.255。一个IP报文,如果目的地址是单播IP地址,则称其为单播IP报文;如果目的地址是组播地址,则称其为组播IP报文。IP单播是一种点到点的通信模式,而IP组播是一种点到多点的通信模式。一个发送者需要向多个接收者同时发送相同信息时,如果采用单播方式,则会产生大量报文。相比之下,组播可以大大减少传输的报文数量,可以较大节省网络资源。在组播方式下,组播报文将沿着组播路由协议建立的树形路由从信息源传递到各个用户终端。在这个过程中,只有该组播组的成员才能收到并处理该组播组的报文,而对于其他终端,则要么无法收到消息,要么收到之后直接丢弃。随着Internet的发展,IP组播技术广泛应用于网络会议、电子商务、远程教学和视频点播等场景中。

如图1.12所示,单播方式发送报文与组播方式发送报文主要存在以下区别:

1) 单播方式数据源发送多份数据包,组播方式数据源只发送一份数据包;

2) 单播方式链路上传输多份数据包,组播方式链路上只传输一份数据包。

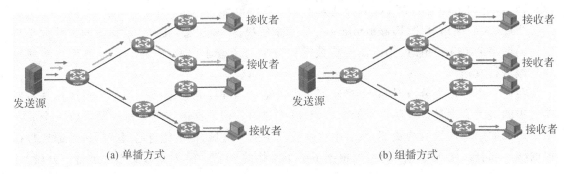

(a) 单播方式 (b) 组播方式

图1.12 单播方式和组播方式的对比

组播方式的优点在于可以增强网络效率,控制网络流量,减少服务器和CPU的负载;可以优化性能,消除冗余流量。基于组播技术,可以实现分布式应用,使多点传输成为可能。然而组播技术也存在不足,原因在于现有的组播技术不能很好地处理数据包重复问题,同时缺少拥塞控制机制,在流量较大时会出现丢包、重复发包等现象。

(2) 组播组管理协议。组播网络中,组播数据接收者必须加入组播组才能接收数据,因此路由器需要维护和管理组播信息。为防止发生链路层广播,交换机设备也需要能访问网段内的组播组和组播成员信息。为实现上述功能,网络内需要一个统一协议来负责管理维护组播信息。因特网组管理协议(Internet Group Management Protocol,IGMP)就是 TCP/IP 协议中负责组播成员管理的协议。IGMP 的作用是在主机和与其直连的组播路由器之间建立和维护组播成员关系。通过在主机和路由器上运行 IGMP,可以实现主机动态地加入和离开组播组,以及组播路由器对本地网络中组播成员的动态管理。

当前,IGMP 有 3 个版本,分别是 IGMPv1、IGMPv2 和 IGMPv3。IGMPv1 主要实现了基于查询和响应机制的组播组管理。如图 1.13 所示,主机通过发送 Report 信息加入到某个组播组,主机离开组播组的时候不发送报文,离开后再收到查询器发送的查询消息时不回复 Report 消息,在维护组成员关系的定时器超时后,路由器会自动删除该主机的成员记录。

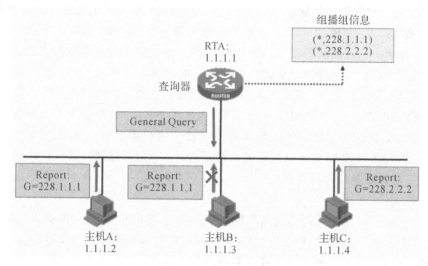

图 1.13　IGMPv1 的查询响应机制

IGMPv2 与 IGMPv1 相似,区别在于 IGMPv2 实现了报文抑制机制,可以减少不必要的 IGMP 报文,从而节省网络带宽资源。另外,主机离开组播组时,会主动向路由器发送离开报文。

IGMPv3 在 IGMPv1 和 IGMPv2 的基础上,解决了组播源选择的问题。在 IGMPv3 下,主机不仅能够选择加入的组播组,还可以选择组播源。主机发送的 IGMPv3 报文中可以包含多个组记录,每个组记录中可以包含多个组播源。

IGMP 三个版本协议是可以向下兼容的,即 IGMPv2 版本的组播路由器可以正确处理 IGMPv1 主机的加入,IGMPv3 版本的路由器可以正确处理 IGMPv1、IGMPv2 主机的加入。组播路由器收到较低版本的 IGMP 主机的加入报文后,会自动降低至相应的主机版本。例如,工作在 IGMPv3 版本的路由器收到 IGMPv2 主机发送的 Report 报文后,会把该组的兼容模式降到 IGMPv2 版本。

(3)组播路由协议。从组播的角度看,网络可以抽象为一棵组播分发树,用于形成组播数据在网络中的分发路径。组播分发树由组播路由协议建立。根据树根节点不同,组播分发树的建立可以分为两种模型:最短路径树(Shortest Path Tree,SPT)和共享树(Rendezvous Point Tree,RPT)。其中,SPT 的树根节点为组播源所连接的指定路由器;RPT 的树根节点是指定的汇聚点(Rendezvous Point,RP)。

PIM-DM(Protocol Independent Multicast Dense Mode)和 PIM-SM(Protocol Independent Multicast Sparse Mode)是两个常见的组播路由协议。前者基于 SPT 模型,后者基于 RPT 模型。

PIM-DM 是一种密集模式的组播路由协议。该协议假定网络中有较多的组播接收者,且分布于大部分网络设备上,因此采用"推"的方式将组播流量周期性地扩散到网络中的所有邻居设备上。PIM-DM 主要采用扩散-剪枝的方式来转发组播数据流。对于组播成员稀少的网络,PIM-DM 会产生大量无用的剪枝报文,而对于较大规模的网络,则扩散-剪枝的周期会比较长,因此适用于规模较小、组播成员密集的网络。

PIM-SM 是一种稀疏模式的组播路由协议。PIM-SM 中,RP 是组播供求信息的汇聚点,所有组播源端(Designed Router,DR)发送的组播注册消息以及用户端 DR 发送的消息都需要 RP 处理。当网络中出现活跃的组播源时,组播源端 DR 会将此组播数据封装在注册消息中并以单播形式发送给 RP,RP 接收到数据后创建相应的组播路由表项。当网络中出现活跃的组播用户时,用户端 DR 会向 RP 发送加入组播组的消息,去往 RP 路径上所有的路由器都会创建对应的组播路由表项,由此生成了一棵以 RP 为根的 RPT。组播报文先以单播报文形式从组播源发送给 RP,然后 RP 再以组播形式将报文转发给组播用户。可见,PIM-SM 采用"拉"的方式,根据接收者的需求,在组播接收者和组播源之间建立组播转发树,该协议适用于组播组成员分布广泛而稀疏的大型网络。

8. 差错报告

IP 定义的是一种"尽最大努力交付"(Best Effort)的通信服务,其中数据报可能被丢失、重复、延迟或乱序传递。看来"尽力而为"的服务并不需要任何差错检测。但是,这种服务并不是不关心差错,IP 也试图避免差错并在发生差错时报告消息。

发现校验和差错时的处理非常简单:数据报必须立即丢弃,而不作进一步的处理。接收者无法相信数据报头部中的任何域,因为接收者不知道哪一位被改变了。甚至也不能发一个出错消息给发送者,因为报头中的源地址同样也是不可信的。同样,接收者也不能转发被损坏的数据报,因为它也不能相信报头中的目的地址。因此,接收者除了将被损坏的数据报丢弃外别无选择。

某些差错是可以被报告的。例如,网络中的一些物理路径出错,导致网络无法连通等。TCP/IP 协议包含了一个专门用于发送差错报文的协议,这一协议就是 ICMP。该协议对 IP 的标准执行是必要的。两个协议相互依赖,IP 在发送一个差错报文时要用到 ICMP,而 ICMP 利用 IP 来传递报文。ICMP 协议有 ping 和 traceroute 两个典型的应用。

(1) ping。ping 是 ICMP 协议的最常见应用程序,可以用来测试目的主机是否可到达。它使用 ICMP 回应请求和回应应答报文来实现。当调用 ping 程序时,它发送一个包含 ICMP 回应请求的报文给目的地,然后等待一段很短的时间。如果没有收到应答,则重新传送请求。如果重传的请求仍没有收到应答(或收到一个 ICMP 目的不可达报文),ping 报告该远程机器为不可达。

(2) traceroute。远端主机上的 ICMP 软件应答该回应请求报文。按照协议只要收到回应请求,ICMP 软件必须发送回应应答。为了避免一个数据报沿着一个路由环永久循环,接到数据报的每一个路由器都要将该数据报头部中的生存时间计时器减 1。如果计时器减到零,路由器会丢弃这一数据报,并向源主机发回一个 ICMP 超时错误。

路由跟踪(tracert)程序被用来发现前往目的节点的路径上的所有路由器。该程序简单地发送一系列的数据报并等待每一个响应,在发送第一个数据报之前,将它的生存时间置为 1。第一个路由器收到这一数据报会将生存时间减 1,显然就会丢弃这一数据报,并发回一个 ICMP 超时报文。由于 ICMP 报文是通过 IP 数据报传送的,因此路由跟踪可以从中取出 IP 源地址,也就是去往目的地的路径上的第一个路由器的地址。得到第一个路由器的地址之后,路由跟踪会发送一个生存时间为 2 的数据报。第一个路由器将计时器减 1 并转发这一数据报,第二个路由器会丢弃这一数据报并发回一个超时报文。类似地,一旦跟踪路由程序收到距离为 2 的路由器发来的超时报文,它就发送生存时间为 3 的数据报,然后是 4,等等。

1.1.3 局域网技术

1. 局域网概述

局域网的发展始于 20 世纪 70 年代,至今仍是网络发展中的一个活跃领域。1972 年,美国加州大学研制了 NEWHALL 环,称为分布计算机系统(Distributed Computer System,DCS)。1975 年出现了第一个总线争用结构的实验性 Ethernet(以太网),该网络借鉴了夏威夷大学 ALOHA 网络的有关技术。1974 年,英国剑桥大学计算机实验室建立了剑桥环。1977 年,日本京都大学研制成功了以光纤为传输介质的局域网络。到 80 年代初期,多种类型的局域网络纷纷出现,越来越多的制造商投入到局域网络的研制潮流中,其中有 Xerox、DEC 和 Intel 公司 3 家联合研制的第二代 Ethernet 网络,Zilog 公司推出的 Z-net 网,Corvus 公司和 Intel 公司研制的 Omninet 网,Cromemco 公司研制的 C-net 网等。美国、日本和西欧一些国家的大学投入了相当大的力量研究局域网络。同时,各种先进的网络组件,如传播介质和转接器件也不断出现,连同高性能的微机一起构成了局域网的基本硬件基础。由于新技术和新器件不断出现,局域网也被赋予更强的功能和生命力。到了 80 年代末期,先后推出了 3+open、Novell 和 LAN Manager 等性能优异、极具代表性的局域网络。到了 90 年代,由于集线器(Hub)技术的发展,局域网的发展也上了一个台阶,出现了交换式以太网、高速局域网和虚拟局域网,其性能更优,应用更广。

一般说来,局域网具有以下特点:
1)为一个单位所拥有,且地理范围和站点数目均有限;
2)较高的通信速率,带宽可达 10 Gb/s;
3)较低的时延和误码率;
4)各站点为平等关系而不是主从关系;
5)能支持简单的点对点或多点通信;
6)支持多种传输介质。

局域网的常见拓扑结构有星形、环形、总线形和树形等,如图 1.14 所示。

(1)星形拓扑结构。在星形拓扑结构中,每个站由点到点链路连接到公共中心,任意两个站之间的通信均要通过公共中心,星形拓扑结构不允许两个站直接通信,因为所有通信都要通过中心节点,所以中心节点一般都比较复杂,各个站的通信处理负担比较小。中心节点可以是一个中继器,也可以是一个局域网交换机,发送站的数据以帧的形式进入中心节点,以帧中所包含的目的地址到达目的站点,实现了站间链路的简单通信。目前局域网系统中大部分采用星形拓扑结构,几乎取代了环形和总线结构。

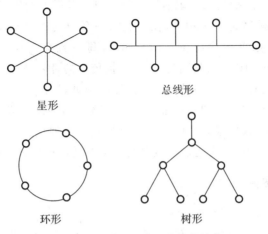

图 1.14 局域网的常见的拓扑结构

(2)环形拓扑结构。在环形拓扑结构中,局域网是由一组中继器通过点到点链路连接成封闭的环所构成的。因此,每个转发器连通两条链路。转发器是较简单的设备,它连接一条链路,并以相同的速度(转发器中无须缓冲)将数据逐比特地发送到另一条链路上去,各条链路都是单向的,即数据仅沿一个方向传送,并且所有链路都顺次向一个方向传送。因此,数据是沿一个方向(顺时针或逆时针)绕环运行的。

每个站在转发器处与网络连接。数据以帧来传送,每一帧包含被发送的数据和一些控制信息,包括希望到达的目的站地址。对大的数据块,发送站将其分成若干较小的块,并将每一小块用一帧来发送。一个站每当要发送下一帧时,都要等到下一个轮次,然后才可发送。由于发送的帧要通过所有其他的站,当此帧经过目的站时,目的站识别出其地址,并在本地缓冲器中复制该帧。此帧将继续环行,直至回到源发站,并在那里被除去。

因为多个站共享一个环,为了确定每个站在什么时候可以插入数据包,所以需要进行控制。通常采用的是某种分布式控制方式,每个站都包含一定的控制发送和接收用的访问逻辑。

(3)总线形拓扑结构。就总线形拓扑结构来说,通信网络只是传输介质,没有交换机,也没有转发器。所有站通过合适的硬件直接接到一条线状传输介质(即总线)上,任何一个站的发送都在介质上传播并能被所有其他站所接收。

因为所有站共享一条公共传输链路,所以在某一时刻只有一个设备能够发送。为了确定下一次哪个站可以发送(即占有传输介质),需要某种访问控制。通常采用某种由所有被连接的站共享的协议来进行这种控制(分布式控制)。有时,也采用集中式控制。

(4)树形拓扑结构。树形拓扑结构是天然的分级结构,又被称为分级的集中式网络。其特点是网络成本低,结构比较简单。在网络中,任意两个节点之间不产生回路,每个链路都支持双向传输,并且,网络中节点扩充方便、灵活,寻查链路路径比较简单。但在这种结构网络系统中,除叶节点及其相连的链路外,任何一个工作站或链路产生故障都会影响整个网络系统的正常运行。

需要注意的是,网络拓扑结构与网络的逻辑结构不一定是一致的。例如集线器所连接的星形网络,逻辑上仍然是一个总线结构。

2.局域网与媒体共享

由于局域网只是一个短距离内的计算机通信网,它并不存在路由选择问题,因而它不涉及网络层,只需考虑最低的两层。从最低两层的角度出发,可以将网络的信道分为两类链路:采用点到点连接的链路和广播信道。点到点链路常用于远距离的传输,而广播信道则常用于局域网中。在所有广播网络中,关键的问题是,当通信媒体的使用产生竞争时,如何分配信道的使用权。一般来说,媒体共享技术大体上可分为两大类:一种是利用频分复用、时分复用、波分复用、码分复用等方法实现的静态信道分配的方法;另外一种是动态信道分配,即通过协议来控制通信媒体的访问。所有传统的静态分配方法均不能有效地处理通信的突发性,所以必须采用动态信道分配。

然而由于局域网的种类繁多,其媒体访问控制方式各不相同,为了使局域网的数据链路层不至于过分复杂,IEEE 802 协议的 LAN 标准将数据链路层分成媒体访问控制子层(Medium Access Control,MAC)和逻辑链路控制子层(Logical Link Control,LLC)两个子层。由此使得数据链路层更容易实现向上提供与介质、拓扑等因素无关的具有统一特性的服务。

IEEE 制定的局域网的 802 标准被 ANSI 接受为美国国家标准,被 ISO 作为国际标准(称为 ISO 8802 标准),目前 IEEE 已经制定的局域网标准有十多个,主要的标准如下:

IEEE802.1A:局域网体系结构,并定义接口原语。

IEEE802.1B:寻址、网间互联和网络管理。

IEEE802.2:描述逻辑链路控制协议,提供 OSI 数据链路层的上部子层功能,以及介质接入控制子层与 LLC 子层协议间的一致接口。

IEEE802.3:描述 CSMA/CD 介质接入控制方法和物理层技术规范。

IEEE802.4:描述令牌总线网标准。

IEEE802.5:描述令牌环网标准。

IEEE802.6:描述城域网 DQDB 标准。

IEEE802.7:描述宽带局域网技术。

IEEE802.8:描述光纤局域网技术。

IEEE802.9:描述综合话音/数据局域网(IVD LAN)标准。

IEEE802.10:描述可互操作局域网安全标准(SILS),定义提供局域网互联的安全机制。

IEEE802.11:描述无线局域网标准。

IEEE802.12:描述交换式局域网标准,定义 100 Mb/s 高速以太网按需优先的媒体访问控制协议 100VG-ANYLAN。

IEEE802.14:描述交互式电视网(包括 cable modem)。

IEEE802.15:描述无线个人区域网(WPAN)。

IEEE802.16:描述宽带无线接入。

IEEE802.17:描述弹性分组环。

IEEE802.18:描述无线规章(Technical Advisory Group,TAG)。

IEEE802.1 标准规定局域网的低三层的功能如下:

1)逻辑链路控制子层:提供一个或多个服务访问点,以复用的形式建立多点-多点之间的数据通信连接,包括寻址、差错控制、顺序控制和流量控制等功能。

2)媒体访问控制子层:具体管理通信实体接入信道而建立数据链路的控制过程。

3)物理层:与OSI/RM的物理层相对应,但所采用的具体协议标准的内容与传输介质直接相关。

由图1.15可见,MAC子层和LLC子层合并在一起,近似等效于OSI参考模型中的数据链路层。LLC子层协议与局域网的拓扑形式和传输介质的类型无关,它对各种不同类型的局域网都是适用的。然而,MAC子层协议却与网络的拓扑形式及传输介质的类型直接相关,其主要作用是媒体访问控制和对信道资源的分配。对于局域网中所采用的动态媒体接入控制通常有两种,一种是随机接入,一种是受控接入。前者是局域网中的重点,现在以CSMA/CD为例详细讨论。

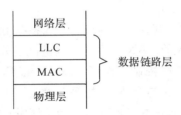

图1.15 局域网的数据链路层

CSMA/CD(Carrier Sense Multiple Access /Collision Detection,载波监听多路访问/冲突检测)是一种总线争用协议,争用协议一般用于总线网,每个站都能独立地决定帧的发送。如两个站或多个站同时发送,即产生冲突,同时发送的所有帧都会出错。每个站必须有能力判断冲突是否发生,如冲突发生,则应等待随机时间间隔后重发,以避免再次发生冲突。CSMA/CD协议由ALOHA协议和CSMA协议发展而来,为说明CSMA/CD的机理,先介绍ALOHA和CSMA。

(1)ALOHA。美国夏威夷大学的纯ALOHA是最早采用争用方式的计算机网络,它最初工作于无线信道。其工作原理很简单,每个站都可发送数据,若发送帧的时间长度内无其他站发送,则发送成功,否则,可能因为每个站同时占用信道产生冲突而使数据帧受损。冲突的结果使冲突双方都检测到数据出错,因而都必须重发。但发生冲突的站不能马上重发,因为这样会继续冲突,而是让各站等待(延缓)一段随机时间再重发。若有冲突,再延缓一段随机时间,直到重发成功为止。由于纯ALOHA的随意性,各站冲突机会很大,导致效率低下,其吞吐量不足18%。

一种改进的方案称为时隙ALOHA(也称分槽ALOHA)。在这种网络中,信道被划分为等长时间片(时隙)。每个站所发送的数据帧到达目的地的最大时延就等于时间片长度。所有站在时间上同步起来,同时规定不论帧何时产生,它只能在每个时隙的开始点才可以发送。这样改进后,如果2个站发送的信息产生在不同的时隙,则不会冲突。若冲突,它们必是同一时刻开始整帧碰撞,避免了2个帧部分碰撞。这样减少了冲突机会,其信道吞吐量提高到37%。

(2)载波监听多路访问(Carrier Sense Multiple Access,CSMA)。CSMA协议是一种带有监听的多路访问协议,是对ALOHA协议的改进。CSMA被通俗地称为"先听后讲",其工作原理是:每个站在发送数据前先要监听信道上是否有载波,即是否有别的站在传输数据。如果介质空闲,就可发送;如果介质忙,就暂不发送而回避一段时间,这样大大减少了冲突。根据监听到介质状态后采取的回避策略可将CSMA分为3种。

1)坚持型CSMA。坚持型CSMA又称1-坚持CSMA。当某站要发送数据时,先监听信道,若信道忙,就坚持监听,直到信道空闲为止,当空闲时立即发送一帧。若两个站同时监听到信道空闲,立即发送,必定冲突,即冲突概率为1,故称之为1-坚持型。假如有冲突发生,则等待一段时间后再监听信道。

2)非坚持型CSMA。当某站监听到信道忙时,不再坚持监听,而是随机后延一段时间再来监听。其缺点是很可能在再次监听之前信道已空闲了,从而产生浪费。

3)P坚持型CSMA。这种方式适合于时隙信道,当某站准备发送信息时,它首先监听信道,若空闲,便以概率P传送信息,而以概率$(1-P)$推迟发送。如果该站监听到信道为忙,就等到下一个时隙再重复上述过程。P坚持型CSMA可以算是1-坚持型CSMA和非坚持型CSMA的折中,而这两者又是P坚持算法的特例,即P分别等于1和0时的情形。

对于P坚持型CSMA,如何选择P值,需要考虑如何避免在重负载情况下系统处于不稳定状态。假如当介质忙时,有N个站有数据等待发送,则当前的发送完成时,有NP个站企图发送,如果选择P过大,使$NP>1$,则冲突不可避免。最坏的情况是,随着冲突概率的不断增大,吞吐率会降为0,所以必须选择P值使$NP<1$。如果P值选得过于小,则通道利用率会大大降低。

(3)带冲突检测的CSMA。带冲突检测的CSMA又称CSMA/CD。CSMA在发送数据之前进行载波监听,所以减少了冲突机会,但由于传播时延的存在,仍然可能冲突。考虑两个站点的模型,其中一个先发送信息,由于传送时延使另一个站点也发现信道是空闲的,于是也发送信息,结果两个站点的信息冲突,但两个站均不知道,一直要将数据帧余下部分发完,等到有错再重发送。这样明显造成了信道的浪费,加大了通信开销。能否在发送时检测到冲突并在冲突后立即停发? 这就是CSMA/CD的思想。

通俗地讲,CSMA/CD就是"先听后讲,边讲边听",这种边发边监听的功能称为冲突检测。

源站点在发送数据帧之前,首先监听信道是否忙,如监听到信道上有载波信号,则推迟发送,直到空闲为止,这就是CSMA。对传播时延小的网络,CSMA可降低冲突次数,减少冲突时间,但对传播时延大的网络,CSMA无多大价值。源站点监听到信道空闲后,就发送数据,并边发边监听,若监听到干扰信号,则表示检测到冲突,于是立即停止发送,并发一串阻塞信号增加冲突,以便网中其他站点均可知道冲突,然后准备重发冲突受损的帧。

如何估算所需的冲突检测时间呢?对基带总线而言,此时用于检测冲突的时间不会超过任意两站之间的最大传播时延的2倍。在CSMA/CD中,通过检测总线上是否存在信号以实现载波监听。发送站的收发器同时检测冲突,如果收发器电缆上的信号超过收发器本身发送信号的幅度就判断出现冲突。

在CSMA/CD算法中,一旦检测到冲突,需要等待一段随机时间,然后再次使用CSMA方法传输。延迟时间采用一种称为二进制指数的退避算法实现,过程如下:

1)对每个帧,当第一次发生冲突时,设置参数$L=2$;
2)退避重发时间在$1\sim L$个时隙中随机抽取;
3)当帧再次冲突时,L加倍,即$L=2L$;
4)退避重发时间仍在$1\sim L$个时隙中随机抽取;
5)当冲突n次时,$L=2^n L$;
6)设置一个最大重传次数,超过此值,不再重发,并报告出错。

此算法的效果是,不冲突或少冲突的帧重发的机会大,冲突多的帧重发的机会小。

3. 现实中的局域网

尽管局域网的标准有以太网、令牌环网、FDDI 网、ATM 网（异步传输模式，主要用于广域网，也可用于局域网）等许多类型，但事实上，随着因特网的发展，在局域网的领域里，逐渐形成两种主流：以太网和无线局域网。

无线局域网的流行，归功于其自由灵活的形式，以及与电子产品的完美结合。而以太网则在有线的局域网里占有绝对的优势，甚至可以夸张一点地说，局域网就是以太网。这是因为以太网自身的特性与因特网的要求相同。以太网提供的是一种无连接、不编号、无确认的不可靠服务，而 IP 则是无连接的"尽最大努力交付"。加之以太网简单、价廉、高带宽、维护方便和不断发展的特点以及与综合布线的完美结合，使得其他局域网不得不让出市场。近年来，随着宽带和数据业务的蓬勃兴起，以太网技术又迎来了新的高速发展期。

本书所阐述的局域网，重点围绕以太网展开，所有其他形式的局域网不再提及。如果读者想了解这些历史，可查阅相关文献。

1.1.4 以太网及其发展

1. 以太网概述

以太网是目前使用最为广泛的局域网，从 20 世纪 70 年代末期就有了正式的网络产品。在整个 80 年代中以太网与 PC 机同步发展，其传输率自 80 年代初的 10 Mb/s 发展到 90 年代的 100 Mb/s，而且目前已出现了 1 Gb/s 和 10 Gb/s 的以太网产品。以太网支持的传输介质从最初的同轴电缆发展到双绞线和光缆。

传统以太网（DIX）的核心思想是在共享的公共传输媒体上以半双工（Half Duplex，网络的站点在同一时刻要么发送数据，要么接收数据，而不能同时发送和接收）传输模式工作。选择半双工传输模式工作的主要原因在于使用 CSMA/CD 作为其介质访问控制技术。CSMA/CD 的碰撞效应不仅限制了站点的传输带宽，而且还构成了束缚传输范围的碰撞域，大大影响了传输媒体（特别是光纤）的传输距离。随着以太网技术的发展，交换型和全双工（Full Duplex，是指在发送数据的同时也能够接收数据）以太网的出现，克服了传统以太网的共享公共传输媒体和半双工传输的弱点，实现了站点独占传输媒体并同时收发数据的功能。

自从以太网技术由共享发展到交换后，星形结构、交换与高带宽三大因素形成了与传统以太网大不相同的现代以太网技术。进入 21 世纪以来，IT 界已经不再寻找替代以太网的技术，转而寻找增强以太网的功能和将它扩展到新领域的途径。目前的以太网不仅在物理层（包括拓扑结构、传输速率和传输媒体），而且在数据链路层上与原来的传统以太网标准有了很大的变化。现代以太网组网功能已经大大地超越了基本的以太网功能。

最早的试验型以太网由 Xerox 公司在 20 世纪 70 年代中期开发，在 2.94 Mb/s 传输率的基带粗同轴电缆上工作。当时人们认为"电磁辐射是可以通过发光的以太来传播的"，故命名为以太网。此后，Xerox 得到 DEC 和 Intel 公司的支持，三家公司一起参加标准和器件的开发工作。

1980 年，以太网 1.0 版本由三家公司联合发表，称为 DIX80（取三家公司的首字母拼合而成），这就是现代著名的以太网蓝皮书，全称为"以太网，一种局域网：数据链路层和物理层规范，1.0 版"。它与试验型系统主要差别在于采用了 10 Mb/s 传输率。以后两年里 DIX 重新定义该标准，并在 1982 年公布 DIX82 即以太网 2.0 版本作为终结。在 DIX 开展以太网标准化工作的同时,1981年6月IEEE 802 LAN标准委员会成立,其中802.3分委会在DIX工作成果的基础上负责制订国际性标准,1982年年底IEEE 802.3标准出台,它与DIX82差别甚微,从此,以太网成为IEEE 802标准系列中第一个标准化的局域网标准。到了1985年,IEEE 802委员会正式推出IEEE 802.3 CSMA/CD局域网标准,它描述了一种基于DIX以太网标准的局域网系统。此后,IEEE 802.3标准又被国际标准化组织接收成国际标准,成为正式的开放性世界标准,被全球工业制造商所承认和采纳。以太网的国际标准为ISO/IEC 8802-3。今天的以太网和802.3局域网可以认为是同义词。

从20世纪80年代到90年代,近20年的时间中,随着信息技术的发展,以太网产品及其标准不断更新和扩展。20世纪90年代,随着网络技术及其应用的急剧发展,以太网在拓扑结构、传输率和相应的传输介质方面与原来的DIX标准有了很大的变化。

以太网主要技术及其对应的IEEE标准发展见表1.3。

表1.3 以太网的主要标准

时间	以太网技术	对应IEEE标准	介质
1982年	10BASE5(DIX)	802.3	粗同轴电缆
1985年	10BASE2	802.3a	细同轴电缆
1990年	10BASE-T	802.3i	双绞线
1993年	10BASE-F	802.3j	光纤
1995年	100BASE-T	802.3u	双绞线
1997年	全双工以太网	802.3x	双绞线、光纤
1998年	1000BASE-EX	802.3z	光纤、屏蔽短双绞线
1999年	1000BASE-T	802.3ab	双绞线
2002年	10000BASE	802.3ae	光纤
2010年	40GBASE/100GBASE	802.3ba	光纤

2. 以太网的帧长与传输距离

以太网的媒体接入控制基于CSMA/CD,对于图1.16所示的情况,主机A、B是总线上相距最远的两台主机。主机A在发送数据之前,检测到总线是空的。由于信号传播是有时延的,因此检测冲突也需要一定的时间。在主机A发送的帧传输到B的前一刻,B开始发送帧。这样,当A的帧到达B时,B检测到冲突,于是发送冲突信号。这样A能够检测到冲突的时间最大值就是传播时延的2倍,记为2τ。也就是说,最先发送数据帧的站,在发送数据帧后至多经过时间2τ就可知道发送的数据帧是否遭受了碰撞。以太网的端到端往返时延2τ称为争用期,或碰撞窗口。经过争用期这段时间还没有检测到碰撞,才能肯定这次发送不会发生碰撞。

考虑一种特殊情况,假如主机A所发的数据帧很小。在B的冲突信号传输到A之前,A的帧已经发送完毕,那么A将检测不到冲突而误认为已发送成功。所以以太网规定了最小帧长的限制,以2τ时间内所发送的数据长度作为最小帧长,即

$$L_{\min} = 2\tau \cdot R \tag{1-1}$$

其中$L_{\min}$表示最小帧长,R表示以太网的传输速率。

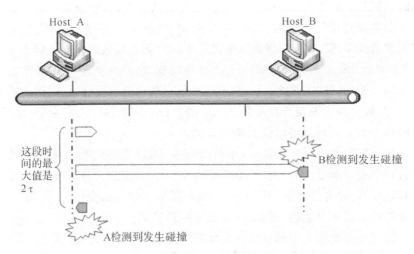

图 1.16 基于 CSMA/CD 的以太网媒体接入控制

按照标准,10 Mb/s 以太网采用中继器时,连接的最大长度是 2 500 m,最多经过 4 个中继器,据此取一个典型值,规定对 10 Mb/s 以太网争用期的长度为 51.2 μs。对于 10 Mb/s 以太网,在争用期内可发送的数据量为 $2\tau \cdot R = 51.2\ \mu s \times 10\ \text{Mb/s} = 512\ \text{bit}$,即 64 字节,这就是以太网的最小帧长。如果某主机发送第一个帧的 64 字节仍无冲突,以后也就不会再发生冲突了,称此主机捕获了信道。

另外,由于信道是所有主机共享的,如果某个站发送较长的数据帧,则其他的站就必须等待很长的时间才能发送数据。为避免单一主机占用信道时间过长,所以规定了以太网帧的最大帧长为 1 500 字节,以保证每个站都能通过公平竞争接入到以太网。

从上面推导的过程可以看出,以太网的最小帧长与往返时延 2τ 的关系最为密切。传播时延 τ,又是电磁波在传输媒体上所产生的,而电磁波在传输媒体上的速度是恒定的。所以最小帧长就与传输距离(电缆长度)密切相关。若用 D_{max} 表示这个距离,c 表示电磁波的速率,则最小帧长的公式可以表示为

$$L_{min} = 2\tau \cdot R = 2D_{max} \cdot R/c \tag{1-2}$$

由式 1-2 可以定性地分析以太网进行速率升级时,电缆长度和最小帧长之间的变化关系。当速率 R 发生变化时,显然要保持式 1-2 的平衡,要么调整 D_{max} 的值,要么调整 L_{min} 的值。之所以不进行精确的定性分析,是因为往返时延并不仅仅只包括传播时延,还包括中继设备中所产生的处理时延。

3. 以太网的 MAC 层

传统的以太网在具有广播特性的总线上实现了一对一的通信。总线上每一台工作的主机都能检测到源主机所发送的数据信号。但只有目的主机的地址与数据帧首部写入的地址一致,因此只有目的主机才接收这个数据帧。其他所有主机都检测到不是发送给自己的数据帧,因此就丢弃这个数据帧。

以太网的 MAC 层通过 MAC 地址和 MAC 帧的约定来实现针对"发往本站的有效帧"的接收。事实上,"发往本站的帧"包括以下三种:单播(unicast)帧(一对一)、广播(broadcast)帧(一对全体)和多播(multicast)帧(一对多)。网卡从网络上每收到一个 MAC 帧就首先用硬件

检查 MAC 帧中的 MAC 地址。如果是发往本站的帧则收下,然后再进行其他的处理。否则就将此帧丢弃,不再进行其他的处理。而"无效的 MAC 帧"则是不符合 IEEE802.3 标准规定的 MAC 帧。对于检查出的无效 MAC 帧,就简单地丢弃。以太网不负责重传丢弃的帧。

局域网的硬件地址又称物理地址,或 MAC 地址,是一种 6 字节 48 bit 的标识符,而非严格意义上的"地址",是一种无层次的"名字"。通常是由网卡生产厂家烧入网卡的 EPROM(一种闪存芯片,通常可以通过程序擦写)。

MAC 地址通常表示为 16 进制,每个 8 位组之间用":"或者"-"隔开,如:08:00:20:0A:8C:6D 或 08-00-20-0A-8C-6D。在路由器或者交换机的配置中,也经常使用点分记法:0800.200A.8C6D。MAC 地址的前 3 个 8 位组 08:00:20 代表网络硬件制造商的编号,它由 IEEE 分配,而后 3 位 16 进制数 0A:8C:6D 代表该制造商所制造的某个网络产品(如网卡)的系列号。每个网络制造商必须确保它所制造的每个以太网设备都具有相同的前 3 个字节以及不同的后 3 个字节,这样就可保证世界上每个以太网设备都具有唯一的 MAC 地址。相同的前三个字节表示一组地址或者一个地址块,通常称为机构唯一标识符(Organizationally Unique Identifier,OUI),由设备生产厂商向 IEEE 购买获得。一些常见的 OUI 如下:

00-00-00~00-00-09、00-00-AA:施乐公司

00-00-0C:CISCO 公司

00-00-1B,00-00-08:NOVELL 公司

02-60-8C:3COM 公司

以太网 MAC 帧格式有两种标准:DIX Ethernet V2 标准和 IEEE 的 802.3 标准,二者的区别比较细微。目前,最常用的 MAC 帧是以太网 V2 的格式,如图 1.17 所示。

以太网帧结构中各字段的含义如下:

(1)前同步码。它包含了 7 个字节的二进制"1""0"间隔的代码,即 1010……10 共 56 位。当帧在介质上传输时,接收方就能建立起比特同步,因为在使用曼彻斯特编码情况下,这种"1""0"间隔的传输波形为周期性方波。

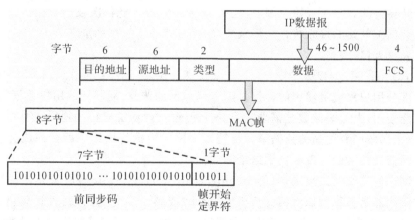

图 1.17 以太网的帧结构

(2)帧开始定界符(SFD)。它是 1 字节的 10101011 二进制序列,此码一过,表示一帧实际开始,以使接收器对实际帧的第一位定位。

(3)目的地址(DA)。它说明了数据帧所要发往目的主机的 MAC 地址。可以是一个单

址——代表单个站、一个多址——代表一组站,或一个全地址——代表局域网上所有的站。当目的地址出现多址时,即表示该帧被一组站同时接收,称"组播"(Multicast)。当目的地址出现全地址时,即表示该帧被局域网上所有站同时接收,称"广播"(Broadcast)。以 DA 的最高位来判断是否单址,若最高位为"0"则表示单址,"1"表示多址或全地址。全地址还必须是 DA 为全"1"的代码。

(4)源地址(SA)。它说明发送该帧的源主机 MAC 地址,与 DA 一样占 6 个字节。

(5)类型(TYPE)。类型字段占 2 个字节。它说明了高层所使用的协议,例如可能是 IP 协议,也可能是 NOVELL 的 IPX 协议。

(6)数据(DATA)。它的范围处在 46 字节至 1 500 字节之间。注意到 46 字节最小帧长度是一个限制,目的是要求局域网上所有的站都能检测到该帧,即保证网络正常工作。如果高层协议的分组使数据段小于 46 个字节,则由有关软件把 DATA 填充到 46 字节最小帧长度。

(7)帧检验序列(FCS)。它处在帧尾,共占 4 字节,是 32 位冗余检验码(CRC)。检验范围除前导码、SFD 和 FCS 以外的所有帧的内容,即从 DA 开始至 DATA 完毕的 CRC 检验结果都反映在 FCS 中。当发送站发出帧时,边发送,边逐位进行 CRC 检验,最后形成一个 32 位 CRC 检验和填在帧尾 FCS 位置中一起在介质上传输。接收站接收后,从 DA 开始同样边接收边逐位进行 CRC 检验。最后接收站形成的检验和与帧的检验和相同,则表示介质上传输帧未被破坏。反之,接收站认为帧被破坏,接收站则会通过一定的机制要求发送站重发该帧。

了解了以太网的 MAC 帧,就可以将"无效的 MAC 帧"总结如下:
1)数据字段的长度与长度字段的值不一致。
2)帧的长度不是整数个字节。
3)用收到的帧检验序列查出有差错。
4)数据字段的长度不在 46~1 500 字节之间。加上 MAC 帧的首尾长度,则有效的 MAC 帧长度为 64~1 518 字节之间。

以太网的 MAC 子层还规定了帧间最小间隔为 9.6 μs,相当于 10 M 以太网 96 bit 的发送时间。一个站在检测到总线开始空闲后,还要等待 9.6 μs 才能再次发送数据。这样做是为了使刚刚收到数据帧的站的接收缓存来得及清理,做好接收下一帧的准备。

4. 交换式以太网

在采用 CSMA/CD 的以太网中,各个站点共享一条 10 Mb/s 的总线,10 Mb/s 的数据传输速率对大部分用户来说是够用的。但是随着局域网的普及,局域网的用户数量明显增加,多媒体技术广泛使用,大量图像数据需要在网络上传输。计算机支持的协同工作(CSCW)模式的出现,也要求局域网有更高的数据率。传统以太网的数据传输速率就往往成为整个系统的瓶颈。以太网交换技术的出现解决了这个问题。

在以太网中使用交换式集线器(Switching Hub 或 Hub/Switch)可明显地提高网络的性能。交换式集线器常被称为以太网交换机(Switch)或第二层交换机(表明此交换机工作在数据链路层)。以太网交换机通常都有十几个端口。因此,以太网交换机实质上就是一个多端口的网桥,可见交换机工作在数据链路层。常见的交换机能给终端提供独占的带宽,能自动建立、维护站表,并根据站表内容在输入和输出端口间建立交换通路。现代的交换机还能够提供更多的功能:信息流优先级、服务分类、虚拟网、远程监测(RMON)、自动流控制、内嵌网络管理代理等。核心交换机更是能提供动态资源预留、三层交换、基于策略管理等高级功能。

交换机的主要特点是所有端口平时都不连通。当工作站需要通信时,交换机能同时连通许多对的端口,使每一对相互通信的工作站都能像独占通信介质那样,进行无冲突地传输数据。通信完成后就断开连接。

对于普通 10 Mb/s 的共享式以太网,若共有 N 个用户,则每个用户占有的平均带宽只有总带宽(10 Mb/s)的 N 分之一。在使用交换机时,虽然数据率还是 10 Mb/s,但由于一个用户在通信时是独占而不是和其他网络用户共享传输介质的带宽,因此,对于拥有 N 对端口的交换机,其总容量就是 $N \times 10$ Mb/s。这点正是交换机的最大优点。

以太网交换机的每个端口都直接与主机相连,并且一般都工作在全双工方式。交换机能同时连通许多对端口,使每一对相互通信的主机都能像独占通信媒体那样,进行无碰撞的数据传输。以太网交换机由于使用了专用的交换结构芯片,其交换速率较高。从共享总线以太网或 10BASE-T 以太网转到交换式以太网时,所有接入设备的软件和硬件、网卡等都不需要作任何改动。此外,整个系统的容量很容易扩充,只要增加交换机的容量即可。图 1.18 所示为共享式以太网和交换式以太网的区别,这里假定使用的是 10 Mb/s 以太网。

可以看出,对于传统的共享式以太网,当主机 A 向主机 B 发送数据时,数据帧在整个网络广播。主机 C 也能收到 B 的数据帧,只不过因为目的地址不是自己的地址,才将这些数据帧丢弃(图中用实线和虚线表示了这一区别)。在特定时刻,整个网络只能有一个站发送数据。集线器的总容量只有 10 Mb/s。

使用交换机的情况就不同了。当主机 A 向主机 B 发送数据时,主机 D 还可以向主机 C 发送数据。每一台计算机独占 10 Mb/s 的传输资源,因而交换式以太网总的容量为 $N \times 10$ Mb/s,这里 N 是集线器拥有的端口对数。

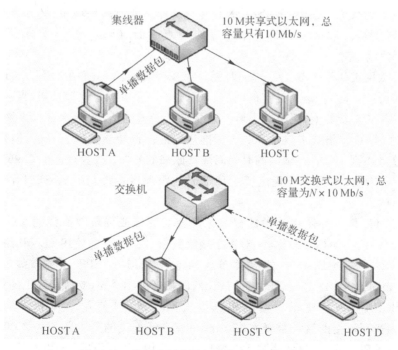

图 1.18 共享式以太网与交换式以太网的区别

5. 高速以太网与以太网的发展

以太网自诞生以来,其速率和距离方面不断取得突飞猛进的发展:10 Mb/s 以太网最终淘汰了 16 Mb/s 的令牌环,100 Mb/s 的快速以太网也使得曾经最快的光纤数字数据接口(FDDI)变成了历史。吉比特以太网和 10 G 以太网的问世,使以太网的市场占有率进一步得到提高,使得 ATM 在城域网和广域网中的地位受到更加严峻的挑战。10 G 以太网是 IEEE 802.3 标准在速率和距离方面的自然演进。10 G 以太网将以太网已被证明的价值和经济性扩展到了城域网和广域网。而且,从综合布线的角度来看,实现以太网的升级也是件很容易的事情。

(1)100 Mb/s 快速以太网。随着网络的发展,传统标准的以太网技术已难以满足日益增长的网络数据流量速度需求。在 1993 年 10 月以前,对于要求 10 Mb/s 以上数据流量的 LAN 应用,只有 FDDI 可供选择,但它是一种价格非常昂贵的、基于 100 Mb/s 光缆的 LAN。1993 年 10 月,Grand Junction 公司推出了世界上第一台快速以太网集线器 FastSwitch10/100 和网络接口卡 FastNIC100,快速以太网技术正式得以应用。随后 Intel、SynOptics、3COM、BayNetworks 等公司相继推出自己的快速以太网装置。与此同时,IEEE 802 工程组亦对 100 Mb/s 以太网的各种标准,如 100BASE-TX、100BASE-T4、MII、中继器、全双工等标准进行了研究。1995 年 3 月,IEEE 宣布了 IEEE 802.3u 100BASE－T 快速以太网标准(Fast Ethernet),就这样开启了快速以太网的时代。

快速以太网与原来在 100 Mb/s 带宽下工作的 FDDI 相比具有许多的优点,最主要的体现在快速以太网技术可以有效地保障用户在布线基础实施上的投资,它支持 3、4、5 类双绞线以及光纤的连接,能有效地利用现有的设施。

快速以太网既有共享型集线器组成的共享型快速以太网系统,又有快速以太网交换器构成的交换型以太网系统。在 100BASE-FX 使用光缆作为介质的环境中,又充分发挥了全双工以太网技术的优势。10/100 Mb/s 自适应的特点保证了 10 Mb/s 系统平滑地过渡到 100 Mb/s 以太网系统。

当快速以太网工作于全双工方式下时无冲突发生,因此,不使用 CSMA/CD 协议。但是工作在半双工方式下时,仍然有冲突的问题。根据式 1-2 可以定性地推知,当速率 R 提高时,要么增加最小帧长 L_{min} 的值,要么减小最大电缆长度 D_{max} 的值,才能保证以太网的正常工作。快速以太网的 MAC 帧格式仍然是 802.3 标准规定的。保持最短帧长不变,但将一个网段的最大电缆长度减小到 100 m。帧间的时间间隔从原来的 9.6 μs 改为现在的 0.96 μs。

100 Mb/s 快速以太网标准规定了三种不同的物理层标准:100BASE-TX、100BASE-FX 和 100BASE-T4。

100BASE-TX 是一种使用 5 类数据级无屏蔽双绞线或屏蔽双绞线的快速以太网技术。它使用两对双绞线,一对用于发送,一对用于接收数据。在传输中使用 4B/5B 编码方式,信号频率为 125 MHz,符合 EIA586 的 5 类布线标准和 IBM 的 SPT 1 类布线标准。使用同 10BASE－T 相同的 RJ-45 连接器。它的最大网段长度为 100 m,支持全双工的数据传输。

100BASE-FX 是一种使用光缆的快速以太网技术,可使用单模和多模光纤(62.5/125 μm),多模光纤连接的最大距离为 550 m,单模光纤连接的最大距离为 3 000 m。在传输中使用 4B/5B 编码方式,信号频率为 125 MHz。它使用 MIC/FDDI 连接器、ST 连接器或 SC 连接器。它的最大网段长度为 150 m、412 m、2 000 m,或更长至 10 km,这与所使用的光纤类型和工作模式有关。它支持全双工的数据传输。100BASE-FX 特别适合于有电气干扰的环境、较大距离连接或高保密环境等。

100BASE-T4 是一种可使用 3、4、5 类无屏蔽双绞线或屏蔽双绞线的快速以太网技术。它使用 4 对双绞线，3 对用于传送数据，1 对用于检测冲突信号。在传输中使用 8B/6T 编码方式，信号频率为 25 MHz，符合 EIA586 结构化布线标准。它使用与 10BASE-T 相同的 RJ-45 连接器，最大网段长度为 100 m。

(2) 1 Gb/s 高速以太网技术。千兆位以太网使用和 10 Mb/s、100 Mb/s 以太网相同的以太网帧，最小帧为 64 字节，而且也可以工作在半双工模式下，它也使用 CSMA/CD 介质访问控制机制。为了解决在半双工模式下提供足够大的网络直径，千兆位以太网系统需要增加时间的预算。IEEE 802.3z 委员会为千兆以太网重新定义了 MAC 层，采用载波扩展和帧突发来延长短帧在信道上的停留时间以达到扩大距离的目的，将短帧扩大到 512 字节。这样两个站点直接连到千兆以太网中继器上时才能提供 200 m 的总网络直径。但补充扩展位增加了网络上的额外开销。在实际应用中，采用全双工模式时，不使用 CSMA/CD 机制。

千兆以太网的物理层标准主要有以下几条：

1) 1000BASE-SX：针对工作于多模光纤上的短波长 (850 nm) 激光收发器而制定的 IEEE 802.32 标准，当使用 62.5 μm 的多模光纤时，连接距离可达 260 m，当使用 50 μm 的多模光纤时，连接距离可达 550 m。

2) 1000BASE-LX：针对工作于单模或多模光纤上的长波长 (1 300 nm) 激光收发器而制定的 IEEE 802.3z 标准，当使用 62.5 μm 的多模光纤时，连接距离可达 440 m，当使用 50 μm 的多模光纤时，连接距离可达 550 m；在使用单模光纤时，连接距离可达 3 000 m。

3) 1000BASE-CX：针对低成本、优质的屏蔽绞合线或同轴电缆的短途铜线缆而制定的 IEEE 802.3z 标准，连接距离可达 25 m。

4) IEEE 802.3ab：1000BASE-T 千兆位以太网物理层标准，它规定 100 m 长的 4 对 5 类非屏蔽绞合线缆的工作方式。

(3) 10 G 以太网。10 G 以太网又称万兆以太网。万兆以太网技术与千兆以太网类似，仍然保留了以太网帧结构，通过不同的编码方式或波分复用提供 10 Gb/s 传输速度。所以就其本质而言，10G 以太网仍是以太网的一种类型。

10 G 以太网于 2002 年 6 月在 IEEE 通过。10 G 以太网包括 10GBASE-X、10GBASE-R 和 10GBASE-W。10GBASE-X 使用一种特紧凑包装，含有 1 个较简单的 WDM 器件、4 个接收器和 4 个在 130 nm 波长附近以大约 25 nm 为间隔工作的激光器，每一对发送器/接收器在 3.125 Gb/s 速度 (数据流速度为 2.5 Gb/s) 下工作。10GBASE-R 是一种使用 64B/66B 编码 (不是在千兆以太网中所用的 8B/10B) 的串行接口，数据流为 10.000 Gb/s，因而产生的时钟速率为 10.3 Gb/s。10GBASE-W 是广域网接口，与 SONET OC-192 兼容，其时钟为 9.953 Gb/s，数据流为 9.585 Gb/s。

万兆以太网的特性如下：

1) 万兆以太网不再支持半双工数据传输，所有数据传输都以全双工方式进行，这不仅极大地扩展了网络的覆盖区域 (交换网络的传输距离只受光纤所能到达距离的限制)，而且使标准得以大大简化。

2) 为使万兆以太网不但能以更优的性能为企业骨干网服务，更重要的是从根本上对广域网以及其他长距离网络应用提供最佳支持，尤其是还要与现存的大量 SONET 网络兼容，该标准对物理层进行了重新定义。新标准的物理层分为两部分,分别为 LAN 物理层和 WAN 物理层。LAN 物理层提供了现在正广泛应用的以太网接口,传输速率为 10 Gb/s;WAN 物理层则提供了与 OC-192c 和 SDH VC-4-64c 相兼容的接口,传输速率为 9.58 Gb/s。与 SONET 不同的是,运行在 SONET 上的万兆以太网依然以异步方式工作。WIS(WAN 接口子层)将万兆以太网流量映射到 SONET 的 STS-192c 帧中,通过调整数据包间的间距,使 OC-192c 的略低的数据传输率与万兆以太网相匹配。

3)万兆以太网有 5 种物理接口。千兆以太网的物理层每发送 8 比特的数据要用 10 个比特组成编码数据段,网络带宽的利用率只有 80%;万兆以太网则每发送 64 比特只用 66 个比特组成编码数据段,比特利用率达 97%。虽然这是牺牲了纠错位和恢复位而换取的,但万兆以太网采用了更先进的纠错和恢复技术,确保数据传输的可靠性。新标准的物理层可进一步细分为 5 种具体的接口,分别为 1 550 nm LAN 接口、1 310 nm 宽频波分复用 LAN 接口、850 nm LAN 接口、1 550 nm WAN 接口和 1 310 nm WAN 接口。每种接口都有其对应的最适宜的传输介质。850 nm LAN 接口适于用在 50/125 μm 多模光纤上,最大传输距离为 65 m。50/125 μm 多模光纤现在已用得不多,但由于这种光纤制造容易,价格便宜,所以用来连接服务器比较划算。1 310 nm 宽频波分复用(WWDM)LAN 接口适于用在 62.5/125 μm 的多模光纤上,传输距离为 300 m。62.5/125 μm 的多模光纤又叫 FDDI 光纤,是目前企业使用得最广泛的多模光纤,从 20 世纪 80 年代末 90 年代初开始在网络界流行。1 550 nm WAN 接口和 1 310 nm WAN 接口适于在单模光纤上进行长距离的城域网和广域网数据传输,1 310 nm WAN 接口支持的传输距离为 10 km,1 550 nm WAN 接口支持的传输距离为 40 km。

(4)40 G、100 G 以太网。随着视频、P2P 等宽带密集应用及远程存储、虚拟化、云计算等企业核心应用的发展,以 10G 传输技术为基础的带宽将耗尽,虚拟链路聚合在介质和性能上也存在限制。为了满足运营骨干网、企业数据中心对更高带宽的需求,需要开发更高速的以太网。为充分利用以太网的可扩展性,平滑升级到 40 G、100 G 将是最佳提升带宽的方案。2010 年 6 月 IEEE 802.3ba 发布,标准仅支持全双工操作,保留了 IEEE 802.3MAC 的以太网帧格式。它确定了各种接口介质、速率和物理编码子层(PCS)、媒体接入控制层架构定义。

IEEE 802.3ba 标准要求在一条 40 G/100 G 信道复用多条通道(Lane)来实现传输。40GBase-SR4 和 100GBase-SR10 在发送端分别把 40 G/100 G 数据流分成 4 对和 10 对 10 G 码流到并行通道,在接收端再分别把并行通道的码流重组成 40 G/100 G 数据流。40 G 以太网采用 12 芯光纤,每个信道拥有 4 芯发射光纤和 4 芯接收光纤,中间 4 芯光纤闲置。100 G 以太网采用 24 芯光纤,分为两个 12 芯阵列,一个阵列用于发射,另一阵列用于接收。每个阵列中,中间 10 芯光纤用于传输流量,而外侧 2 芯光纤闲置。

1.1.5 服务质量

网络的普及和业务的多样化使得互联网流量激增,从而产生网络拥塞,增加转发时延,严重时还会产生丢包,导致业务质量下降甚至不可用。因此,要在网络上开展这些实时性业务,就必须解决网络拥塞问题。解决网络拥塞的最好的办法是增加网络的带宽,但从运营、维护的成本考虑,这是不现实的,最有效的解决方案就是应用一个"有保证"的策略对网络流量进行管理。

QoS(Quality of Service)技术就是在这种背景下发展起来的。QoS 即服务质量,其目的是针对各种业务的不同需求,为其提供端到端的服务质量保证。QoS 是有效利用网络资源的工具,它允许不同的流量不平等地竞争网络资源,语音、视频和重要的数据应用在网络设备中可以优先得到服务。QoS 技术在当今的互联网中应用越来越多,其作用越来越重要。不同业务对 QoS 的要求见表 1.4。

表 1.4 不同业务对 QoS 的要求

应用类型	典型应用	带宽	延迟	抖动	丢包率
批量传输	FTP 批量存储备份	高	影响小	影响小	低
交互音频	IP 电话	低	低	低	低
单向音频	在线广播	低	影响小	低	低
交互视频	可视电话 视频会议	高	低	低	低
单向视频	视频点播	高	影响小	低	低
实时交互操作	Telnet	低	低	影响小	低
严格任务	电子交易	低	影响小	影响小	低

1. 服务质量的衡量标准

(1) 时延(Delay):标识数据包穿越网络所用时间的指标。其中最常用的指标是端到端时延。如图 1.19 所示,Host A 与 Host B 之间的端到端延迟为 $1+0.25+0.5+0.25+25+0.25+0.5+0.25+1=29$ ms。

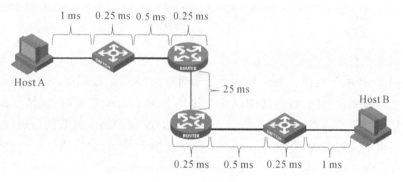

图 1.19 端到端时延

(2) 带宽(Bandwidth):链路上单位时间所能通过的最大数据流量,其单位为 bps(bit per second),或写作 b/s。在一条端到端的链路中,最大可用带宽等于路径上带宽最低的链路的带宽。如图 1.20 所示,Host A 与 Host B 之间的最大可用带宽=min(100 M,1 G,2 M,1 G,100 M)=2 Mb/s。

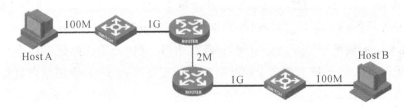

图 1.20 网络带宽

(3)丢包(Packet Loss):指数据包在传输过程中的丢失,是衡量网络可靠性的重要指标。导致丢包的主要原因:①网络拥塞时,当队列满了后,后续的报文将由于无法入队而被丢弃;②流量超过限制时,设备对其进行丢弃。丢包以丢包率作为衡量指标,可用下式计算,即

$$\text{丢包率} = \frac{\text{被丢弃报文数量}}{\text{全部报文数量}} \tag{1-3}$$

(4)抖动(Jitter):指数据包穿越网络时延迟的变化,是衡量网络延迟稳定性的指标。抖动是由于延迟的随机性造成的,主要原因是数据包排队延迟的不确定性。

如图 1.21 所示,网络数据包在从源端发送到目的端时发生了抖动,可用下式计算抖动,即

$$\text{抖动} = |T1 - T2| \tag{1-4}$$

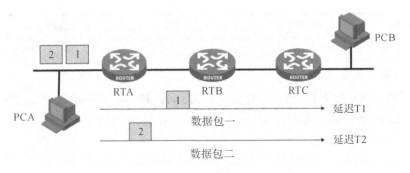

图 1.21 网络抖动

2. QoS 服务模型

(1)Best-Effort 服务模型。Best-Effort 是最简单的 QoS 服务模型,用户可以在任何时候,发出任意数量的报文,而且不需要通知网络。提供 Best-Effort 服务时,网络尽最大的可能来发送报文,但对时延、丢包率等性能不提供任何保证。Best-Effort 服务模型适用于对时延、丢包率等性能要求不高的业务,是现在 Internet 的缺省服务模型,它适用于绝大多数网络应用,如 FTP、E-mail 等。

(2)IntServ 服务模型。IntServ 模型是指用户在发送报文前,需要通过信令(Signaling)向网络描述自己的流量参数,申请特定的 QoS 服务。网络根据流量参数,预留资源以承诺满足该请求。在收到确认信息,确定网络已经为这个应用程序的报文预留了资源后,用户才开始发送报文。用户发送的报文应该控制在流量参数描述的范围内。网络节点需要为每个流维护一个状态,并基于这个状态执行相应的 QoS 动作,来满足对用户的承诺。

IntServ 模型使用了 RSVP(Resource Reservation Protocol)协议作为信令,在一条已知路径的网络拓扑上预留带宽、优先级等资源,路径沿途的各网元必须为每个要求服务质量保证的

数据流预留想要的资源，通过 RSVP 信息的预留，各网元可以判断是否有足够的资源可以使用。只有所有的网元都给 RSVP 提供了足够的资源，"路径"方可建立。

(3)DiffServ 服务模型。DiffServ 模型的基本原理是将网络中的流量分成多个类，每个类享受不同的处理，尤其是网络出现拥塞时不同的类会享受不同级别的处理，从而得到不同的丢包率、时延以及时延抖动。同一类的业务在网络中会被聚合起来统一发送，保证相同的时延、抖动、丢包率等 QoS 指标。

DiffServ 模型中，业务流的分类和汇聚工作在网络边缘由边界节点完成。边界节点可以通过多种条件（比如报文的源地址和目的地址、ToS 域中的优先级、协议类型等）灵活地对报文进行分类，对不同的报文设置不同的标记字段，而其他节点只需要简单地识别报文中的这些标记，即可进行资源分配和流量控制。

与 IntServ 模型相比，DiffServ 模型不需要信令。在 DiffServ 模型中，应用程序发出报文前，不需要预先向网络提出资源申请，而是通过设置报文的 QoS 参数信息，来告知网络节点它的 QoS 需求。网络不需要为每个流维护状态，而是根据每个报文流指定的 QoS 参数信息来提供差分服务，即对报文的服务等级划分，有差别地进行流量控制和转发，提供端到端的 QoS 保证。DiffServ 模型充分考虑了 IP 网络本身灵活性高、可扩展性强的特点，将复杂的服务质量保证通过报文自身携带的信息转换为单跳行为，从而大大减少了信令的工作，是当前网络中的主流服务模型。

3. 基于 DiffServ 模型的 QoS 组成

基于 DiffServ 模型的 QoS 业务主要分为以下几大类。

(1)报文分类和标记。要实现差分服务，需要首先将数据包分为不同的类别或者设置为不同的优先级。报文分类即把数据包分为不同的类别，可以通过 MQC 配置中的流分类实现；报文标记即为数据包设置不同的优先级，可以通过优先级映射和重标记优先级实现。

(2)流量监管、流量整形和接口限速。流量监管和流量整形可以将业务流量限制在特定的带宽内，当业务流量超过额定带宽时，超过的流量将被丢弃或缓存。其中，将超过的流量丢弃的技术称为流量监管，将超过的流量缓存的技术称为流量整形。接口限速分为基于接口的流量监管和基于接口的流量整形。

(3)拥塞管理和拥塞避免。拥塞管理在网络发生拥塞时，将报文放入队列中缓存，并采取某种调度算法安排报文的转发次序。而拥塞避免可以监督网络资源的使用情况，当发现拥塞有加剧的趋势时采取主动丢弃报文的策略，通过调整流量来解除网络的过载。

其中，报文分类和标记是实现差分服务的前提和基础；流量监管、流量整形、接口限速、拥塞管理和拥塞避免从不同方面对网络流量及其分配的资源实施控制，是提供差分服务的具体体现。

各种 QoS 技术在网络设备上的处理顺序如图 1.22 所示。

1.1.6　网络扩展与互联

在 1.1.2 小节，讨论了不同的网络互联的问题。在局域网中，也存在着同类型局域网的扩展、不同类型局域网的互相连接，以及局域网对外互联的问题。这种扩展和互联，需要使用不同的网络互联设备，而使用不同的网络互联设备可以将网络划分为不同的冲突域、广播域。

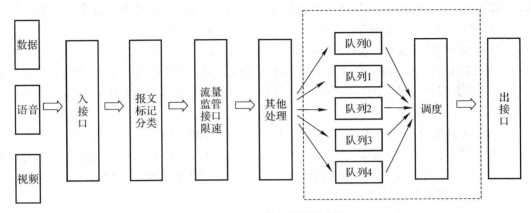

图 1.22　QoS 处理顺序示意图

所谓冲突域就是以太网上竞争同一带宽的节点集合。这个域代表了冲突在其中发生并传播的区域，这个区域可以被认为是共享段。在 OSI 模型中，冲突域被看作是第一层的概念，连接同一冲突域的设备有集线器、中继器或者其他进行简单复制信号的设备，也就是说，用集线器或中继器连接的所有节点可以被认为是在同一个冲突域内，它不能划分冲突域。而第二层设备（网桥、交换机）、第三层设备（路由器）都可以划分冲突域，当然也可以连接不同的冲突域。

所谓广播域，就是接收同样广播消息的节点集合。如在该集合中的任何一个节点传输一个广播帧，则所有其他能收到这个帧的节点都被认为是该广播帧的一部分。由于许多设备都极易产生广播，所以如果不维护，就会消耗大量的带宽，降低网络的效率。由于广播域被认为是 OSI 中的第二层概念，所以类似集线器、交换机等第一、第二层设备连接的节点都被认为是在同一个广播域内。而路由器、第三层交换机则可以划分广播域，即可以连接不同的广播域。

由于不同的网络互联设备可能工作在 OSI 模型的不同层次上。因此，它们划分冲突域、广播域的效果也就各不相同。每一层的网络互联设备要根据不同层次的特点完成各自不同的任务。本节从局域网的扩展与互联的角度来介绍一下这些设备对局域网的冲突域和广播域的划分与连接。具体的网络设备细节，本书第 2 章将展开详细讨论。

传统共享式以太网的典型代表是总线形以太网。在这种类型的以太网中，通信信道只有一个，采用 CSMA/CD 媒体访问方法。如图 1.23 所示，主机 A 只是想要发送一个单播数据包给主机 B，但由于传统共享式以太网的广播性质，接入到总线上的所有主机都将收到此单播数据包。此时如果任何第二方，包括主机 B 也要发送数据到总线上，都将发生冲突，导致双方数据发送失败。所以，连接在总线上的所有主机共同构成了一个冲突域。

当主机 A 发送的目标是所有主机的广播类型数据包时，总线上的所有主机都要接收该广播数据包，并检查广播数据包的内容，若需要，则会进行进一步的处理。此时连接在总线上的所有主机共同构成了一个广播域。

1. 在物理层扩展局域网

在物理层实现局域网的扩展主要通过中继器和集线器两种方式。

（1）利用中继器（Repeater）扩展局域网。中继器从信号放大的角度实现了以太网的扩展：扩展网络距离，将衰减信号经过归整并再生放大；实现粗同轴电缆以太网和细同轴电缆以太网的互联。IEEE 802.3 标准最多允许 4 个中继器连接 5 个网段。假如使用粗同轴电缆构造一个以太局域网,每一段粗缆最大长度为 500 m,则利用 4 个中继器可以将整个网络扩展到 2 500 m。

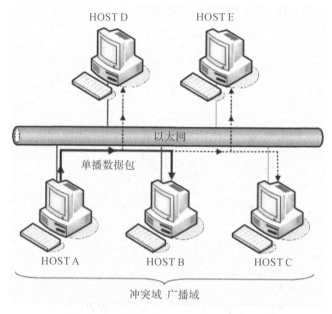

图 1.23 传统的总线形以太网的冲突域

通过中继器虽然可以延长信号传输的距离、实现两个网段的互联,但并没有增加网络的可用带宽。如图 1.24 所示,网段 1 和网段 2 经过中继器连接后构成了一个单个的冲突域和广播域。

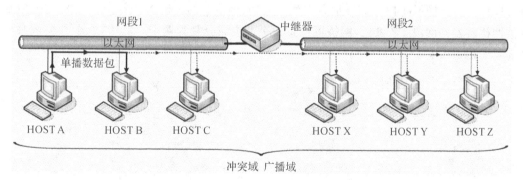

图 1.24 传统的总线形以太网

(2)利用集线器(Hub)扩展局域网。集线器实际上相当于多个端口的中继器。集线器通常有 8 个、16 个或 24 个等数量不等的端口。

集线器同样可以延长网络的通信距离,或连接物理结构不同的网络,但主要还是作为一个主机站点的汇聚点,将连接在集线器上各个端口上的主机联系起来使之可以互相通信。

如图 1.25 所示,所有主机都连接到中心节点的集线器上构成一个物理上的星形连接。但实际上,在集线器内部,各端口都是通过背板总线连接在一起的,在逻辑上仍构成一个共享的总线。因此,集线器和其所有端口所连接的主机共同构成了一个冲突域和一个广播域。

集线器使原来属于不同碰撞域的局域网上的计算机能够进行跨碰撞域的通信,扩大了局域网覆盖的地理范围。但是碰撞域增大了,总的吞吐量并未提高。如果不同的碰撞域使用不同的数据率,那么就不能用集线器将它们互联起来。

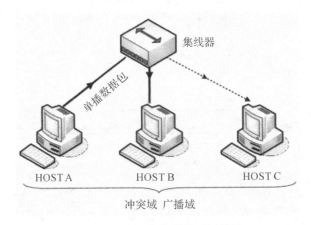

图 1.25　利用集线器扩展局域网

2. 在数据链路层扩展局域网

在数据链路层扩展局域网主要使用网桥和交换机两种方式。

(1)利用网桥(Bridge)扩展局域网。网桥又称为桥接器,和中继器类似,传统的网桥只有两个端口,用于连接不同的网段。和中继器不同的是,网桥具有一定的"智能"性,可以"学习"网络上主机的地址,并依照帧的 MAC 地址来完成帧的转发和过滤。

如图 1.26 所示,网段 1 的主机 A 发给主机 B 的数据包不会被网桥转发到网段 2。因为网桥可以识别这是网段 1 内部的通信数据流。同样,网段 2 的主机 X 发给主机 Y 的数据包也不会被网桥转发到网段 1。可见,网桥可以将一个冲突域分割为两个。其中,每个冲突域共享自己的总线信道带宽。

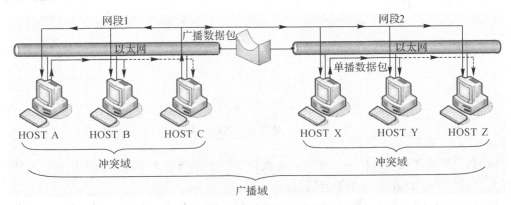

图 1.26　利用网桥扩展局域网

然而,如果主机 C 发送了一个目标是所有主机的广播类型数据包时,网桥要转发这样的数据包。网桥两侧的两个网段总线上的所有主机都要接收该广播数据包。因此,网段 1 和网段 2 仍属于同一个广播域。

所以，从冲突检测的角度来看，网桥的一个端口和冲突域中的一个主机是对等的。换句话说，网桥的一个端口就接了一个冲突域。

(2)利用交换机(Switch)扩展局域网。交换机是通过为需要通信的两台主机直接建立专用的通信信道来增加可用带宽的。从这个角度上来讲，交换机相当于多端口网桥。

如图1.27所示，交换机为主机 A 和主机 B 建立一条专用的信道，也为主机 C 和主机 D 建立一条专用的信道。只有当某个端口直接连接了一个集线器，而集线器又连接了多台主机时，交换机上的该端口和集线器上所连的所有主机才可能产生冲突，形成冲突域。换句话说，交换机上的每个端口都是自己的一个冲突域。

但是，交换机同样没有过滤广播通信的功能。如果交换机收到一个广播数据包后，它会向其所有的端口转发此广播数据包。因此，交换机和其所有端口所连接的主机共同构成了一个广播域。

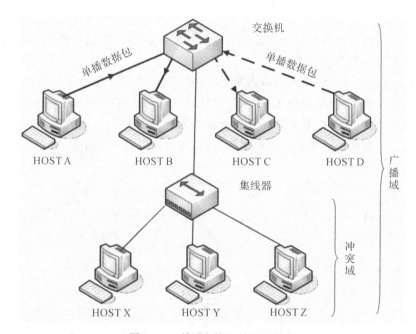

图 1.27　利用交换机扩展局域网

3. 在网络层进行网络互联

在物理层和链路层扩展局域网都只是在一个网络的内部所进行的扩展，而两个具有独立网络地址(IP 地址)的网络进行互联时则需要通过路由器来完成。此时，两个互联的网络是相互独立、相互对等的。

路由器(Router)工作在网络层，可以识别网络层的地址(IP 地址)，有能力过滤第 3 层的广播消息。实际上，除非做特殊配置，否则路由器从不转发广播类型的数据包。因此，路由器的每个端口所连接的网络都独自构成一个广播域。如图 1.28 所示，如果各网段都是共享式局域网，则每个网段自己构成一个独立的冲突域。

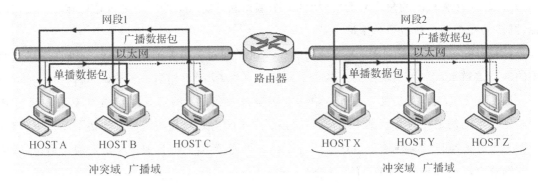

图 1.28 利用路由器来完成局域网间的互联

1.2 指挥信息网络的基本概念

指挥信息网络是指挥员及其指挥机关实施指挥所依托的军用信息网络,具有收集、传输、存储、处理、显示指挥信息等功能。

具体来说,指挥信息网络主要是指为固定指挥所和机动指挥所业务系统服务的各种承载网络与网络终端系统,其组成如图 1.29 所示。这些承载网络包括为固定指挥业务系统服务的固定指挥承载网、为机动指挥业务系统服务的机动指挥承载网和数据链接入网。网络终端系统主要包括用于部署指挥业务系统的各类服务器、安全设备和数据设备。

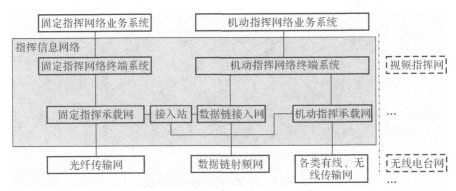

图 1.29 指挥信息网络的组成

承载网络大都基于 IP 技术,对各种不同的传输网络透明。其网络系统建设和传输网络的建设相对独立。例如固定指挥承载网,部署在不同物理地点的网络节点有着内在的逻辑上下级关系,但是其传输网络却依托于所在地的光纤传输网。光纤传输网通常作为通信基础设施,由国家或者军队统一建设。又例如机动指挥承载网,其机动指挥车上的网络系统与通信系统独立,网络系统可以按照需要来调用各种有线、无线通信设备作为其传输手段,保证了机动指挥车很强的拓扑适应性。并不是所有的指挥信息网络都基于 IP 技术,比如指控数据链,其接入网络虽然属于指挥信息网络,但是有其专用的协议和标准。

由于固定指挥承载网通常连接了分布地域较广的各类固定指挥所,所以固定指挥承载网通常会作为指挥信息网络的核心网络,数据链、机动指挥承载网都通过专用接入设备或者接入站点,接入到固定指挥承载网中。而固定指挥承载网一般都基于 IP 技术,所以指挥信息网络的核心网络通常采用 IP 交换方式。

还有一些网络通常会被误以为是一种指挥信息网的类型。比如视频指挥网,其实质只是指挥信息网的一个应用业务,而不是一个独立的指挥网络。还有一些通信网,也会被误以为属于指挥信息网。比如无线电台网络,其实质只是指挥信息网络的一个底层传输网络,并不是一个信息网络。虽然传输网络和指挥信息网络属于不同的层面,但是其类型选择和变化发展对于指挥信息网络的性能与业务承载能力有着很大的影响,所以下一章将重点讨论指挥信息网络底层的广域网传输技术。

思 考 题

1. 网络中经常使用的地址有哪些,分别是哪一层地址,互相之间有何区别?
2. 网络中各层数据分别是什么格式,封装哪种类型地址?
3. 网络中各层有哪些典型设备?
4. 广播域和冲突域如何理解,哪些设备可以隔离冲突域,哪些设备可以隔离广播域?
5. 广播、单播、组播之间有什么区别?
6. tracert 的工作原理是什么?
7. 成功地发送一个以太网帧,至少需要多少字节?
8. 什么情况下需要 QoS?
9. 军队里用到的哪些网络属于互联网,哪些属于局域网。这些网络中,又有哪些属于指挥信息网络?

第 2 章　骨干设备及原理

传统的通信手段在指挥所网络的对外连接上充当了广域网的作用。指挥所的内部,通常都是由高速的以太网构建的局域网。整个指挥信息网络的交换,以路由器在这些广域网和局域网之间承担的 IP 交换技术为核心。指挥所内部网络的核心交换则是由交换机承担。本章从设备的角度,介绍指挥信息网络的核心。

2.1　交　换　机

交换机是构成交换式以太网的关键设备。如第 1 章所述,传统的交换机可以在很大程度上减少冲突的发生,它可以分割冲突域,将一个较大的冲突域分割成几个小冲突域,让每台主机独占媒体的带宽。交换机不但可以工作在半双工模式下,而且可以工作在全双工模式下。工作于全双工时,主机在发送数据包的同时,还可以接收数据包,这样普通的 100 M 端口就可以变成 200 M 端口,进一步提高了信息吞吐量。利用交换机组网方便,网络升级简单,便于管理和结构化布线,是目前局域网中最重要的组网设备。

传统的交换机工作于链路层,近年来,相继又出现了第三层交换和第四层交换的概念。这使得交换机成为一个市场概念,需要根据其具体功能来判断工作于 OSI 的第几层。

2.1.1　二层交换机的功能和原理

1. 二层交换机的功能

交换机的主要功能有以下 3 项:

(1)地址学习。以太网交换机了解每一端口相连设备的 MAC 地址,并将地址同相应的端口映射起来存放在交换机缓存中的 MAC 地址表中。

(2)转发/过滤。当一个数据帧的目的地址在 MAC 地址表中有映射时,它被转发到连接目的节点的端口而不是所有端口(如该数据帧为广播/组播帧则转发至所有端口)。

(3)消除回路。当交换机包括一个冗余回路时,以太网交换机通过支撑树协议避免回路的产生,同时允许存在后备路径。

目前交换机还支持 VLAN(虚拟局域网)、链路汇聚等技术,甚至有的还具有防火墙的功能。

2. 二层交换机的基本原理

交换机的原理类似一个多端口网桥。交换机工作在数据链路层,将多个网段连起来,根据 MAC 地址来转发帧,不需要检查上层信息。交换机保存一个 MAC 地址表,当刚启动交换机时,该地址表是空的。当工作站发出一个帧时,交换机读出帧的源地址和目的地址,记下收到该帧的端口。然后在地址表中寻找通向目的地址的端口,将该帧的目的地址和表中的地址进行核对,接着从选定的相应端口输入。

总结起来说,当交换机从某一端口收到一个帧时,处理过程如下:

(1)首先检查该帧的源 MAC 地址是否已在地址表中,如果没有,则建立该地址同交换机端口的映射,并将其写入 MAC 地址表中。这种处理方法,通常称之为逆向学习算法。

当交换机刚开机时,其 MAC 地址表是空的,如图 2.1 所示。

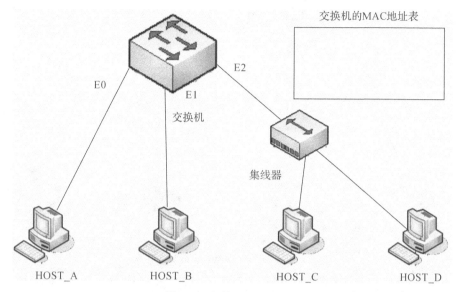

图 2.1 空的 MAC 地址表

(2)如果该 MAC 地址已在地址表中,则将该帧从对应的端口转发出去即可,而不必像集线器那样将该帧发送到所有主机。从而使得除了源主机和目的主机外的其他节点之间仍然可以进行相互间的通信,提供了比集线器更高的传输速率。

(3)如数据帧中的目的 MAC 地址不在 MAC 地址表中,则向所有端口转发。这种处理方法,通常称为扩散算法。

(4)广播帧和组播帧向所有的端口转发。

图 2.2 所示为逆向学习算法和扩散算法的应用实例。交换机开机时 MAC 地址为空,此时,若主机 A 向主机 C 发送一个数据帧,交换机会从与主机 A 相连的接口 E0 收到这个帧。由于交换机的 MAC 地址表中没有源主机 A 的 MAC 地址,于是按照逆向学习算法将主机 A 的 MAC 地址和交换机端口的映射关系写入 MAC 地址表中。反复多次类似的过程之后,交换机就会建立起自己完整的 MAC 地址表。

同时,由于 MAC 地址表中并没有目的主机 C 的 MAC 地址,交换机就将该帧从除 E0 之外的其他两个端口 E1 和 E2 转发出去。主机 B 和接在集线器上的主机 C、主机 D 都会收到这个帧,但只有主机 C 的网卡会收下这个数据帧,主机 B 和主机 D 的网卡则丢弃自己所收到的帧。

当交换机建立了完整的 MAC 地址表后,如图 2.3 所示,每接收一个数据帧则比照 MAC 地址表中的地址进行转发而不再广播。如主机 C 发送一个数据帧给主机 B,则交换机收到该帧后仅从端口 E1 转发该帧。但如果交换机收到发往主机 C 或主机 D 的数据帧,通过端口 E2 转发后,主机 C 和主机 D 都会接收到这个数据帧。这是因为交换机只是从特定端口转发了出去,而交换机上的每个端口都是自己的一个冲突域,每个冲突域共享自己的总线信道带宽。所以,通过集线器所连接的所有主机都会收到端口 E2 所转发的数据帧。

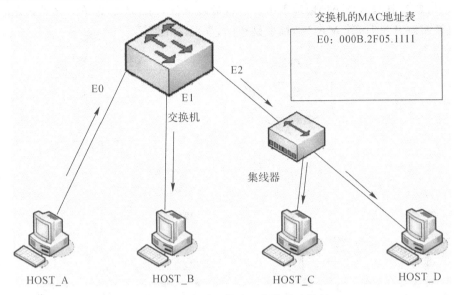

图 2.2　逆向学习算法和扩散算法举例

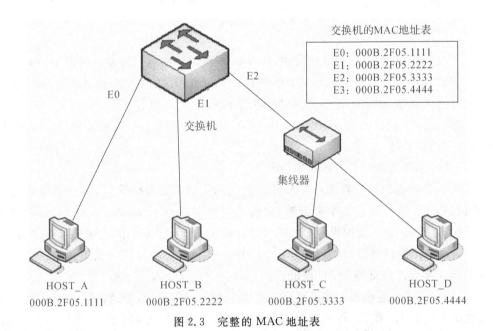

图 2.3　完整的 MAC 地址表

3. 交换机的交换结构与交换模式

交换机的交换结构主要有四种,分别是软件执行交换结构、矩阵交换结构、总线交换结构和共享存储交换结构。

(1) 软件执行交换结构。交换机接收到数据帧后,先将其由串行代码转化为并行代码,暂时存储在交换机的快速缓存 RAM 中,然后交换机的 CPU 开始根据数据帧中的目的 MAC 地址进行查询交换表。确定了目的端口后,交换机在源端口与目的端口之间建立起虚连接,然后将以并行代码形式存储在 RAM 中的数据帧转化为串行代码,发送到目的端口。上述的步骤都是由软件控制完成的。

(2)矩阵交换结构。在矩阵交换结构中,交换机确定了目的端口后,根据源端口与目的端口打开交换矩阵中相应的开关,在两个端口之间建立连接,通过建立的这个传输通道来完成数据帧的传输。它的优点是交换速率快、时延小、易于实现;缺点是扩展与可管理性较差。

(3)总线交换结构。总线交换结构的交换机拥有一条很高带宽的背部总线,交换机的所有的端口都挂接在这条背部总线上。总线按时隙分为多条逻辑通道,各个端口都可以往该总线上发送数据帧,这些数据帧都按时隙在总线上传输,并从各自的目的端口中输出数据帧。总线交换结构对总线的带宽有较高的要求,设交换机的端口数为 M,每个端口的带宽为 N,则总线的带宽应为 $M \times N$。总线交换结构扩展性和管理性好,易实现帧的广播和多个输入对一个输出的帧传送。

(4)共享存储交换结构。共享存储交换结构将共享存储 RAM 代替了总线交换结构中的总线,数据帧通过共享存储器实现从源端口直接传送到目的端口,它是总线交换结构的改进。共享存储交换结构的优点是结构简单、易于实现。它的缺点是当交换机的端口数量不断增加,存储容量不断扩大的同时,数据交换的时延也会越来越大,而且共享存储交换结构的成本比较高。

交换机的交换方式包括静态交换和动态交换两种。静态交换是由人工来完成端口之间传输通道的建立,如果没有人工的更改,这些通道是固定不变的;动态交换是通过对目的 MAC 地址的查询而得到的输出端口来临时建立传输通道的,这个传输通道在数据帧传送完成后自动断开。

当前,交换机最常采用的交换方式是动态交换方式。交换机的动态转发交换模式主要包括快速转发交换模式、碎片丢弃交换模式和存储转发交换模式。

(1)快速转发交换模式。快速转发交换模式是指交换机在接收数据帧时,一旦检测到 6 个字节,目的地址就立即进行转发操作。由于数据帧在进行转发处理时仅是帧中的 MAC 地址部分被复制到缓冲区,这时它并不是一个完整的帧,因此这个数据帧将无法经过校验、纠错,即被直接转发,即使是有错误的数据帧,仍然被转发到网络上。快速转发交换模式的优点在于端口交换时延小,交换速度快;缺点是可靠性较差,因此它适合于小型的交换机。

(2)碎片丢弃交换模式。碎片丢弃交换模式也被称为自由分段模式或是碎片隔离交换模式。交换机接收到数据帧时,先检测该数据帧是不是冲突碎片,如果不是冲突碎片,也不保存整个数据帧,而是在接收了它的目的地址后就直接进行转发操作;如果该数据帧是冲突碎片,则直接将该帧丢弃。冲突碎片是因为网络冲突而受损的数据帧碎片,其特征是长度小于 64 字节,它不是有效的数据帧,应该被丢弃。因此,交换机检测该数据帧是否冲突碎片,是通过判断这个数据帧的长度是否达到 64 字节,小于 64 字节的数据帧都将被视为冲突碎片,而等于或大于 64 字节的数据帧都被视为有效帧。碎片丢弃交换模式过滤掉了冲突碎片,提高了网络传输的效率和带宽的利用率。

(3)存储转发交换模式。存储转发模式与前两种转发模式最大的不同在于它将接收到的整个数据帧保存在缓冲区中。它把数据帧先存储起来,然后进行循环冗余码校验检查,在对错误帧进行处理后,才取出数据帧的目的地址,进行转发操作。存储转发方式的不足之处在于其进行数据处理的延时大。但是它的优点是可以对进入交换机的数据帧进行错误检测,能有效地改善网络性能,同时它可以支持不同速度的端口间的转换,保持高速端口与低速端口间的协同工作。另外,现在交换机的处理能力、缓存已大大改进,所以存储转发交换模式应用已成为主流模式。

前两种交换模式的交换机在接收到数据帧后,仅将数据帧中的目的MAC地址复制到缓冲区内即进行转发;存储转发交换模式要求交换机将整个数据帧保存到缓冲区中,再进行转发处理。

4. 交换机的MAC地址表

交换机的地址表包含了三种类型的地址:动态地址、静态地址和过滤地址。

(1)动态地址。交换机通过学习新的地址并老化掉不再使用的地址来不断更新其动态地址表。由于交换机中各端口具有自动学习地址的功能,通过端口发送和接收的帧的源地址(源MAC地址—交换机端口号)将存储到地址表中,因此需要维持一个老化时间,老化时间是一个影响交换机学习进程的参数。从一个地址记录加入地址表以后开始计时,如果在老化时间内各端口未收到源地址为该MAC地址的帧,那么,这些地址将从动态转发地址表中删除。

(2)静态地址。静态地址是不会老化的MAC地址,区别于一般的由学习得到的动态地址,静态地址一旦被加入,在被删除之前将一直有效,而不受老化时间的限制。这对于某些相对固定的连接来说,是相当有用的,可以提高交换机的效率。交换机静态地址的查看、端口静态地址的添加以及静态地址记录的删除可通过各个管理界面实现。

(3)过滤地址。过滤地址表记录了交换机过滤的MAC地址,交换机将不转发以过滤地址为目的地址的帧。通过修改该地址表,可以过滤不期望的帧,以达到安全的目的。交换机过滤地址的查看、过滤地址的添加以及过滤地址记录的删除可通过各个管理界面实现。

2.1.2 交换机的背板带宽

交换机的背板带宽是交换机接口处理器或接口卡和数据总线间所能吞吐的最大数据量。背板带宽标志了交换机总的数据交换能力,单位为Gb/s,也叫交换带宽,一般的交换机的背板带宽从几Gb/s到上百Gb/s不等。

评价交换机的背板带宽经常用到"线速"的概念,线速是指理论上线缆通过最大帧数时的状态。要想在传输速度一定的线路中处理尽可能多的帧,必须使帧最小。而以太网的最小帧长为64字节,这种64字节的帧最大限量通过线缆的状态就是"线速"。在线速状态下,也就是交换机接收了单位时间里线路处理的最大帧数的状态下,只要能毫无延迟地处理帧,就可以说该交换机具备了充分的处理性能,这就是"支持线速"的意思。

那么到底有多少帧通过呢?以太网的线速计算公式如下:

线速度=带宽/[帧间隙(Inter-Frame Gap)+前导码(Preamble)+帧大小]

式中:帧间隙 96 bits;前导码 64 bits。

以64字节帧为基准计算,则:

10 M 线速=10 M/(96 bit+64 bit+8×64 bit)=14 880 p/s(每秒报文数)

100 M 线速=100 M/(96 bit+64 bit+8×64 bit)=148 800 p/s

1 000 M 线速=1 000 M/(96 bit+64 bit+8×64 bit)=1 488 000 pps=1.488 Mp/s

10 000 M 线速=10 000 M/(96 bit+64 bit+8×64 bit)=14 880 000 p/s=14.88 Mp/s

线速的背板带宽:交换机上所有端口能提供的总带宽[计算公式为端口数×相应端口速率

×2(全双工模式)]≤标称背板带宽,那么在背板带宽上是线速的,可实现全双工无阻塞交换,证明交换机具有发挥最大数据交换性能的条件。

包转发线速:包转发率＝千兆端口数量×1.488 Mpps＋百兆端口数量×0.148 8 Mpps＋其余类型端口数×相应计算方法,如果这个速率≤标称二层包转发速率,那么交换机可以做到线速。

2.1.3　三层与多层交换机

日益强大的计算机系统为网络技术向更快、更便捷的方向发展提供了保障。第二层交换机已无法胜任大规模局域网的建设,于是就出现了第三层交换技术。第三层交换就是在第二层交换的基础上把路由功能集成在交换机中,吸收了路由器在网络中的可扩展性和灵活性等特点,所以将第三层交换机又称为路由交换机。与第二层交换机相比,第三层交换机在性能上得到了飞跃性的提高,在网络分段、安全性、可管理性等方面都具有很大的优势。

举例说明三层交换的概念。假设两个使用 IP 协议的主机通过第三层交换机进行通信,源主机 A 在开始发送时,已知目的主机的 IP 地址,但尚不知道在局域网上发送所需要的 MAC 地址,要采用地址解析(ARP)来确定目的主机的 MAC 地址。源主机把自己的 IP 地址与目的主机的 IP 地址进行比较,采用软件中配置的子网掩码提取出网络地址来确定目的主机是否与自己在同一子网内。若目的主机 B 与源主机 A 在同一子网内,广播一个 ARP 请求,B 返回其 MAC 地址,A 得到目的主机 B 的 MAC 地址后将这一地址缓存起来,并用此 MAC 地址封包转发数据,第二层交换模块查找 MAC 地址表确定将数据包发向目的端口。若两个主机不在同一子网内,如源主机 A 要与目的主机 C 通信,源主机 A 要向"默认网关"发出 ARP 包,而"默认网关"的 IP 地址已经在系统软件中设置。这个 IP 地址实际上对应第三层交换机的第三层交换模块。所以当源主机 A 对"默认网关"的 IP 地址广播出一个 ARP 请求时,若第三层交换模块在以往的通信过程中已得到目的主机 B 的 MAC 地址,则向源主机 A 回复 B 的 MAC 地址;否则第三层交换模块根据路由信息向目的主机所在的子网广播一个 ARP 请求,目的主机 C 得到此 ARP 请求后向第三层交换模块回复其 MAC 地址,第三层交换模块保存此地址并回复给源主机 A。以后,当再进行 A 与 C 之间数据包转发时,将用最终的目的主机的 MAC 地址封包,数据转发过程全部交给第二层交换处理,信息得以高速交换。

第三层交换具有以下突出特点:
1)有机的硬件结合使得数据交换加速;
2)优化的路由软件使得路由过程效率提高;
3)除了必要的路由决定过程外,大部分数据转发过程由第二层交换处理;
4)多个子网互联时只是与第三层交换模块的逻辑连接,不像传统的外接路由器那样需增加端口,保护了用户的投资。

第三层交换的目标是,只要在源地址和目的地址之间有一条更为直接的第二层通路,就没有必要经过路由器转发数据包。第三层交换使用第三层路由协议确定传送路径,此路径可以只用一次,也可以存储起来,供以后使用。之后数据包通过一条虚电路绕过路由器快速发送。第三层交换技术的出现,解决了局域网中网段划分之后,网段中子网必须依赖路由器进行管理的问题,解决了传统路由器低速、复杂所造成的网络瓶颈问题。当然,三层交换技术并不是网络交换机与路由器的简单叠加,而是二者的有机结合,形成了一个集成的、完整的解决方案。

传统的网络结构对用户应用所造成的限制,正是三层交换技术所要解决的关键问题。三层交换机的包处理能力达路由器的40倍以上。在交换网络中,尤其是大规模的交换网络,没有路由功能是不可想象的。然而路由器的处理能力又限制了交换网络的速度,这就是三层交换所要解决的问题。第三层交换机并没有像其他两层交换机那样把广播封包扩散,第三层交换机之所以叫三层交换机是因为它能分析第三层的信息,如IP地址、ARP等。因此,三层交换机便能洞悉某广播封包目的何在,在没有将其扩散出去的情形下,满足了广播包发送者的需要(不管他们在任何子网里)。如果认为第三层交换机就是路由器,那也应称作超高速反传统路由器,因为第三层交换机没做任何拆包的工作,所有被转发的数据包都不会被修改并以交换的速度传到目的地。

随着网络技术的发展,又出现了多层交换和第四层交换。可以把多层交换机看作是在传统交换机(第二层交换机)的基础上附加(而非集成)了路由交换功能的设备。目前的多层交换机可以很好地兼容现有的路由器网络。第四层交换机是在第三层交换机的基础上引进了新的网络功能,它工作于OSI模型的第四层(传输层),可对数据包进行查询、获取数据包的相关信息等。

第四层交换中传输不仅仅依据MAC地址(第二层网桥)或源/目标IP地址(第三层路由),而且依据TCP/UDP(第四层)应用端口号。第四层交换功能就像是虚IP,指向物理服务器。它传输的业务服从的协议多种多样,有HTTP、FTP、NFS、Telnet等。这些业务在物理服务器基础上,需要复杂的载量平衡算法。在IP世界,业务类型由终端TCP或UDP端口地址来决定,在第四层交换中的应用区间则由源端和终端IP地址、TCP和UDP端口共同决定。

在第四层交换中为每个供搜寻使用的服务器组设立虚IP地址(VIP),每组服务器支持某种应用。在域名服务器(DNS)中存储的每个应用服务器地址是VIP,而不是真实的服务器地址。

当某用户申请应用时,一个带有目标服务器组的VIP连接请求(例如一个TCP SYN包)被发给服务器交换机,服务器交换机在组中选取最好的服务器,将终端地址中的VIP用实际服务器的IP取代,并将连接请求传给服务器。这样,同一区间所有的包由服务器交换机进行映射,在用户和同一服务器间进行传输。

2.1.4 交换机与虚拟局域网

传统的局域网以物理网段为基本网络用户单位,通常以连接设备的物理位置来划分入网的部门分工。在使用CSMA/CD的以太网中,主机在发送数据时,如果使用广播地址,那么在此网段上的所有主机都将收到数据包,这样一来如果该网段主机众多,或者网段间使用三层以下设备连接,很容易引起广播风暴。而冲突和广播风暴是影响网络性能的重要因素。为解决这一问题,引入了虚拟局域网(Virtual LAN,VLAN)的概念。

1. 虚拟局域网的基本思想

VLAN是一组逻辑上的设备和用户,这些设备和用户并不受物理网段的限制,可以根据功能、部门及应用等因素将它们组织起来,相互之间的通信就好像它们在同一个网段中一样,由此得名虚拟局域网。VLAN是一种比较新的技术,工作在OSI参考模型的第二层和第三层,一个VLAN就是一个广播域,VLAN之间的通信是通过第三层的路由器来完成的。与传统的局域网技术相比较,VLAN技术更加灵活,减少了因用户的增加、删除、移动等工作产生的隐藏开销。而且,支持虚拟网的交换机可以在没有路由器的情况下很好地控制广播流量。

归纳起来,VLAN 在控制广播域的范围、网络安全、第三层地址的管理和网络资源的集中管理方面优点突出。

(1)控制广播域的范围。当一个广播域内的设备增加时,在广播域内设备的广播频率便会相对增加。广播率的提高,对设备的效率会有很大的影响,因为每一个设备都必须中断其 CPU 正在处理的业务,来处理收到的广播包,以决定是否需要对包内的数据作进一步处理。这种中断降低了 CPU 处理正常业务的效率,增加了完成这些业务的时间。

VLAN 一个非常重要的好处是,在一个 VLAN 内的广播包不会跑到别的 VLAN 上去。通过限制一个 VLAN 上的设备数目,在一个 VLAN 上的广播率便可受到控制。通过现场性能监测,一个正常的广播率平均每秒应不超过 30 个广播包。

(2)网络安全。很多时候,网管人员需要限制对本地网络中一个或多个特别设备的接入。如果所有的设备都在同一个广播域内,便很难执行这种限制。而建立多个广播域,可以通过地址过滤和建立连接认可地址表来实现该限制。

数据包要跨越一个 VLAN 必须通过一个 3 层路由设备。这种路由设备让网管人员可以定义设备间的接入。接入控制功能的使用,可以控制和监视敏感资源设备的接入。

(3)第三层地址管理。常见的设计,是把同类型的设备规划在同一个 IP 子网中。例如把打印机安排在同一个 IP 子网上,属于某个部门的工作站和服务器却在另一子网。在逻辑上好像很合理,但在一个大型企业网络上,这种构想没有 VLAN 是无法实现的。

(4)网络资源的集中管理。假定把所有的打印机都规划在一个子网上,而每一台打印机都必须在同一个广播域里,这样相当于需要在每一个楼层上,分别安装交换机。这些交换机都需要光缆和铜缆的连接,而这些打印机子网都需要连接到自己的专用路由器端口上。

利用 VLAN,可以把打印机和网络中的其他设备连接到同一个交换机,分享同一条互联的电缆或光纤链路、同一个路由器端口。

划分 VLAN 的方法主要有两种:静态和动态。静态 VLAN 由交换机本身的特征信息定义,通常包括插槽、端口或端口组等。例如基于端口的 VLAN,因为用户的主机属于哪个 VLAN 是根据交换机的端口属于哪个 VLAN 而定的,网络管理员首先把端口分配到不同的 VLAN 内,根据规划把用户的主机与相应的端口相连,这样就把用户分配到了对应的 VLAN 内。

动态 VLAN 通常由节点的某些特征信息定义,可以是节点的 MAC 地址、正在使用的协议,甚至是某些认证信息(如名字与口令等)。最普通的实现方法是基于 MAC 地址的动态 VLAN。基于 MAC 地址的动态 VLAN 需要一台 VMPS(VLAN Membership Policy Server,虚拟局域网策略服务器),VMPS 可以是一台具有该功能的交换机(如 Catalyst 5000 交换机)或是一台外部服务器,VMPS 中维护着 MAC 地址与 VLAN 的对应关系表。需要把交换机的端口设置为支持动态 VLAN 属性的端口。当交换机的支持动态 VLAN 的端口接收到数据帧时,通过使用该数据帧的源 MAC 地址查询 VMPS,从而建立起端口与 VLAN 的对应关系。

(1)根据端口划分 VLAN。基于端口的 VLAN 划分是最简单、最有效的 VLAN 划分方法,它按照局域网交换机端口来定义 VLAN 成员,如图 2.4 所示。VLAN 从逻辑上把局域网交换机的端口划分开来,从而把终端系统划分为不同的部分,各部分相对独立,在功能上模拟了传统的局域网。

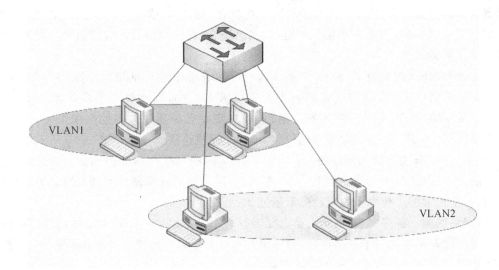

图 2.4　根据交换机端口划分 VLAN

根据端口划分 VLAN 的方法,允许跨越多个交换机的多个不同端口划分 VLAN,不同交换机上的若干个端口可组成同一个虚拟网,如图 2.5 所示。

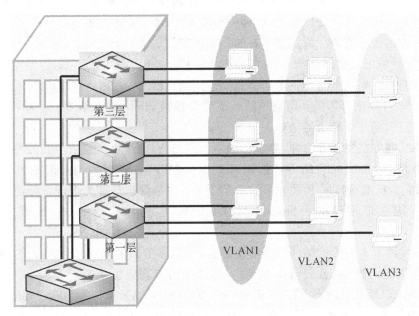

图 2.5　跨越多个交换机的多个不同端口划分 VLAN

特点:
1)配置过程简单。
2)跨交换机的 VLAN 交互通过路由器或带三层交换功能的交换机进行。
3)用户从一个端口的 VLAN 移到另一端口所在的 VLAN,需要进行重新设置。
(2)根据 MAC 地址划分 VLAN(帧交换)。交换机根据节点的 MAC 地址,决定将其放置于哪个 VLAN 中。由于 MAC 地址是捆绑在网络接口卡上的,故这种 VLAN 的划分方法与连接到交换机上的设备有关,可以允许网络用户从一个物理位置移动到另一个物理位置上,并且自动保留其所属虚拟网段的成员身份。该 VLAN 的划分方法独立于网络的高层协议(如 TCP/IP、IP、IPX 等)。

缺点:

所有的用户必须被明确地分配到一个 VLAN 中,网卡换了,必须修改 VLAN 配置。

(3)根据网络层定义划分 VLAN。交换机还可以根据使用的协议(如果网络中存在多协议的话)或网络层地址(如 TCP/IP 中的子网段地址)来确定网络成员(VLAN)的划分。

优点:

1)可以按传输协议划分网段。
2)用户可以在网络内部自由移动而不用重新配置自己的工作站。
3)可以减少由于协议转换而造成的网络延迟。

缺点:

基于网络层的虚拟网需要分析各种协议的地址格式并进行相应的转换,影响交换机的速度。

2. VLAN 标记

划分了 VLAN 之后,还有两个问题需要解决。

第一个是对于跨交换机的 VLAN,通信时的物理通道的问题。在应用中,VLAN 仅使用一个物理通道对来自不同 VLAN 的数据进行标记,这条通道上就承载着多个 VLAN 的数据,这样的链路称为干道(trunk)。trunk 链路通过在交换机上设置 trunk 端口,并把它们连起来。

第二个是区分不同 VLAN 数据的问题。因为 VLAN 通信时仅使用一个物理通道,所以需要对不同的 VLAN 数据进行标记。以太网中有两种较常见的标记技术:ISL(Inter Switch Link)和 IEEE 802.1Q。ISL 技术是一种封装的技术,在正常的以太网帧前面增加了 24 字节的帧首信息,在帧尾增加 4 字节的 CRC 信息。IEEE 802.1Q 通常简称为 dot1q,在以太网的帧格式中插入一个 4 字节的 VLAN 标记(tag),用来指明发送该帧的工作站属于哪一个虚拟局域网。IEEE 802.1Q 的 VLAN 标记如图 2.6 所示。

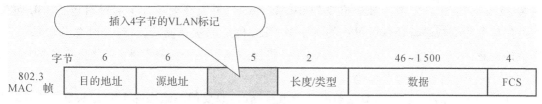

图 2.6　IEEE 802.1Q 的 VLAN 标记

3. VLAN 干道

当划分 VLAN 时,如果跨了多台交换机,此时,处于不同交换机上,但处于同一 VLAN 内的主机间通信时,其数据中继主要通过一个特殊的连接来实现。这个特殊的连接,称为"干道链路"(Trunk Link)。干道中的数据帧必须附加 VLAN 标记信息。这样各个 VLAN 的信息就不会在干道中混淆。

干道链路上传输着多个 VLAN 的数据,所以对其带宽要求比较高。因此,在选择干道链接时,端口必须支持较高的传输速率。

IEEE 802.1Q,俗称"Dot One Q",在数据帧中插入了 4 字节的标记信息,被称作"标签型 VLAN"(Tagging VLAN)。在数据帧中添加了 4 字节的内容,那么 CRC 值自然也会有所变化。这时数据帧上的 CRC 是插入标签后,对包括其在内的整个数据帧重新计算后所得的值。而当数据帧离开干道链路时,标签会被去除,这时还会重新进行一次 CRC 计算。

注意:

1) IEEE 802.1Q 的标记只存在于交换机之间的干道链路,主机与交换机之间仍然是标准的以太网帧;

2) VLAN1 的数据在干道中可以不使用标记,仍然使用以太网的数据帧格式。

IEEE 802.1Q 的标记,如图 2.7 所示。

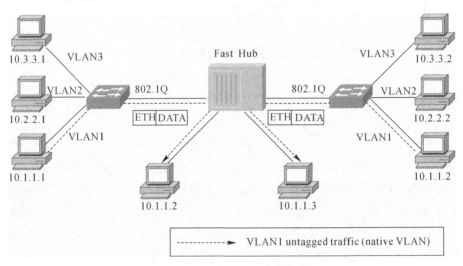

图 2.7　IEEE 802.1Q 在干道中的标记

ISL 是一种与 IEEE 802.1Q 类似的、用于在干道链路上附加 VLAN 信息的协议。与 IEEE 802.1Q 不同,使用 ISL 时,不是在数据帧中插入标记信息,而是对每个数据帧进行重新封装,头部会加入 26 字节的"ISL 包头"(ISL Header),并且在帧尾加上通过对包括 ISL 包头在内的整个数据帧进行计算后得到的 4 字节 CRC 值。也就是说,重新封装时总共增加了 30 字节的信息。ISL 就像用 ISL 包头和新 CRC 将原数据帧整个包裹起来,因此也被称为"封装型 VLAN"(Encapsulated VLAN)。

在使用 ISL 的环境下,当数据帧离开干道链路时,只要简单地去除 ISL 包头和新 CRC 就可以了。由于原先的数据帧及其 CRC 都被完整保留,因此无须重新计算 CRC。

需要注意的是,不论是 IEEE 802.1Q 的"Tagging VLAN",还是 ISL 的"Encapsulated VLAN",都不是很严密的称谓。不同的书籍与参考资料中,上述词语有可能被混合使用。

与 IEEE 802.1Q 类似,ISL 的封装只存在于交换机与交换机之间、交换机与路由器之间或者交换机与服务器之间,用户主机并不能看到这些封装信息,如图 2.8 所示。

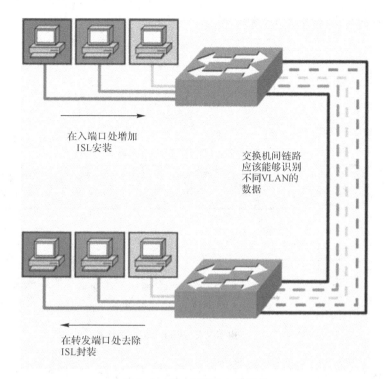

图 2.8 ISL 在干道中的封装

4. VLAN 间路由

划分 VLAN 的目的,主要是为了隔离广播。所以即便是接在同一个交换机上的主机,只要属于不同的 VLAN,它们之间仍无法直接通信。不同 VLAN 间通信需要通过路由,才能使原来属于不同 VLAN 的主机间互相通信。

在 LAN 内通信时,必须在数据帧头中指定目的主机的 MAC 地址。而为了获取 MAC 地址,TCP/IP 协议利用 ARP 协议来实现从 IP 地址到 MAC 地址的转换。通过第 1 章的相关知识可以了解到,ARP 解析 MAC 地址的方法,是通过发送 ARP 广播的形式实现。也就是说,如果广播报文无法到达,那么就无从解析 MAC 地址,亦即无法直接通信。

主机属于不同的 VLAN,也就意味着属于不同的广播域,自然收不到彼此的广播报文。因此,属于不同 VLAN 的计算机之间无法直接互相通信。为了能够在 VLAN 间通信,需要利用网络层信息(IP 地址)来进行路由。所以通常使用路由器和三层交换机进行 VLAN 间路由。

使用路由器进行 VLAN 间的路由,是最直观的想法。使用路由器进行 VLAN 间路由时,路由器和交换机的接线方式,主要有以下两种:

(1)将路由器使用多个物理接口与交换机上的每个 VLAN 分别连接;
(2)不论 VLAN 有多少个,路由器只使用一个物理接口与交换机连接。

第一种方法显然是最直接的方法,交换机上的每一个 VLAN 对应路由器上的一个接口。将交换机上用于和路由器连接的每个端口设为访问链接,然后分别用网线与路由器上的独立接口连接。如图 2.9 所示,交换机上有 3 个 VLAN,那么就需要在交换机上预留 3 个端口用于与路由器连接;路由器上同样需要有 3 个接口;两者之间用 3 条线缆分别连接。每个 VLAN

作为一个虚拟的三层接口,配置 IP 地址。

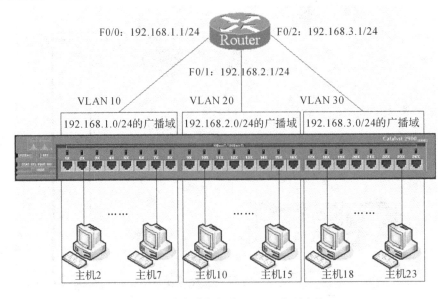

图 2.9　路由器与每个 VLAN 分别连接

如果采用这种办法,就对路由器的接口造成了极大的浪费。每增加一个新的 VLAN,都需要消耗路由器的接口和交换机的访问链接,而且还需要重新布设一条线缆。路由器的一个接口对应着一个网络,所以通常不会带有太多 LAN 接口。若为了新建 VLAN 而增加路由器接口,就意味着要将路由器升级成带有多个 LAN 接口的高端产品,或者购买新的网络模块。这是一个非常奢侈的做法,开销太大。

那么,第二种办法"不论 VLAN 有多少个,路由器只使用一个物理接口与交换机连接"呢?当使用一条网线连接路由器与交换机进行 VLAN 间路由时,需要用到干道链接。使用 router 的快速以太网接口来做 ISL 或者 802.1Q 的干道链接,这样的方法叫作单臂路由(router on a stick),如图 2.10 所示。

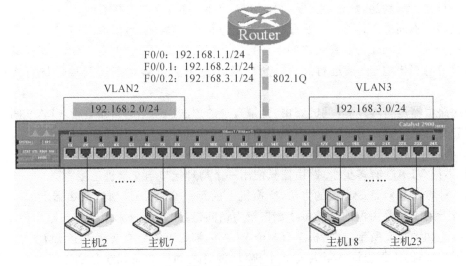

图 2.10　单臂路由

这种方法的具体实现过程如下：

首先将用于连接路由器的交换机端口设为干道链接，而路由器上的接口必须支持干道链路，双方用于干道链路的协议也必须相同。接着在路由器上定义对应各个 VLAN 的"子接口"（Sub Interface）。尽管路由器与交换机物理连接的实际接口只有一个，但可以在理论上将其分割为多个虚拟子接口，如图 2.11 所示。VLAN 将交换机从逻辑上分割成了多个广播域，相当于多台交换机。所以，用于 VLAN 间路由的路由器，也必须拥有分别对应各个 VLAN 的虚拟子接口。

图 2.11 在路由器接口上划分子接口

采用这种方法，即使之后在交换机上新建一个 VLAN，交换机和路由器之间仍然只需要一条物理连接。管理员只需要在路由器上新配置一个对应于新建 VLAN 的子接口就可以了。与前面的方法相比，该方法扩展性要强得多，非常经济。不用担心去升级路由器的 LAN 接口数量，进而重新进行布线。

借助三层交换机进行 VLAN 间路由要比使用路由器进行 VLAN 间路由容易理解一些。其基本思想要点如下：

(1) 三层交换机上启用 VLAN 的虚拟接口，并为每个 VLAN 配置 IP 地址作为网关；
(2) 三层交换机和二层交换机之间要用 trunk 模式互联；
(3) 开启三层交换机的路由功能。

下面的例子（拓扑如图 2.12 所示），连接了两台交换机，一台三层交换机，一台二层交换机。与之前的 VLAN 配置方法相同，在两台交换机上划分跨交换机的 VLAN，并配置干道。不同之处就是在三层交换机上配置三层交换虚接口（配置 IP 地址），并启动其路由功能。

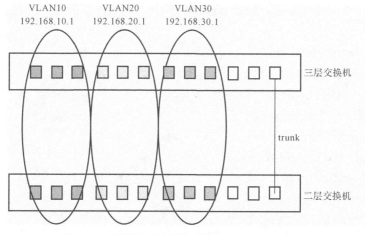

图 2.12 使用三层交换机进行 VLAN 间路由举例

首先在三层交换机上完成以下配置：

<Huawei>system-view

[Huawei]sysname L3switch
[L3switch]vlan batch 10 20 30
//创建三个 VLAN：vlan10、vlan20、vlan30
[L3switch]port-group portGroupVlan10
[L3switch-port-group-portgroupvlan10]group-member g0/0/1 to g0/0/3
[L3switch-port-group-portgroupvlan10]port link-type access
[L3switch-port-group-portgroupvlan10]port default vlan 10
[L3switch-port-group-portgroupvlan10]quit
//为 vlan10 分配成员
[L3switch]port-group portGroupVlan20
[L3switch-port-group-portgroupvlan20]group-member g0/0/4 to g0/0/6
[L3switch-port-group-portgroupvlan20]port link-type access
[L3switch-port-group-portgroupvlan20]port default vlan 20
[L3switch-port-group-portgroupvlan20]quit
//为 vlan20 分配成员
[L3switch]port-group portGroupVlan30
[L3switch-port-group-portgroupvlan30]group-member g0/0/7 to g0/0/9
[L3switch-port-group-portgroupvlan30]port link-type access
[L3switch-port-group-portgroupvlan30]port default vlan 30
[L3switch-port-group-portgroupvlan30]quit
//为 vlan30 分配成员
[L3switch]int g0/0/12
[L3switch-GigabitEthernet0/0/12]port link-type trunk
[L3switch-GigabitEthernet0/0/12]port trunk allow-pass vlan 10 20 30
//配置 g0/0/12 为 trunk 口，设置允许通过的 vlan，配置虚拟接口 IP 地址
[L3switch]int vlan 10
[L3switch-Vlanif10]ip addr 192.168.10.1 24
[L3switch-Vlanif10]int vlan20
[L3switch-Vlanif20]ip addr 192.168.20.1 24
[L3switch-Vlanif20]int vlan30
[L3switch-Vlanif30]ip addr 192.168.30.1 24
//配置虚拟接口（SVI 接口）IP 地址
[L3switch-Vlanif30]quit
[L3switch]quit
<L3switch>save
//保存配置
这样，在三层交换机上的配置就完成了，然后在二层交换机上完成 VLAN 的相关配置：
<Huawei>system-view
[Huawei]sysname L2switch

```
[L2switch]vlan batch 10 20 30
[L2switch]port-group portGroupVlan10
[L2switch-port-group-portgroupvlan10]group-member e0/0/1 to e0/0/3
[L2switch-port-group-portgroupvlan10]port link-type access
[L2switch-port-group-portgroupvlan10]port default vlan 10
[L2switch-port-group-portgroupvlan10]quit
[L2switch]port-group portGroupVlan20
[L2switch-port-group-portgroupvlan20]group-member e0/0/4 to e0/0/6
[L2switch-port-group-portgroupvlan20]port link-type access
[L2switch-port-group-portgroupvlan20]port default vlan 20
[L2switch-port-group-portgroupvlan20]quit
[L2switch]port-group portGroupVlan30
[L2switch-port-group-portgroupvlan30]group-member e0/0/7 to e0/0/9
[L2switch-port-group-portgroupvlan30]port link-type access
[L2switch-port-group-portgroupvlan30]port default vlan 30
[L2switch-port-group-portgroupvlan30]quit
[L2switch]int g0/0/1
[L2switch-GigabitEthernet0/0/12]port link-type trunk
[L2switch-GigabitEthernet0/0/12]port trunk allow-pass vlan 10 20 30
[L2switch]quit
<L2switch>save
```

2.2 路 由 器

路由器工作于网络层,连接不同的网络,隔断了广播。路由器是互联网的主要节点设备。路由器通过路由决定数据的转发。转发策略称为路由选择(Routing),这也是路由器名称的由来(Router,转发者)。作为不同网络之间互相连接的枢纽,路由器系统构成了 Internet 的主体脉络,也可以说,路由器构成了 Internet 的骨架。它的处理速度是网络通信的主要瓶颈之一,它的可靠性则直接影响着网络互联的质量。因此,在 Internet 研究领域中,路由器技术始终处于核心地位。

2.2.1 路由器及路由的基本概念

路由器利用网络层定义的"逻辑"上的网络地址(即 IP 地址)来区别不同的网络,实现网络的互联和隔离,保持各个网络的独立性。路由器不转发广播消息,而把广播消息限制在各自的网络内部。发送到其他网络的数据报先被送到路由器,再由路由器转发出去。

IP 路由器只转发 IP 分组,把其余的部分挡在网内(包括广播),从而保持各个网络具有相对的独立性,这样可以组成具有许多网络(子网)互联的大型的网络。由于是在网络层的互联,路由器可方便地连接不同类型的网络,只要网络层运行的是 IP 协议,通过路由器就可互连起来。

路由器有多个端口,用于连接多个 IP 子网。每个端口的 IP 地址的网络号要与其所连接的 IP 子网的网络号相同。不同的端口为不同的网络号,对应不同的 IP 子网,这样才能使各子网中的主机通过自己子网的 IP 地址把要求出去的 IP 分组送到路由器上。

当 IP 子网中的一台主机发送 IP 分组给同一 IP 子网的另一台主机时,它利用 ARP 解析目的 IP 所对应的 MAC 地址,进而直接交付目的主机。而要送给不同 IP 子网上的主机时,要选择一个能到达目的子网上的路由器,把 IP 分组送给该路由器,由路由器负责把 IP 分组送到目的地。如果没有找到这样的路由器,主机就把 IP 分组送给一个称为"默认网关"(Default Gateway)的路由器上。"默认网关"是每台主机上的一个配置参数,它是接在同一个网络上的某个路由器端口的 IP 地址。

路由器转发 IP 分组时,只根据 IP 分组目的 IP 地址的网络号部分,选择合适的端口,把 IP 分组送出去。同主机一样,路由器也要判定端口所接的是否是目的子网,如果是,就直接把分组通过端口送到网络上,否则,查找路由表,选择下一个路由器来传送分组。

路由动作包括两项基本内容:寻径和转发。"寻径"就是判定到达目的地的最佳路径,由管理员来静态配置或者由路由选择算法来动态选择。由于涉及不同的路由选择协议和路由选择算法,要相对复杂一些。为了判定最佳路径,路由选择算法必须启动并维护包含路由信息的路由表,其中路由信息依赖于所用的路由选择算法而不尽相同。路由选择算法将收集到的不同信息填入路由表中,根据路由表可将目的网络与下一跳的关系告诉路由器。路由器间互通信息进行路由更新,更新维护路由表使之正确反映网络的拓扑变化,并由路由器根据某种度量来决定最佳路径,这就是路由选择协议(Routing Protocol),例如路由信息协议(RIP)、开放式最短路径优先协议(OSPF)和边界网关协议(BGP)等。

转发即沿"寻径"所得到的最佳路径传送信息分组。路由器首先在路由表中查找,判明是否知道如何将分组发送到下一个站点(路由器或主机),如果路由器不知道如何发送分组,通常将该分组丢弃;否则就根据路由表的相应表项将分组发送到下一跳,如果目的网络直接与路由器相连,路由器就把分组直接送到相应的端口上。

2.2.2 路由器的结构组成

1. 路由器的结构

典型的路由器结构具有输入端口、输出端口、交换结构和路由处理器四要素。

输入端口是物理链路和输入包的进口处。端口通常由板卡提供,一个输入端口具有许多功能。第一个功能是进行数据链路层的封装和解封装。第二个功能是在转发表中查找输入包目的地址从而决定目的端口(称为路由查找),路由查找可以使用一般的硬件来实现,或者通过在每块板卡上嵌入一个微处理器来完成。第三,为了提供 QoS,端口要对收到的包分成几个预定义的服务级别。第四,端口可能需要运行诸如 SLIP(串行线网际协议)和 PPP(点对点协议)这样的数据链路级协议或者诸如 PPTP(点对点隧道协议)这样的网络级协议。一旦路由查找完成,必须用交换结构将包送到其输出端口。如果路由器是输入端加队列的,则由几个输入端共享同一个交换结构。这样输入端口的最后一项功能是参加对公共资源(如交换结构)的仲裁协议。

交换结构可以使用多种不同的技术来实现。迄今为止使用最多的交换结构技术是总线、交叉开关和共享存储器。最简单的开关使用一条总线来连接所有输入和输出端口,总线开关的缺点是其交换容量受限于总线的容量以及为共享总线仲裁所带来的额外开销。交叉开关通过开关提供多条数据通路,具有 $N \times N$ 个交叉点的交叉开关可以被认为具有 $2N$ 条总线。如果一个交叉点是闭合的,则输入总线上的数据在输出总线上可用,否则不可用。交叉点的闭合与打开由调度器来控制,因此,调度器限制了交换结构的速度。在共享存储器路由器中,进来的包被存储在共享存贮器中,所交换的仅是包的指针,这提高了交换容量,但是,开关的速度受限于存储器的存取速度。尽管存贮器容量每 18 个月能够翻一番,但存储器的存取时间每年仅降低 5%,这是共享存储器交换结构的一个固有限制。

输出端口在包被发送到输出链路之前对包进行存贮,可以实现复杂的调度算法以支持优先级等要求。与输入端口一样,输出端口同样要能支持数据链路层的封装和解封装,以及许多较高级协议。

路由处理器计算转发表实现路由协议,并运行对路由器进行配置和管理的软件。同时,它还处理那些目的地址不在线卡转发表中的包。

2. 路由器的软硬件组成

路由器的硬件主要包括处理器、内存、接口等物理硬件,软件主要由路由器的操作系统(如 Cisco 的 IOS 和华为的 VRP)和运行配置文件组成。

(1) 路由器的 CPU。与计算机相类似,运行着操作系统的路由器也包括一个 CPU。不同系列和型号的路由器,CPU 也不尽相同。CPU 是路由器的处理中心,路由器的处理器负责执行转发数据包所需的工作,如维护路由器和桥接所需的各种路由表和路由运算等,路由器对数据包的处理速度很大程度上取决于处理器的类型和性能。

(2) 路由器的存储器。内存是路由器存储信息和数据的地方,主要有以下几种内存组件。

1) ROM(Read Only Memory)。ROM 保存着路由器的引导或启动程序(Bootstrap Program)。这也是路由器运行的第一个软件,负责让路由器进入正常的工作状态。路由器通常将一套特殊操作系统保存在 ROM 中,以便在操作系统不能使用时,作应急之用。ROM 通常存放在一个或多个芯片上。路由器中的 ROM 是可擦写的,所以与电脑一样,路由器的操作系统也是可以升级的。

2) NVRAM(Nonvolatile Random Access Memory)。NVRAM 的主要作用是保存操作系统在路由器启动时读入的配置数据,即常说的启动配置或备份配置。当路由器加电启动时,首先寻找和执行的即是该配置,如果该配置存在,路由器启动后,该配置就成了"运行配置"。当修改运行配置并执行存储后,运行配置就被复制到 NVRAM 中,当下次路由器加电后,该配置就会被自动调用。

3) FLASHRAM。FLASH 可以形象地比作 PC 机的硬盘,但远没有硬盘的容量大,主要用处是保存操作系统软件,维持路由器的正常工作。若路由器安装了 FLASH,它便用来引导路由器 IOS 软件安装的默认位置。只要 FLASH 的容量足够大,便可以保存多个操作系统映象文件,以提供多重启动。FLASH 主要安装在主机的 SIMM 槽上,或是一块 PCMAIC 卡。

4) RAM(Random Access Memory)。RAM 与电脑上的随机存储器相似,提供临时信息的存储,同时保存着当前的路由表和配置信息,即平常所说的运行配置。IOS 通过 RAM 满足其所有的常规存储的需要,在配置操作系统时,就相当于修改了路由器的运行配置。

通常,路由器启动时,首先运行 ROM 中的程序,进行系统自检(POST:Power-OnSelf-Test,加电自检)和引导,然后运行 FLASH 中的操作系统,并在 NVRAM 中寻找路由器的配置,将其装入 DRAM 中。

2.2.3 路由协议

1. 分层次的路由协议

因特网的规模非常大,如果让所有的路由器知道所有的网络应怎样到达,则这种路由表将占用大量内存,处理和查表所花费时间也非常长。所有这些路由器之间交换路由信息所需的带宽就会使因特网的通信链路饱和。另外,对于许多单位而言,网络自身的拓扑和布局属于本部门内部的事情,并不愿意外界了解自己单位网络的连接细节,也不愿意外界了解本部门所采用的路由选择协议。

因此,因特网采用了分层次的路由选择协议,将整个因特网划分为许多较小的自治系统(Autonomous System,AS)。一个自治系统就是一个互联网,自治系统有权自主地决定在本系统内采用何种路由选择协议。一个自治系统内的所有网络都属于一个行政单位管辖,自治系统内所有路由器在本自治系统内都必须是连通的。

基于这种分层的思想,因特网将路由协议划分为两大类:

(1)内部网关协议(Interior Gateway Protocol,IGP),即在一个自治系统内部使用的路由选择协议。目前这类路由选择协议使用得最多,如 RIP 和 OSPF 协议。

(2)外部网关协议(External Gateway Protocol,EGP),若源站和目的站处在不同的自治系统中,当数据报传到一个自治系统的边界时,就需要使用一种协议将路由选择信息传递到另一个自治系统中,这样的协议就是外部网关协议,在外部网关协议中目前使用最多的是 BGP-4。

注意:

因特网的早期 RFC 文档中未使用"路由器"而是使用"网关"这一名词。但是在新的 RFC 文档中又使用了"路由器"这一名词,应当把这两个当作同义词。

IGP 和 EGP 是协议类别的名称。但 RFC 在使用 EGP 这个名词时出现了一点混乱,因为最早的一个外部网关协议的协议名字正好也是 EGP。因此在遇到名词 EGP 时,应弄清它是指旧的协议 EGP 还是指外部网关协议 EGP 这个类别。

2. 直连路由和非直连路由

路由器中的路由有直连路由和非直连路由两种。

直连路由用于路由器各网络接口所直连的网络之间的通信。在配置完路由器网络接口的 IP 地址并启动该接口之后,路由器就会自动生成直连路由。如果没有对这些接口进行特殊的限制,这些接口所直连的网络之间就可以直接通信。

由两个或多个路由器互联的网络之间的通信使用非直连路由。非直连路由包括由手动配置的静态路由(Static Routing)和通过运行动态路由协议获得的动态路由(Dynamic Routing)。使用动态路由协议,路由器可以自动地学习到达远端网络的路径信息。而静态路由则需要网络管理员手动将到达目的网络的路径添加到路由表中。通过配置静态路由,用户可以人为地指定对某一网络访问时所要经过的路径,在网络结构比较简单,且一般到达某一网络所经过的路径唯一的情况下采用静态路由。

静态路由适用于规模较小、不经常改变的网络中,动态路由适合在较大的网络中使用,这样,路径发生改变以后,不需要网络管理者手动更改路由信息,路由器将自动适应网络拓扑的变化。

静态路由有一个特例,就是默认路由(Default Route,又称为缺省路由)。默认路由一般使用在 stub 网络中,stub 网络是只有一条出口路径的网络。当目标网络没有明确地包含在路由表中时,可以使用默认路由来发送。当然,默认路由的优先级不高。可以理解为,有明确的路由项时,选择相应的下一跳路由信息,而当没有明确的路由项时,则选择默认路由。事实上,可以把默认路由理解成带通配符(wildcard)的静态路由。

静态路由主要有以下优点:①对路由器的 CPU 没有管理性开销;②在路由器之间没有因为需要交换路由信息而带来的带宽占用;③增加了安全性,因为管理员可以自主地、有选择地配置路由,授权或者禁止访问特定的网络。

静态路由有以下缺点:①管理员必须非常了解所配置的互联网络结构,以及每台路由器应该如何正确地连接,才能正确地配置这些路由;②如果某个网络加入到互联的网络中,管理员必须在所有的路由器上通过人工添加对它的路由;③静态路由不能用于大型网络,对于大型网络,静态路由会导致巨大的工作量。

(1)静态路由的配置。路由配置的示例拓扑如图 2.13 所示。

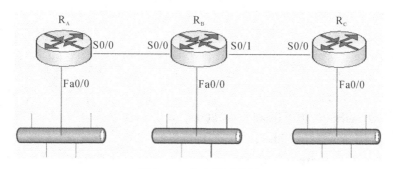

图 2.13 路由配置举例

图中各路由器及接口的地址分配见表 2.1。路由器利用同步串行口进行连接,以路由器 R_B 作为 DCE,提供时钟频率。

表 2.1 图 2.13 的地址信息

路由器	网络地址	接口	地址
R_A	200.100.1.0 200.100.2.0	Fa0/0 S0/0	200.100.1.1 200.100.2.1
R_B	200.100.2.0 200.100.4.0 200.100.3.0	S0/0 S0/1 Fa0/0	200.100.2.2 200.100.4.1 200.100.3.1
R_C	200.100.4.0 200.100.5.0	S0/0 Fa0/0	200.100.4.2 200.100.5.1

首先依照表 2.1 的地址,配置 R_A、R_B 和 R_C 的基本信息。

路由器 R_A 的基本配置:

<Ra>system-view

[Ra]int g0/0/0

[Ra-GigabitEthernet0/0/0]ip address 200.100.1.1 24

[Ra-GigabitEthernet0/0/0]interface s3/0/0

[Ra-Serial3/0/0]ip address 200.100.2.1 24

[Ra-Serial3/0/0]quit

[Ra]quit

<Ra>save

路由器 R_B 的基本配置：

[Rb]interface g0/0/0

[Rb-GigabitEthernet0/0/0]ip address 200.100.3.1 24

[Rb-GigabitEthernet0/0/0]interface s3/0/0

[Rb-Serial3/0/0]ip address 200.100.2.2 24

[Rb-Serial3/0/0]interface s3/0/1

[Rb-Serial3/0/1]ip address 200.100.4.1 24

[Rb-Serial3/0/1]quit

[Rb]quit

<Rb>save

路由器 R_C 的基本配置：

[Rc]interface g0/0/0

[Rc-GigabitEthernet0/0/0]ip address 200.100.5.1 24

[Rc-GigabitEthernet0/0/0]interface s3/0/0

[Rc-Serial3/0/0]ipaddress 200.100.4.2 24

[Rc-Serial3/0/0]quit

[Rc]quit

<Rc>save

经过以上的配置过程以后，各路由器会自动产生直连路由信息。此时与各路由器直连的网络之间可以进行通信。下面开始配置路由器的静态路由信息。

配置 R_A 静态路由：

经过接口地址配置，R_A 知道自己直接相连的网络 200.100.1.0 和 200.100.2.0，所以 R_A 的路由表只需加入网络 200.100.3.0、200.100.4.0 和 200.100.5.0 的路由信息，配置如下：

[Ra]ip route-static 200.100.3.0 24 100.200.2.2

[Ra]ip route-static 200.100.4.0 24 100.200.2.2

[Ra]ip route-static 200.100.5.0 24 100.200.2.2

配置 R_B 静态路由：

同理，R_B 所必须学习到的网络应该是 200.100.1.0 和 200.100.5.0，配置如下：

[Rb]ip route-static 200.100.1.0 24 200.100.2.1

[Rb]ip route-static 200.100.5.0 24 200.100.4.2

配置 R_C 静态路由：

R_C 所必须学习到的网络应该是 200.100.1.0、200.100.2.0 和 200.100.3.0，配置如下：

[Rc]ip route-static 200.100.1.0 24 200.100.4.1
[Rc]ip route-static 200.100.2.0 24 200.100.4.1
[Rc]ip route-static 200.100.3.0 24 200.100.4.1

配置完成以后,可以利用 disp ip routing-table 命令来查看所配置的路由信息,也可以利用 ping 命令来进行各接口之间的连通性测试。

例如,在路由器 R_A 中配置完成后,利用"display ip routing-table"命令查看其路由表信息,就会看到有以下信息：

Destination/Mask   Proto   Pre   Cost   Flags   NextHop   Interface
200.100.5.0/24   Static   60   0   RD   200.100.2.2   Serial3/0/0

这就是手动配置得到的静态路由信息。其中的 Static 代表静态路由,Pre 表示的是此路由的优先级,Cost 表示的是此路由的开销值,Flags 表示的是路由标记(R 表示迭代路由,D 表示该路由下发到 FIB 表,T 表示下一跳是 VPN 实例)。

(2)默认路由的配置。将图 2.13 的例子稍加改造：如果路由器 R_A 只通过 R_B 连接到外部网络,而没有连接其他路由器。此时,R_A 所连接的网络便是一个 stub 网络,如图 2.14 所示。该网络对外的出口只有一条途径,就是通过 R_B 的 S0/0 接口转发。所以只需要配置一条指向 R_B 的默认路由即可。

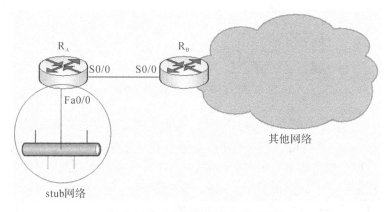

图 2.14   stub 网络及默认路由配置

如果 R_A 和 R_B 的相关地址不变。配置过程如下：
首先要去掉之前配置的静态路由：
[Ra]undo ip route-static 200.100.3.0 24 200.100.2.2
[Ra]undo ip route-static 200.100.4.0 24 200.100.2.2
[Ra]undo ip route-static 200.100.5.0 24 200.100.2.2
接下来配置默认路由：
[Ra]ip route-static 0.0.0.0 0 100.200.2.2

这个路由其实很好理解,所有形式的目的 IP 地址都可以满足：任何 IP 地址与 0.0.0.0 按比特相与都会得到 0.0.0.0,当然就可以选择这一路由项。所以,默认路由的优先级不能高。

3. 距离矢量路由协议

距离矢量路由算法广泛应用于路由协议中。通常,该算法中的"距离"使用"跳数"(Hop

Count)来计算,每经过一个路由器,跳数就加1。路由表中包括了到达每个网络的距离,并通过算法来更新得到最短的距离。常见的距离矢量协议有 RIP、IGRP、EIGRP、BGP 等协议。距离矢量(Distance-Vector,D-V)路由算法的实现思想如下:

计算任何一个路由器到某特定目的网络的路由代价,都是取其到相邻路由器的距离(跳数为1)与相邻路由器到特定目的网络距离(跳数和)的最优值。距离矢量算法通过上述方法累加网络距离,并维护网络拓扑信息数据库。距离矢量协议定期直接传送各自路由表的所有信息给相邻路由器。网络中的路由器从自己的相邻路由器得到路由信息,并利用这些路由信息更新自己的路由表,并将自己的本地路由信息发送给其他邻居,这样通过相邻路由器间的一级一级传播,达到全网同步。每个路由器都不了解整个网络拓扑,它们只知道与自己直接相连的网络情况,并根据从邻居得到的路由信息更新自己的路由表。它所有的信息都靠道听途说,它相信所有邻居告诉它的所有信息,只在这些邻居中选择最优的路径。所以,距离矢量算法是一种基于"流言"的算法,如图 2.15 所示。

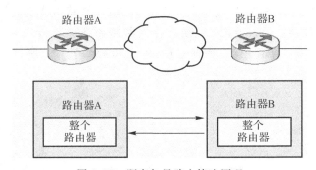

图 2.15 距离矢量路由算法原理

对于收到的更新报文中所含有的路由项目,距离矢量算法首先对所收到的信息加以修改:将各项的跳数加1,并以路由信息来源的路由器作为下一跳路由器,然后再进行判断处理:

(1)若收到项目中的目的网络不在原路由表中,则将该项目加到路由表中。

(2)若下一跳字段给出的路由器地址与原来表中某项的下一跳相同,则用收到的项目替换原路由表中的项目,而不管其距离值是增大了还是减小了。

(3)若收到项目中的目的网络与原表中某项目的网络相同,但其距离字段小于原表中项目的距离字段,则进行更新。

还有,若针对相同的目的网络计算得到具有相同跳数的两条路由信息时,路由器任选其中一个下一跳路由器写入自己的路由表。

路由器在刚刚开始工作时,只知道到直接连接的网络的距离。以后,每一个路由器也只和数目非常有限的相邻路由器交换并更新路由信息。经过若干次更新后,所有的路由器最终都会知道到达本自治系统中任何一个网络的最短距离和下一跳路由器的地址。

距离矢量算法的收敛(convergence)过程较快,所谓收敛,是指直接或间接交换路由信息的一组路由器在网络的拓扑结构方面或者说在网络的路由信息方面达成一致。图 2.16 显示了 RIP 协议刚刚开始工作时,网络中各路由器的路由表内容。表中各项的内容从左至右分别表示目的网络、距离的跳数、下一跳路由器。当目的网络与路由器直接相连时,其距离以 0 记,并将下一跳路由器用"—"表示。可以看出,在 RIP 协议刚开始工作时,路由表中只有直接相连的网络信息,并且到各网络的跳数均为0。

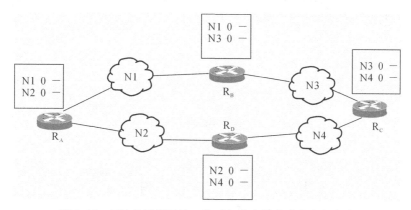

图 2.16　RIP 协议刚开始工作时各路由器中路由表的内容

以后,每经过 30 s,各路由器都将各自的路由表发送到相邻的路由器。每个路由器根据收到的路由表更新自己的路由表。以 R_A 为例,它会收到路由器 R_B 和路由器 R_D 发送过来的路由表。如图 2.17 所示,根据上文的方法更新自己的路由器表。其中到达网络 N1 和网络 N2 的路由项没有更新,这是因为路由器 R_B 告诉 R_A 的信息说 R_A 通过 R_B 也可以到达网络 N1,距离是 0+1,这大于原来的路由项,所以没有更新。而到达网络 3 和网络 4 的信息,在原表中没有,所以更新添加了这两项路由内容。

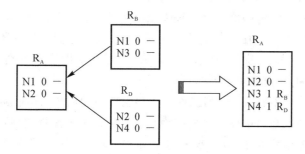

图 2.17　路由表的更新

依此类推,经过若干个间隔以后,每个路由器就会得到一张拥有到所有路由器最短距离的路由表。可以看出,RIP 协议实现简单、开销较小。但是当网络规模很大时,路由器的数量很多,路由表也就较大。如果每隔 30 s 就在网络中交流较大的路由表,开销太大。所以 RIP 协议规定了网络的规模,最大距离为 15。当距离为 16 时,就表示不可达。

对于使用距离矢量算法的 RIP 协议而言,要实现收敛,必须解决距离矢量算法在路由器之间产生的路由环路(Routing Loops)问题。如图 2.18 所示,网络中的各路由器已经收敛,此时网络 N1 出现故障,与网络 N1 直接相连的路由器 R_A 将相应的路由表项距离值修改为 16,并将该信息向相邻的路由器发送出去,如图中的路由器 R_B。但是存在一种可能,路由器 R_A 的信息到达 R_B 之前,R_B 已经向 R_A 发送了自己的路由表。其中就有目的网络为网络 N1 的信息"N1　1　A"这一项。当路由器 R_A 收到这个信息时,会以为通过 R_B 可以到达网络 N1,于是更新自己的相应项为"N1　2　B",并在 30 s 后将信息发送给了 R_B。同理 R_B 又会认为 R_A 会到达网络 N1,并且代价应该为 2+1。这样不断地更新下去,直到距离增加到 16 时,两路由器才知道网络 N1 出现了故障。在这之前,网络中若有目的网络为 N1 的数据报,就会在这两个路由器之间来回地传递,从而造成一条路由环路。

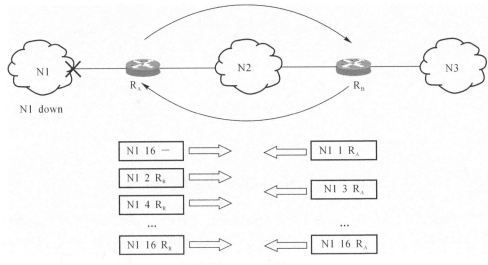

图 2.18　路由环路问题

关于路由环路的解决方法,主要有以下几种。

(1)定义最大路由权值(Maximum Hop Count)。出现路由环路,虽然可以通过 IP 头中的生存时间来最终解决,但路由协议也要解决无限增加跳数的问题。比如距离矢量协议就定义了一个跳数的最大值(如 RIP 协议最大值为 16)。路由更新信息可以向不可到达的网络(如上例中的 N1)的路由器发送 15 次,一旦达到最大值 16,就视为网络不可到达,存在故障,将不再接收来自访问该网络的任何路由更新信息。

(2)水平分割(Split Horizon)。第二种消除路由环路并加快路由收敛的方法叫作"水平分割"技术。其基本原理就是路由器不再向路由更新的来源方向发送路由更新信息。

比如在上例中,路由器 R_B 向路由器 R_A 学习到访问网络 N1 的路由以后,不再向路由器 R_A 声明自己可以通过某个路由器(在上例中就是路由器 R_A)访问网络 N1 的路由信息。路由器 R_A 向路由器 R_B 学习到访问网络 N1 的路由信息后,也不再向路由器 R_B 声明。而一旦网络 N1 发生故障无法访问,路由器 R_A 会向相邻路由器发送该网络不可到达的路由更新信息,但不会再学习路由器 R_B 发送的能够到达网络 N1 的错误路由信息。

(3)路由中毒(Route Poisoning)。定义跳数最大值在一定程度上解决了路由环路问题,但并不彻底。在图 2.18 中可以看到,在达到最大值 16 之前,路由环路依然存在。利用"路由中毒"技术则可以彻底解决这个问题。其原理是这样的:当网络 N1 出现故障无法访问的时候,路由器 R_A 便向相邻路由发送路由更新信息,并将其度量值标为 16,告诉它们网络 N1 不可到达。路由器 R_B 收到"毒化"消息后将该链路的路由表项标记为 16,表示该路径已经失效,并向自己的其他相邻路由器通告,依次"毒化"各个路由器,告诉大家网络 N1 已经失效,不再接收更新信息,从而避免了路由环路。

(4)毒性逆转(Poison Reverse)。当路由器 R_B 看到到达网络 N1 的度量值为 16 的时候,就发送一个叫作"毒化逆转"的更新信息给路由器 R_A,说明网络 N1 不可达到。这是不遵守水平分割的一个特例,这样保证所有的路由器都接收到了毒化的路由信息。

毒性逆转与路由中毒概念是不一样的,它是指收到路由中毒消息的路由器,不遵守水平分割原则,将中毒消息转发给所有的相邻路由器,也包括发送中毒信息的源路由器,以通告相邻路由器这条路由信息已失效,达到快速收敛的目的。

(5) 控制更新时间(Hold down)。通过抑制计时器,让路由器把可能影响路由表内容的任何改变暂时保持一段时间。这个抑制时间通常比更新信息发送到整个网络的时间要长。当路由器从相邻路由器接收到以前能够访问的网络现在不能访问的更新信息后,就将该路由标记为不可访问,并启动一个抑制计时器。如果再次收到从相邻路由器发送来的更新信息,包含一个比原来路径具有更短距离的路由,就标记为可以访问,并取消抑制计时器。如果在抑制计时器超时之前从不同相邻路由器收到的信息包含的距离值比以前的更大,就不去进行更新,这样可以有更多的时间让更新信息传遍整个网络。

(6) 触发更新(Trigger update)。正常情况下,路由器会以一定的时间间隔将路由表发送给所有相邻路由器。而触发更新则是在网络中发现一些变化时,立刻发送路由更新信息。检测到网络故障的路由器会立即发送一个更新信息("触发更新"信息)给其相邻路由器,并依次产生触发更新通知邻居的相邻路由器,使整个网络上的所有路由器在最短的时间内收到更新信息,从而加速了解整个网络的响应。

但是也有一种意外的情况:包含更新信息的数据报,在传播过程中,可能会被某些网络中的链路丢失或损坏,使得其他路由器没能及时收到触发更新。所以实际中有一种"结合抑制的触发更新",抑制规则要求一旦路由无效,在抑制时间内,到达同一目的网络有同样或更远距离的路由将会被忽略,这样触发更新将有时间传遍整个网络,从而避免了已经损坏的路由重新插入到已经收到触发更新的相邻路由器,较好地解决了路由环路的问题。

从以上分析过程可以看到,距离矢量路由协议适用于较小、较简单的网络。

典型的距离矢量路由协议例如 RIP 是最先得到广泛使用的内部网关协议。RIP 是一种分布式的基于距离矢量的路由选择协议,使用跳数作为度量,最大 15 跳。它每隔 30 s 向相邻路由器发送整个路由表的信息,RIP 适合于小型网络。

RIP 协议使用运输层的用户数据报(UDP)进行传送(使用 UDP 的端口 520)。因此 RIP 协议的位置应当在应用层。但转发 IP 数据报的过程是在网络层完成的。

RIP 版本 1(RIP v1)使用分级路由(Classful Routing),网络中所有设备必须使用相同的子网掩码。而 RIP 版本 2(RIP v2)则使用无分类路由(Classless Routing)。RIP v2 支持验证、密钥管理、路由汇总、无类域间路由(CIDR)和变长子网掩码(VLSMs)。

RIP 使用 3 种不同的计时来调节它的性能:

(1) 路由更新计时器(Route Update Timer)。路由器发送路由表副本给相邻 router 的周期性时间默认是 30 s。

(2) 路由无效计时器(Route Invalid Timer)。如果经过 180 s,一个路由的选项都没有得到确认,路由器就认为它已失效了。

(3) 保持计时器(Holddown Timer)。当路由器得知路由无效后,路由器将进入 holddown 状态。默认时间是 180 s,如果在这 180 s 里,路由器接收到路由更新以后或者超过 180 s,保持计时器停止计时。

路由刷新时间(Route Flush Timer),如果经过 240 s,路由表的选项仍没有得到确认,它就被从路由表中删除。

4. 链路状态路由协议

链路状态路由协议通常基于 Dijkstra 等最短路径算法,所以有时候也称为最短路径优先算法。常见的链接状态协议主要有 OSPF 和 IS-IS 协议。

运行链路状态路由选择协议的路由器,根据网络中其他路由器链路接口的状态,建立一个在某区域内包含每台路由器链路状态的完整数据库。"链路状态"主要指本路由器都和哪些路由器相邻,以及该链路的"度量"(metric,表示费用、距离、时延、带宽等代价)。链路状态路由器基于这样的链路状态数据库,独立地运行最短路径优先(SPF)算法,计算得到一棵到其他网络路径的树。这棵树以本地路由器作为根,树枝就是到达网络中所有路由器的最小代价路径。

计算路由的过程如图 2.19 所示。图 2.19(a)是一个由 4 台路由器组成的网络,连线上标的数字表示从一台路由器到另一台路由器的链路度量。这里假设两台路由器链路间的两个方向的度量相同。

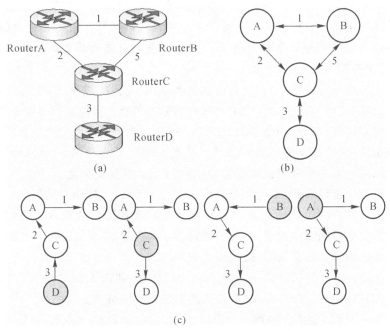

图 2.19 链路状态路由协议的原理
(a)网络的拓扑结构; (b)以带权有向图形式表示的链路状态数据库;
(c)每台路由器分别以自己为根节点计算最短路径树

网络中的每台路由器都根据自己所掌握的网络状况生成一条 LSA(链路状态广播)报文,并以广播形式将这条 LSA 发送给网络中其他的所有路由器。这样网络中的所有路由器都收到了其他路由器的 LSA,所有的 LSA 放在一起称作 LSDB(链路状态数据库)。显然,4 台路由器的 LSDB 都是相同的。由于一条 LSA 是对一台路由器周围网络拓扑结构的描述,那么 LSDB 则是对整个网络的结构和状态的描述。所以 LSDB 实质就是一张带有权值的有向图,这张图便是对整个网络状况的真实反映。而且,4 台路由器得到的是一张完全相同的图,如图 2.19(b)所示。

接下来每台路由器在图中以自己为根,使用相应的算法计算出一棵最短路径树,由这棵树得到了到网络中各个路由器的路由表。显然，4 台路由器各自得到的路由表是不同的，这样每台路由器都计算出了到其他路由器的路由。

与距离矢量算法不同，链路状态路由器不只是向相邻路由器发送自己的路由信息，而且向该区域中的所有其他路由器通告它们的链路状态，以使每台路由器都能够建立一个完整的链路状态数据库，这些通告称为链路状态通告。链路状态路由器可以与它们的邻居和其他链路状态路由器形成一种特殊关系，以确保 LSA 信息能正确和高效地交换。

还有一点，与距离矢量算法不同，链路状态协议并不是以一定的时间间隔向其他路由器发送路由信息。链路状态路由选择协议启动时，各路由器通过 LSA 广播建立了链路状态数据库并计算了最短路径，得到相应的路由表。此后，只有当链路状态发生变化时，才会进行路由更新；如果链路状态没有发生变化，则在相当长的一段时间间隔后才会进行路由更新。

如果链路状态发生了变化，路由器将立刻发送一个部分更新。这也与距离矢量算法不同，这个更新只包含已经发生改变的链路状态，而不是一个完整的路由表。也就是说，只有当链路状态发生变化时，路由器才用洪泛法向所有路由器发送此信息。这就不会像距离矢量算法那样造成大量的广播信息。

链路状态路由选择协议的好处：具有比距离矢量路由选择协议更快的收敛速度和更高的带宽利用率。链路状态路由选择协议支持 CIDR、VLSM 和超网。而且，如果到同一个目的网络有多条相同代价的路径，那么可以将通信量分配给这几条路径，这叫作多路径间的负载平衡。

链路状态路由选择协议的主要缺点是对硬件的要求较高。链路状态路由器比距离矢量路由器需要更多的内存和处理能力。另外，链路状态路由管理、维护较距离矢量路由选择协议复杂。

通过以上分析，可以看到，链路状态协议能够应用于较大的、复杂的、可扩展的网络。

典型的链路状态协议例如 OSPF 协议，通过路由器之间通告网络接口的状态来建立链路状态数据库，生成最短路径树，每个 OSPF 路由器使用这些最短路径构造路由表。

OSPF 需要每个路由器向其同一管理域的所有其他路由器发送链路状态广播信息。在OSPF 的链路状态广播中包括所有接口信息、所有的度量和其他一些变量。利用 OSPF 的路由器首先必须收集有关的链路状态信息，并根据一定的算法计算出到每个节点的最短路径。而基于距离向量的路由协议仅向其邻接路由器发送有关路由更新信息。

与 RIP 不同，OSPF 将一个自治域再划分为区域（Area），划分区域的好处就是将利用洪泛法交换链路状态信息的范围局限于每一个区域而不是整个的自治系统，这就减少了整个网络上的通信量。在一个区域内部的路由器只知道本区域的完整网络拓扑，而不知道其他区域的网络拓扑的情况。OSPF 使用层次结构的区域划分，在上层的区域叫作主干区域（Backbone Area），主干区域的标识符规定为 0。主干区域的作用是用来连通其他在下层的区域。当源地址和目的地址在同一区域中时，采用区内路由选择；当源地址和目的地址在不同区域时，则采用区间路由选择。当一个区内的路由器出了故障时并不影响自治域内其他区域路由器的正常工作，这给网络的管理、维护带来方便。

OSPF 不用 UDP 而是直接用 IP 数据报传送，可见 OSPF 的位置在网络层。OSPF 构成的数据报很短，这样做可减少路由信息的通信量。短的数据报可以不必对该数据报进行分片传送。分片传送的数据报只要丢失一个，就无法组装成原来的数据报，而整个数据报就必须重传。

OSPF 可以针对不同的链路,根据 IP 分组的不同服务类型(TOS)设置成不同的代价。因此,OSPF 可以对不同类型的业务计算出不同的路由。另外,OSPF 也支持相同代价的多路径间的负载平衡,支持可变长度的子网划分 VLSM 和无分类编址 CIDR。

OSPF 的配置过程如图 2.20 所示。

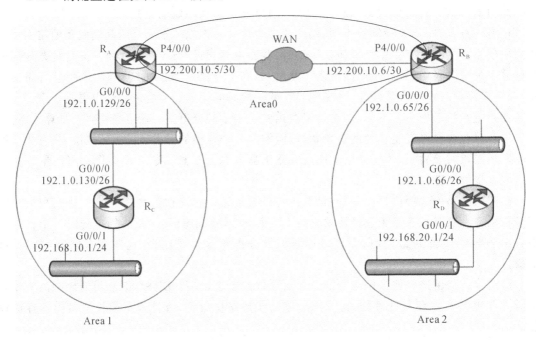

图 2.20　OSPF 配置举例

如图 2.20 所示部署了 3 个 OSPF 区域,分别为 Area0、Area1 和 Area2。R_A 和 R_B 之间构成 Area0,使用 POS 口传输,链路层默认使用 PPP 协议;R_A 与 R_C 之间的网络以及 R_C 直连网络构成 Area1;R_B 与 R_D 之间的网络以及 R_D 直连网络构成 Area2。出于安全考虑,路由器上启用 OSPF 验证功能,只有经过 OSPF 验证的路由器才能互相通告路由信息。OSPF 验证分为两种:区域验证和链路验证。区域验证要求在区域内的路由器上配置一致的验证方式和密码,链路验证要求链路两端的路由器接口配置一致的验证方式和密码。区域验证可以统一验证区域内的路由器,相对来说更为简便;链路验证可以针对特定链路设置验证方式,相对来说更加灵活。本实验中,Area0 内采用区域验证,R_A 与 R_C、R_B 与 R_D 采用链路验证。各路由器的配置过程如下:

R_A 的配置:

```
<Huawei>system-view
[Huawei]sysname RA
//配置 LoopBack0 接口,用于生成 Router ID
[RA]int l0
[RA-LoopBack0]ip addr 1.1.1.1 32
```

[RA-LoopBack0]int p4/0/0

[RA-Pos4/0/0]ip addr 192.200.10.5 30

[RA-Pos4/0/0]int g0/0/0

[RA-GigabitEthernet0/0/0]ip addr 192.1.0.129 26

[RA-GigabitEthernet0/0/0]quit

//配置 OSPF 协议

[RA]ospf 100

[RA-ospf-100]area 0

[RA-ospf-100-area-0.0.0.0]network 192.200.10.4 0.0.0.3

[RA-ospf-100-area-0.0.0.0]network 1.1.1.1 0.0.0.0

//配置 OSPF 区域认证,在 area0 生效。注意:密码必须与 RB 上 area 0 的密码一致

[RA-ospf-100-area-0.0.0.0]authentication-mode simple cipher mypass

[RA-ospf-100-area-0.0.0.0]quit

[RA-ospf-100]area 1

[RA-ospf-100-area-0.0.0.1]network 192.1.0.128 0.0.0.63

//配置 OSPF 链路认证,在 g0/0/0 生效。注意:密码必须与 RC 上 g0/0/0 的认证密码一致

[RA]int g0/0/0

[RA-GigabitEthernet0/0/0]ospf authentication-mode md5 1 area1Pwd

R_B 的配置:

<Huawei>system-view

[Huawei]sysname RB

//配置 LoopBack0 接口,用于生成 Router ID

[RB]int l0

[RB-LoopBack0]ip addr 2.2.2.2 32

[RB-LoopBack0]int p4/0/0

[RB-Pos4/0/0]ip address 192.200.10.6 30

//配置 PoS 口时钟模式

[RB-Pos4/0/0]clock slave

[RB-Pos4/0/0]int g0/0/0

[RB-GigabitEthernet0/0/0]ip add 192.1.0.65 26

[RB-GigabitEthernet0/0/0]quit

//配置 OSPF 协议

[RB]ospf 100

[RB-ospf-100]area 0

[RB-ospf-100-area-0.0.0.0]network 192.200.10.4 0.0.0.3

[RB-ospf-100-area-0.0.0.0]network 2.2.2.2 0.0.0.0

//配置 OSPF 区域认证,在 area0 生效。注意:密码必须与 RA 上 area 0 的密码一致

[RA-ospf-100-area-0.0.0.0]authentication-mode simple cipher mypass

[RB-ospf-100-area-0.0.0.0]quit

[RB-ospf-100]area 2

[RB-ospf-100-area-0.0.0.2]network 192.1.0.64 0.0.0.63

//配置 OSPF 链路认证,在 g0/0/0 生效。注意:密码必须与 RD 上 g0/0/0 的认证密码一致

[RB-ospf-100-area-0.0.0.2]int g0/0/0

[RB-GigabitEthernet0/0/0]ospf authentication-mode md5 1 area2Pwd

R_C 的配置:

＜Huawei＞system-view

[Huawei]sysname RC

//配置 LoopBack0 接口,用于生成 Router ID

[RC]int l0

[RC-LoopBack0]ip addr 3.3.3.3 32

[RC-LoopBack0]quit

[RC]int g0/0/0

[RC-GigabitEthernet0/0/0]ip addr 192.1.0.130 26

[RC-GigabitEthernet0/0/0]int g0/0/1

[RC-GigabitEthernet0/0/1]ip addr 192.168.10.1 24

//配置 OSPF 协议

[RC]ospf 100

[RC-ospf-100]area 1

[RC-ospf-100-area-0.0.0.1]network 192.1.0.128 0.0.0.63

[RC-ospf-100-area-0.0.0.1]network 3.3.3.3 0.0.0.0

[RC-ospf-100-area-0.0.0.1]network 192.168.10.0 0.0.0.255

//配置 OSPF 链路认证,在 g0/0/0 生效。注意:密码必须与 RA 上 g0/0/0 的认证密码一致

[RC-ospf-100-area-0.0.0.1]int g0/0/0

[RC-GigabitEthernet0/0/0]ospf authentication-mode md5 1 area1Pwd

R_D 的配置:

＜Huawei＞system-view

[Huawei]sysname RD

//配置 LoopBack0 接口,用于生成 Router ID

[RD]int l0

[RD-LoopBack0]ip addr 4.4.4.4 32

[RD-LoopBack0]quit

[RD]int g0/0/0

[RD-GigabitEthernet0/0/0]ip addr 192.1.0.66 26

[RD-GigabitEthernet0/0/0]int g0/0/1

[RD-GigabitEthernet0/0/1]ip addr 192.168.20.1 24

//配置 OSPF 协议

[RD]ospf 100

[RD-ospf-100]area 2

[RD-ospf-100-area-0.0.0.2]network 192.1.0.64 0.0.0.63

[RD-ospf-100-area-0.0.0.2]network 4.4.4.4 0.0.0.0

[RD-ospf-100-area-0.0.0.2]network 192.168.20.0 0.0.0.255

//配置 OSPF 链路认证，在 g0/0/0 生效。注意：密码必须与 RB 上 g0/0/0 的认证密码一致

[RD-ospf-100-area-0.0.0.2]int g0/0/0

[RD-GigabitEthernet0/0/0]ospf authentication-mode md5 1 area2Pwd

另外一种使用比较广泛的链路状态协议是 IS-IS 协议。RIP、OSPF 等路由协议是针对 IP 网络层协议而开发的路由协议，而 IS-IS 最初是针对 CLNP(Connection-less Network Protocol)网络层协议开发的路由协议。后来 IS-IS 得到了扩展，在原有协议的基础上增加了对 IP 协议的支持，称为 Intergrated IS-IS。通常情况下，我们所说的 IS-IS 协议都是 Integrated IS-IS 协议。

IS-IS 协议最初由国际标准化组织(International Organization for Standardization, ISO)对其进行标准化工作的，所以 IS-IS 协议中有许多 ISO 的特殊术语，如主机被称为末端系统(End System)，简称 ES；路由器被称为中间系统(Intermediate System)，简称 IS；ES 与 IS 之间的信息沟通称为 ES-IS 协议，而 IS 与 IS 之间用来交换路由信息的协议被称为 IS-IS 协议。

IS-IS 协议与 OSPF 协议非常相似。例如，它们都是基于链路状态的路由协议，都需要建立和维护链路状态数据库，都使用 Hello 报文来建立和维护邻居/邻接关系，都具有区域化和层次化的结构，等等。另外，IS-IS 与 OSPF 协议又存在许多差别。如，OSPF 区域的分界位于路由器上，而 IS-IS 区域的分界位于链路上；OSPF 协议支持点到点、点到多点、NBMA、广播等四种类型的网络，而 IS-IS 协议只支持点到点和广播两种类型的网络，等等。

运行 IS-IS 协议的路由器必须有一个被称为网络实体名(Network Entity Title, NET)的网络地址，即使在 IP 环境下亦然。NET 长度为 8 到 20 个字节，其格式可以多种多样。通常，IP 环境下的 NET 格式为：区域 ID(1 字节)+系统 ID(6 字节)+SEL(1 字节)。例如，6C.1000.0200.1008.00 就是一个 NET，其中 6C 是区域 ID，1000.0200.1008 是系统 ID，00 是 SEL。在这里，SEL 是网络服务接入点选择器(network service access point SELector)的简写，NET 中的 SEL 总为 00。IS-IS 的配置过程如图 2.21 所示。

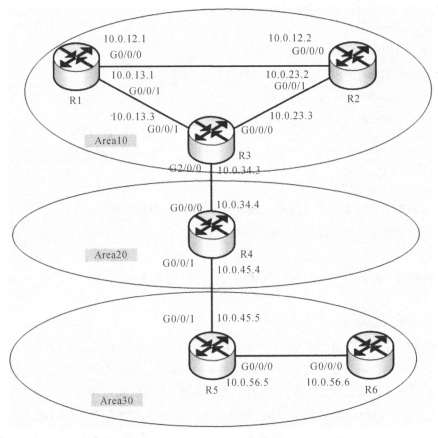

图 2.21 IS-IS 配置举例

[R1]isis 1

[R1-isis-1]is - name R1

[R1-isis-1]network - entity 10.0000.0000.0001.10

[R1-isis-1]int g0/0/0

[R1-GigabitEthernet0/0/0]isis enable

[R1-GigabitEthernet0/0/0]int g0/0/1

[R1-GigabitEthernet0/0/1]isis enable

[R1-GigabitEthernet0/0/1]int loopback0

[R1-LoopBack0]isis enable

[R2]isis 1

[R2-isis-1]is - name R2

[R2-isis-1]network - entity 10.0000.0000.0002.00

[R2-isis-1]int g0/0/0

[R2-GigabitEthernet0/0/0]isis enable

[R2-GigabitEthernet0/0/0]int g0/0/1

[R2-GigabitEthernet0/0/1]isis enable
[R2-GigabitEthernet0/0/1]int loopback0
[R2-LoopBack0]isis enable

[R3]isis 1
[R3-isis-1]is – name R3
[R3-isis-1]network – entity 10.0000.0000.0003.00
[R3-isis-1]int g0/0/0
[R3-GigabitEthernet0/0/0]isis enable
[R3-GigabitEthernet0/0/0]int g0/0/1
[R3-GigabitEthernet0/0/1]isis enable
[R3-GigabitEthernet0/0/1]int g2/0/0
[R3-GigabitEthernet2/0/0]isis enable
[R3-GigabitEthernet2/0/0]int loopback0
[R3-LoopBack0]isis enable

[R4]isis 1
[R4-isis-1]is – name R4
[R4-isis-1]network – entity 20.0000.0000.0004.00
[R4-isis-1]int g0/0/0
[R4-GigabitEthernet0/0/0]isis enable
[R4-GigabitEthernet0/0/0]int g0/0/1
[R4-GigabitEthernet0/0/1]isis enable

[R5]isis 1
[R5-isis-1]is – name R5
[R5-isis-1]network – entity 30.0000.0000.0005.00
[R5-isis-1]int g0/0/0
[R5-GigabitEthernet0/0/0]isis enable
[R5-GigabitEthernet0/0/0]int g0/0/1
[R5-GigabitEthernet0/0/1]isis enable

[R6]isis 1
[R6-isis-1]is – name R6
[R6-isis-1]network – entity 30.0000.0000.0006.00
[R6-isis-1]int g0/0/0
[R6-GigabitEthernet0/0/0]isis enable
[R6-GigabitEthernet0/0/0]int loopback0
[R6-LoopBack0]isis enable

上述拓扑模拟了一个多区域网络，网内使用 IS-IS 协议互联。R1、R2、R3 属于区域 10，R4 属于区域 20，R5、R6 属于区域 30。全网互通后，可以输入 display isis peer 命令查看 isis 邻居，输入 display isis lsdb 查看链路状态数据库。为了进一步减少网络内不必要的流量，减少路由器的路由表空间，还可以指定路由器级别和端口级别，将区域内部路由器指定为 Level-1，实现优化网络的目的。在上述拓扑中，可以采用以下操作：

  [R1]isis 1
  [R1]is-level level-1
  [R2]isis 1
  [R2]is-level level-1

上述命令将 R1、R2 修改为 Level-1 路由器，从而停止为 Level-2 维护路由表和 LSDB，实现减少系统开销并优化开销的目的。配置完成后，路由器原有的 IS-IS 模块会断开重连，恢复工作后 R1、R2 路由表中不再保存通过 Level-2 报文获取的路由表项。另外，由于 R3 和 R4 所属不同区域，所以仅建立 Level-2 邻居关系，还可以通过以下命令将 R3 的 GE2/0/0 接口修改为 Level-2 接口，让接口不再发送 Level-1 报文，从而减小链路与系统的开销。

  [R3]int g2/0/0
  [R3]isis circuit-level level-2

5. 路由协议的优先级

综上所述，各个路由协议都有自己的标准来衡量路由的好坏（有的采用下一跳次数，有的采用带宽，有的采用时延，一般在路由数据中用度量来量化），并且每个路由协议都试图将自己认为是最好的路由信息写入路由表中。这样就有可能从不同的协议得到到达同一目的网络的不同路由。尽管每个路由协议都给出了度量值，但是由于各个协议所采用度量值的含意不同，它们之间没有可比性。这就需要给路由器一种策略，来决定最终使用哪一条路由。按照策略判断最优的路由，路由器才将它加入路由表，来进行数据报的转发。

通常，路由器中使用路由优先级来判断不同路由协议所获得路由的好坏。每一种路由协议都被定义了自己的优先级，当不同路由协议计算的路由不同时，路由器选择其中优先级最高的路由协议获得的路由写入路由表。路由优先级是根据路由算法的度量等因素得出的经验数值，也可以由网络管理员人工修改。

有的路由器的路由优先级叫作"管理距离"（Administrative Distances，AD），是一个 0 到 255 之间的数值，以此表示路由选择信息的级别。AD 值越小，可信级别越高。显然 0 为最信任，255 为最不信任。

假如路由器收到两条对同一目的网络的路由更新信息，路由器检查其 AD，AD 值低的将被选择写入路由表中。若它们拥有相同的 AD，则再比较它们的度量，度量较低的选择作为更新信息。如果它们的 AD 值和度量值都一样，那就在这两条线路上进行负载均衡。

注意：决策选择路由信息时，若使用了 CIDR，首先要考虑"最长前缀匹配"原则。例如如下的两条路由信息：

200.100.1.0/24 via RIP(AD=120)
200.100.1.0/20 via BGP(AD=20)

尽管 BGP 协议的 AD 值要远远小于 RIP 协议的 AD 值，但利用 RIP 协议得到的路由信息的前缀比利用 BGP 协议得到的路由信息的前缀长。所以最终选择第一条路由信息，因为它找到了一个更具体的网络。可见,只有当前缀长度一致的时候,路由协议的 AD 才起作用。

2.2.4 路由器与地址管理

1. 动态主机配置协议

动态主机配置协议(Dynamic Host Configuration Protocol,DHCP)提供了一种自动给用户主机配置地址等入网信息的机制。这些信息包括 IP 地址、掩码、默认网关甚至是 DNS 等信息。

DHCP 使用 Client/Server 模式工作。新接入网络需要 IP 地址的主机在启动时作为 DHCP 客户(Client),广播发送 DHCP 发现报文(DHCP-Discover)。本地网络上所有主机都能收到该广播报文,但只有 DHCP 服务器(Server)应答此广播报文。DHCP 服务器的回答报文叫作提供报文(DHCP-Offer)。

DHCP 服务器先在其数据库中查找该客户机的配置信息。若找到,则返回找到的信息;若找不到,则从服务器的 IP 地址池(Address Pool)中取一个地址分配给该客户机。DHCP 服务器分配给 DHCP 客户的 IP 地址是临时的,因此 DHCP 客户只能在一段有限的时间内使用这个分配到的 IP 地址。DHCP 协议称这段时间为租用期。租用期的数值由 DHCP 服务器自己决定。DHCP 客户也可在自己发送的报文中提出对租用期的要求。

DHCP 使用 UDP 协议进行数据报传递,使用的端口是 67 和 68。协议的工作过程如下:

DHCP 客户机在启动时,在自己的 TCP/IP 协议配置中与地址 0.0.0.0 绑定,然后它将一个 DHCP 发现报文发送给本地子网,该报文的目的端口为 67。

DHCP 服务器(被动)打开并监听 UDP 端口 67,等待客户端发送的发现报文。若收到 DHCP 客户从 UDP 端口 68 发送来的 DHCP 发现报文,则 DHCP 服务器发出 DHCP 提供报文。该报文包括有效的 IP 地址、子网掩码、DHCP 服务器 IP 地址、租用期限等详细配置,而且这个报文要以广播的形式发送,因为此时客户机还没有能直接寻址的 IP 地址。

同一个网段的 DHCP 服务器可以有多个,因此 DHCP 客户可能收到多个 DHCP 提供报文。所有发送提供报文的服务器将保留它所提供的 IP 地址。在该地址不再保留之前,不能分配给其他的客户。DHCP 客户从几个 DHCP 服务器中选择其中的一个(通常以接收到的第一组配置信息为准),并向所选择的 DHCP 服务器发送 DHCP 请求报文(DHCP-Request)。那些提供了地址而没有被客户响应的 DHCP 服务器将自己保留的 IP 地址返回给可用地址池。

被选择的 DHCP 服务器发送确认报文(DHCP-ACK),客户机进入已绑定状态(IP 地址和 MAC 地址已绑定),即可开始使用得到的临时 IP 地址。

DHCP 客户根据服务器提供的租用期 T 设置两个计时器 $T1$(超时时间 $0.5T$)和 $T2$(超时时间 $0.875T$)。当 $T1$ 时间到了以后,DHCP 发送请求报文要求更新租用期。DHCP 服务器若同意,则发回确认报文。DHCP 客户得到新的租用期,重新设置计时器。DHCP 服务器若不同意,则发回否认报文(DHCP-NACK)。这时 DHCP 客户必须立即停止使用原来的 IP 地址,重新申请 IP 地址。若 DHCP 服务器不响应上面的请求报文,则等到 $T2$ 超时后,DHCP 客户必须重新发送请求报文,重复以上步骤。DHCP 客户可随时提前终止服务器所提供的租用期,这时只需向 DHCP 服务器发送释放报文(DHCP-Release)即可。

需要注意的是,并不是每个网络上都有 DHCP 服务器,这样会使 DHCP 服务器的数量过多。所以每一个网络至少要有一个 DHCP 中继代理,它配置了 DHCP 服务器的 IP 地址信息。

客户机和DHCP服务器不在同一广播域时,中继代理(具有路由功能的中间设备)必须要能够转发这种广播包。当DHCP中继代理收到客户机发送的发现报文后,就以单播方式向DHCP服务器转发此报文,并等待其回答。收到DHCP服务器回答的提供报文后,DHCP中继代理再将此提供报文发回给客户机。这一过程如图2.22所示。

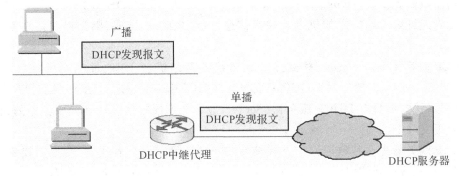

图 2.22　DHCP 中继代理

使用DHCP中继代理后协议的工作步骤如下:

(1)DHCP客户机发送发现报文。由于目前还没有IP地址,所以该报文的源IP地址写上0.0.0.0。同时也不知道DHCP服务器的地址,所以报文中的目的地址写上广播地址255.255.255.255。注意,该报文中还包含一些其他信息,比如客户机的源MAC地址,目的MAC地址FF-FF-FF-FF-FF-FF。

(2)中继代理接收到该报文的时候,就用自己的接口地址(接收到发现报文的接口)来取代源地址0.0.0.0,并且用自己配置的DHCP服务器地址更换报文中的目的地址255.255.255.255。

(3)DHCP服务器接收到中继代理转发过来的DHCP发现报文时,一方面根据源地址中的IP地址,确定客户机所在子网的子网掩码,由此分配相应子网段地址池中的空闲地址。另一方面将报文所携带的客户机MAC地址写入自己的数据库,建立IP地址与MAC地址的映射关系。然后再做出响应,并且由中继代理把服务器的提供报文转发到客户机。

网络中配置了DHCP服务器以后,在用户的主机上就不用再配置详细IP地址。在Internet协议(TCP/IP)属性中只要选择"自动获得IP地址"即可正常接入网络,如图2.23所示。

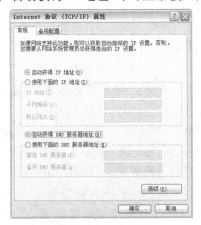

图 2.23　客户机中配置"自动获得IP地址"

2. 网络地址转换

为了解决 IPv4 地址空间不足的问题,因特网采取了许多机制。从子网划分到 CIDR 的开发,都是以有效使用现有 IP 地址空间为主要思路。事实上,对于许多较大的企业,并不需要将全部的主机都接入到外部的网络中去。使用因特网服务的只是其内部的一小部分主机。若给这个企业的所有主机都申请合法的因特网地址,显然是件浪费的事情。但是企业组网又的确需要使用 TCP/IP 机制,看上去又必须使用 IP 地址。

根据 RFC 1631 开发的网络地址转换(Network Address Translation,NAT)技术可以在多个 Internet 子网中使用相同的 IP 地址段,从而减少注册 IP 地址的使用。NAT 将企业使用的地址分为两类:一种是本地地址,仅在企业内部使用,可以由本单位自行分配,而不需要向因特网的管理机构申请。另一种是外部合法地址,是全球唯一的 IP 地址,必须向因特网的管理机构申请。

通常把使用本地地址的网络叫 inside 网络,而接入因特网的外部网络称为 outside 网络。位于 inside 网络和 outside 网络中的 NAT 路由器在发送数据包之前,负责把内部 IP 翻译成外部合法地址。NAT 的基本原理如图 2.24 所示。

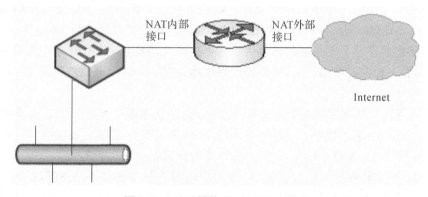

图 2.24 地址转换 NAT 的基本原理

使用了 NAT 之后,对原来的网络应用会产生一些影响,比如 ping、traceroute、snmp 和路由表更新信息等都会被拒绝。而且,由于要进行地址转换,所以不可避免会造成一些时延。

有关内部地址的使用,因特网也做了相应的规定。为了避免与外部的合法地址冲突,RFC 1918 指明了用于内部网络的专用地址(Private Address)。这些地址只能用于一个机构的内部通信,而不能用于和因特网上的主机通信。专用地址只能用作本地地址而不能用作全球地址。在因特网中的所有路由器对目的地址是专用地址的数据报一律不进行转发。这些地址为

10.0.0.0~10.255.255.255

172.16.0.0~172.31.255.255

192.168.0.0~192.168.255.255

在一些不接入因特网的企业内部组网时,通常使用这些地址,这也是为什么本书在举例时通常使用这些地址的原因。

NAT 的实现方式有三种,即静态转换、动态转换和端口多路复用。

静态转换是指将内部网络的私有 IP 地址转换为企业拥有的合法 IP 地址时,IP 地址间是一对一的。特定本地 IP 地址只转换为某个合法 IP 地址。通过使用静态转换,可以实现外部

网络对内部网络中某些特定设备(如 Web 服务器)的访问。

动态转换是指将内部网络的本地 IP 地址转换为合法 IP 地址时,IP 地址的对应关系不确定,而是随机决定的。所有被授权访问因特网的本地 IP 地址可随机转换为任何指定的合法 IP 地址。只要管理员指定了哪些本地地址可以进行转换,哪些合法地址作为外部地址,就可以进行动态转换。动态转换可以使用多个合法的外部地址"池"。当企业所申请的合法 IP 地址少于网络内部的主机数量时,通常使用动态转换的方式。

端口多路复用通过改变外出数据包的源端口,实现在路由器的同一个接口上(一个接口地址)地址的复用转换,所以通常称为端口地址转换(Port Address Translation,PAT)。采用端口多路复用方式,内部网络的所有主机均可共享一个合法外部 IP 地址实现对 Internet 的访问,从而可以最大限度地节约 IP 地址资源。

3.2.5 多协议标记交换

由于网络用户的增加,导致网络上信息流量的持续增加,而由多层路由器构成的传统网络正趋向饱和,其经济性和效率将随规模的进一步扩大而下降。为建立更大规模的网络,通过在路由器网络中引入交换结构是一种比较好的解决方案。多协议标签交换(Multiprotocol Label Switching,MPLS)是一种在开放的通信网上利用标签引导数据高速、高效传输的新技术。它的价值在于能够在一个无连接的网络中引入连接模式的特性;其主要特点是减少了网络复杂性,兼容现有各种主流网络技术,能降低网络成本,在提供 IP 业务时能确保 QoS 和安全性,具有流量工程能力。

MPLS 体系结构描述了实现标签交换的机制,这种技术兼有基于第二层交换的分组转发技术和第三层路由技术的优点。当分组进入网络时,要为其分配固定长度的短的标记并将标记与分组封装在一起,在整个转发过程中,交换节点仅根据标记进行转发。

MPLS 具有"多协议"特性,对上兼容 IPv4、IPv6 等多种主流网络层协议,将各种传输技术统一在一个平台之上;对下支持 ATM、FR、PPP 等多种链路层协议,从而使得多种网络的互联互通成为可能。

MPLS 的几个主要概念如下:

(1)标记交换路径(Label Switching Path,LSP)。MPLS 网络为具有一些共同特性的分组通过网络而选定一条通路,由入口的边缘交换路由器,一系列核心路由器和出口的边缘交换路由器以及它们之间由标记所标识的逻辑信道组成。

(2)标记分发协议(Label Distribution Protocol,LDP)。MPLS 的控制协议,用于 LSR 之间交换信息,完成 LSP 的建立、维护和拆除等功能。

(3)转发等价类(Forwarding Equivalence Class,FEC)。在 MPLS 网络中经过相同的 LSP,完成相同的转发处理的一些数据分组,这些数据分组具有某些相同的特性。FEC 的划分通常依据网络层的目的地址前缀或是主机地址。

MPLS 的操作流程如图 2.25 所示。

MPLS 域中的各个路由器使用标记分发协议,在边缘路由器之间建立标记交换路径(虚通路)。一个 IP 分组到达 MPLS 域时,入口标记交换路由器(Label Switching Router,LSR)对接收到的 IP 分组进行分类,将属于不同 FEC 的分组映射到不同的 LSP。然后为分组加上标记,并转发到下一个 LSR。LSR 对每一个接收到的 MPLS 分组,利用输入端口号和输入标记查找转发表,找到相应的输出标记和输出端口号。LSR 用新的输出标记代替 MPLS 分组中的旧标记,然后将 MPLS 分组从输出端口发送出去。当 MPLS 分组要离开 MPLS 域时,出口 LSR 将分组的标记删除,恢复成普通的 IP 分组转发给 IP 子网。

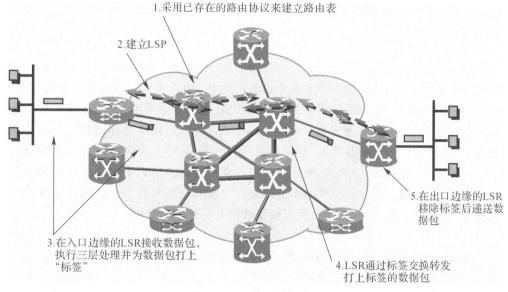

图 2.25　MPLS 操作流程

思 考 题

1. 二层交换的原理是什么,与三层交换有什么区别?
2. 交换机的线速和背板带宽如何计算?
3. 划分 VLAN 有何好处,跨交换机 VLAN 如何实现中继,跨 VLAN 的主机如何通信?
4. 电脑中配置的"网关"通常是哪个地址?
5. 如何理解默认路由?
6. 对比下距离矢量路由协议和链路状态路由协议,各自适用于什么场合。
7. 不同带宽的两条链路要实现路由备份,应该使用静态路由还是动态路由?若使用静态路由,如何实现?如果使用动态路由,使用哪种动态路由协议?
8. 下载并阅读 OSPF 协议的 RFC 文档,回答以下问题:
  (1) 什么是 ABR,什么是 ASBR,什么是 NSSA 区域?
  (2) OSPF 协议有哪些类型的报文,哪些类型 LSA 通告?
  (3) OSPF 协议使用最短路径算法的范围是在整个 AS,还是在一个区域内?

第 3 章 服务器与云计算技术

指挥信息网络的网络终端系统,无论是在指挥所还是数据中心,服务器无疑是各类数据及应用的主要承载平台,最核心和重要的业务数据均集中于此。本章以服务器系统为例,介绍网络终端系统部署时的常用技术,包括服务器的基本概念、服务器集群、虚拟化技术和云计算技术。虚拟化实现了 IT 资源的逻辑抽象和统一表示,在服务器、网络及存储管理方面都有着突出的优势,大大降低了管理的复杂度,提高了资源利用率,提高了运营效率,从而有效地控制了成本。云计算采用创新的计算模式,使用户通过互联网随时获得近乎无限的计算能力和丰富多样的信息服务,实现了用户对计算和服务的访问自由和按需付费。云计算借助虚拟化的伸缩性和灵活性,提高了资源利用率,简化了资源和服务的管理与维护。

3.1 服务器的概念与分类

1. 服务器基本概念

服务器是计算机的一种,它是网络上一种为客户端计算机提供各种服务的高性能的计算机。服务器在网络操作系统的控制下,将与其相连的硬盘、磁带、打印机及昂贵的专用通信设备提供给网络上的客户站点共享,也能为网络用户提供集中计算、信息发布及数据管理等服务,也是 Internet 的资源仓库。它的高性能主要体现在高速度的运算能力、长时间的可靠运行和强大的外部数据吞吐能力等方面。

服务器作为网络的节点,存储、处理网络上 80% 的数据、信息,因此也被称为网络的灵魂。做一个形象的比喻:服务器就像是邮局的交换机,而微机、笔记本、PDA、手机等固定或移动的网络终端,就如散落在家庭、各种办公场所、公共场所等处的电话机。我们与外界日常的生活、工作中的电话交流、沟通,必须经过交换机,才能到达目标电话。同样如此,网络终端设备如家庭、企业中的微机上网,获取资讯,与外界沟通、娱乐等,也必须经过服务器,因此也可以说是服务器在"组织"和"领导"这些设备。

从广义上讲,服务器是指网络中能对其他机器提供某些服务的计算机系统(如果一个 PC 对外提供 ftp 服务,也可以叫服务器)。

从狭义上讲,服务器专指某些高性能计算机,能通过网络对外提供服务。相对于普通 PC 来说,服务器对稳定性、安全性等方面都要求更高,因此在 CPU、芯片组、内存、磁盘系统、网络等硬件和普通 PC 有所不同。

2. 服务器分类

按照体系架构(CPU 类型)来区分,服务器主要分为以下两类,如图 3.1 所示。

(1) 非 x86 服务器:包括大型机、小型机和 UNIX 服务器,使用 RISC(精简指令集)或 EPIC 处理器,并且主要采用 UNIX 和其他专用操作系统的服务器。精简指令集处理器主要有 IBM 公司的 POWER 和 PowerPC 处理器,SUN 与富士通公司合作研发的 SPARC 处理器。EPIC

处理器主要是 HP 与 Intel 合作研发的安腾处理器等。这种服务器价格昂贵、体系封闭,但是稳定性好、性能强,主要用在金融、电信等大型核心系统中。

(2)x86 服务器:又称 CISC(复杂指令集)架构服务器,即通常所讲的 PC 服务器,它是基于 PC 机体系结构,使用 Intel 或其他兼容 x86 指令集的处理器芯片的服务器,如 IBM 的 System x 系列服务器、HP 的 Proliant 系列服务器等。x86 服务器价格便宜、兼容性好,主要用在中小规模场合和非关键业务中。

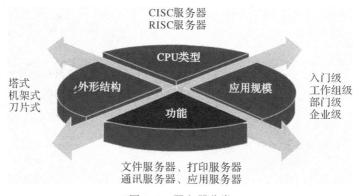

图 3.1 服务器分类

按照外形结构来区分,服务器主要分为以下三种。

(1)塔式(Tower):立式放置的服务器机型,外形以及结构都跟台式 PC 差不多,但服务器机箱比 PC 机箱体积更大。Tower 机型在外观尺寸上要求没有 Rack 严格,可预留更多扩展空间,但由于服务器的主板扩展性较强、插槽也多,所以个头比普通主板大,配置可以很高,冗余扩展更齐备,见图 3.2。其应用范围非常广,是目前使用率最高的一种通用服务器,常见于入门级和工作组级服务器。四路以上的塔式机器较少,协同工作在空间占用和系统管理上都不方便,成本通常也比较低。

图 3.2 塔式服务器

(2)机架式(Rack):外观尺寸及装配尺寸符合标准尺寸,可以放在标准高度的机架中,有多种规格,例如 1U、2U、4U、6U、8U 等,如图 3.3 所示。其中,高度用"U"来计量,"U"为通用工业机架高度标准,1U= 1.75英寸≈44.445 mm。

图 3.3 机架式服务器

(3)刀片式(Blade)服务器:一种高可用高密度(High Availability High Density,HAHD)的低成本服务器平台,是专门为特殊应用行业和高密度计算机环境设计的。其中每一块"刀片"实际上就是一块系统母板,类似于一个个独立的服务器,如图 3.4 所示。刀片式服务器目前最适合群集计算和为 IxP(互联网交换中心)提供互联网服务。

图 3.4 刀片式服务器

另外,服务器按用途分有 Web 服务器、E-mail 服务器、数据库服务器和 DNS 服务器等。

3.2 服务器集群

3.2.1 集群系统概念

1. 集群系统

集群(Cluster)技术是近几年新兴起的一项高性能计算技术。它将一组相互独立的计算机通过高速的通信网络组成一个单一的计算机系统,并以单一系统的模式加以管理。在客户端看来就像是只有一个服务器。集群可以利用多个计算机进行并行计算从而获得很高的计算速度,也可以用多个计算机做备份,从而使得任何一个机器坏了整个系统还是能正常运行。其出发点是提供高可靠性、可扩充性和抗灾难性。

集群中所有的计算机都拥有一个共同的名称,集群系统内任意一台服务器都可被所有的网络用户所使用。集群化操作可以减少单点故障数量,并且实现了集群化资源的高可用性。典型的特征是可为数据库、消息系统、文件与打印服务这些关键业务应用,提供高可用性和可扩展性,在集群中的多个服务器(节点)保持不间断的联系。即是说如果在集群中的某一节点因出错或停机维护不可用时,另一节点会立刻提供服务,以实现容错。正在访问服务的用户可以继续访问,而不会察觉到服务已经由另一台服务器(节点)提供。

2. 浮动 IP

浮动 IP 又称漂移 IP,也就是最终对外提供服务的 IP,需要与两台服务器的实际服务 IP 在同一网段。浮动 IP 是两台服务器通过 BCP 软件虚拟出来的,当主机发生故障时,将此 IP 释放给备份机接管。

3. 心跳

心跳可以用网络实现,也可以通过 com 口,心跳机制支持两台主机间互相监控对方状态,当一方故障导致心跳不通时,资源切换。

4. 脑裂

脑裂是指两台服务器无法监控对方状态,服务启动异常导致服务器关机。

5. 镜像磁盘

镜像磁盘就是两台主机通过双机软件完成数据同步后的磁盘。

6. 集群管理分区

集群管理分区用来存储镜像磁盘配置的相关信息。

7. 负载均衡

网络负载均衡允许用户的请求传播到多台服务器上(这些服务器对外只须提供一个 IP 地址或域名),即可以使用群组中的多台服务器共同分担对外的网络请求服务。网络负载均衡技术保证即使是在负载很重的情况下服务器也能做出快速响应。

一些服务器系统的"集群管理器"可用于手动平衡服务器的工作负荷,并根据计划维护发布服务器,还可以从网络中的任何位置监控集群、所有节点及资源的状态。

8. 热备和容错

根据功能,双机系统和集群系统又可细分为双机热备、双机容错以及集群热备和集群容错。

热备是热备份(Hot Standby,也译为"热备用")的简称,它与容错(Fault Tolerance)的主要区别在于热备系统只能监控服务器的 CPU,是硬件级的监控,而容错系统监控服务器的应用,实行软件加硬件级的监控。

由于容错技术提供更高层次的弹性和恢复能力,使用深层硬件冗余(如磁盘镜像、双机热备等),加上专门的软件,几乎可以即时地恢复任何单一的硬件或软件错误。热备与容错方案要比集群方案昂贵得多,因为用户必须为处于闲置状态等待错误的冗余硬件支付费用。

3.2.2 集群工作模式与原理

1. 集群工作模式

双机集群系统有两种工作模式,一种是主从模式,另一种是双工模式。

(1) 主从模式。主从(Active/Standby)模式一般为两台服务器同时运行。一台服务器被指定为进行关键性操作的主服务器,另一台服务器作为备用的服务器。在主服务器工作时,从服务器处于监控准备状态(除了监控主服务器状态,不进行其他操作)。

(2) 双工模式。双工(Active/Active)模式又称对等模式。在正常情况下,两台服务器同时运行各自的服务,且相互监测对方的情况。

2. 双机集群工作原理

(1) 心跳工作过程。通过 IP 做心跳检测时,主机和备机会通过此心跳路径,周期性地发出相互检测的测试包,如果此时主机出现故障,备机在连续丢失设定数目的检测包后,会认为主机出现故障,这时备机会自动检测设置中是否有第二种心跳,如果没有第二种心跳的话,备机则根据已设定的规则,启动备机的相关服务,完成双机热备的切换。心跳工作原理如图 3.5 所示。

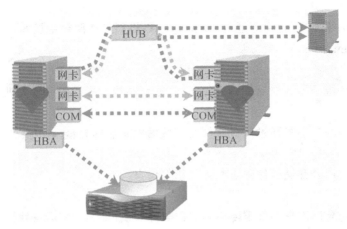

图 3.5 心跳工作原理

(2)IP 工作过程。主机、备机的 IP 地址采用虚拟 IP 地址实现,正常的情况下主机虚拟 IP 地址指向主机的实际 IP 地址,用户通过虚拟 IP 地址访问主机,这时,双机热备软件将虚拟 IP 地址解析到主机实际 IP 地址。

3. 应用及网络故障切换过程

(1)双机系统中,当检测到主机操作系统的故障时,可及时将服务切到备用服务器。

(2)在主服务器操作系统正常的情况下,数据库系统出现意外故障时,双机容错软件可以及时发现并将其切到备用服务器,使服务不至于停止。

(3)在主服务器操作系统和数据库系统全都正常的情况下,主服务器网络出现故障时,双机热备软件可以将系统切到正常的备用服务器上。

3.2.3 集群系统分类

1. 按功能分类

(1)高可用性集群。高可用性集群主要是提供不间断的服务,其部署方式如图 3.6 所示。高可用性集群适用于必须 24 小时不停运转的应用程序,如所有的 Web 服务器、ATM、医学与军事监测仪以及股票处理机等。对这些应用程序而言,暂时的停机都会导致数据的丢失和灾难性的后果。

(2)高性能集群。高性能集群通过将多台机器连接起来以同时处理复杂的计算问题。如模拟星球附近的磁场、预测龙卷风的出现等情况都需要对大量的数据进行处理。传统方法是用超级计算机来完成计算工作,但价格昂贵,且可用性和可扩展性不够强。

2. 按设备分类

(1)镜像服务器双机系统。集群中镜像服务器双机系统是硬件配置最简单和价格最低廉的集群系统。通常镜像服务的硬件配置需要两台服务器,每台服务器有独立操作系统硬盘和数据存贮硬盘,每台服务器有与客户端相连的网卡,另有一对镜像卡或完成镜像功能的网卡。

优点:配置简单,使用方便,价格低廉。但由于镜像服务器需要采用网络方式镜像数据,通过镜像软件实现数据的同步,因此需要占用网络服务器的 CPU 及内存资源,镜像服务器的性能比单一服务器的性能要低一些。

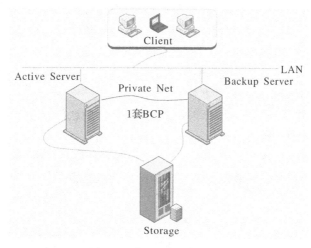

图 3.6　高可用性集群部署

例如,内存镜像中两台服务器内存完全一致,主机出故障时,备份机可以在几乎没有感觉的情况下接管所有应用程序,但当系统应用程序带有缺陷从而导致系统宕机时,两台服务器会同步宕机。

镜像服务器适合那些预算较少、对集群系统要求不高的用户。

(2)双机与磁盘阵列柜。比镜像服务器双机系统多了一个磁盘阵列柜,磁盘阵列柜通过 SCSI 电缆与服务器上普通 SCSI 卡相连,系统管理员需直接在磁盘柜上配置磁盘阵列。不采用内存镜像技术,因此需有一定的切换时间(通常为 60~180 s),它可以有效地避免由于应用程序自身的缺陷导致系统全部宕机,同时由于所有的数据全部存贮在中置的磁盘阵列柜中,当工作机出现故障时,备份机接替工作机,从磁盘阵列中读取数据,所以不会产生数据不同步的问题,不需要网络镜像同步,性能高。

磁盘阵列柜会导致单点错,当磁盘阵列柜出现逻辑或物理故障时,所有存贮的数据会全部丢失,因此需选用好品质的产品。

3.3　虚拟化技术

3.3.1　虚拟化基础

虚拟化指通过虚拟化技术将一台计算机虚拟为多台逻辑计算机。在一台计算机上同时运行多个逻辑计算机,每个逻辑计算机可运行不同的操作系统,并且应用程序都可以在相互独立的空间内运行而互不影响,从而显著提高计算机的工作效率。虚拟化技术可将原本运行在真实环境上的计算机系统或组件运行在虚拟出来的环境中,并且可在此虚拟环境获得与真实环境一致的效果。

通常实现虚拟化操作可通过虚拟机(Virtual Machine)来实现,虚拟机指通过软件模拟的具有完整硬件系统功能的、运行在一个完全隔离环境中的完整计算机系统。通过虚拟机软件,可以在一台物理计算机上模拟出另一台或多台虚拟的计算机,这些虚拟机就像真正的计算机那样进行工作,例如可以安装操作系统、安装应用程序、访问网络资源等。对于用户而言,它只是运行在物理计算机上的一个应用程序,但是对于在虚拟机中运行的应用程序而言,它就是一台真正的计算机。因此,当在虚拟机中进行软件评测时,可能系统一样会崩溃,但是,崩溃的只是虚拟机上的操作系统,而不是物理计算机上的操作系统,并且,使用虚拟机的"恢复"功能,可以马上恢复虚拟机到安装软件之前的状态。

常见的虚拟机工作原理如下:虚拟机是一种严密隔离的软件容器,它可以运行自己的操作系统和应用程序,就好像一台物理计算机一样。虚拟机的运行完全类似于一台物理计算机,它包含自己的虚拟(即基于软件实现的)CPU、RAM 硬盘和网络接口卡(NIC)。服务器虚拟化将硬件、操作系统和应用程序一同装入一个可迁移的虚拟机档案文件中,如图 3.7 所示。

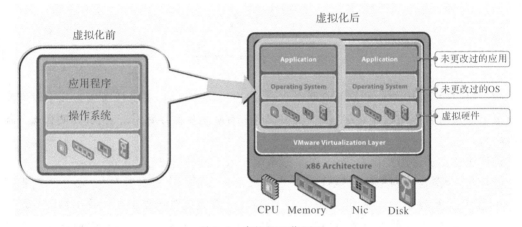

图 3.7 虚拟机工作原理

操作系统无法分辨虚拟机与物理计算机之间的差异,应用程序和网络中的其他计算机也无法分辨。即使是虚拟机本身也认为自己是一台"真正的"计算机。不过,虚拟机完全由软件组成,不含任何硬件组件。因此,虚拟机具备物理硬件所没有的很多独特优势。服务器设备管理器中看到的虚拟设备如图 3.8 所示。

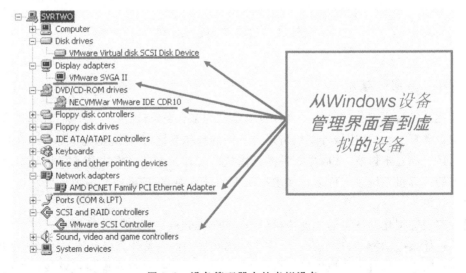

图 3.8 设备管理器中的虚拟设备

虚拟机的几大特性如图 3.9 所示。

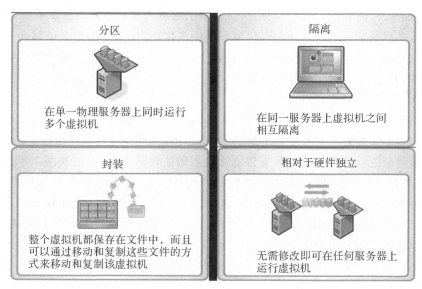

图 3.9　虚拟机特性

虚拟化的实现形式包括服务器虚拟化、桌面虚拟化、应用虚拟化、存储虚拟化及网络虚拟化,如图 3.10 所示。

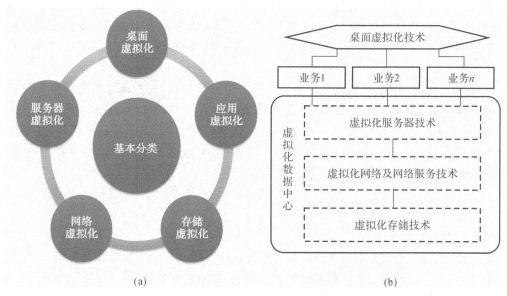

图 3.10　虚拟化技术分类与关系
(a)虚拟化技术分类；(b)虚拟化技术之间的关系

(1)服务器虚拟化:将服务器物理资源抽象成逻辑资源,让一台服务器变成几台甚至上百台相互隔离的虚拟服务器,或者让几台服务器变成一台服务器来使用,不再受限于物理上的界限,而是让 CPU、内存、磁盘、I/O 等硬件变成可以动态管理的"资源池",从而提高资源的利用率,简化系统管理,实现服务器整合,让 IT 对业务的变化更具适应力。

(2) 桌面虚拟化：将计算机的桌面进行虚拟化，以达到桌面使用的安全性和灵活性。可以通过任何设备，在任何地点、任何时间访问在网络上的属于用户个人的桌面系统。其依赖于服务器虚拟化，在数据中心的服务器上进行服务器虚拟化，生成大量的独立的桌面操作系统（虚拟机或者虚拟桌面），同时根据专有的虚拟桌面协议发送给终端设备。用户终端通过以太网登录到虚拟主机上，只需要记住用户名和密码及网关信息，即可随时随地地通过网络访问自己的桌面系统，从而实现单机多用户。

(3) 应用虚拟化：将应用程序与操作系统解耦合，为应用程序提供一个虚拟的运行环境。在这个环境中，不仅包括应用程序的可执行文件，还包括它所需要的运行时的环境。从本质上说，应用虚拟化是把应用对低层的系统和硬件的依赖抽象出来，可以解决版本不兼容的问题。技术原理是基于应用/服务器计算 A/S 架构，采用类似虚拟终端的技术，把应用程序的人机交互逻辑（应用程序界面、键盘及鼠标的操作、音频输入/输出、读卡器、打印输出等）与计算逻辑隔离开来。当用户访问一个服务器虚拟化后的应用时，用户计算机只需要把人机交互逻辑传送到服务器端，服务器端为用户开设独立的会话空间，应用程序的计算逻辑在这个会话空间中运行，把变化后的人机交互逻辑传送给客户端，并且在客户端相应设备展示出来，从而使用户获得如同运行本地应用程序一样的访问感受。

(4) 存储虚拟化：存储虚拟化是一种打通存储底层的基础建设，通过虚拟化产品提供的逻辑层统合整个存储环境，为前端服务器的存储需求提供单一化服务。虚拟存储就是整合各种物理存储设备为一整体，提供永久保存数据并能被用户调用的功能，即在公共控制平台下存储设备的一个集合体。最通俗的理解就是对存储硬件资源进行抽象化表现，通过将一个（或多个）目标服务或功能与其他附加的功能集成，统一提供有用的全面功能服务。典型的虚拟化包括如下一些情况：屏蔽系统的复杂性，增加或集成新的功能，仿真、整合或分解现有的服务功能等。

(5) 网络虚拟化：网络虚拟化是将基于服务的传统客户端/服务器迁移到网络上得以实现服务的一种技术实现。传统的 VLAN 技术和虚拟专用网络（VPN）都属于网络虚拟化的范畴。VPN 对网络连接的概念进行了抽象，允许远程用户访问组织的内部网络，就像物理上连接到该网络一样。网络虚拟化可以帮助保护 IT 环境，防止来自 Internet 的威胁，同时使用户能够快速安全地访问应用程序和数据。

3.3.2 服务器虚拟化

1. 服务器虚拟化的概念

服务器虚拟化：将服务器物理资源如 CPU、内存、磁盘、I/O 等抽象成逻辑资源，形成动态管理的"资源池"，并创建合适的虚拟服务器，实现服务器资源整合，提升资源利用率，最终更好地适应 IT 业务的变化。

服务器虚拟化主要分为两种："一虚多"和"多虚一"。"一虚多"是一台服务器虚拟成多台服务器，即将一台物理服务器分割成多个相互独立、互不干扰的虚拟服务器。"多虚一"就是多个独立的物理服务器虚拟为一个逻辑服务器，使多台服务器相互协作，处理同一个业务。另外还有"多虚多"的概念，就是将多台物理服务器虚拟成一台逻辑服务器，然后再将其划分为多个虚拟环境，即多个业务在多台虚拟服务器上运行。服务器的虚拟化方式如图 3.11 所示。

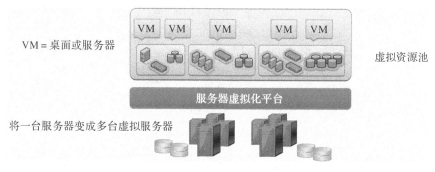

图 3.11 服务器虚拟化方式

2. 服务器虚拟化的优势

(1) 维护运行在早期操作系统上的业务应用。对于某些早期操作系统，发行厂商已经停止了系统的维护，不再支持新的硬件平台，而重写运行在这些系统上的业务应用又不现实。为此，可以将这些系统迁移到新硬件平台上运行的虚拟系统上，实现业务的延续。

(2) 提高服务器的利用率。《虚拟服务器环境》一书指出："多数用户承认，系统平均利用率只有 25%～30% 之间"。这对服务器硬件资源是一种浪费。将多种低消耗的业务利用服务器虚拟化整合到一台服务器上，可以充分发挥服务器的性能，从而提高系统的整体利用效率。

(3) 动态资源调配。提升业务应用整体的运行质量，可在一台计算机内部的虚拟机之间或是集群系统的各个业务之间进行动态的资源调配，进而提升业务应用的整体运行质量。在实际应用上，这一优势更偏重于集群系统。

(4) 提供相互隔离的、安全的应用执行环境。虚拟系统下的各个子系统相互独立，即使一个子系统遭受攻击而崩溃也不会对其他系统造成影响。而且在使用备份机制后，子系统可被快速地恢复。

(5) 提供软件调试环境，进行软件测试，保证软件质量。采用虚拟技术后，用户可以在一台计算机上模拟多个应用系统，多种不同操作系统，使调试环境搭建简单易行，大大提高工作效率，降低测试成本。

3. 主要的服务器虚拟化技术

(1) 硬件分区。硬件虚拟技术是随着 UNIX 服务器的发展而出现的。实际上，在 UNIX 服务器上，不少厂商和用户习惯于将电气级的虚拟技术称为硬分区（或物理分区），而把通过软件或固件实现的逻辑分区技术称为软分区。但无论如何称呼，实际上逻辑虚拟模式和硬件虚拟模式的共同点与应用所在的操作系统无关，只与系统硬件相关。HP 和 Sun 等厂商在 UNIX 服务器上采用的是 MBB(Modular Building Block) 架构。MBB 由多个 BB(Building Block) 构成，Sun 称之为 Board，HP 称之为 Cell。每个 BB 可包含 4 路 CPU、若干内存和 I/O 卡。不同 BB 内的 CPU 可以有不同的时钟频率。所有的 BB 通过一种称为 Crossbar Switch 的交换机制连接在一起。采用 MBB 技术可以比较容易地设计出拥有更多 CPU 的服务器。在这种服务器上既可以运行一个操作系统，也可以在一个或多个 BB 上运行多个操作系统。这就是服务器的硬分区，如图 3.12 所示。基于 MBB 技术的服务器是由多个 BB 构成的，所以具有物理分区的特性，即可以热插拔 CPU 板和内存板。这是因为每一个 BB 是物理分开的，每个 4 路 CPU 板可以单独从系统中隔离出来并将其下电。

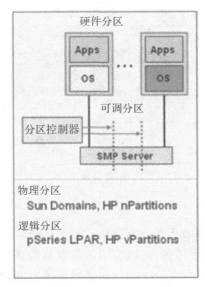

图 3.12 硬件分区虚拟化技术

在硬件分区虚拟化中,硬件资源被划分成数个分区,每个分区享有独立的 CPU、内存,并安装独立的操作系统。如图 3.11 所示,在一台服务器上,存在有多个系统实例,同时启动了多个操作系统。这种分区方法的主要缺点是缺乏很好的灵活性,不能对资源做出有效调配。随着技术的进步,现在对于资源划分的颗粒度已经远远提升,例如在 IBM AIX 系统上,对 CPU 资源的划分颗粒可以达到 0.1 个 CPU。

(2) 完全虚拟化。Hypervisor 是一种运行在基础物理服务器和操作系统之间的中间软件层,可允许多个操作系统和应用共享硬件,也可叫作虚拟机监视器(virtual machine monitor, VMM)。

Hypervisor 也是一种在虚拟环境中的"元"操作系统,可以访问服务器上包括磁盘和内存在内的所有物理设备。Hypervisor 不但协调着这些硬件资源的访问,同时也在各个虚拟机之间施加防护。当服务器启动并执行 Hypervisor 时,它会加载所有虚拟机客户端的操作系统,同时会分配给每一台虚拟机适量的内存、CPU、网络和磁盘。

使用 Hypervisor 在 VM 和底层硬件之间建立一个抽象层(见图 3.13 中的 VMware Virtualization Layer),其代表的是 VMware 的 ESX server 和 Microsoft 的 Virtual PC、Virtual Server。

Hypervisor 捕获 CPU 指令,为指令访问硬件控制器和外设充当中介。因此,这种虚拟化技术几乎能让任何一款操作系统不加改动就可以安装在 VM 上,而它们不知道自己运行在虚拟化环境下。主要缺点是,Hypervisor 会带来处理开销。

(3) 准虚拟化。完全虚拟化是处理器密集型技术,因为它要求 Hypervisor 管理各个虚拟服务器,并让它们彼此独立。减轻这种负担的一种方法就是,改动客户操作系统,让它以为自己运行在虚拟环境下,能够与 Hypervisor 协同工作。这种方法就叫准虚拟化(Para-virtualization)。

Xen 是开源准虚拟化技术的一个例子。操作系统作为虚拟服务器在 Xen Hypervisor 上运行之前,必须在核心层面进行某些改变。因此,Xen 适用于 BSD、Linux、Solaris 及其他开源操作系统,但不适合对像 Windows 这些专有的操作系统进行虚拟化处理,因为它们无法改动。(在支持虚拟化技术的处理器上,由于不需要改变内核,因此,也可以支持 Windows。)

准虚拟化技术的优点是性能高。经过准虚拟化处理的服务器可与 Hypervisor 协同工作,其响应能力几乎不亚于未经过虚拟化处理的服务器。准虚拟化与完全虚拟化相比优点明显,以至于微软和 VMware 都在开发这项技术,以完善各自的产品。

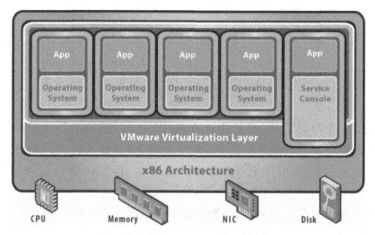

图 3.13　VMware ESX Server 架构

(4)操作系统层虚拟化。实现虚拟化还有一个方法,那就是在操作系统层面增添虚拟服务器功能,如图 3.14 所示。

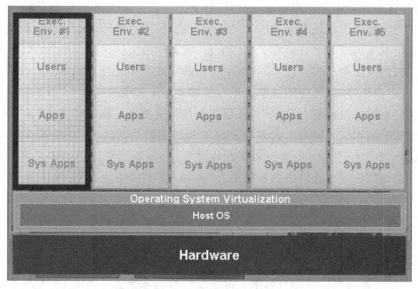

图 3.14　操作系统层的虚拟化技术

Solaris Container 就是操作系统层虚拟化的一个例子,Parallels(SW soft 收购了 Parallels,然后把自己的名字改成 Paralles)的 Virtuozzo/OpenVZ(如图 3.15 所示)是面向 Linux 的软件方案。

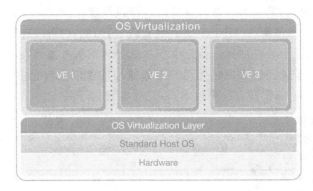

图 3.15 Virtuozzo

就操作系统层的虚拟化而言,没有独立的 Hypervisor 层。相反,主机操作系统本身就负责在多个虚拟服务器之间分配硬件资源,并且让这些服务器彼此独立。一个明显的区别是,如果使用操作系统层虚拟化,所有虚拟服务器必须运行同一操作系统(不过每个实例有各自的应用程序和用户账户)。

虽然操作系统层虚拟化的灵活性比较差,但本机速度性能比较高。此外,由于架构在所有虚拟服务器上使用单一、标准的操作系统,管理起来比异构环境要容易。

3.3.3 网络虚拟化

1. 传统网络架构的挑战

服务器和存储虚拟化技术的迅猛发展,使得动态快速分配计算资源和存储资源成为很平常的事,从而大大缩短了创建服务器的时间。相比之下,传统的网络架构存在以下问题:

(1) 很多情况下提供网络资源需要人工干预,例如网络交换机端口配置、ACL、路由等等。

(2) 在广域网数据中心的情况下,数据中心间的互联大多通过三层网络协议。如果在数据中心之间移植应用程序,需要特别注意应用程序中对网络环境的配置。

(3) 在网络系统的快速整合过程中,项目复杂性和实施周期都很有挑战。

(4) 不能充分利用网络资源。大多数公司能利用到网络资源的 30%~40%,很多情况下大量资源闲置,而某些时候由于数据量周期性地猛增,导致网络资源不够。除了网络扩容之外,更重要的是提高目前已有网络的利用率。Google 宣称由于使用 Openflow,其内部网络使用率接近 100%。

在云计算环境中,数据中心是云计算平台的核心,数据中心利用虚拟化技术将物理资源进行整合,进而增强服务能力;通过动态资源分配及调度,提高资源利用率和服务可靠性;通过提供自服务能力,降低运维成本;通过有效的安全机制和可靠性机制,满足自由业务系统和合作运营系统以及地方业务系统的安全需求。由于云计算技术的逐步发展,使得传统的数据中心网络已经不能满足新一代数据中心网络高速、扁平、虚拟化的要求。

1) 目前传统的数据中心由于多种技术和业务之间的孤立性,使得数据中心网络结构复杂,存在相对独立的三张网,包括数据网、存储网和高性能计算网以及多个对外 I/O 接口。数据中心的前端访问接口通常采用以太网进行互联而成,构成高速的数据网络;数据中心后端的存储则多采用 NAS 等接口;服务器的并行计算和高性能计算则需要低延迟接口和架构。这些问题导致了服务器之间存在操作系统和上层软件异构、接口与数据格式不统一。

2)数据中心内网络传输效率低。由于云计算技术的使用,使得虚拟数据中心中业务的集中度、服务的客户数量远超过传统的数据中心,因此需要对网络的高带宽、低拥塞提出更高的要求。一方面,传统数据中心中大量使用的二层网络产生的拥塞和丢包,需要三层以上协议来保证重传,效率低;另一方面,二层以太网络采用生成树协议来保持数据包在互联的交换机回路中传递,也会产生大量冗余。

因此在使用云计算后,数据中心的网络需要解决数据中心内部的数据同步传送的大流量、备份大流量、虚拟机迁移大流量等问题。同时,还需要采用统一的交换网络减少布线、维护工作量和扩容成本。引入虚拟化技术之后,在不改变传统数据中心网络设计的物理拓扑和布线方式的前提下,可以实现网络各层的横向整合,形成一个统一的交换架构。

2. 网络虚拟化定义

网络虚拟化就是把网络层的一些功能从硬件中剥离出来,建立网络虚拟层。在网络虚拟化中,应用程序本身无须关心很多传统意义上的网络信息,例如路由、IP 等,这些由网络虚拟层来进行管理。而底层的硬件只提供最基本的功能,很多复杂的信息及其配置也由网络虚拟层来托管。很多 2 层以上的网络服务,只需要和网络虚拟层打交道,而不用知道底层的硬件信息。

数据中心网络虚拟化分为以下三方面:

(1)核心层虚拟化。核心层虚拟化主要指的是数据中心核心网络设备的虚拟化。它要求核心层网络具备超大规模的数据交换能力,以及足够的万兆接入能力;提供虚拟机箱技术,简化设备管理,提高资源利用率,提高交换系统的灵活性和扩展性,为资源的灵活调度和动态伸缩提供支撑。

(2)接入层虚拟化。接入层虚拟化可以实现数据中心接入层的分级设计。根据数据中心的走线要求,接入层交换机要求能够支持各种灵活的部署方式和新的以太网技术。目前无损以太网技术标准发展很快,被称为数据中心以太网(DCE)或融合增强以太网(CEE),包括拥塞通知(IEEE 802.1Qau)、增强传输选择 ETS(IEEE 802.1Qaz)和优先级流量控制 PFC(IEEE 802.1Qbb)、链路发现协议 LLDP(IEEE 802.1AB)。

(3)虚拟机网络交换。虚拟机网络交换包括物理网卡虚拟化和虚拟网络交换机,在服务器内部虚拟出相应的交换机和网卡功能。虚拟交换机在主机内部提供了多个网卡的互联以及为不同的网卡流量设定不同的 VLAN 标签功能,使得主机内部如同存在一台交换机,可以方便地将不同的网卡连接到不同的端口。虚拟网卡是在一个物理网卡上虚拟出多个逻辑独立的网卡,使得每个虚拟网卡具有独立的 MAC 地址、IP 地址,同时还可以在虚拟网卡之间实现一定的流量调度策略。因此,虚拟机网络交互需要实现以下功能:

(1)虚拟机的双向访问控制和流量监控,包括深度包检测、端口镜像、端口远程镜像、流量统计;

(2)虚拟机的网络属性应包括 VLAN、QoS、ACL、带宽等;

(3)虚拟机的网络属性可以跟随虚拟机的迁移而动态迁移,不需要人工的干预或静态配置,从而在虚拟机扩展和迁移过程中,保障业务的持续性;

(4)虚拟机迁移时,与虚拟机相关的资源配置,如存储、网络配置随之迁移,同时保证迁移过程业务不中断。

3. 网络虚拟化技术

网络虚拟化技术主要包括网络设备虚拟化、链路虚拟化和虚拟网络。

(1)网络设备虚拟化。网络设备虚拟化包括网卡虚拟化和硬件设备虚拟化。

网卡虚拟化(NIC Virtualization)包括软件网卡虚拟化和硬件网卡虚拟化。

软件网卡虚拟化：主要通过软件控制各个虚拟机共享同一块物理网卡实现。软件虚拟出来的网卡可以有单独的 MAC 地址、IP 地址。所有虚拟机的虚拟网卡通过虚拟交换机以及物理网卡连接至物理交换机。虚拟交换机负责将虚拟机上的数据报文从物理网口转发出去。根据需要，虚拟交换机还可以支持安全控制等功能。

硬件网卡虚拟化：主要用到的技术是单根 I/O 虚拟化(Single Root I/O Virtualization, SR-IOV)。所有针对虚拟化服务器的技术都通过软件模拟虚拟化网卡的一个端口，以满足虚拟机的 I/O 需求，因此在虚拟化环境中，软件性能很容易成为 I/O 性能的瓶颈。SR-IOV 是一项不需要软件模拟就可以共享 I/O 设备、I/O 端口的技术。SR-IOV 创造了一系列 I/O 设备物理端口的虚拟功能(Virtual Function,VF)，每个 VF 都被直接分配到一个虚拟机。SR-IOV 将 PCI 功能分配到多个虚拟接口以便在虚拟化环境中共享一个 PCI 设备的资源。SR-IOV 能够让网络传输绕过软件模拟层，直接分配到虚拟机，这样就降低了软件模拟层中的 I/O 开销。

硬件设备虚拟化主要有两个方向：在传统的基于 x86 架构机器上安装特定操作系统，实现路由器的功能，以及传统网络设备硬件虚拟化。

通常，网络设备的操作系统软件会根据不同的硬件进行定制化开发，以便设备能以最高的速度工作，比如思科公司的 IOS 操作系统，在不同的硬件平台须使用不同的软件版本。近年来，为了提供低成本的网络解决方案，一些公司提出了网络操作系统和硬件分离的思路。此类设备以其低廉的价格以及不受硬件平台约束等特性，占据了不少低端路由器市场。

传统网络设备硬件(路由器和交换机)的路由功能是根据路由表转发数据报文。在很多时候，一张路由表已经不能满足需求，因此一些路由器可以利用虚拟路由转发(Virtual Routing and Forwarding,VRF)技术，将路由信息库(Forwarding Information Base,FIB)虚拟化成多个路由转发表。此外，为增加大型设备的端口利用率，减少设备投入，还可以将一台物理设备虚拟化成多台虚拟设备，每台虚拟设备仅维护自身的路由转发表。为了便于维护、管理和控制，将多台物理设备虚拟化成一台虚拟设备也有一定的市场，比如 H3C 公司的 IRF 技术。

(2)链路虚拟化。链路虚拟化是日常使用最多的网络虚拟化技术之一。常见的链路虚拟化技术有链路聚合和隧道协议。这些虚拟化技术增强了网络的可靠性与便利性。

链路聚合(Port Channel)是最常见的二层虚拟化技术。链路聚合将多个物理端口捆绑在一起，虚拟成为一个逻辑端口。当交换机检测到其中一个物理端口链路发生故障时，就停止在此端口上发送报文，根据负载分担策略在余下的物理链路中选择报文发送的端口。链路聚合可以增加链路带宽、实现链路层的高可用性。

在网络拓扑设计中，要实现网络的冗余，一般都会使用双链路上连的方式。而这种方式明显存在一个环路，因此在生成树计算完成后，就会有一条链路处于 block 状态，所以这种方式并不会增加网络带宽。如果想用链路聚合方式来实现双链路上连到两台不同的设备，而传统的链路聚合功能不支持跨设备的聚合，在这种背景下出现了虚链路聚合(Virtual Port Channel,VPC)的技术。VPC 很好地解决了传统聚合端口不能跨设备的问题，既保障了网络冗余又增加了网络可用带宽。

隧道协议(Tunneling Protocol)的实质是一种技术/协议的两个或多个子网穿过另一种技术/协议的网络实现互联。使用隧道传递的数据可以是不同协议的数据帧或包。隧道协议将其他协议的数据帧或包重新封装然后通过隧道发送。新的帧头提供路由信息,以便通过网络传递被封装的负载数据。隧道可以将数据流强制送到特定的地址,并隐藏中间节点的网络地址,还可根据需要,提供对数据加密的功能。一些典型的使用到隧道的协议包括GRE(Generic Routing Encapsulation)和IPsec(Internet Protocol Security)。

(3)虚拟网络。虚拟网络是由虚拟链路组成的网络。虚拟网络节点之间的连接并不使用物理线缆连接,而是依靠特定的虚拟化链路相连。典型的虚拟网络包括层叠网络、VPN网络以及在数据中心使用较多的虚拟二层延伸网络。

层叠网络(Overlay Network)简单说来就是在现有网络的基础上搭建另外一种网络。层叠网络允许对没有IP地址标识的目的主机路由信息,例如分布式哈希表(Distributed Hash Table,DHT)可以路由信息到特定的节点,而这个节点的IP地址事先并不知道。层叠网络可以充分利用现有资源,在不增加成本的前提下,提供更多的服务。比如ADSL Internet接入线路就是基于已经存在的PSTN网络实现。

虚拟专用网(Virtual Private Network,VPN)是一种常用于连接中、大型企业的私人网络。虚拟专用网通过公用的网络架构(比如互联网)来传送内联网的信息。利用已加密的隧道协议来达到保密、终端认证、信息准确性等安全效果。这种技术可以在不安全的网络上传送可靠的、安全的信息。需要注意的是,加密信息与否是可以控制的。没有加密的信息依然有被窃取的危险。

虚拟化从根本上改变了数据中心网络架构的需求。虚拟化引入了虚拟机动态迁移技术,要求网络支持大范围的二层域。一般情况下,多数据中心之间的连接是通过三层路由连通的,而要实现通过三层网络连接的两个二层网络互通,就要使用到虚拟二层延伸网络(VirtualL2 Extended Network)。

传统的VPLS(MPLS L2VPN)技术,以及H3C EVI技术,都是借助隧道的方式,将二层数据报文封装在三层报文中,跨越中间的三层网络,实现两地二层数据的互通。也有虚拟化软件厂商提出了软件的虚拟二层延伸网络解决方案。例如VXLAN、NVGRE,在虚拟化层的vSwitch中将二层数据封装在UDP、GRE报文中,在物理网络拓扑上构建一层虚拟化网络层,从而摆脱对底层网络的限制。

3.3.4 存储虚拟化

传统的存储整合是在构建存储网络的基础上将多个旧存储位置上的数据迁移到新的大容量存储上,这种方式并没有根本解决存储系统整体性能及容量扩展的问题,没有解决存储环境整体管理复杂的问题,也不方便充分利用原有设备。因此,传统的存储整合并不适合数据增长迅速的大型网络环境。当前,在存储技术领域,先进的存储虚拟化技术替代了传统的存储整合技术,更适合大型网络环境的存储整合。

存储虚拟化是指整合各厂商的硬件设备,并重新规划为逻辑(虚拟)的存储池或存储单元的技术。用户可以通过各种手段对它进行透明访问和管理。这些存储单元被提供给操作系统并被适当地应用。存储虚拟化不仅以其独特的技术优势成为企业的最佳存储解决方法,而且通过存储虚拟化技术,用户可以以最少的 IT 资源,以最经济有效的方式管理不断增长的企业数据信息,简化管理异构操作环境的复杂性。

虚拟存储是介于物理存储设备和用户之间的一个中间层。这个中间层屏蔽了具体物理存储设备(磁盘、磁带)的物理特性,呈现给用户的是逻辑设备。用户对逻辑设备的管理和使用是经过虚拟存储层映射,来对具体物理设备进行管理和使用的。从用户的角度来看,用户所看到的是存储空间不是具体的物理存储设备,用户所管理的存储空间也不是具体的物理存储设备。用户可随意使用存储空间而不用关注物理存储硬件(磁盘、磁带),即不必关心底层物理设备的容量、类型和特性等,只需要把注意力集中在其存储容量及安全模式的需求上。

虚拟存储具有以下特点:

(1)简化存储容量的管理、配置和分配工作。虚拟存储提供了一个简单而有效的存储系统管理。用户可方便地划分、扩展、缩小虚拟存储空间,只需要简单地更改配置就可在线增加新的物理存储设备。用户将注意力集中在存储系统的容量和安全模式的需求上,而不必关心存储系统的硬件容量、类型或者其他物理磁盘的特性,提高了存储资源的利用率,最大程度满足用户对存储资源的空间需求。

(2)有效整合异构的存储设备。虚拟存储屏蔽了具体物理设备,能把不同类型、不同特性的异构存储资源整合成一个统一的存储空间加以利用,从而实现了对存储资源的充分利用和有效规划。

(3)提高网络存储系统整体的访问速度。在存储层上可以较好地进行 I/O 负载平衡,将用户的 I/O 请求合理地分配到各个具体的物理设备上,这样提高了系统的整体访问带宽。由于虚拟磁盘的存储空间采用了条带化方法进行划分,虚拟化技术能够有效提高虚拟磁盘的性能。

(4)提供一些更高级的功能。例如用户能够很容易地对逻辑卷的数据进行复制、镜像以及数据交互,在虚拟设备级别上实现了快照(Snapshot)功能等。

因此,存储虚拟化不仅仅简化了存储管理的复杂性,降低了存储管理和运行成本,还提高了存储效率,降低了存储投资的费用。

1. 集中式存储

主流的集中式存储大致分为三类:直连式存储(Direct-Attach Storage,DAS)、网络附加存储设备(Network-Attached Storage,NAS)和存储区域网络(Storage Area Network,SAN)。

(1)DAS。DAS 是一种直接与主机系统相连接的存储设备,如作为服务器的计算机内部硬件驱动。到目前为止,DAS 仍是计算机系统中最常用的数据存储方法。在这种方式中,存储设备是通过电缆直连到服务器的,它依赖于服务器,本身是硬件的堆叠,不带有任何存储操作系统。

直连式存储依赖服务器主机操作系统进行数据的 I/O 读写和存储维护管理,数据备份和恢复要求占用服务器主机资源,数据备份通常占用服务器资源的 20%~30%,因此,直连式存储的数据量越大,备份和恢复的时间就越长,对服务器硬件的依赖性和影响就越大。对于直连式存储,从一台服务器扩展为多台服务器组成的集群或存储阵列容量的扩展,都会造成业务系统的停机,从而给企业带来经济损失,并且直连式存储或服务器主机的升级只能由原设备厂商提供,因此很受限制。DAS 结构如图 3.16 所示。

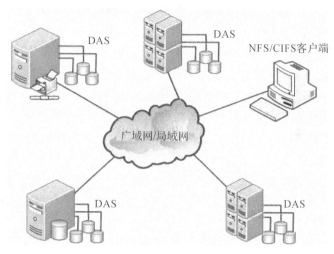

图 3.16 DAS 结构

DAS 的适用环境:①服务器在地理分布上很分散,通过 SAN(存储区域网络)或 NAS(网络附加存储)在它们之间进行互联非常困难,例如商店或银行的分支;②存储系统必须被直接连接到应用服务器;③包括许多数据库应用和应用服务器在内的应用,它们需要直接连接到存储器上,一些邮件服务也包括在内。

DAS 方式实现了机内存储到存储子系统的跨越,其有以下缺点:

1)扩展性差。服务器与存储设备直接连接的方式导致出现新的应用需求时,只能为新增的服务器单独配置存储设备,造成重复投资。

2)资源利用率低。从长期来看,DAS 方式中存储空间无法充分利用,存储浪费。不同的应用服务器面对的存储数据量是不一致的,出现部分应用对于存储空间不够用,而另一些却有大量的存储空间闲置现象。

3)可管理性差。DAS 方式中数据依然是分散的,不同的应用各自有一套存储设备,导致管理的分散,因此存储设备的管理性差。

4)异构化严重。DAS 方式使得企业在不同阶段采购了不同型号、不同厂商的存储设备,设备之间异构化现象严重,导致维护成本较高。

(2)NAS。NAS 是以网络为支撑的存储模式的标志性设备,可将分布、独立的数据整合为大型、集中化管理的数据中心,以便于对不同主机应用服务器进行访问。它被定义为一种特殊的专用数据存储服务器,内嵌系统软件,可以提供跨平台文件共享功能。它以数据为中心,将存储设备与服务器分离,集中管理数据,从而有效释放带宽,提高网络整体性能。NAS 把存储设备和网络接口集成在一起,直接通过网络存取数据,使其成为专用的网络文件存储及文件备份设备。NAS 设备有自己的 IP 地址,可以放在任何的网络环境当中,它通过自带的网络接口把存储设备直接连入网络中,实现海量数据的网络共享,把应用程序服务器从繁重的 I/O 负载中解脱出来,从而把存储功能从通用文件服务器中分离出来,获得更高的存取效率,更低的存储成本。

DAS 是隶属于单个服务器或服务器集群的存储器,并通过专用结构与服务器直接相连,而 NAS 不隶属于某个服务器或服务器集群,多个服务器可通过网络访问 NAS,且 NAS 设备自备数据集中管理能力,通过文件共享协议向网络用户提供跨平台的文件级数据共享,能提高存储的整体性能,降低总的拥有成本。

NAS 是网络的一部分,其设计保证了网络上设备对于文件操作的快速响应,而且文件的操作不必经过其他服务器,可以直接在客户端设备与 NAS 设备之间进行。另外,由于 NAS 设备上可以同时运行多种文件系统,能同时支持 UNIX、Linux、Window 或其他系统的用户的文件请求,使得不同的操作系统或网络结构间可以更容易地分享同样的文件和数据。图 3.17 所示为网络 NAS 体系结构。

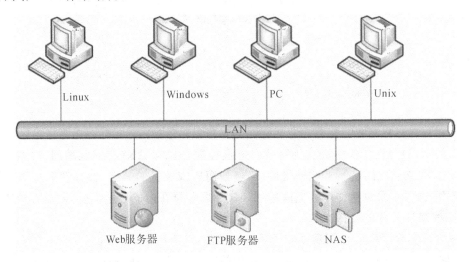

图 3.17　NAS 体系结构

NAS 的优点:

1)NAS 可以即插即用;

2)NAS 通过 TCP/IP 网络连接到应用服务器,因此可以基于已有的企业网络方便连接;

3)专用的操作系统支持不同的文件系统,提供不同操作系统的文件共享;

4)经过优化的文件系统提高了文件的访问效率,也支持相应的网络协议,即使应用服务器不再工作,仍然可以访问数据。

NAS 的缺点:

1)NAS 设备与客户机通过企业网进行连接,因此数据备份或存储过程中会占用网络的带宽。这必然会影响企业内部网络上的其他网络应用。公用网络带宽成为限制 NAS 性能的主要问题。

2)NAS 的可扩展性受到设备大小的限制。增加一台 NAS 设备非常容易,但是如果要将两个 NAS 设备的存储空间无缝合并却并不容易,因为 NAS 通常具有独特的网络标识符,存储空间的扩大有上限。

3)NAS 访问需要经过文件系统格式转换,不过,它只提供文件级别的虚拟化而不能提供块级别的虚拟存储服务,从而限制了它的进一步发展。

(3)SAN。SAN 在文件系统层实现,SAN 虚拟化的目的就是让用户和应用系统把它作为一个单一的资源池来存取和控制。SAN 采用光纤通道技术,通过光纤通道交换机连接存储阵列和服务器主机,建立专用于数据存储的区域网络。SAN 通过专用光纤通道交换机访问数据,采用 SCSI、FC-AL 接口,利用光纤通道协议上加载 SCSI 协议来达到可靠的块级数据传输。它具有集中、高效、高扩展性等特点,可以广泛用于关键任务,例如紧急任务数据库应用、集中管理的存储备份方案、高可靠性存储方案、远程灾难备份应用(超过 150 km)等。

SAN 是一种类似于普通局域网的高速存储网络。SAN 是基于网络的多服务器共享多存储设备,使存储设备(磁盘阵列或磁带库)独立于服务器而直接连接到可进行高速存取访问的高性能局域网上,且文件管理系统分别在每一个应用服务器上,其接口通常不是以太网,而是 SCSI、ESCON 或光纤通道。图 3.18 所示为传统的 SAN 体系结构。SAN 的主要思路是将 LAN 上的存储转换到主要由存储设备组成的 SAN 上,使得数据的访问、备份和恢复不影响 LAN 的性能,在有大量数据访问时,不会大幅度降低网络性能。

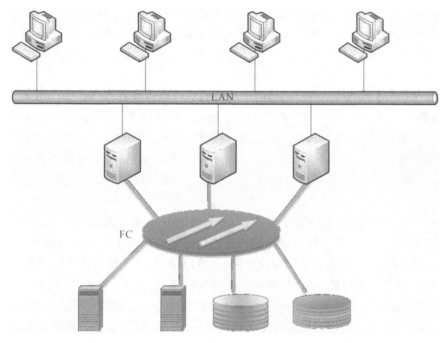

图 3.18 传统的 SAN 体系结构

SAN 与传统的 LAN 不同,基于 LAN 下的存储模式可以实现对数据的集中备份和管理,但随着网络数据传输流量的增长,网络的传输速度和性能将会大大降低。SAN 具备所有传统存储模式的优势,以光纤通道为基础的区域存储网络极大地提高了数据存储的性能和灵活性。SAN 和 LAN 的根本区别在于,LAN 是计算机之间的互联,而 SAN 是计算机之间及其和存储器之间的互联。SAN 消除了服务器处理瓶颈,使实际可用带宽接近实际的网络传输带宽,适合大数据量传输、实时数据处理。

SAN 的特点和优势:

1)可实现大容量存储设备数据共享。

2)可实现高速计算机与高速存储设备的高速互联。SAN 采用光纤网,不但提供了主机和存储设备之间的高速互联,而且在设备数量和传输距离上有较大提高。为基于 Client/Server 或 Internet/Intranet 结构的大容量数据的频繁访问及快速处理,奠定了完备的物理基础。

3)可实现灵活的存储设备配置要求。由于存储容量的不断提高,存储设备已不再是某个计算机的外设,而是很多计算机的共享设备。在 SAN 上的主机、存储设备和磁带设备,不但在物理位置安排上十分灵活,而且可以将不同用途的设备划分为不同的区,分别建立虚拟专用网,使得主机访问 SAN 上的存储设备十分方便。

4) 可实现数据的快速备份。数据备份对于大型存储设备是非常必要的,由于重要的数据都在存储设备中,数据丢失会造成不可估量的损失,所以在数据库的应用中,进行数据备份是必要的日常维护工作。SAN 提供了理想的快速备份工具,如果两个存储设备(如一个磁盘阵列、一个磁带库)都在 SAN 上,则进行数据备份式镜像十分理想,可不占用 LAN/WAN 的带宽,直接通过 SAN 存储网络进行备份。如果进行磁带备份,还可以将要备份的设备隔离开来,不受其他设备干扰。

5) 提高了数据的可靠性和安全性。在 SAN 中建立存储设备和计算机之间的多条通路,提高了数据的可用性。建立虚拟专用网络可以提高数据的可靠性和安全性;同时,在 SAN 中也可以通过建立双机容错、多机集群,实现 RAID 校验等方式,进一步保证数据的安全性和作业的连续性。

SAN 从 20 世纪 90 年代后期兴起,由于当时以太网的带宽有限,而 FC 协议在当时可以支持 1 GB 的带宽,因此,早期的 SAN 存储系统多数由 FC 存储设备构成,导致很多用户误认为 SAN 就是光纤通道设备。其实,SAN 代表的是一种专用于存储的网络架构,与协议和设备类型无关。SAN 侧重于存储基础架构的共享,由于采用光纤通道,可实现异地容灾备份。但它具有不兼容多操作系统,对异构的存储设备的虚拟化管理需要在 SAN 基础上进行附加设计等缺点。

(4) DAS、NAS 和 SAN 的比较。在传统 DAS 模块中,设备串行地连接在 SCSI 总线上,设备越多,性能就越低,且一台主机上的存储设备往往不能与其他主机共享。如果一台主机的存储设备已用完,即使其他主机有空闲存储空间,也难以使用,必须增加新的存储设备。

NAS 在一定程度上解决了直接存储存在的问题。虽然 NAS 和 SAN 都可以在存储设备和操作系统的主机之间通过网络连接,都有较好的扩展性,但二者还是有很大的差别。其本质的区别是:对于用户而言,NAS 提供的是文件级服务,而 SAN 提供的是块存储服务。NAS 在存储服务设施中实现文件系统,存储设备一般通过 SCSI 直接连接到 NAS 文件服务器。NAS 文件服务器负责管理这些存储设备,给应用服务器提供一个或几个文件系统。NAS 文件服务器把对文件的操作映射成对磁盘块的操作,但应用程序不知道文件位于哪个磁盘块。应用服务器和 NAS 文件服务器之间的数据交换可以通过传统的计算机网络,如以太网进行。而在 SAN 中,文件系统位于应用服务器上,应用程序可以对文件进行操作,也可以直接操作存储块。对文件进行操作时,应用服务器把对文件的操作映射成对磁盘块的操作,再把对磁盘块的操作通过 SAN 执行,最终附接到 SAN 的存储设备,完成对存储块的操作。因此,对于存储网络的用户而言,NAS 提供的是面向文件的存储服务,而 SAN 提供的是面向存储块的存储服务。

NAS 存储设备中的数据通常提供常规局域网传输,与其他类型的计算机通信共享网络带宽。大量存储数据的传输将占有较大比例的局域网带宽,将严重影响其他应用程序对局域网的使用。此外,如果局域网中应用程序也正在使用局域网带宽,会使存储数据的传输得不到足够的带宽保证。而 SAN 专用于存储服务,可以有效地避免这样的问题。SAN 通常使用光纤通道协议,光纤通道协议的效率比 TCP/IP 高,此外,数据帧的最大长度也比以太网大。因此,光纤通道协议更适合在存储网络中传输大量数据。

NAS 的优点在于对文件服务器的管理简单,即插即用,而 SAN 需要购买光纤通道网络设备和主机适配卡,因此,NAS 的成本一般低于同样存储容量的 SAN。由于 NAS 和 SAN 各有所长,目前存储网络正朝着向各种网络存储技术相互融合的方向发展,例如互联网小型计算机系统接口(Internet Small Computer System Interface,iSCSI)就是这种融合的典型代表,在一定程度上融合了各种基本网络存储技术的优点,从而满足了对存储提出的越来越高的要求。

2. 存储虚拟化实施

存储虚拟化的核心工作是物理存储设备到单一逻辑资源池的映射,通过虚拟化技术,为用户和应用程序提供虚拟化磁盘或虚拟卷,用户可以根据需求对它进行任意分割,并分配给特定的主机或应用程序,而且为用户隐藏或屏蔽了具体物理设备的各种物理特性。

从存储虚拟化的实现层次上可以分为基于主机、基于存储设备和基于网络的存储虚拟化。

(1)基于主机的存储虚拟化。基于主机的存储虚拟化技术是由特定的软件在主机服务器上完成存储虚拟化,经过虚拟化的存储空间可以跨越多个同构或异构的磁盘阵列。此外,存储不需要额外的特殊硬件,虚拟化层以软件模块的形式嵌入到应用服务器的操作系统中,将虚拟化层作为扩展驱动模块,为连接到存储网络上的各种存储设备如磁盘、磁盘阵列等提供必需的控制功能。主机的操作系统在运行应用程序的时候就好像与一个单一的存储设备直接通信一样。

虚拟化软件安装在各主机上,虚拟化功能在各主机的操作系统中实现,不影响现有存储系统的基本架构,该方法最容易实现,成本最低。但是由于虚拟化软件运行在主机上,会占用主机的处理时间,因此具有扩展性差、对主机性能有影响、管理复杂、异构平台兼容性差等缺点。

(2)基于存储设备的虚拟化。当有多个主机服务器需要访问同一个磁盘阵列时,可以采用基于存储设备的存储虚拟化技术。此时,虚拟化的工作在存储设备的适配器、控制器上实现,通过在存储设备控制器中添加虚拟化功能,将一个存储设备上的存储容量划分为多个存储空间,供不同的主机系统访问,也称为基于存储控制器的虚拟化。目前很多存储设备,如磁盘阵列等,内部都有功能较强的处理器,并带有专门的嵌入式系统,可以在存储子系统内部进行存储虚拟化的工作,对外提供的磁盘已经是虚拟化过的磁盘,常见的如支持 RAID 的磁盘阵列等。这类存储子系统与前端主机基本无关,对系统性能的影响很小,容易管理,同时它对用户或管理人员都是透明的。智能的存储设备控制器提供数据块级别的整合,同时还提供一些附加的功能,如缓存、即时快照和数据复制等。

基于存储设备的存储虚拟化可以在实施简易性、容量、速度和功能上取得平衡,可以与某个特定存储供应商的设备相协调,所以更容易管理,同时对用户和管理人员都是透明的。但是,基于存储设备的存储虚拟化方法依赖于提供相关功能的存储模块。如果没有第三方的虚拟软件,基于存储设备的虚拟化只能提供一种不完全的存储虚拟化解决方案,具有开放性差、占用存储设备技术资源、价格高等缺点。

(3)基于网络的存储虚拟化。基于网络的存储虚拟化技术通过在存储网络中添加虚拟化引擎实现。虚拟化引擎是一个或多个独立的设备,对多个存储设备和数据进行管理。基于网络的存储虚拟化功能是在存储网络内部完成的。基于存储和基于主机的两种虚拟化方法的优点都可以在基于网络的存储虚拟化上同时体现,且支持数据中心级的存储管理以及异构的主机系统和存储系统。

基于主机的虚拟化、基于存储设备的虚拟化和基于网络的虚拟化技术适用于不同的环境，这三种存储虚拟化技术的比较见表3.1。

表 3.1 三种存储虚拟化技术的比较

类别	优点	缺点	应用环境
基于主机的虚拟化	独立于物理存储器的划分；独立于SAN传输	按主机部署；按主机管理；增加主机开销	适用于以服务器为中心的环境，服务器数量不多的用户
基于存储设备的虚拟化	独立于主机平台/操作系统；充分利用阵列容量，性能较高	厂商专有；在实际应用中存储交叉升级问题	以存储为核心的环境，异构SAN架构
基于网络的虚拟化	独立于主机平台/操作系统；独立于存储平台	并非所有解决方案都向后兼容	开放的存储网络，前两种的补充

此外，在实现存储虚拟化的过程中，需要考虑的关键技术有以下几种：

(1)共享冲突与数据一致性。存储虚拟化的一个主要功能是实现存储数据的共享，普通的文件系统只允许对数据进行独占式访问，但是商业应用需要在操作系统和"数据仓库"之间共享数据。数据的不同拷贝应能解决不同服务器操作系统所带来的存储共享和并行存储时的I/O访问冲突等。这就需要良好的锁机制算法、多种级别的锁机制以及Cache一致性等技术，来保证数据之间的连贯性和一致性。

(2)异构适应性。虚拟存储的另一个主要目标是实现真正意义上的设备互操作性，简化在由不同主机操作系统和不同设备类型组成的异构存储环境中的系统管理和用户操作，实现真正意义上的存储设备的透明性。

(3)系统存储空间的动态扩展。开放系统的计算机模型经历了一个从单一的、大而全的结构过渡到"n-层、分布式的或并行"的结构。每一层都可以独立扩展，保证最优的资源利用率。SAN虚拟化允许按照需要扩充存储资源，而对逻辑层和应用层透明。因此，系统管理员可以以兆字节为单位来扩充存储容量，而不破坏重要的应用。

(4)数据存储与容错策略。由于应用和数据服务是透明的，必须避免越权访问和恶意攻击，数据安全性由整个系统的管理软件来保证，因此保证数据安全性是存储虚拟化技术的难点之一。虚拟存储也必须以较小的容错开销建立容错功能，克服系统单点故障，避免不可恢复的数据损失，同时也必须拥有数据容错备份系统，以保证其因不可抗力而丢失的数据拥有可靠的备份。

3. 分布式存储系统

Amazon、Google、阿里巴巴等互联网公司的成功使得云计算、大数据和人工智能成为热门领域。这些公司所提供的各种应用，其基础设施的一个关键目标就是构建高性能、低成本、可扩展、易用的分布式存储系统。相对于传统的存储系统，新一代的分布式存储有两个重要特点：低成本和大规模。

(1)分布式存储的定义。分布式存储系统是将为数众多的普通计算机或服务器通过网络进行连接，同时对外提供一个整体的存储服务。分布式存储系统有以下几个特点：

1) 高性能：对于整个集群或单台服务器，要求具备高性能。

2) 可扩展：分布式存储系统可以近乎无限扩展到任意集群规模，并且随着集群规模的增长，系统整体性能也呈比例地增长。

3) 低成本：分布式存储系统的自动负载均衡、容错等机制使其可以构建在普通计算机或服务器之上，成本大大降低。

4) 易用性：分布式存储系统能够对外提供方便易用的接口，也需要具备完善的监控、运维等工具，方便与其他系统进行集成。

(2) 分布式存储分类。分布式存储面临的数据需求都较为复杂，根据数据类型，可将数据分为三类。

1) 非结构化数据。包括文本、图片、图像、音频和视频信息等。

2) 结构化数据。对应存储在关系数据库中的二维关系表结构，结构化数据的模式和内容是分开的，数据的模式需要预先定义。

3) 半结构化数据。介于非结构化数据和结构化数据，例如，HTML 文档就是典型的半结构化数据。半结构化数据的模式结构和内容是混在一起的，没有明显的区分，也不需要预先定义数据的模式结构。

因为数据类型的多样性，不同的分布式存储系统适合处理不同类型的数据，因此可以将分布式存储系统分为分布式文件系统、分布式键值系统、分布式表系统和分布式数据库 4 种类型。

1) 分布式文件系统：互联网应用中往往需要存储大量的图片、音频、视频等非结构化的数据，这类数据以对象的形式组织，对象之间没有关联，通常称为二进制大对象（Binary Large Object，Blob）数据，典型的系统有 TFS（Taobao File System）。分布式文件系统常作为分布式表系统和分布式数据库的底层存储，如谷歌的 GFS（Google File System）可以作为分布式表系统 Google Bigtable 的底层存储，Amazon 的弹性块存储（Elastic Block Store，EBS）系统可以作为分布式数据库的底层存储。分布式文件系统可以存储 3 种类型的数据：Blob 对象、定长块以及大文件。在实现层面，分布式文件系统内部按照块（chunk）来组织数据，每个数据块可以包含多个 Blob 对象或者定长块，一个大文件也可以拆分为多个数据块。分布式文件系统将这些数据块分散存储到服务器上，通过软件系统处理数据的一致性、数据复制、负载均衡和容错等问题。

2) 分布式键值系统：用于存储关系简单的半结构化数据，它提供基于主键的 CRUD（Create/Read/Update/Delete）功能，即根据主键来创建、读取、更新或删除一条记录。分布式键值系统是分布式表系统的一种简化，一般用作缓存，支持将数据分布到集群中的多个存储节点，常用到的数据分布技术是一致性散列。

3) 分布式表系统：用于存储半结构化数据，不仅支持简单的 CRUD 操作，而且支持扫描某个主键范围。分布式表系统以表格为单位组织数据，每个表格包括很多行，通过主键标识一行，支持根据主键的 CRUD 功能以及范围查找功能。典型的分布式表系统包括 Google Bigtable 等，但不支持较为复杂的操作，如多表关联、多表连接、嵌套子查询等。

4) 分布式数据库：从传统的基于单机的关系型数据库扩展而来，用于存储大规模的结构化数据。分布式数据库采用二维表格组织数据，提供经典的 SQL 关系查询语言，支持嵌套子查询、多表关联等复杂操作，并提供数据库事务以及并发控制。典型的系统包括 Amazon RDS、

MySQL 数据库分片等。关系数据库是目前为止最为成熟的存储技术,功能丰富,有完善的商业关系数据库软件的支持,包括 Oracle、Microsoft SQL Server 等。然而,随着大数据时代的到来,关系数据库在可扩展性上面临巨大的挑战,传统关系数据库的事务以及二维关系模型很难高效地扩展到多个存储节点上。为了解决关系数据库面临的可扩展性、高并发以及性能方面的问题,各种各样的非关系数据库不断涌现,被称为 NoSQL 系统,且每个 NoSQL 系统都可以解决特定场景下的问题。

(3)分布式存储关键技术。分布式存储关键技术包括以下几个方面。

1)元数据管理。在云计算环境下,元数据的体量也非常大,元数据的存取性能是整个分布式文件系统性能的关键。常见的元数据管理可以分为集中式和分布式元数据管理架构。集中式元数据管理架构采用单一的元数据服务器,实现简单,但是存在单点故障等问题。分布式元数据管理架构则将元数据分散在多个节点上,进而解决了元数据服务器的性能瓶颈等问题,并提高了元数据管理架构的可扩展性,但实现较为复杂,并引入了元数据一致性的问题。另外,还有一种无元数据服务器的分布式架构,通过在线算法组织数据,不需要专用的元数据服务器。但是该架构对数据一致性的保障很困难,实现较为复杂。文件目录遍历操作效率低下,并且缺乏文件系统全局监控管理功能。

2)系统弹性扩展技术。在云计算环境下,数据规模和复杂度的增加往往非常迅速,对系统的扩展性能要求较高。实现存储系统的高可扩展性首先要解决两个方面的重要问题,即元数据的分配和数据的透明迁移。元数据的分配主要通过静态子树划分技术实现,后者则侧重数据迁移算法的优化。此外,大数据存储体系规模庞大,节点失效率高,因此还需要完成一定的自适应管理功能。系统必须能够根据数据量和计算的工作量估算所需要的节点个数,并动态地将数据在节点间迁移,以实现负载均衡;同时,节点失效时,数据必须可以通过副本等机制进行恢复,不能对上层应用产生影响。

3)存储层级内的优化技术。构建存储系统时,需要基于成本和性能来考虑,因此存储系统通常采用多层不同性价比的存储器件组成存储层次结构。对于大规模的数据,想要构建高效合理的存储层次结构,可以在保证系统性能的前提下,降低系统能耗和构建成本,利用数据访问局部性原理,可以从两个方面对存储层次结构进行优化。从提高性能的角度,可以通过分析应用特征,识别热点数据并对其进行缓存或预取,通过高效的缓存预取算法和合理的缓存容量配比,以提高访问性能。从降低成本的角度,采用信息生命周期管理方法,将访问频率低的数据迁移到低速廉价存储设备上,可以在小幅牺牲系统整体性能的基础上,大幅降低系统的构建成本和能耗。

4)针对应用和负载的存储优化技术。传统数据存储模型需要支持尽可能多的应用,因此需要具备较好的通用性。云计算具有大规模、高动态及快速处理等特性,通用的数据存储模型通常并不是最能提高应用性能的模型,而对上层应用性能的关注远远超过对通用性的追求。针对应用和负载来优化存储,就是将数据存储与应用耦合。简化或扩展分布式文件系统的功能,根据特定应用、特定负载、特定的计算模型对文件系统进行定制和深度优化,使应用达到最佳性能。这类优化技术在 Google、Facebook 等互联网公司的内部存储系统上,管理超过千万亿字节级别的大数据,能够达到非常高的性能。

此外,还要考虑以下因素:

①一致性。这里称保证多个副本的数据完全一致的性质为一致性。分布式存储系统需要

使用多台服务器共同存储数据,而随着服务器数量的增加,服务器出现故障的概率也在不断增加。为了保证在有服务器出现故障的情况下系统仍然可用,一般做法是把一个数据分成多份存储在不同的服务器中。但是由于故障和并行存储等情况的存在,同一个数据的多个副本之间可能存在不一致的情况。

②可用性。在系统中的一部分节点出现故障之后,系统整体不影响客户/服务器端的读/写请求,称为可用性。分布式存储系统需要多台服务器同时工作。当服务器数量增多时,其中的一些服务器出现故障是在所难免的。我们希望这样的情况不会对整个系统造成太大的影响。

③分区容错性。分布式存储系统中的多台服务器通过网络进行连接。但是我们无法保证网络是一直通畅的,分布式系统需要具有一定的容错性来处理网络故障带来的问题,例如当一个网络因为故障而分解为多个部分的时候,分布式存储系统仍然能够工作。

3.3.5 虚拟化技术在数据中心的应用

数据中心的发展正在经历从整合,虚拟化到自动化的演变,基于云计算的数据中心是未来的更远的目标。整合是基础,虚拟化技术为自动化、云计算数据中心的实现提供支持。由于虚拟化技术在资源配置和效率方面的巨大优势,虚拟化技术率先推动了数据中心的革命。数据中心的虚拟化有很多的优点。首先,可以通过整合或者共享物理设备来提高资源利用率。据调查,目前全球多数的数据中心的资源利用率在15%~20%之间,通过整合和虚拟化技术可以将利用率提高到50%~60%。其次,可以通过虚拟化技术实现节能环保的绿色数据中心,如可以减少物理设备、电缆、空间、电力、制冷等的需求。更重要的是,可以通过虚拟化技术实现应用部署的灵活和机动,以满足快速增长的业务需求。

首先了解一下传统数据中心面临的问题。

1. 数据中心面临的IT挑战

(1)由于大部分服务器角色(如域控)都要独占一台服务器资源,数据中心服务器的平均负载只有15%,造成大量资源浪费。

(2)业务进行扩展就要增加相应的物理服务器数量,机房容量越来越大,空调等配套系统也需要不断改造。

(3)随着服务器数量越来越多,硬件故障率也随着升高,维护则需要停机,影响业务稳定、连续。

(4)随着服务器数量的增长,运维成本不断增高,电费呈几何式增长。

(5)随着物理服务器数量的增长,管理成为一个难题,需要更多的IT管理员来管理。

(6)机房的服务器负载不均衡,计算资源无法做到按需动态调配。

2. 服务器虚拟化后带来的改善

服务器虚拟化后带来的改善如图3.19所示,具体包括以下几方面。

(1)硬件服务器可以同时运行多个操作系统,有效减少服务器数量,减少服务器耗电,减少空间占用,减少机房制冷压力。

(2)操作系统与硬件故障分离,管理独立进行,IT管理更简单高效。

(3)硬件维护,无须系统离线,操作系统跨硬件平台运行。

(4)操作系统可以根据资源压力在服务器上动态运行,操作系统可以在不同服务器上在线实时切换,保证业务连续稳定运行。

(5)更低成本实现系统灾备,硬件故障不会造成系统崩溃,系统自动在其他硬件上恢复运行。

(6)所有硬件资源可以组成资源池,自动实现计算资源的负载均衡。

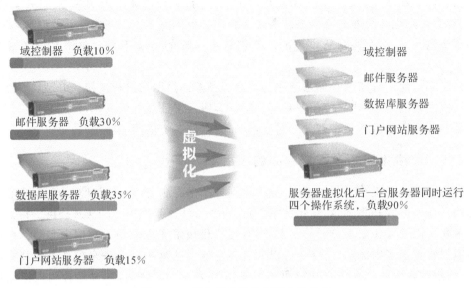

图 3.19　服务器虚拟化后带来的改善

服务器虚拟化后,所有的物理服务器不再是单独的节点,而是一个动态的资源池,服务器上运行的虚拟机可以动态地在任何一台空闲的物理服务器上实时迁移,保证业务不中断和连续性,从架构上彻底消除了因为硬件故障导致的业务中断,如图 3.20 所示。

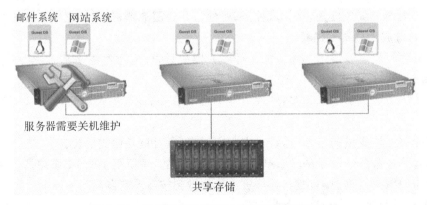

图 3.20　服务器虚拟化保证业务不中断和连续性

3. 虚拟化数据中心

数据中心的资源由服务器资源、I/O 资源及存储资源共同组成一个资源池,通过上层的管理、调度系统在智能的虚拟化的网络结构上实现将资源池中的资源根据应用的需求分配到不同的应用处理系统。虚拟化数据中心可以实现根据应用的需求让数据中心的物理 IT 资源流动起来,更好地为应用提供资源调配与部署,如图 3.21 所示。

图 3.21　传统数据中心向虚拟化数据中心迁移视图

完整的虚拟化数据中心架构如图 3.22 所示。

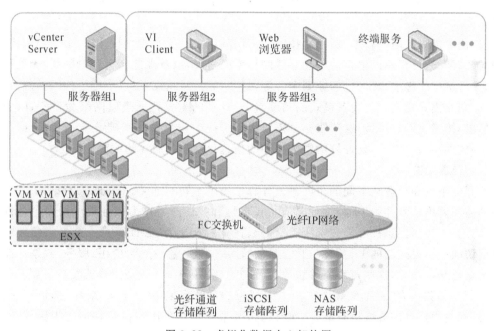

图 3.22　虚拟化数据中心架构图

3.4　云计算技术

3.4.1　云计算基础

1. 云计算产生的背景

在没有公共电力设施的时代,每个企业需要使用自己的发电机单独发电来维持生产,运营与维护的成本远远高于现在。当公用电网建立后,企业逐渐转为从大型的电力系统按需购买价格低廉、可靠性高的电力,不仅大大减少了自身的生产成本,还节省了维护发电设备的人力、物力资源,更提高了企业发展的灵活性和可靠性。这种最简单的模式转变被誉为人类工程科学史上最重要的成就之一。那么,在信息技术领域,是否也将会有与之相类似的演变呢?企业是否可以像用电一样来使用信息系统的资源呢?

在信息爆炸的时代,借助互联网技术的快速发展,各种信息的数量在以超乎人们想象的速度增长着。这种日益增长的服务需求和海量数据的巨大冲击必然给现有的计算模式带来诸多挑战。如何存储海量的数据资源,如何保证网络资源的效率,如何满足高要求的计算能力,如何提高资源的利用率?云计算就是以往技术和计算模式发展和演变的结果,是适合目前商业需求和技术可行性的一种模式。云计算的发展是需求驱动、技术进步和商业模式转换共同作用的结果。

(1)需求驱动。信息技术的发展,尤其是移动互联网和物联网的兴起和广泛应用,海量数据的存储和技术等需求也在迅猛增长;互联网服务需要更加快捷、灵活;用户希望能够高效率、低成本、随时按需地获取IT服务来加快部署、研发和收益的速度。实时的信息获取、全面的信息分析、按需使用的计算资源,这些都使得对服务的效率和成本的需求日益增长,也催化了云计算技术的快速发展。

(2)技术进步。硬件技术、虚拟化技术、海量存储技术、分布式并行计算、多用户架构、自动管理与部署和云计算赖以生存的移动互联网技术的发展,以及高速和大容量网络、无处不在的接入、灵活多样的终端、集约化的数据中心等,这些都为云计算的发展奠定了技术基础。

(3)商业模式转换。从商业模式的角度看,云计算的主要特征是以网络为中心、以服务为产品形态、按需使用与付费,这些服务分别对应于传统的用户自建基础设施、购买有形产品或介质、一次性买断。因此,云计算给整个社会的信息化带来革命性的改变。

2. 云计算定义

不同的组织和企业从不同的角度对云计算给出了不同的定义。例如,加特纳认为,云计算是一种使用网络技术并由IT使能而具有可扩展性和弹性能力作为服务提供给多个外部用户的计算方式。美国国家标准与技术实验室对云计算的定义为"云计算是一个提供便捷的通过互联网访问一个可定制的IT资源(IT资源包括网络、服务器、存储、应用、服务)共享池能力的按使用量付费的模式,这些资源能够快速部署,并只需要很少的管理工作或很少的服务供应商的交互。"亚马孙认为"云计算就是在一个大规模的系统环境中,不同的系统之间相互提供服务,软件都是以服务的方式运行的,当所有的这些系统相互协作并在互联网上提供服务时,这些系统的总体被称为云。"

狭义的云计算是指IT基础设施的交付和使用模式,即通过网络以按需、易扩展的方式获得所需的资源(硬件、平台和软件),而提供资源的网络被称为"云"。从更广泛的意义上来看,云计算是指服务的交付和使用模式,即通过网络以按需、易扩展的方式获得所需的服务,这种服务可以是IT基础设施,也可以是任意其他的服务,它意味着计算能力也可以作为一种商品通过互联网进行流通。

无论是狭义还是广义,云计算的核心理念是"按需服务",其最大优势在于能够合理配置计算机资源,提高计算资源的利用率,降低成本,且使用方便、快捷,就像人们使用水、电、天然气等资源的方式一样。云计算是网格计算、分布式计算、并行计算、效用计算、网络存储技术、虚拟化、负载均衡等传统计算机技术和网络技术发展融合的产物。它旨在通过网络把多个成本相对较低的计算实体整合成一个具有强大计算能力的完美系统,并借助先进的商业模式把强大的计算能力分布到终端用户手中,减少用户终端的处理负担,最终使用户终端简化成一个单纯的输入/输出设备,并能按需享受"云"的强大计算处理能力。

云计算技术包括以下基本特征:

(1) 超大规模。Google 云计算已拥有 100 多万台服务器,亚马逊、IBM、微软等公司的"云"均拥有数十万台服务器。"云"能赋予用户前所未有的计算能力。

(2) 虚拟化。云计算支持用户随时、随地使用各种终端获取服务,所请求的资源来自"云",而不是物理实体。用户无须了解应用运行的具体位置,只需要一台笔记本或 PDA,就可以通过互联网来获取各种超强的服务。

(3) 高可靠性。"云"使用了数据多容错性、计算节点可互换等措施来保障服务的高可靠性,使用云计算比使用本地计算机更加可靠。

(4) 高可扩展性。"云"的规模可以动态伸缩,满足应用和用户规模增长的需要。

(5) 弹性服务。云计算环境中,弹性的云服务可帮助用户在任意时间得到满足需求的计算资源,既可以对规律性需求通过事先预测,事先分配,也可以根据事先设定的规则进行实时调整。

(6) 按需服务。"云"是一个庞大的资源池,用户按需购买,就像使用电、天然气那样计费。

(7) 极其廉价。可以采用极其低价的节点来构成云,使得管理成本大大降低,因此"云"具有前所未有的性能价格比。

3. 云计算的优势

云计算能够在信息技术浪潮中脱颖而出,是因为云计算具有以下优势:

(1) 灵活性。在云计算环境下,用户可以根据自己的需要和喜好定制相应的服务、应用和资源。云平台则按照用户的需求来部署相应的资源、计算、服务和应用。用户无须关心如何部署资源,而这些工作都由云平台来完成,同时,用户也可以对定制的服务进行管理。

(2) 可靠性。云计算通过完善的容灾备份方案将数据进行多次冗余存储以实现高可靠性,即使数据被意外删除或发生硬件故障也不会影响用户的访问,保证了用户业务的连续性。

(3) 可扩展性。在传统应用中,不同时间段内用户的应用模式有很大的差异。云计算平台的高扩展性可以很好地满足应用负载和需求变化的要求,在云计算平台中,会有大量用户共同使用一个资源池,而可扩展性的云平台使得每个用户的资源几乎是无限的。

(4) 成本低。云计算取代了传统企业中软硬件的购买和维护,用户无须进行一次性投入,包括数据中心的建设、硬件设备的购置和定期更换、维护,以及软件的许可证的购买等。

3.4.2 云计算的服务模式与部署方式

1. 云计算的服务模式

云计算提供的服务有三层:基础设施即服务(Infrastructure as a Service,IaaS)、平台即服务(Platform-as-a-Service,PaaS)和软件即服务(Software-as-a-service,SaaS)。

(1) IaaS。IaaS 位于云计算三层服务的最底层,它将简单操作系统和储存功能作为一项服务来提供,为用户提供计算、存储、网络和其他基础计算资源,即将硬件设备等基础资源封装成服务供用户使用。用户可以在上面部署和运行任意的软件,包括操作系统和应用程序,用户不用管理和控制底层基础设施,但要控制操作系统、存储、部署应用程序和对网络组件(如主机防火墙)做有限的控制。

通过虚拟化技术,IaaS 服务商可以实现调配服务器资源,提高资源利用率并降低 IT 成本,达到集中管理和动态使用物理资源的目的。对于用户来说,采用 IaaS 服务,可以减少基础建设投资,根据自身需求随时扩充或者减少应用规模,按照实际使用量计费。IaaS 服务商的服务器规模通常都较大,是一种公共资源,理论上用户可以获得无限的计算能力和存储空间,而且应用和数据安全性也得到保障。

与其他云计算产品一样,IaaS 的主要业务优势之一是,它提供了依赖于本地数据中心的传统 IT 基础设施无法实现的灵活性。IaaS 平台提供对高度可扩展的 IT 资源的访问,这些资源可以根据容量变化的需求进行调整。

节省成本也是如此。通过将 IT 基础设施转移到云端,企业可以节省成本和运营支出。通过只为需要的计算能力支付费用,企业可以降低未充分利用资源的成本,还可以降低 IT 硬件维护成本,因为减少了对内部数据中心硬件的依赖。

IaaS 的另一个优势是位置灵活性。企业几乎可以从任何可以访问互联网的地方访问 IaaS 产品。还有可用性的优势,由于云计算提供商依赖于多个设施,因此没有单点故障。通过分配资源或设施,可以根据客户所在位置减少延迟。

常见的 IaaS 服务商有 Amazon EC2/S3、微软 Azure、IBM、谷歌云平台、阿里云、甲骨文云、HP 等,国内以世纪互联等企业为代表。每个 IaaS 产品的主要技术组件包括计算资源、存储和网络。

(2)PaaS。PaaS 是在基础设施与应用之间的重要一层,PaaS 将基础设施资源进行整合,为用户提供基于互联网的应用开发环境,包括应用编程接口和运行平台等,方便了应用与基础设施之间的交互。PaaS 给用户提供了更高效的基础硬件和软件服务,在平台服务层中提供了很多模块(如远程调用模块、收费模块、用户登录注册模块、在线付费模块等),这样既可以减少成本开发,又有效实现了软件重用。

通常情况下,PaaS 又分为开发组件即服务和软件平台即服务。前者指的是提供一个开发平台的 API 组件,给开发人员更大的弹性,依据不同需求进行定制化。一般面向的是应用软件开发商或独立开发者,他们在 PaaS 厂商提供的在线开发平台上开发,从而推出自己的产品和应用。后者指的是提供一个基于云计算模式的软件平台运行环境,让软件开发商或独立开发者能够根据负载情况动态获取运行资源,获取一些支撑应用程序运行的中间件支持。

典型的 PaaS 平台有 Google 的 MapReduce 框架、应用执行环境 Google App Engine、微软公司的 Microsoft Azure Services 等。

(3)SaaS。SaaS 即云应用软件,为用户提供直接为其所用的软件。SaaS 一般面向终端用户。终端用户利用 Web 浏览器,通过网络就可以获得所需的或定制的云应用服务。终端用户不具有网络、操作系统、存储等底层云基础设施的控制权,也不能控制应用的执行过程,只有非常有限的与应用相关的配置能力。SaaS 使用户以最小的开发成本和管理开销获得定制的应用。

SaaS 是基于互联网提供软件服务的软件应用模式,是一种软件布局模型,其应用专为网络交付而设计,便于用户通过互联网托管、部署及接入。SaaS 提供商为企业搭建信息化所需要的所有网络基础设施及软件、硬件运作平台,并负责所有前期的实施、后期的维护等一系列服务,企业无须购买软硬件、建设机房、招聘 IT 人员,即可通过互联网使用信息系统,企业根据实际需要,从 SaaS 提供商按需租赁软件服务。SaaS 应用软件的价格囊括了通常的应用软件许可证费、软件维护费以及技术支持费,将其统一为每个用户的月度租用费。对于广大中小型企业来说,SaaS 是采用先进技术实施信息化的最好途径。典型的 SaaS 服务有 Salesforce 公司的 CRM 系统、Google Docs 等。

三种不同的云计算服务模型所拥有的资源不同,提供给用户的云服务也不同,图 3.23 所示为三种服务的依赖关系。可以看出这几个层次之间并没有严格的依赖关系和紧密联系,SaaS 可以构建在 IaaS 之上,也可以构建在 PaaS 平台之上,PaaS 也可以构建在 IaaS 之上,也可以直接构建在数据中心之上。云安全联盟(CSA)给出了云计算的体系结构,涵盖了上述三种服务模式,如图 3.24 所示。

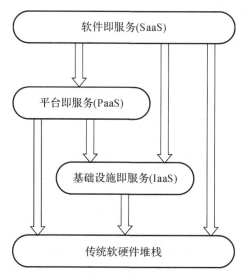

图 3.23 三种服务的依赖关系

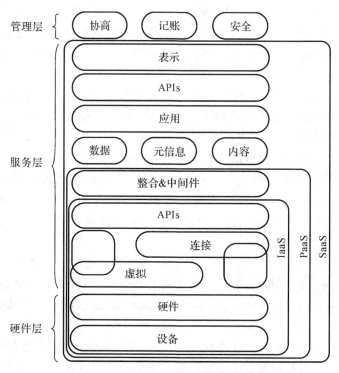

图 3.24 云计算架构的参考模型

由云计算的服务模式可知,IaaS为云用户提供基础设施服务。PaaS基于底层的基础设施资源,为用户提供定义API的编程模型和应用程序运行环境。SaaS基于下层的基础设施或者编程模型和运行环境来开发,为用户提供云应用软件。从云用户的角度看,云计算系统是一个完整统一的系统,用户只需将服务请求提交到云计算系统的"入口"(Web Portal),即可获得所需的IaaS、PaaS和SaaS服务。

2.云计算的部署方式

根据云计算服务对象范围的不同,云计算有四种部署模式:私有云、公有云、社区云和混合云。云计算的部署模式如图3.25所示。

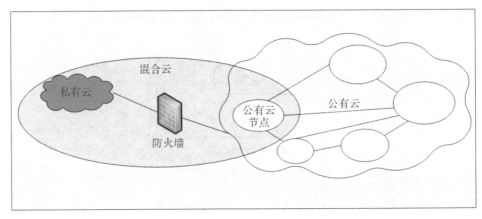

图3.25 云计算的部署模式

(1)私有云。私有云是一个由用户组织(例如政府、军队或企业)建立和运维的云计算平台,专供组织内部人员使用,不提供对外服务。私有云能够体现云计算的部分优势,例如计算资源的统一管理和动态分配。但是,私有云仍要求组织购买基础设施,建立大型数据中心,投入人力、物力来维护数据中心的正常运转。由此可见,私有云系统提高了组织的IT成本,而且使云的规模受到了限制。

(2)公有云。公有云的基础设施由一个提供云计算服务的大型运营组织建立和运维,该运营组织一般是拥有大量计算资源的IT巨头,例如Google、微软、Amazon、百度等大型企业。这些IT公司将云计算服务以"按需购买"的方式销售给一般用户或中小企业群体。用户只需将请求提交给云计算系统,付费租用所需的资源和服务。对用户来说,不需要再投入成本建立数据中心,不需要进行系统的维护,可以专心开发核心的应用服务。目前,亚马逊的EC2、Google App Engine、Windows Azure、百度云等都属于公有云计算系统。由于公有云的开放性较高,而用户又失去了对数据和计算的控制权,因此,与私有云相比,公有云受到的数据安全威胁更为突出。

(3)社区云。社区云也称为机构云,云基础设施由多个组织共同提供,平台由多个组织共同管理。社区云被一些组织共享,为一个社区或大型机构提供服务。显然,社区云的规模要大于私有云,多个私有云可通过VPN连接到一起组成社区云,以满足多个私有云之间整合和安全共享的需求。

(4)混合云。混合云是由两种或两种以上的云(私有云、社区云或公有云)组成,每种云仍然保持独立,用户根据自身因素和业务需要选择合适的结合方式,制定规则和策略,或用标准的或专用的技术将它们组合起来,具有数据和应用程序的可移植性,例如混合云可以在云之间通过负载均衡技术应付突发负载。

3.4.3 云计算发展趋势

1. 无服务架构使得应用开发模块化

2014年,AWS推出首个业界云函数服务Lambda。随后几年,各大云计算厂商相继推出自己的云函数服务,不同厂商的云函数计算服务所支持的编程语言和函数触发的事件源各有不同。互联网服务已经从最早的物理服务器托管、虚拟机、容器,发展到如今的函数即服务(FaaS),即无服务架构。无服务架构是一种特殊类型的软件体系结构,在没有可见的进程、操作系统、服务器或者虚拟机的环境中执行应用逻辑,这样的环境实际运行在操作系统之上,后端使用物理服务器或者虚拟机。它是一种"代码碎片化"的软件架构范式,通过函数提供服务。

无服务架构可以用来实现业务灵活性的持续部署。全自动化的基础设施堆栈的配置和代码部署,让任何并入主干中的代码更改都自动升级到包括生产环境在内的所有环境,可以对任何环境进行应用。无服务架构打破了以往的惯性思维,并提供了一个极具成本效益的服务,未来这个领域还会有更大的进步。

2. 边缘计算与云计算协同应用

边缘计算是指在靠近物或数据源头的网络边缘侧,融合网络、计算、存储、应用核心能力的开放平台,就近提供边缘智能服务,满足行业数字化在敏捷连接、实时业务、数据优化、应用智能、安全与隐私保护等方面的关键需求。在边缘设备上进行计算和分析的方式有助于降低关键应用的延迟、降低对云的依赖,能够及时地处理生成的大量数据,同时结合云计算特点对产生的数据进行存储和自主学习,使设备不断更新升级。

3. 云平台从闭源走向开源

云计算早期阶段,闭源VMware vSphere/vCenter等云平台软件由于其虚拟化成熟度遥遥领先于开源云平台软件,导致闭源的私有云平台成为业界主流的选择。然而,随着XEN/KVM虚拟化开源,以及OpenStack等云操作系统开源软件的崛起和快速进步,开源力量迅速发展壮大起来。以全球最大的云计算开源社区OpenStack为例,截止到2018年7月,共有白金会员8家,黄金会员20家,合作伙伴104家。其中,我国企业占据了一半的黄金会员席位。同时,华为、烽火通信、中兴等厂商在OpenStack各版本贡献中持续处于全球前列。在开源技术已经成为云计算厂商共识的背景下,中国信息通信研究院成立了云计算开源产业联盟,中国通信标准化协会成立了云计算标准和开源推进委员会(TC608),旨在促进云计算开源技术和产品在中国的发展。

3.4.4 云平台举例

本节以阿里云为例,介绍云平台的一些关键技术。

1. 分布式云操作系统

分布式云操作系统是实现云计算、形成通用功能的巨型计算机的核心部分。它屏蔽了底层基础设施的差异,使用虚拟化、分布式计算等技术将资源打散、分割成最小逻辑单元,进而形成网络、计算和存储资源池,为客户提供可度量的、用户隔离的、安全的、快速可扩展的持续资源池供给。云操作系统将数据中心中的软硬件资源逻辑上整合成一台计算机,提供统一的、标准的接口,进行多地域数据中心的互联互通,提供远程数据备份、容灾等能力。

分布式系统底层服务:提供分布式环境下所需要的协调服务、远程过程调用、安全管理和资源管理的服务。这些底层服务为上层的分布式文件系统、任务调度等模块提供支持。

分布式文件系统:提供一个海量的、可靠的、可扩展的数据存储服务,将集群中各个节点的存储能力聚集起来,并能够自动屏蔽软硬件故障,为用户提供不间断的数据访问服务。支持增量扩容和数据的自动平衡,提供类似 POSIX 的用户空间文件访问 API,支持随机读写和追加写的操作。

任务调度:为集群系统中的任务提供调度服务,同时支持强调响应速度的在线服务(On-line Service)和强调处理数据吞吐量的离线任务(Batch Processing Job)。自动检测系统中故障和热点,通过错误重试、针对长尾作业和并发备份作业等方式,保证作业稳定可靠地完成。

集群监控和部署:对集群的状态和上层应用服务的运行状态和性能指标进行监控,对异常事件产生警报和记录;为运维人员提供整个飞天平台以及上层应用的部署和配置管理,支持在线集群扩容、缩容和应用服务的在线升级。

2. 云服务管控平台

云服务管控平台能够提供统一的管控控制台,支持实时计量,多租户管理,支持用户自助独立使用,并且所有的云环境都是国产化,而且完全自主可控。云服务管控平台包含企业资源管理服务和云监控。前者,可以按企业组织的方式来管理云产品资源。通过企业资源管理服务,可以根据企业组织架构来构建资源的组织结构,并结合用户授权,实现企业员工按组织、按指定角色访问指定云产品资源。云监控从站点监控、云服务监控、自定义监控三个方面提供服务。通过云监控管理控制台,可以看到当前服务的监控项数据图表,清晰地了解服务运行情况,并通过设置报警规则,管理监控项状态,及时获取异常信息。通过协议适配层的不同管理插件,不仅可以监控阿里专有云的组件,也可以监控 VMware 以及第三方云资源,构成一个混合云管控平台。

3. 专有网络

专有网络(VPC)可以构建逻辑隔离的专有云,支持安全隔离、访问控制、软件定义网络等。用户可以完全掌控自己的虚拟网络,包括选择自有 IP 地址范围、划分网段、配置路由表和网关等。此外也可以通过专线/VPN 等连接方式将 VPC 与传统数据中心组成一个按需定制的网络环境,实现应用的平滑迁移上云。

专有网络是地域级别的资源,是与经典网络对应的网络类型,交换机是可用区级别的资源,专有云网络类型的云产品实例使用交换机中的内网 IP,专有云网络中通过安全组对云服务器(Elastic Compute Service,ECS)进行访问控制。

4. 云安全

云计算的虚拟化资源池、弹性架构、服务可度量、灵活接入和按需服务等特性让计算资源(包括网络、服务器、存储、应用软件和服务)变得像自来水一样随时、随地、随需可得,极大地优化了 IT 资源效率,但同时也对云上用户的 IT 系统安全性提出了新的挑战。

阿里云提供的云盾产品依托云计算的高弹性扩展和大数据分析能力,为各行业用户的专有云环境提供安全审计、DDoS 攻击防护、主机入侵防护、Web 应用入侵防护、网站漏洞检测及修复等云安全服务。云盾不同于传统的软硬件安全产品,它采用纵深防御,多点联动的云安全架构,完全基于阿里云的云计算环境研发,从网络层、应用层、主机层等多个层面为用户提供全面的、一体化的云安全防护能力。云盾企业版包含网络流量安全监控模块、主机入侵防御模块、安全审计模块以及集中管控模块。

5. 云服务器

云服务器是阿里云服务中非常重要的组成部分,它以阿里云自主研发的大型分布式操作系统"飞天"为基础,基于虚拟化等云计算技术,将普通基础资源整合在一起,以集群的方式给企业提供计算能力服务。它改变了传统 IDC 一次性购买交付的特点,用户按需购买计算能力,并按使用付费,真正实现了可以像水、电、天然气一样,提供给用户使用。同时充分发挥了一个平台的优势,有效地提高了资源利用率、数据可靠性和网络可靠性。

ECS 建立在阿里云百分之百自主研发的飞天分布式操作系统之上,其单机虚拟化通过 XEN/KVM 实现存储依赖飞天的分布式文件系统"盘古"。

云服务器 ECS 基于阿里云自主研发的飞天大规模分布式计算系统。云服务器具有自主管理、数据安全保障、自动故障恢复和防网络攻击等高级功能,能够简化开发部署过程,降低运维成本,具有特有网络环境优势,构建纵向或横向按需扩展的网站架构,从而更适应互联网应用快速多变的特性。

6. 负载均衡

软件负载均衡(Soft Load Balance,SLB)是阿里云计算有限公司提供的一种云负载均衡技术。SLB 通过设置虚拟服务器 IP,将后端多台真实服务器的应用资源虚拟成一台高性能、高可用的应用服务器,通过算法[依序(Round Robin)/比例(Weighted Round Robin)],将大量来自客户端的应用请求分配到后端的服务器进行处理。

SLB 会持续对服务器上的应用状态进行检查,并自动隔离无效的应用,从而解决单台服务器处理性能不足、扩展性不够、可靠性较低的问题。

SLB 不是一个单独提供的产品,需要和云服务器结合使用,是云服务器的一个增值服务。

7. 对象存储服务

阿里云对象存储服务(OSS)是一种面向互联网的分布式存储服务,具有海量、安全、高性能、高可靠性、低成本的特点。

OSS 非常适合用来存储大量不同大小、格式的非结构化数据,比如视频、图像、日志、文本文件等。单个数据的大小从 1 字节到 5 太字节,可以存储的数据个数无限,从而给互联网应用提供海量的存储能力。

OSS 是构建在阿里云飞天平台上的一种存储解决方案。其基础是飞天平台的分布式文件系统、分布式任务调度等基础设施。该基础设施提供了 OSS 以及其他阿里云计算和存储服务所需的分布式协调、高速网络、数据冗余等重要的特性。

8. 云数据库服务软件

数据库作为计算机行业的一个专业领域,不仅需要独立的软硬件架构设计与安装配置,而且需要专业的数据库从业人员进行维护,这些工作目前都是由各个企业投入大量资源来完成的。由于搭建数据库平台需要考虑双机热备、数据冗余、业务峰值等技术因素,各个应用自建的数据库往往存在设备利用率偏低、不能按需部署、无法快速应对规模变化、设备成本和维护成本高、建设周期过长等问题。

阿里云关系型数据库服务(Relational Database Service,RDS)是专业管理的、高可靠的云端数据库服务。通过 Web 方式让用户很方便地在几分钟内开通完全兼容 MySQL 或 SQL

Server 的可投入生产、经过优化的数据库实例,并且为用户提供简化的数据备份、恢复、扩展升级等日常管理功能。

9. 分析性数据库

近年来,商务智能技术的发展方向正在从过去的数据驱动向业务驱动转变。高性能实时 OLAP 分析和 AdHoc(即席查询)技术能够让业务人员实现自由数据探索,快速发现业务问题和解决方案,因而越来越受到客户青睐。分析数据库服务(Analytic Database Service,ADS)是阿里巴巴自主研发的海量数据实时高并发在线分析云计算服务产品。该产品使得客户能够在毫秒级针对千亿级数据进行即时的多维分析透视和业务探索,从而极大提高数据处理效率,实现快速业务决策。

ADS 集群分为计算集群和控制集群两部分。其中计算集群负责数据分布式并行计算处理,控制集群负责计算任务的整体调度、资源发现和元数据管理等任务。计算集群底层使用飞天平台进行数据存储和集群资源的管理。

ADS 具有全量数据高性能实时分析处理能力,实现业务驱动数据分析和业务人员对数据的深度洞察。ADS 定位为实时大数据多维分析平台,在大中型企业的数据集中化、大数据应用转型过程中,实现高效数据探索,提高企业决策的效率和准确度。

ADS 前端为负载均衡模块,用来分发前端访问请求给后端系统,实现在高并发访问条件下系统的及时响应。

计算集群主要由前端节点和数据节点组成。前端节点负责处理前端用户请求、协议适配以及元数据更新;数据节点执行数据计算,是数据处理分析任务运行节点。

控制集群由飞天的"盘古"和"伏羲"分别实现数据存储和集群计算资源的调度。控制集群由资源管理、管理控制台和元数据管理组成。资源管理负责记录并更新节点的状态、数据分布情况和资源调度可控制;管理控制台对资源管理策略进行配置和维护;元数据管理记录 ADS 全局元数据,保持数据的一致性。

10. 开放结构化数据服务

开放结构化数据服务(Open Table Service,OTS)是一种 NoSQL 服务,面向结构化数据与半结构化数据,提供海量的存储和实时的查询能力,具有强一致、高并发、低延迟以及支持灵活的数据模型等特点。

基于阿里云自主研发的分布式文件系统,OTS 主要支持 Key-Value 数据模型下的持久化数据存储和实时访问。OTS 是一款全托管的数据存储服务,用户不仅不用担心服务的高可用、数据可靠性以及数据的访问安全等问题,还可以享受到毫秒级别的低延迟数据访问。OTS 适用于多种应用场景,如移动互联网、互联网、游戏、物联网等。

OTS 是一个分布式存储服务,构建在飞天分布式系统之上。OTS 的技术架构分为三层:服务协议层、存储引擎层和底层飞天内核层("盘古""伏羲""女娲")。最上层是 API 协议的处理层,该层的模块主要对用户的请求做身份认证和鉴权,对请求的参数进行校验,然后将请求路由到后端存储引擎层的对应节点上进行处理,并进行请求的重试。存储引擎层在接收到用户的请求和数据之后,根据操作的类型会对数据进行不同的处理;该层会对表的数据进行分区,并且根据负载的情况均匀地调度到分布式的节点上进行处理。在最底层是飞天分布式系统的内核模块,OTS 的数据存放在"盘古"中,同时 OTS 通过"伏羲"在各个存储节点上申请硬件资源(包括 CPU/Memory/Network 等)。

OTS 通过将数据表进行分区并且将数据分区调度到不同的节点上进行服务,从而提供可扩展的能力。当单机的硬件出问题时,OTS 服务通过心跳机制快速发现有问题的节点,并且把该节点上数据分区快速迁移到健康的节点上继续服务,从而达到服务的快速恢复能力。OTS 提供的是一个多租户共享资源的服务,需要具备针对不同应用进行资源使用的隔离,确保每个应用的性能和稳定性。

11. 开放数据处理服务

开放数据处理服务(Open Data Processing Service,ODPS)是由阿里云自主研发,实现对 TB/PB 级数据的非实时分布式分析处理能力,提供海量数据的上传与下载、SQL 运算、MR 计算和 Graph 图计算等离线计算,以及数据安全管理等功能。

ODPS 包括数据通道 Tunnel、离线计算和数据安全等组件。Tunnel 是数据进出 ODPS 的通道,可实现与外部数据源系统之间的数据上传、下载等功能。离线计算包括 SQL、MR 和 Graph 图计算,分别适用于海量结构化数据分析处理、MapReduce 分布式计算和基于图计算编程模型的迭代计算应用场景。ODPS 的数据安全组件支持多租户,实现数据和计算资源的隔离,通过数据脱敏、权限控制和沙箱技术保障客户数据的安全。

ODPS 面向离线大数据处理分析场景,实现海量数据存储、计算、多组织间数据交互及开箱即用的服务,主要应用于日志分析、数据挖掘、商业智能等领域。ODPS 并非在线 OLTP 关系数据库,没有事务及主键约束等机制。

ODPS 的存储计算层采用飞天集群的分布式架构,逻辑层的作业调度采用飞天作业调度机制,同时通过分布式统一元数据管控,实现集群内作业间的高度协同和数据一致性,保障数据质量。接入层通过 Tunnel 或基于 Tunnel 的 CDP 工具实现与外部数据原系统的交互,通过 HTTP 服务提供的 Restful API 与各类型数据应用实现交互。

12. 流式计算

OSPS 是在大数据背景下通过流式计算实现数据时效性价值的产品。与其他的流式计算产品不同,OSPS 对流式计算进行计算模型抽象,将复杂的开发编程接口简化成标准 SQL,通过 SQL 描述流式数据的计算逻辑。同时,该产品为用户隐藏了数据准确性、集群扩展性、系统可用性和容错等复杂问题,让用户只关注计算逻辑本身,极大降低了用户的开发门槛和开发成本,大大提高了开发效率。

OSPS 底层采用飞天平台实现数据的分布式存储、任务调度和系统监控。处理引擎是 OSPS 的核心模块,实现海量流数据的高效处理。安全管理模块对整个平台进行整体安全管控。

OSPS 适用于实时的风险控制、物联网、日志分析等对时效性要求非常高的领域。大数据场景中需要应用可以实时地处理数据,如果不能对数据实时地加以处理、识别并采取措施,事后难以追回损失。离线的计算无法满足这种需求,这些场景适合用流式计算来处理。

OSPS 底层采用先进的分布式增量计算框架,可以实现低延迟响应,以 SQL 的形式提供流式计算服务,并且完全屏蔽了流式计算中复杂的故障恢复等技术细节,极大地提高了开发效率。

OSPS 前端通过 Restful API 实现流数据接入,以及前端查询需求处理。处理引擎是 OSPS 的执行模块,分为控制节点和处理集群两部分。控制节点用来处理各种 DDL 操作请求,如流数据的添加、删除、查询任务分配和调度等;处理集群从控制节点获得相关参数消息并构造操作对象,实现流数据的分布式处理计算,并保障数据的高可靠性。处理引擎通过"伏羲"实现总体服务调度,通过参数设置进行服务调度、启动、停止、重启及唯一性保障。处理引擎的监控通过"神农"来完成,包括服务器软硬件运行状态的采集和分析、监控预警等。处理引擎的存储采用"盘古"的分布式存储。安全管理贯穿以上各模块,保障数据处理的安全性。

13. 大数据开发平台

大数据应用开发是一个系统化的工程,需要有完善的体系支持,主要包括数据同步、数据开发环境、算法平台、调度系统、数据质量、数据地图、数据管理等模块。

14. 数据应用加速平台

随着互联网,特别是移动互联网和物联网的爆发式发展,需要有新的数据应用体系来解决数据洪流带来的各种挑战。数据源、数据格式、采集方式、存储方式及分析方法等的多样化,单个通用的数据产品已经没有办法满足需求了,我们需要一个大数据应用的工具箱,来解决大规模存储、大规模挖掘、实时分析、流式计算等各种应用场景下的问题,这就带来了新的挑战。首先,需要有方法来统一管理数据资源,让不同来源、不同类型的数据可以融合计算分析。其次,还需要合理地利用各种类型的引擎,让数据在适当的地方进行计算。另外一个大的挑战就是面对纷繁的数据,如何在各种各样的业务场景中应用大数据价值。大数据的应用是一个非常复杂的工程,使用传统的模式,要求业务专家、算法专家、应用开发专家、可视化专家等多种角色共同协作才能完成。从头去搭建一个数据应用的周期长,成本也高,这样门槛非常高,也不能快速响应业务的需求,需要有方法来降低门槛,让应用方只用专注在业务价值的挖掘和优化上。

思 考 题

1. 服务器是一个软件概念,还是一个硬件概念,如何理解?
2. 服务器集群、服务器虚拟化和云计算有什么区别?
3. 虚拟化技术与云计算技术在指挥信息网络中如何应用,应该注意什么问题?
4. 与传统的服务器管理相比,虚拟化技术、云计算技术出现后对管理人员的能力素质有哪些需求?
5. 怎么理解网络边缘与云和端的关系?

第 4 章 网络安全防护

网络安全已经成为与国家、社会和个人息息相关的问题。对于国家而言,网络安全已经成为国防安全、金融安全之上的第一安全;对于社会而言,没有网络安全,社会的健康运作就无法建立;对于个人而言,失去网络安全,个人隐私将不复存在,时时处于被窥视的危险之中。随着军队信息化建设的不断推进,信息基础设施的网络安全防护越来越重要。目前,军用网络中广泛采取了各种网络安全防护措施。

4.1 网络安全基础

4.1.1 网络安全基本概念

网络的安全性问题包括两方面的内容:一是网络的系统安全,二是网络的信息安全。国际标准化组织对计算机系统安全的定义是:为数据处理系统建立和采取的技术与管理的安全保护,使计算机硬件、软件、数据不因偶然和恶意的原因而遭破坏、更改和泄露。这个定义偏重于静态信息保护。从动态意义描述计算机系统安全的定义为:计算机硬件、软件、数据不因偶然和恶意等原因遭破坏、更改和泄露,系统能连续正常运行。

1. 网络安全的概念

综合来说,网络安全是指网络系统的硬件、软件及其系统中的数据受到保护,不因偶然的或者恶意的原因而遭到破坏、更改、泄露,系统连续可靠正常地运行,网络服务不中断。与其他概念不同的是,网络安全的具体定义和侧重点会随着观察者的角度而不断变化。

从用户(个人用户或者企业用户)的角度来说,他们最为关心的网络安全问题是如何保证涉及个人隐私或商业利益的数据在传输过程中的保密性、完整性和真实性。

从网络运行和管理者的角度来说,他们最为关心的网络安全问题是如何保护和控制其他人对本地网络信息的访问、读写等操作。

从社会教育和意识形态角度来说,人们最为关心的网络安全问题是如何杜绝和控制网络上不健康的内容,有害内容会对社会的稳定和人类的发展造成不良影响。

网络信息安全与保密还会因为不同的应用环境有不同的解释,如运行系统安全,即保证网络信息处理和传输系统的安全;网络系统信息的安全,比如用户口令鉴别、用户存取权限控制、数据存取权限和方式控制、安全审计、安全跟踪、计算机病毒防治、数据加密等;网络信息传播的安全,即网络信息传播后果的安全;网络信息内容的安全,即网络上传输、处理或存储的信息内容本身的安全,等等。

总之,网络安全是指通过采取必要措施,防范网络可能遭受的攻击、侵入、干扰、破坏和非法使用以及意外事故,使网络处于稳定可靠运行的状态,以及保障网络数据的完整性、保密性、可用性的能力。从这个概念来讲,网络安全更加侧重网络运行安全和数据安全。

2. 网络安全的基本要素

计算机网络最重要的资源是它向用户提供的服务及所拥有的信息。随着网络技术的不断发展,计算机网络的安全性已经由原有的保密性、完整性和可用性扩展为以下七部分。

(1) 保密性。保密性指静态信息防止非授权访问和动态信息防止被截取解密。须规定哪些信息不能被窥探,哪些资源不能被未授权的用户访问。

(2) 完整性。完整性是指信息在存贮或传输时不被修改、破坏,或不发生信息包丢失、乱序等。信息的完整性是信息安全的基本要求,破坏信息的完整性是影响信息安全的常用手段。

(3) 可用性。可用性一般指主机存放静态信息的可用性和可操作性。病毒就常常破坏信息的可用性,使系统不能正常运行,数据文件面目全非。

(4) 可控性。可控性是对网络信息的传播及内容具有控制能力的特性。

(5) 真实性。真实性也就是真实可靠性,包括信息的完整性、准确性和发送人的身份证实等方面,它也是信息安全性的基本要素。真实性同时也包括抗抵赖性(也称作不可抵赖性、不可否认性),指在网络信息系统的信息交互过程中,确信参与者的真实同一性,即所有参与者都不可能否认曾经完成的操作和承诺。

(6) 不可否认性。信息双方不能否认自己的行为,即通过一定的证据可以证明,发送方曾经发送了信息,接收方曾经接收了信息。

(7) 可追究性。对出现的网络安全问题提供调查的依据和手段,即通过一定证据可以追踪信息来源和目的。

3. 影响网络安全的因素

影响网络安全的因素分为内因和外因两部分。

(1) 开放性的网络体系结构存在先天性缺陷。网络安全问题自有网络时就存在,只是当时人们并没有充分重视,随着计算机网络的发展壮大,人们对它的依赖程度也越来越大,网络安全问题日益明显。开放互联网络具有国际统一的标准和访问方法,容易互联、互通与互操作,为了能够充分地利用网上的资源,网络被设计得易于访问,这就造成了开放性网络系统节点分散、难于管理。

(2) 外部的安全威胁是影响网络安全性的重要因素。随着信息化的迅速发展,计算机网络对安全要求越来越高,尤其自 Internet/Intranet 应用发展以来,网络的安全已经涉及国计民生等许多重大问题。随着国际网络安全空间态势的加剧,网络安全战略威胁不断增强,国外网络安全战略从主动防御发展到网络威慑和主动进攻,各国纷纷组建网络安全部队并将其作为作战部队。网络攻击威胁日益向关系国家安全、国计民生的关键信息基础设施领域渗透。同时,网络新技术发展迅速,云计算、物联网、大数据、工业控制系统的新技术引爆了网络安全中新的安全隐患。

此外,随着"黑客"工具技术的日益发展,使用这些工具所需具备的各种技巧和知识在不断减少,从而造成的全球范围内"黑客"行为的泛滥,导致了一个全新战争形式的出现。"黑客"对网络的侵害手段多种多样,主要表现在非授权访问、冒充合法用户、破坏数据完整性、干扰系统正常运行及利用网络传播病毒等。

目前网络安全存在几大隐患:①信息安全意识淡薄,对相关问题缺少紧迫感和明确认识,在网络连接与接入上常常混淆了内网与外网的界限;②信息安全基础设施薄弱,缺少必要的物质条件;③安全管理特别是内部管理松懈,缺少对用户的认证与权限的管理,也缺少对信息内容的保密级别的划分和设定;④缺少必要的网络安全监控程序系统。

对于上述网络安全问题,一方面,计算机网络具有资源的共享性,提高了系统的可靠性,通过分散负荷,提高了工作效率,并具有可扩充性;另一方面,正是由于这些特性而增加了网络的脆弱性和复杂性,资源共享和分布增加了网络受攻击的可能性。

4.1.2 网络安全服务与安全防御模型

网络信息安全系统基于 OSI 网络模型,通过安全服务和安全机制实现网络信息安全。安全服务从网络中的不同层次提供信息应用系统需要的安全服务支持。安全机制是提供某些安全服务,利用各种安全技术和技巧,形成的一个较为完善的结构体系。

1. 安全服务

安全服务包括对等实体认证服务、数据保密服务、数据完整性服务、数据源点认证服务、不可否认服务、犯罪证据提供服务等。具体来说,安全服务是指为网络信息系统应用提供的具有安全保护功能的相关服务,主要的安全服务形式包括以下几种:

(1)对象认证:防止主动攻击的主要技术,认证就是识别和证实。识别是辩明一个对象的身份的过程,证实是证明该对象的身份就是其声明的身份的过程。

(2)访问控制:防止超权限使用资源,大体可分为自主访问控制、强制访问控制和基于角色的访问控制等。

(3)数据机密性:保证信息和业务流的机密性,防止信息泄漏。

(4)数据完整性:防止非法篡改信息、文件和业务流。

(5)防抵赖:证实已经发生的操作。它包括对发送防抵赖、对递交防抵赖和公证。

2. 安全机制

安全机制主要包括以下几方面。

(1)基础设施实体安全:机房、场地环境、设施、动力系统等基础设施实体的物理上的安全。

(2)平台安全:操作系统漏洞检测和修复、网络基础设施漏洞检测与修复、通用基础应用程序漏洞检测与修复、网络安全产品部署,这些是平台的安全。

(3)数据安全:涉及数据的物理载体、数据本身权限、数据完整可用、数据监控、数据备份存储。

(4)通信安全:涉及通信基础设施、网络加密、通信加密、身份鉴别、安全通道和安全协议漏洞检测等。

(5)应用安全:涉及业务的各项内容,程序安全性测试、业务交互防抵赖测试、访问控制、身份鉴别、备份恢复、数据一致性、数据保密性、数据可靠性、数据可用性等业务级别的安全机制内容。

(6)运行安全:涉及程序应用运行之后的维护安全内容,包括应急处置机制、网络安全监测、网络安全产品运行监测、定期检查评估、系统升级补丁提供、最新安全漏洞和通报、灾难恢复机制、系统改造、网络安全技术咨询等。

(7)安全管理:涉及应用系统使用的各种资源,包括人力资源、培训资源、应用系统、软件、设备、文档、数据、操作、运行、机房等。

(8)授权和审计安全:授权安全是向用户和应用程序提供权限管理和授权服务,负责向业务应用系统授权服务管理、用户身份认证到应用授权的映射功能。审计安全是信息安全系统必须支持的功能特性，主要是检查网络内活动用户、侦测潜在威胁、统计日常运行状况、异常事件和突发事件的事后分析、辅助侦查取证。

(9)安全防范体系：信息安全资源综合管理通常包含六项功能：预警、保护、检测、反应、回复和反击。

在实际系统设计上，安全机制是为提供安全服务和安全管理而相应采取的步骤和措施，可分为与安全服务有关的机制和与管理有关的安全机制两类。安全机制既可以是具体的、特定的，也可以是通用的。国际标准化组织定义的安全机制包括加密机制、数字签名机制、访问控制机制、数据完整性机制、鉴别交换机制、业务填充机制、路由控制机制和公证机制等。图4.1所示为OSI开放系统互联安全架构，体现了安全服务与安全机制之间的关系。

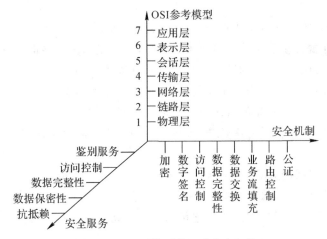

图 4.1　OSI 开放系统互联安全架构

(1)数据加密机制：向数据和业务信息流提供保密性，对其他安全机制起补充作用。

(2)数据签名机制：对数据单元签名和验证，签名只有利用签名者的私有信息才能产生。

(3)访问控制机制：利用某个实体经鉴别的身份或关于该实体的信息，进行确定并实施实体的访问权；可用于通信连接的任何一端或用在中间连接的任何位置。

(4)数据完整性机制：包括两个方面，单个的数据单元或字段的完整性和数据单元串或字段串的完整性。

(5)鉴别交换机制：通过信息交换以确保实体身份的机制。

(6)业务填充机制：一种制造假的通信实例、产生欺骗性数据单元或在数据单元中产生假数据的安全机制。提供对各种等级的保护，防止业务分析，只在业务填充受到保密性服务时有效。

(7)路由控制机制：路由既可以动态选择，也可以事先安排；携带某些安全标签的数据可能被安全策略禁止通过某些子网、中继站或链路；连接的发起者可以请求回避特定的子网、中继站或链路。

(8)公证机制：关于在两个或三个实体之间进行通信的数据的性能，可由公证机制来保证，保证由第三方提供，第三方通常得到通信实体的信任。

此外，与管理有关的安全机制包括：

(1)可信功能机制：扩充其他安全机制的应用范围，既可以可信地直接提供安全机制，也可

以可信地提供对其他安全机制的访问;

(2) 安全标签机制:标明安全对象的敏感程度或保护级。

(3) 事件探测机制:探测与安全性有关的事件。

(4) 安全审核机制:独立地对安全系统的记录和活动进行检查,测试系统控制信息是否正常,确保安全政策的正常实施。

(5) 安全恢复机制:从安全性破坏的状态中恢复到安全状态。

4.1.3 网络安全动态防御模型

1. P^2DR 和 P^2DR^2 动态可适应安全模型

P^2DR 模型是美国国际互联网安全系统公司 ISS 最先提出的,即 Policy(策略)、Protection(防护)、Detection(检测)和 Response(响应)。P^2DR 模型如图 4.2 所示。事实上,学术界先后提出了 PDR,P^2DR,P^2DR^2 等多种动态风险模型。随着互联网技术的飞速发展,企业网的应用环境千变万化,现有模型存在诸多待发展之处。

图 4.2 P^2DR 动态可适应安全模型

以 P^2DR^2(Policy,Protection,Detection,Response,Recovery)动态安全模型为例,它是一种基于企业网对象、依时间及策略特征的动态安全模型结构,定义了一种基于闭环控制、主动防御的动态安全模型,通过区域网络的路由及安全策略分析与制定,在网络内部及边界建立实时检测、监测和审计机制,应用多样性系统灾难备份恢复、关键系统冗余设计等方法,构造多层次、全方位和立体的区域网络安全环境。

一个良好的网络安全模型应在充分了解网络系统安全需求的基础上,通过安全模型表达安全体系架构,其通常具备以下性质:精确、无歧义;简单和抽象;具有一般性;充分体现安全策略。

(1) 策略:定义系统的监控周期、确立系统恢复机制、制定网络访问控制策略和明确系统的总体安全规划和原则。

(2) 防护:充分利用防火墙系统,实现数据包策略路由、路由策略和数据包过滤技术,应用访问控制规则达到安全、高效的访问;应用 NAT 及映射技术实现 IP 地址的安全保护和隔离。

(3) 检测:利用防火墙系统具有的入侵检测技术及系统扫描工具,配合其他专项监测软件,建立访问控制子系统(ACS),实现网络系统的入侵监测及日志记录审核,以利及时发现透过 ACS 的入侵行为。

(4) 响应:在安全策略指导下,通过动态调整访问控制系统的控制规则,发现并及时截断可疑链接、杜绝可疑后门和漏洞,启动相关报警信息。

(5)恢复:在多种备份机制的基础上,启用应急响应恢复机制实现系统的瞬时还原;进行现场恢复及攻击行为的再现,供研究和取证;实现异构存储、异构环境的高速、可靠备份。

2. WPDRRC 安全体系模型

WPDRRC 信息安全模型是我国"八六三"信息安全专家组提出的适合我国国情的信息系统安全保障体系建设模型,如图4.3所示。WPDRRC 模型有6个环节和3大要素。6个环节包括预警、保护、检测、响应、恢复和反击,它们具有较强的时序性和动态性,能够较好地反映出信息系统安全保障体系的预警能力、保护能力、检测能力、响应能力、恢复能力和反击能力。3大要素包括人员、策略和技术,人员是核心,策略是桥梁,技术是保证,落实在 WPDRRC 6个环节的各个方面,将安全策略变为安全现实。

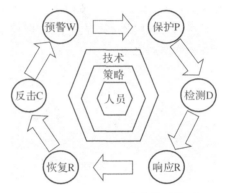

图4.3 WPDRRC 安全体系模型

(1)预警:采用多检测点数据收集和智能化的数据分析方法检测是否存在某种恶意的攻击行为,并评测攻击的威胁程度,攻击的本质、范围和起源,同时预测敌方可能的行动。

(2)保护:采用一系列的手段(识别、认证、授权、访问控制、数据加密)保障数据的保密性、完整性、可用性、可控性和不可否认性等。

(3)检测:利用高技术提供的工具检查系统存在的可能导致黑客攻击、白领犯罪、病毒泛滥的漏洞,即系统的脆弱性检测、入侵检测、病毒检测。

(4)响应:对危及安全的事件、行为、过程及时做出响应处理,杜绝危害的进一步蔓延扩大,力求系统尚能提供正常服务。包括审计跟踪、事件报警和事件处理。

(5)恢复:一旦系统遭到破坏,将采取一系列的措施,如文件的备份、数据库的自动恢复等,尽快恢复系统功能,提供正常服务。

(6)反击:利用高科技工具,取得证据,作为犯罪分子犯罪的线索、犯罪依据,依法侦查处置犯罪分子。

网络安全动态防御模型使得网络安全保障不再是一个静态的概念,而是一个持续性的不断适应、不断发展、不断完善的过程。

3. 网络安全滑动标尺模型

网络安全滑动标尺模型是罗伯特·梅里尔·李在2015年发表的一篇文章中提出的,如图4.4所示。与 PDR、P^2DR 和 IATF 等安全模型相比,该模型强调面对不同的威胁类型需要建立怎样的安全能力,以及这些能力间的演进关系,从而帮助在管理层沟通安全投资建设,并确定和跟踪安全投入的优先级等。

图 4.4　网络安全滑动标尺模型

该模型认为，整体安全体系的建设是一个非割裂的连续过程，模型中属于各个类别的措施与属于相邻类别的措施之间是相互关联的，不是割裂的，本质上界线也没有那么清晰。左侧的安全能力是右侧的安全能力的基础和依赖，协同联动成整体的安全能力。

(1) 安全架构(Architecture)。该模型把安全架构建设放在标尺的最左边，通过完成安全架构建设，解决基础层面的安全问题，包括安全域划分、补丁管理、系统加固等工作，此阶段工作不依赖外部安全硬件设备来完成。

(2) 被动防御(Passive defense)。在做好架构安全建设后，进入被动防御阶段。在架构安全的基础上，部署防火墙、入侵检测等硬件安全设备，来提升安全能力，让系统具备基本的检测和防御能力，具备提供可持续的威胁防护及威胁洞察力，核心为建设纵深防御体系。

(3) 积极防御(Active defense)。积极防御阶段将安全运维人员引入，强调人员的参与，对所防御范围内的威胁进行持续性监控，可以主动进行分析检测、应对，包括从外部的攻击手段和手法进行学习。该阶段的核心能力为在人员参与情况下开展检测和响应工作。

(4) 威胁情报(Intelligence)。该模型采用威胁情报为安全设备和人员进行赋能，通过收集各种安全数据、借助机器学习，进行建模及大数据分析，开展攻击行为的自学习和自识别，进行攻击画像、标签等活动，将收集到的各种数据加工成为有价值的信息。该阶段能够做到对攻击行为"知己知彼"。

(5) 进攻反制(Offense)。进攻反制指利用法律及攻击自卫反击等技术对攻击者进行反制威慑。

该模型很好地解决了传统安全模型无法根据建设阶段进行安全能力成熟度评价的问题。每一阶段的安全能力都可以在模型上体现出来，随着安全能力从架构安全到进攻反制过程中的不断演进，安全能力成熟度也随之提升。

4.2　网络安全防护系统

网络安全防护的主要目的是保护计算机、网络系统硬件、软件及系统中的数据，使之不因偶然的或者恶意的原因而遭到破坏、更改、泄露，确保系统能连续、可靠、正常地运行，使网络服务不中断。我国在2019年出版的《网络安全等级保护基本要求》(GB/T 22239—2019)，广泛应用于各行业和领域开展的网络安全等级保护的等级测评等工作中。国家出台网络安全基本要求,是在传统信息系统安全等级保护基本要求基础上,针对移动互联、云计算、大数据、物联网和工业控制等新技术、新应用领域,加入了扩展的安全要求。军队计算机信息系统制定了严格的安全保密防护等级及其评定级规范,规定了不同安全保护等级信息系统的基本技术要求和基本管理要求,适用于指导军用信息系统等级保护的系统设计、建设、测评和监督管理。

军队网络安全防护工作,以现代战争信息安全保障及各军兵种联合作战中对军队计算机网络安全防护需求为依据,根据网络承载业务和防护等级的不同,按照军队网络安全的总体原则,制定相应的建设和管理策略,建立专业化网络安全防护部队与属地化保障力量相结合的安全防护力量体系,重点建设一支专业网络安全防护部队,担负重要网络、重要区域的安全防护任务,建立对全军各级节点和用户网络安全的监督检查、安全监测、态势分析、资源管控的安全防护体系,以提高整体安全防护能力。

本节针对通常的网络安全防护系统中几个主要系统进行介绍,包括防火墙系统、入侵检测系统和身份认证系统。

4.2.1 防火墙系统

防火墙是一种用来增强内部网络安全性的系统,它将网络隔离为内部网和外部网。从某种程度上来说,防火墙是位于内部网与外部网之间的桥梁和检查站。它一般由一台或多台计算机构成,它对内部网和外部网之间的数据流量进行分析、检测、管理和控制,通过对数据的筛选和过滤,来防止未经授权的访问进出内部计算机网络,从而达到保护内部网资源和信息的目的。

1. 防火墙基本概念

古时候,人们常在寓所之间砌起一道砖墙,倘若发生火灾,它能够防止火势蔓延到别的寓所。现在,如果一个网络接入了Internet,用户就可以访问外部世界并与之通信,同时,外部世界也同样可以访问该网络并与之交互。为了保障安全,当用户与互联网连接时,可以在中间加入一个或多个中介系统,防止非法入侵者通过网络进行攻击,并提供数据可靠性、完整性、安全性和审查控制。它的作用与古时候的防火砖墙有类似之处,因此把这个屏障就叫作"防火墙",如图4.5所示。

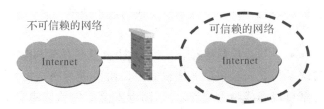

图 4.5 防火墙在互联网络中的位置

网络防火墙(Firewall)由软件和硬件设备组合而成,处于网络群体计算机与外界通道之间,限制外界用户对内部网络访问及管理内部用户访问外界网络。它通过监测、限制、修改跨越防火墙的数据流,尽可能地对外屏蔽网络内部的结构、信息和运行情况,以此来实现内部网络的安全保护。

防火墙的组成可以表示为:防火墙=过滤器+安全策略+网关,它是一种非常有效的网络

安全技术。防火墙的经典功能,可以归结成以下两点:

(1)作为一个中心"遏制点",将局域网的安全管理集中起来;

(2)屏蔽非法请求,防止跨权限访问,并产生安全报警。

采用防火墙保护内部网络有以下优点:

(1)防火墙可以保护网络中脆弱的服务;

(2)防火墙允许网络管理员定义中心"遏制点"抵抗非法访问;

(3)采用地址转换技术的防火墙可以缓解地址空间短缺的问题;

(4)防火墙可以方便地进行审计和告警。

虽然防火墙可以提高内部网的安全性,是网络安全体系中极为重要的一环,但并不是唯一的一环,因而不能因为配有防火墙而可以高枕无忧。任何事物都不是完美无缺的,事实上,有一些危险是防火墙解决不了的,因为防火墙也有一些缺陷和不足,有些缺陷是目前根本无法解决的。防火墙的缺陷和不足有以下几点:

(1)防火墙有时会限制有用的网络服务;

(2)防火墙无法防护内部网用户的攻击;

(3)防火墙无法防护病毒,也无法抵御数据驱动型的攻击;

(4)防火墙不能防范通过防火墙以外的其他途径的攻击;

(5)防火墙不能防备新的网络安全问题。

2. 防火墙主要技术

防火墙的主要技术类型包括包过滤(Packet Filter)和状态检测技术。

(1)包过滤技术。采用包过滤技术的防火墙称为包过滤型防火墙,因为它工作在网络层,又叫网络级防火墙。它一般是通过检查单个包的地址、协议、端口等信息来决定是否允许此数据包通过。路由器便是一个"传统"的网络级防火墙。

包过滤技术在网络中适当的位置上对数据包实施有选择的过滤,如图4.6所示。选择的依据是系统内设置的过滤逻辑,被称为访问控制表。通过检查数据流中每个数据包的源地址、目的地址、所用的端口号、协议状态等因素,或它们的组合来确定是否允许该数据包通过。

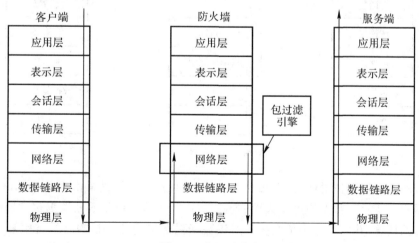

图 4.6 包过滤技术

包过滤是一个网络安全保护机制,它用来控制流入和流出网络的数据。大多数包过滤系统对数据本身不做处理,它们不做基于数据内容的决定。包过滤基于以下报头内容控制数据包的传送:

(1)数据包的源和目的地址;
(2)数据包的源和目的端口;
(3)用来传送数据包的会话与应用程序协议。

IP包过滤的实现的基本原理是:分析每个包的头部,再应用一个规则集来判定是否允许通过。通常可供过滤器分析的头部字段有包类型(TCP、UDP、ICMP或IP)、源IP地址、目标IP地址和目标TCP/UDP端口号、ICMP消息类型。包的进入接口和出接口如果有匹配,并且规则允许该数据包通过,那么该数据包就会按照路由表中的信息被转发。如果进出接口匹配但规则拒绝该数据包,那么该数据包就会被丢弃。如果没有匹配规则,用户匹配的默认参数会决定是转发还是丢弃该数据包。

(2)状态检测技术。传统的包过滤防火墙只是通过检测IP包头的相关信息来决定数据流的通过还是拒绝,如图4.7所示。在遇到利用动态端口的协议时会发生困难,如FTP。防火墙事先无法知道哪些端口需要打开,而如果采用原始的静态包过滤,又希望用到此服务的话,就需要实现将所有可能用到的端口打开,这往往是个非常大的范围,会带来不必要的安全隐患。状态检测技术采用的是一种基于连接的状态检测机制,将属于同一连接的所有包作为一个整体的数据流看待,构成连接状态表,通过规则表与状态表的共同配合,对表中的各个连接状态因素加以识别。因此,与传统包过滤防火墙相比,它具有更好的灵活性和安全性。

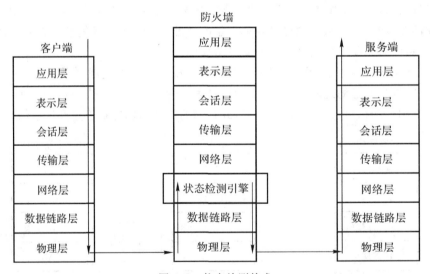

图4.7 状态检测技术

状态检测又称动态包过滤,是在传统包过滤上的功能扩展,最早由Checkpoint公司提出,其流程如图4.8所示。状态检测防火墙在网络层由一个检查引擎截获数据包且抽取出与应用层状态有关的信息,并以此作为依据决定对该数据包是接受还是拒绝。检查引擎维护一个动态的状态信息表并对后续的数据包进行检查。一旦发现任何连接的参数有意外变化,该连接就被中止。这种防火墙的安全特性是非常好的,它采用了一个在网关上执行网络安全策略的软件引擎,称之为检测模块。检测模块在不影响网络正常工作的前提下,采用抽取相关数据的方法对网络通信的各层实施监测,抽取部分数据,即状态信息,并动态地保存起来作为以后制定安全决策的参考。检测模块支持多种协议和应用程序,并可以很容易地实现应用和服务的扩充。

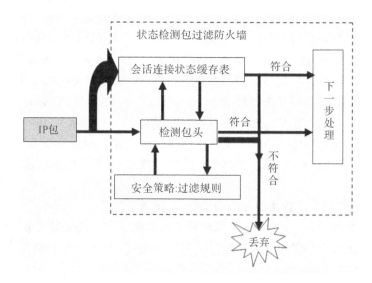

图 4.8　状态检测包过滤流程

状态检测的优点是在状态检测里,采用动态规则技术,原先高端口的问题就可以解决了。实现原理是,通常,防火墙可以过滤内部网络的所有端口(1～65 535),外部攻击者难以发现入侵的切入点。可是为了不影响正常的服务,防火墙一旦检测到服务必须开放高端口时,就可以在内存动态地添加一条规则打开相关的高端口。等服务完成后,这条规则就立即被防火墙删除。这样,既保障了安全,又不影响正常服务,速度也快。

此外,状态检测防火墙克服了包过滤防火墙和应用代理服务器的局限性,能够根据协议、端口及源地址、目的地址的具体情况决定数据包是否可以通过。对于每个安全策略允许的请求,状态检测防火墙启动相应的进程,可以快速地确认符合授权流通标准的数据包,这使得本身的运行非常快速。

状态检测防火墙已经在国内外得到广泛应用,这种防火墙唯一的缺点是状态检测可能造成网络连接的某种迟滞,不过硬件运行速度越快,这个问题就越不易被察觉。

3. 防火墙分类

防火墙主要分为包过滤防火墙、屏蔽主机防火墙和屏蔽子网防火墙三大类。

(1)包过滤防火墙。包过滤防火墙是最普通、最常用的防火墙,它位于 Internet 和内部网络之间。它的主要作用是在网络之间完成数据包的转发,并利用包过滤准则来允许或拒绝数据包。包过滤准则的定义可使内部网络中的主机直接访问 Internet,而对 Internet 中的主机访问内部网络系统加以限制。

创建相应的过滤策略时对管理员的 TCP/IP 知识有相当高的要求,如果包过滤防火墙被黑客攻破,那么内部网络将变得十分危险,该防火墙将不能够隐藏内部网络的信息、不具备监视和日志记录功能。

(2)屏蔽主机防火墙。这种防火墙结构包括两种:单宿主堡垒主机和双宿主堡垒主机。

1)单宿主堡垒主机。单宿主堡垒主机是拥有一种网络接口(即一块网卡)的防火墙设备。屏蔽主机体系结构由包过滤路由器和堡垒主机构成,包过滤路由器位于内部网络与外部网络之间的连接处,保证外部系统对内部网络的操作只能经过堡垒主机。堡垒主机位于内部网络,是外部网络主机连接到内部网络主机的桥梁,它需要拥有高的安全等级。

包过滤路由器使用包过滤技术,它只允许堡垒主机与外部网络的通信,使堡垒主机成为 Internet 上其他节点所能到达的唯一节点,同时根据设立的过滤准则进行控制。对内部网络中其他主机直接对外的通信,包过滤路由器将予以拒绝。而这些主机的对外通信,必须通过堡垒主机来完成。也就是说,如果内部网络上有用户提出请求,需要访问 Internet,那么用户要求首先进入堡垒主机,然后堡垒主机经包过滤路由器转发用户请求到 Internet 上的远程服务器。相反,从 Internet 到内部网络的数据流也必须经过堡垒主机转达发送。堡垒主机是内部网络上外界唯一可访问的站点,是整个网络安全的关键点,在整个防火墙系统中起着至关重要的作用。

堡垒主机的硬件是一台普通的主机,配置了代理服务程序。

优点:安全性更高,双重保护。由于这种防火墙系统实现了网络层安全(包过滤)和应用层安全(代理服务),所以它的安全等级比包过滤路由器更高,攻击者要想破坏内部网络,必须先渗透两个分开的系统。

缺点:堡垒主机与其他主机在同一个子网。一旦堡垒主机被攻破或被越过,整个内网和堡垒主机之间就再也没有任何阻挡,整个网络对入侵者是开放的。因此,过滤路由器能否正确配置是安全与否的关键。

2)双宿主堡垒主机(屏蔽防火墙)。双宿主堡垒主机也称屏蔽防火墙,可以构造更加安全的防火墙系统。双宿主堡垒主机有两种网络接口(即一台主机安装有两块网卡),每块网卡有各自的 IP 地址,并分别与受保护网络和外部网络相连。如果外部网络上的计算机想与内部网络上的计算机进行通信,它就必须与双宿主堡垒主机上与外部网络相连的 IP 地址联系,代理服务器软件再通过另一块网卡与内部网络相连接。也就是说,外部网络与内部网络不能直接通信,它们之间的通信必须经过双宿主堡垒主机的过滤和控制,如图 4.9 所示。

这种配置是用宿主主机作为防火墙,两块网卡各自在主机上运行着防火墙软件,可以转发应用程序、提供服务等。

这种体系结构的最大的问题是:双宿主主机是隔开内外网络的唯一屏障,但一旦它被入侵,内部网络便向入侵者敞开大门。

(3)屏蔽子网防火墙。这种防火墙是将两个路由器和一个堡垒主机组成在一起形成了一个所谓的"非军事区"(DMZ)的子网,结构如图 4.10 所示。

这种方法在内部网络和外部网络之间建立了一个被隔离的子网。用两台路由器将这个子网分别与内部网络和外部网络分开。

外部路由器(访问路由器)的作用是:保护周边网络和内部网络不受外部网络的侵犯。它把入站的数据包路由到堡垒主机。这样可以防止部分 IP 欺骗,它可分辨出数据包是否真正来自周边网络。内部路由器(阻塞路由器)的作用是:保护内部网络不受外部网络和被屏蔽子网的侵害,它执行大部分过滤工作。外部路由器一般与内部路由器应用相同的规则。

针对这种体系结构构筑的内部网络,攻击者必须通过两个路由器。即使攻击者成功侵入了堡垒主机，他仍将要面对内部路由器，这就消除了内部网络的单一入侵点。在屏蔽子网结构中，堡垒主机和屏蔽路由器共同构成了整个防火墙的安全基础。

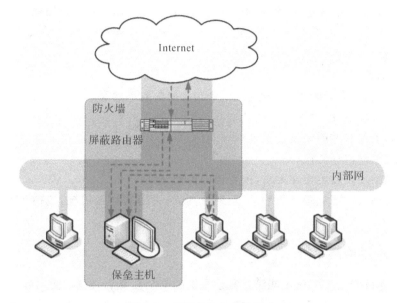

图 4.9　双宿主堡垒主机模式

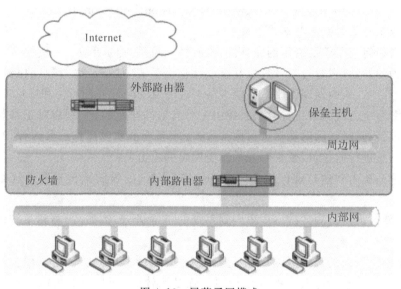

图 4.10　屏蔽子网模式

堡垒主机位于被屏蔽子网中，是整个防御体系的核心。堡垒主机可被认为是应用层网关，可以运行各种代理服务程序。对于出站服务不一定要求所有的服务经过堡垒主机代理，但对于入站服务应要求所有服务都通过堡垒主机。

屏蔽子网防火墙系统的好处是，入侵者必须闯过外部路由器、堡垒主机和内部路由器这三个设备，才能侵袭内部网络。因此，系统的安全性得到了保证。另外，由于外部路由器是子网与 Internet 的唯一接口，Internet 上的系统不需要有路由器与内部网络对应，这样网络管理员就可以保证内部网络对 Internet 是"不可见的"，并且只有在子网上选定的系统才对 Internet 开放。又由于内部路由器是子网与内部网络的唯一接口，内部网络的系统不能直接通往 Internet，这样也保证了内部网络上的用户必须通过驻留在堡垒主机上的代理服务才能访问 Internet。

4. 防火墙配置

防火墙因种类不同其配置方法也各有不同，主要配置内容有：

(1) 配置防火墙地址、管理主机地址；

(2) 防火墙工作在透明网桥模式下；

(3) 关闭其他端口和协议；

(4) 按照网络安全相关策略要求，配置访问控制规则；

(5) 安全管理人员要记录防火墙端口、地址开放、关闭的详细情况，包括开放(关闭)时间、规则内容等。

4.2.2 入侵检测系统

传统的计算机安全技术已不能满足复杂系统的安全性要求，例如，防火墙等本身容易受到攻击，并且对于内部网络出现的问题经常束手无策。另外，防火墙采用的静态的、被动的策略往往不能满足较高的安全需求，因此需要采用更多、更强大的主动策略和方案来增强网络的安全性，其中一个有效的解决途径就是入侵检测(Intrusion Detection，ID)。

1. 入侵检测的基本概念与通用框架

入侵是指任何企图危及资源的完整性、机密性和可用性的活动。入侵检测，顾名思义，就是对入侵行为的发觉，它通过对计算机网络或计算机系统中的若干关键点收集信息并对收集到的信息进行分析，从中发现网络或系统中是否有违反安全策略的行为和被攻击的迹象。

入侵检测系统已成为网络计算机系统中一个有效的防范检测手段，对正常和误用的系统行为提供了识别的技术，同时提供了对内部攻击、外部攻击和误操作的实时保护，也可以对网络中传输的信息进行监控，以发现存在的基于网络的攻击。

入侵检测系统由软件与硬件组合而成，一个安全的、完整的入侵检测系统必须具备以下特点：

(1) 可行性。入侵检测系统不能影响到系统的正常运行，例如，影响到系统的效率等系统性能。

(2) 安全性。引入的入侵检测系统本身必须是安全的、可用的，因为入侵检测系统的运行是以特权模式运行的，而不安全的入侵检测系统是无效的，而且极有可能会控制整个计算机系统。

(3) 实时性。入侵检测系统必须及时地检测到系统所受到的攻击行为。

(4) 扩展性。入侵检测系统必须是可扩展的，在不改变机制的前提下能够检测到新的攻击，还需要预先对系统进行修改，保证能够检测到未来的攻击，但是，这种修改要保证不对系统的整体结构进行修改。

通用入侵检测框架(Common Intrusion Detection Framework，CIDF)定义了大多数 IDS 具有的基本组件。CIDF 是为了解决不同 IDS 的互操作性和共存问题而提出的，它试图建立通用的入侵检测体系结构。CIDF 可以提供 IDS 组件共享、数据共享,并完善互用性标准,最终建立一套开发接口和支持工具,以提高独立开发部分组件的能力。CIDF 定义了以下通用组件:事件生成器、事件分析器、事件数据库、响应单元、目录服务器,其体系结构如图 4.11 所示。

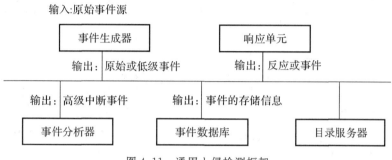

图 4.11 通用入侵检测框架

(1)事件生成器:采集和过滤事件数据的程序或模块。例如,产生审计日志的程序为事件生成器,对数据进行过滤的程序也是事件生成器。

(2)事件分析器:分析事件数据和任何 CIDF 组件传送给它的各种数据。例如,将输入的事件进行分析,检测是否有入侵的迹象,或描述对入侵响应的响应数据,如关闭进程的命令,都可以发送给事件分析器进行分析。

(3)事件数据库:各种原始数据或已加工过的数据的存储器。

(4)响应单元:针对分析组件产生的分析结果,根据响应策略采取相应的行为,发出命令响应攻击,如杀死进程或复位连接。

(5)目录服务器组件:用于各组件定位其他组件,以及控制其他组件传递的数据并认证其他组件的使用,以防止 IDS 本身受到攻击。目录服务器组件可以管理和发布密钥,提供组件信息和用户组件的功能接口。

从图 4.11 可以看出,各组件之间采用松散的耦合方式,实现入侵检测系统功能的 4 个组件(事件生成器、事件分析器、事件数据库和响应单元),通过目录服务器组件(即提供配置和目录服务的组件)进行定位和认证,把其他组件连接到一起。匹配单元允许组件通过名称或服务协同组件。

2. 入侵检测系统分类

从数据来源和系统结构分类,入侵检测系统分为三类:基于主机的入侵检测系统(Host-based IDS,HIDS)、基于网络的入侵检测系统(Network-based IDS,NIDS)和分布式入侵检测系统(混合型 DIDS)。

(1)基于主机的入侵检测系统。基于主机的入侵检测系统的输入数据来源于系统的审计日志,它只能检测发生在这个主机上的入侵行为。所以,这种检测系统一般应用在系统服务器、用户机器和工作站上。基于主机的入侵检测系统如图 4.12 所示,其检测的目标主要是主机系统和系统本地用户。

检测的原理是根据主机的审计数据和系统的日志发现可疑事件,检测系统可以运行在被检测的主机或单独的主机上。HIDS 在操作系统、应用程序或内核层次上对攻击进行监控,监视和寻找操作系统的可疑事件。HIDS 有权检查日志、错误消息、服务和应用程序权限,以及受监控主机的任何可用资源。HIDS 借助它的访问特权,监控主机中不易被其他系统访问的特殊组件。因为 HIDS 具备相当重要的特权,要发现一些恶意事件,HIDS 需要和主机协调一致,且必须具备主机的正常行为的知识。

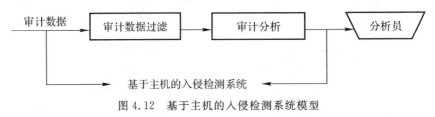

图 4.12 基于主机的入侵检测系统模型

HIDS 具有以下优点:

1)能够更加准确地判断攻击是否成功。使用含有已发生事件信息的 HIDS,它们可以比 NIDS 做出更加准确的判断。

2)监视特定的系统活动。HIDS 监视用户访问文件的活动,包括文件存取、改变文件权限、试图建立新的可执行文件,以及试图访问特殊的设备。HIDS 还可监视只有管理员才能实施的非正常行为,对可能影响系统记录的校验措施的改变进行审计。

3)HIDS 可以检测到那些基于网络的系统察觉不到的攻击。例如,来自网络内部的攻击可以躲开 NIDS。

4)HIDS 更适用于交换和加密的环境。由于加密方式位于协议堆栈内,所以 NIDS 可能对某些攻击没有反应,而 HIDS 可安装在所需的重要主机上,在交换的环境中具有更高的能见度。

5)检测和响应及时。尽管 HIDS 不能提供真正实时的反应,但如果措施得当,其反应速度可以非常接近实时。

6)价格更加低廉。

HIDS 的缺点:

1)HIDS 依赖于审计数据或系统日志的准确性、完整性及安全事件的定义,不一定能及时采集到审计记录。因此入侵者可能会将主机审计系统作为攻击目标以避开入侵检测系统,所以不能仅仅通过分析主机的审计记录来检测网络攻击。

2)HIDS 是基于主机的,它对整个网络的拓扑结构认识有限。针对未安装 HIDS 主机的攻击,HIDS 不能检测出来,唯一的办法是在每一台可能遭受攻击的主机上安装 HIDS,这将导致成本过高,而且也未必能保证绝对的安全。

(2)基于网络的入侵检测系统。NIDS 是网络上的一个监听设备,通过在共享网段上对通信数据进行侦听,采集数据,分析可疑现象,根据网络流量、协议分析、简单网络管理协议信息等检测入侵。NIDS 放置在网络基础设施的关键区域,监控流向其他主机的流量,且能够检测超过授权的非法访问。其配置非常简单,即使发生故障也不会影响正常业务的运行。由于数据来源于网络的信息流,NIDS 被动地在网络上监听整个网络上的信息流,分析所截获的网络数据包,检测其是否发生网络入侵。

NIDS 与 HIDS 对比,前者对入侵者而言是透明的,入侵者不知道有入侵检测系统的存在,此类系统不需要主机提供严格的审计,因而对主机资源消耗少,而且由于网络协议是标准的,具体实现时基于主机和基于网络的入侵检测系统往往可构成统一集中的系统。随着网络系统结构的复杂化和大型化,系统的弱点和漏洞趋向分布式,入侵行为也不再表现为单一的行为,而是相互协作入侵。

NIDS 的成本比 HIDS 更低,因为它通过一个装置就能保护一个网段。通过 NIDS,入侵分析员可以对网络内部和其周围发生的情况有全方位的认识。对特殊主机或攻击者的监控力度可以相对容易地加强或是减弱。

与 HIDS 相比,NIDS 更为安全且不易中断。运行在一台加固的主机上的 NIDS(主机只支持入侵检测相关的服务)会使得主机更为健壮。NIDS 并不依赖于受监控主机的完整性和可用性,因而它的监控不易被中断。但 NIDS 也易受到 IDS 逃避技术的攻击,现今黑客已经发现了许多隐藏恶意流量以躲开 NIDS 检测的方法。

(3)分布式入侵检测系统。基于网络的 IDS 与基于主机的 IDS 相比具有明显的优点,如部署数量少,能实时监测,具有操作系统独立性等,但同时也有较大的缺陷,如只能检查一个广播型网段上的通信,难以处理加密的会话过程。由此看出,二者各有优势,且具有互补性,把二者结合起来使用,有可能改善入侵检测系统的检测效果,这就是分布式入侵检测系统形成的原因。DIDS 综合了基于主机和基于网络的 IDS 的功能。它通过收集、合并来自多个主机的审计数据和检查网络通信,能够检测出多个主机发起的协同攻击。

DIDS 的分布性表现在两个方面:首先,数据包过滤的工作由分布在各网络设备(包括联网主机)上的探测代理完成;其次,探测代理认为可疑的数据包将被根据其类型交给专用的分析层设备处理。各探测代理不仅实现信息过滤,同时监视所在系统,而分析层和管理层则可对全局的信息进行关联性分析。这样对网络信息进行分流,提高了检测速度,解决了检测效率低的问题,使得 DIDS 本身抗击拒绝服务攻击的能力也得到了增强。

DIDS 由主机代理(Host Agent)、局域网代理(LAN Agent)和控制器(DIDS Director)三部分组成,主机代理负责监测某台主机的安全,依据搜集到这台主机活动的信息产生主机安全事件,并将这些安全事件传送到控制器。同样,LAN 代理监测局域网的安全,依据搜集到的网络数据包信息产生局域网安全事件,再传给控制器。控制器根据安全专家的知识、主机安全事件和网络安全事件进行入侵检测分析,最后得出整个网络的安全状态结论。主机代理并不是安装在 LAN 中的所有主机上,而是按照特定的安全需求做出决定。控制器还提供了 DIDS 与安全管理人员的用户接口。

3. 入侵检测分析方法

入侵分析的任务就是根据提取到的大量的数据检测入侵攻击事件。入侵分析过程需要将提取到的事件与入侵检测规则等进行比较,从而判断是否是入侵行为。一方面入侵检测系统需要尽可能多地提取数据以获得足够的入侵证据;另一方面由于入侵行为的千变万化而导致判定入侵的规则越来越复杂,为了保证入侵检测的效率和满足实时性的要求,入侵检测系统必须合理地设计分析策略,有时可能要牺牲部分检测能力来保证系统安全、稳定地运行和较快的响应速度。

入侵检测分析技术主要分为异常检测和误用检测。

(1)基于异常的入侵方法检测。异常检测(Anomaly Detection)是目前入侵检测系统分析方法的重点,其特点是通过对系统异常行为的检测,可以归结出未知攻击模式。异常检测的关键问题在于正常使用模式(Normal Usage Profile)的建立,以及如何通过正常使用模式对当前的系统行为进行比较,从而判断出与正常模式的偏离程度。模式通常由一系列的系统参量

(Metrics)来定义。所谓参量,是指系统行为在特定方面的衡量标准。每个参量都对应于一个门限值(Threshold)或对应于一个变化区间。异常检测 IDS 从用户的系统行为中收集数据,这些数据集就被视为"正常模式",如果用户偏离了正常模式,就会被认为是异常行为,于是就产生报警。但事实上入侵活动集合并不等于异常活动集合,有两种可能性:第一,将不是入侵的异常活动标识为入侵,称为伪肯定(False Positives),造成假报警;第二,将入侵活动误以为正常活动,称为伪否定(False Negative),造成漏判,其严重性比第一种情况大得多。

基于异常的入侵检测方法主要来源于这样的思想:任何人的正常行为都是有一定的规律的,并且可以通过分析这些行为产生的日志信息总结出这些规律,而入侵和滥用行为则通常和正常的行为存在严重的差异,通过检查出这些差异就可以检测出入侵。这样就可以检测出非法的入侵行为甚至是通过未知方法进行的入侵行为。

异常检测 IDS 的优点在于它不依赖于已检测的入侵攻击行为的检测,但它也有局限性。异常检测 IDS 的基准数据集(也就是正常模式所取的数据)必须是正确的、无恶意的正常行为。如果有一些恶意行为那么它将会产生一些漏报、误报,必然会带来严重的后果。

虽然异常检测也存在着缺点,但它是极为有效的检测分析方法,以下介绍与其他技术相结合的异常检测方法。

1) 基于统计方法的异常检测方法。这种方法使用统计学的方法来学习和监测用户系统的行为。统计异常检测方法根据异常检测器观察用户行为,然后产生刻画这些行为的"正常模式"。每一个模式保存记录主体当前行为,并定时地将新的正常的行为数据加入到模式中,通过比较当前的行为与已存储的正常模式来判断异常行为,从而检测出入侵攻击。

统计异常检测方法具有一定的优势。使用该方法可以揭示某些我们感兴趣的、可疑的活动,从而发现违背安全策略的行为,使维护比较方便。

统计方法也存在一些明显的缺陷。首先,使用统计方法的大多数系统是以批处理的方式对审计记录进行分析的,它无法提供对入侵行为的实时检测和自动响应的功能。其次,统计学的特性导致了它不能反映事件的时间顺序,因此事件发生的顺序通常不作为分析引擎所考察的系统属性。然而,许多预示着入侵行为的系统异常都依赖于事件的发生顺序,在这种情况下,使用统计方法进行异常检测就有了很大的局限性。最后,如何确定合适的门限值也是统计方法所面临的棘手问题。门限值如果选择得不恰当,就会导致系统出现大量的误报或漏报。

2) 基于数据挖掘技术的异常检测方法。数据挖掘,也称为知识发现技术。系统日志信息的数据量通常都非常大,可以结合数据挖掘的方法从大量的数据中提取出一些行为作为系统正常行为的表示,通过与这些正常行为进行比较,对系统行为的异常进行分析和检测。

3) 基于神经网络的异常检测方法。利用神经网络检测入侵的基本思想是用一系列信息单元(命令)训练神经单元,这样在给定一个动作或一些命令后,就可能预测出下一个动作或下一个命令。神经网络经过一段用户常用的动作或命令的学习后,便可以根据已存在网络中的用户特征文件来匹配真实的动作或命令。

与统计理论相比,神经网络更好地表达了变量间的非线性关系,并且能自动学习和更新。用于检测的神经网络模块结构大致是这样的:当前命令和刚过去的 m 个命令组成了网络的输入,其中,m 是神经网络预测下一个命令时所包含的过去命令集的大小。根据相应用户的特征集,神经网络对下一个事件的预测错误率在一定程度上反映了用户行为的异常程度,从而检测出入侵攻击行为。

基于神经网络的异常检测系统的优点是：能够很好地处理噪声数据，并不依赖于对所处理的数据统计假设，不用考虑如何选择哪些数据作为正常模式参量的问题，对于新的用户的加入而需产生的入侵检测系统比较容易适应。

基于神经网络的异常检测存在的缺点是：①小的命令窗口（即 m 的大小）将造成伪肯定，即造成假报警，而大的命令窗口则造成许多小相关的数据，同时增加伪否定的机会，即造成漏报；②神经网络的预测功能只有经过相应的训练后才能起预测作用；③入侵者可能在网络学习阶段训练该网络。

（2）基于误用的入侵检测。误用（Misuse），在这里指"可以用某种规则、方式、模型表示的入侵攻击或其他安全相关行为"。基于误用的入侵检测（Misuse Detection）技术的含义是，通过某种方式预先定义入侵行为，然后监视系统的运行，并根据所建立的这种入侵模式来检测入侵，并从中找出符合预先定义规则的入侵行为。

基于误用的入侵检测系统通过使用某种模式或信号标志表示攻击，进而发现相同的攻击。显然，误用入侵检测依赖于模式库，如果没有构造好模式库，入侵检测系统就难以检测到入侵者。误用检测将所有攻击形式存储在入侵模式库中，这种方法可以检测许多甚至全部已知的攻击行为。误用检测是检测已知攻击的最好的、最为准确的检测技术，但是对于未知的攻击手段却无能为力，这一点和病毒检测系统类似，其典型的系统模型如图 4.13 所示。

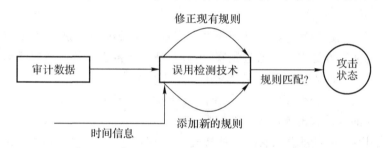

图 4.13 典型的基于误用的入侵检测系统模型

基于误用的入侵检测系统可分为基于模式匹配的误用检测方法、基于专家系统的误用检测方法、基于模型的误用入侵检测方法和基于按键监视的误用检测方法等。

1）基于模式匹配的误用检测方法。基于模式匹配的入侵检测方法是最早使用的一种误用检测技术，将已知的入侵特征编码成与审计记录相符合的模式，因而能够在审计记录中直接寻找相匹配的已知入侵模式。模式匹配入侵检测系统有一些特点：模式的描述不包含对入侵攻击事件来源的描述，只知道是什么样的数据，只规定需要匹配的事件是哪些，而且这些模式可以动态地产生。这种入侵模式可以很容易地被移植，而且允许许多事件同时进行模式匹配，大大提高了检测效率。

基于模式匹配入侵检测系统在具体的应用中需要解决以下问题：

模式的提取。要使提取的模式具有很高的质量，能够充分表示入侵信号的特征，同时模式之间不能冲突。

匹配模式的动态增加和动态删除。为了适应不断变化的攻击手段，匹配模式必须具有动态变更的能力。

增量匹配和优先级匹配。当事件流对系统处理能力产生很大压力的时候，要求系统采取增量匹配的方法来提高系统效率,或者可以先对高优先级的事件先行处理,然后再对低优先级的事件进行处理。

完全匹配。匹配机制必须能够提供对所有模式进行匹配的能力。

基于匹配的入侵检测方法具有原理简单、扩展性好、检测效率高和实时性好等优点,但只适用于比较简单的攻击方式,并且误警率较高。

2)基于专家系统的误用检测方法。专家系统是在基于知识的检测中早期运用较多的方法。基于专家系统的误用检测方法首先使用类似于 if then 的产生式规则格式输入已有的攻击模式,然后输入审计事件记录,专家系统根据知识库中的内容对检测数据进行推理评估,判断是否存在入侵行为。利用专家系统进行检测的优点在于把系统的推理控制过程和问题的解决相分离,对用户是透明的,即用户不需要理解或干预专家系统内部的推理过程。当然,要达到这个目的和要求,用户必须把决策引擎和检测规则以编码的方式嵌入到专家系统中。

当使用专家系统进行入侵检测时,存在以下一些实际问题:①效率问题,当处理的数据过大时效率低下;②缺乏处理序列数据的能力,即缺乏分析数据前后的相关性问题;③专家系统的性能完全取决于设计者的知识和技能;④和所有的误用检测方法一样只能检测到已知的入侵攻击事件;⑤对于一些不确定的判断大部分都无法执行;⑥规则库的维护同样是一项艰巨的任务,更改规则时必须考虑到对知识库中其他规则的影响。⑦难以科学地从各种入侵攻击事件中抽象全面的知识。

3)基于模型的误用检测方法。基于模型入侵检测系统的原理是,特定的入侵模式可以由特定的可观察的活动推导出来。通过观察,可以从特定入侵模式的一系列活动中推导、检测出入侵攻击。基于模型的入侵检测系统通常由 3 个模块组成:

预测模块(Anticipator),使用活动模型和模式模型来预测模式库将会发生的一些事件,模式模型是从已知的入侵攻击事件提取的数据库。

预计模块(Planner),将该预测的事件转化成所在审计日志中应表示的格式,预计模块利用预测模块所预测的信息来计划所需要的下一个数据。

解释模块(Interpreter),在审计日志中查找数据。

按照上述原理,检测系统不断积累入侵企图的证据,直到达到一定范围,当这个事件达到这个范围时就会产生入侵报警。这种模型的特点在于,预计模块和解释模块都知道自己在每一步中该去搜索什么,这样审计日志中的大量误用数据中不必要的数据将会被过滤掉,因而能提高入侵检测的效率,而且系统可以根据入侵模式模型预测进攻者下一步将要采取的动作。

4)基于按键监视的误用检测方法。

按键监视(Keystroke Monitor)用来监视攻击模式的按键。这种系统很容易被突破,因为这种方法只监视用户的按键而不分析程序的运行,这样的入侵检测方法将很难检测出系统中恶意的程序。监视按键必须在按键发送到接收之前截获,可以采用目前比较流行的"钩子"技术——键盘 Hook 技术或采用 Sniff 网络监听等手段。监视按键的同时,监视应用程序的系统调用。这样才可能分析应用程序的执行结果,从中检测出入侵行为。这种技术不能判断出有入侵攻击行为的恶意程序,所以在监视按键动作的同时,监视程序的入侵行为,这样才能尽量少地产生漏报。

(3)两种方法的比较。

1)检测方法:基于异常检测方法是通过对系统异常行为的检测来发现未知的攻击模式;基

于误用检测方法是根据已知的入侵模式来检测入侵。

2)攻击行为的判断:异常检测根据用户的规律性行为或资源使用状况来检测入侵攻击行为,而不依赖于具体行为是否出现来检测;误用检测系统则大多数是通过对一些具体行为的判断和推理,从而检测出入侵。

3)误检率:异常检测的主要缺陷在于误检率很高,尤其在用户数目众多或工作行为经常改变的环境中;误用检测系统由于依据具体特征库进行判断,准确度要高得多。

4)独立性:异常检测对具体系统的依赖性相对较小;误用检测系统对具体的系统依赖性太强,移植性不好。

4. 入侵检测系统配置

入侵检测系统通常为基于网络的入侵检测系统,主要配置内容包括以下几项:

1)配置入侵检测系统的 IP 地址;
2)配置入侵检测系统的通信端口;
3)按照网络安全相关策略要求,配置入侵检测策略;
4)将入侵检测策略下发到网络中的各个主机;
5)安全管理人员检测端口、地址、协议、用户名/密码等信息,检测入侵行为,判断是否受到攻击。

4.2.3 身份认证系统

为了防止身份欺诈,必须采用有效的身份认证对身份进行严格的验证。在现实的社会和经济生活中,每个人都必须具有能够证明个人身份的有效证件,如身份证、护照、工作证、驾驶证和信用卡等。在身份证件上应当包括个人信息(如姓名、性别、出生年月、住址等)、个人照片、证件编号和权威发证机构签章等,目的是防止身份假冒和欺诈。在网络中也可以采用类似的方法构建身份认证系统。

1. 身份认证系统的基本要求

身份认证也称实体认证(Entity Authentication)。一个身份认证系统一般由三方组成:一方是出示证件的人,称作示证者 P(Prover),又称作申请者(Claimant),提出某种要求;一方为验证者 V(Verifier),检验示证者出示的证件的正确性和合法性,决定是否满足要求;第三方是攻击者,可以窃听和伪装示证者骗取验证者的信任。认证系统在必要时也会有第四方仲裁者,由双方都信任的人充当纠纷的仲裁者和调解者。

身份认证系统的基本要求:

(1)验证者正确识别合法示证者的概率极大化。

(2)不具可传递性,验证者 B 不可能重用示证者 A 提供给他的信息来伪装示证者 A,而成功地骗取其他人的验证,从而得到信任。

(3)攻击者伪装示证者欺骗验证者成功的概率要小到可以忽略的程度,特别是要能抗击已知密文攻击,即能抗击攻击者在截获示证者和验证者多次通信下伪装示证者欺骗验证者。

(4)计算有效性,为实现身份证明所需的计算量要小。

(5)通信有效性,为实现身份证明所需通信次数和数据量要小。

(6)安全存储,实现身份认证所需的秘密参数能够安全地存储。

(7)交互识别,有些应用中要求双方能互相进行身份认证。

(8)第三方的实时参与,如在线公钥检索服务。

(9)第三方的可信赖性,第三方必须是双方都信任的人或组织。

(10)可证明安全性。

身份认证一般包含两部分内容:

(1)身份识别(Identity Recognition)。要回答"我是否知道你是谁?",一般方法是输入个人信息,经处理提取成模板信息,并在存储数据库中搜索找出一个与之匹配的模板,而后给出结论。

(2)身份验证(Identity Verification)。要回答"你是否是你所声称的你?",即只对个人身份进行肯定或否定。一般方法是输入个人信息,将经公式和算法运算所得的结果与从卡上或库中存储的信息进行比较,得出结论。

2. 身份认证的常用方法

在单机状态下的身份认证概括起来有三种:根据人的生理特征进行身份认证、根据约定的口令等进行身份认证、用硬件设备进行身份认证。

(1)根据人的生理特征进行身份认证。该认证方式根据人的生理特征,如指纹、视网膜、声音等来判别身份。目前,同时采用几种生理特征来验证身份的准确性会更高。

生物检测手段尽管有较高的安全性,但是仍存在一些问题,最严重的就是误判问题,误判将会导致安全措施失效。主要的误判分为两类:错误的允许和错误的拒绝。错误的允许指的是对于一个未授权的用户被系统误判为合法用户。一般生物特征识别设备不能准确识别是导致错误的允许这样的误判发生的主要原因。而非授权用户也有可能故意采取一些手段来欺骗识别系统以达到其特定的目的。错误的拒绝这一类误判指的是对于一个合法的用户,系统将其误认为是非授权用户而拒绝其进入。合法用户划伤手指或带有隐形眼镜可能导致指纹扫描或虹膜扫描系统将其误认为非授权用户。另一种发生该事故的原因与存储生物特征的数据库发生错误或丢失数据有关。错误的拒绝将导致合法用户不能开展正常的工作。相比起来,更值得关注的误判问题是错误的允许。此外,生物特征识别技术存在遭受旁路攻击的可能性。旁路攻击指攻击者不直接攻击身份验证系统,而采用其他方式攻击网络,但最终目标是身份验证系统。生物检测和识别需要数据库作为支持,而攻击者采用旁路攻击方式可能能够获取数据库内存储的生物特征数据。一方面,攻击者可以利用这些数据进行欺骗或伪造;另一方面,由于生物特征通常反映个人的信息,因此,攻击者可能利用诸如 DNA 特征或面部特征等数据进行进一步的违法行为。

(2)根据约定的口令进行身份认证。双方共同享有某个秘密,如联络暗号、user ID 和 Password 等,根据对方是否知道这个秘密来判断对方的身份。这种方法最常用且简单,但安全性不高,因为秘密一旦泄漏,任何人都可以冒充。

一个大系统的口令选择原则为:①易记;②难以被别人猜中或发现;③抗分析能力强。在实际系统中需要考虑和规定选择方法、使用期限、字符长度、分配和管理以及在计算机系统内的保护等。根据系统对安全水平的要求可有不同的选取。在口令验证中,为确保信息的安全,就要把握好口令的生成与管理两个环节。

口令认证的不足之处是容易受到攻击,主要的攻击方式有窃听、重放、中间人攻击、口令猜测等。要实现口令认证的安全,应至少做到以下几点:

1)口令信息要安全加密存储;

2) 口令信息要安全传输；

3) 口令认证协议要抵抗攻击，符合安全协议设计要求；

4) 口令选择要求做到避免弱口令。

在一般非保密的联机系统中，多个用户可共用一个口令，当然这易被泄露。要求的安全性高时，每个用户需分别配有专用的口令，系统可以知道哪个用户在联机。用户有可能将其有意地泄露给别人，也可能在操作过程中无意地泄露。当用户少时，每个用户可分有各不相同的口令，因而识别出口令就实现了个人身份的验证。当用户多时，如银行系统，就不可能使每个用户得到各不相同的口令。此时一个口令可能代表多个用户，识别出口令后还须根据其他附加信息在分发口令时采用随机选取方式，使用户之间难以发现号码之间的联系，系统中心则列表存储保护字符和个人身份的其他有关信息以进行身份验证。

在要求较高的安全性时，可采用随时间而变化的口令。每次接入系统时都用一个新口令，因而可以防止对手以截获到的口令进行诈骗。这要求用户要很好地保护其备用的口令，且系统中心也要安全地存放各用户的口令表。

(3) 用硬件设备进行身份认证。服务器方通过采用硬件设备（如编码器），随机产生一些数据并要求客户输入这些数据，将经过编码发生器变换后产生的结果与服务器拥有的编码发生器产生的结果比较，判断是否正确。这种方法也称为一次性口令/密码，只有对方获得该硬件才可能进行假冒。目前使用较多的"智能加密卡"是制造商为用户提供的数字证明卡，它显示的号码是由时间、密码、加密算法三项确定的，作为用户向系统出示的身份证明。这种方法可以持续较长的时间，具有使用灵活、存储信息多等特点。

智能加密卡简称智能卡，是一种嵌有 CPU 处理器如信用卡大小的塑料卡，它与通信网络结合，可执行多种功能。实际上，它是密钥的一种载体，由授权用户持有，用户赋予它一个口令或密码，且该密码与网络服务器上注册的密码相同。

网络环境下的身份认证较为复杂，主要是考虑靠验证身份的双方一般都通过网络而非直接交互，想根据指纹等手段就无法实现。同时，大量的黑客随时随地都可以尝试向网络渗透，截获合法用户口令，冒名顶替以合法身份入网。所以，目前一般采用的是基于对称密钥加密或公开密钥加密的方法，采用高强度的密码技术来进行身份认证。

对 TCP/IP 网络计算机系统的攻击常常是监听网络信息，获得登录用的账号和口令。被俘获的账号和口令用于以后对系统的攻击。S/Key 是一个一次性口令系统，用来对付这种攻击。使用 S/Key 系统时，传送的口令只使用一次后即无效。用户使用的源口令不会在网络上传输，包括登录或其他需要口令的时候。使用 S/Key 系统时有两方面的操作。在客户方，必须产生正确的一次性口令。在服务主机方，必须能够验证该一次性口令的有效性，并能够让用户安全地修改源口令。一般的 S/Key 系统是基于一些不可逆算法（如 MD5）的，也就是说这一类算法如果拥有源数据，正向计算出结果的速度很快，但如果没有源数据而试图反向计算出源数据，目前来看基本上是不可能的。

S/Key 系统的优点是实现原理简单，但缺点是会给使用带来麻烦（如口令使用一定次数后就需重新初始化）。另一个问题是 S/Key 系统是依赖于某种算法的不可逆性的，所以算法也是公开的。当关于这种算法的研究有了新进展时，系统将被迫重新选用其他更安全的算法。

3. 身份认证的主要技术

(1) 对称密钥密码体制与公开密钥密码体制。密码学是研究如何进行密写以及如何破译的科学,其基本思想是通过变换信息的表示形式来保护敏感信息,使非授权者不能了解被保护信息的内容。密码学有两个分支:密码编码学与密码译码学。密码编码学是研究设计密码的技术,即研究对信息进行编码,实现对信息的隐藏。密码译码学是研究解密的科学,即利用密文破译消息。密码编码学与密码译码学是相互对立、相互统一的关系,两者间的对立极大地促进了密码学的发展。

现代密码学中基于密钥的算法通常有两类:

1)对称算法:又称传统密码算法,加密密钥与解密密钥完全相同,或从一个密钥可以较简单地推导出另一个密钥。

2)公开密钥算法(非对称算法):加密密钥与解密密钥不相同,并且从一个密钥推导出另一个密钥在计算上是不可行的。

在大多数对称算法中,加解密的密钥是相同的。对称算法要求发送者和接收者在安全通信之前,协商一个密钥。对称算法的安全性依赖于密钥,泄漏密钥就意味着任何人都能对消息进行加解密。对称算法的加密和解密可表示为

$$E_k(M) = C \tag{4-1}$$

$$D_k(C) = M \tag{4-2}$$

1976年,迪菲和赫尔曼在文章"密码学新方向"(New Direction in Cryptography)中首次提出了公开密钥密码体制的思想,它是密码学理论的划时代突破。之所以叫作公开密钥算法,是因为加密密钥 k_1 能够公开,即陌生者能用加密密钥(即公开密钥或公钥)加密信息,但只有用相应的解密密钥 k_2(即私人密钥或私钥)才能解密信息。

公开密钥 k_1 加密可表示为

$$E_{k_1}(M) = C \tag{4-3}$$

用相应的私人密钥 k_2 解密可表示为:

$$D_{k_2}(C) = M \tag{4-4}$$

(2)信息摘要与数字签名。使用高强度的密码技术可以保证数据的机密性。然而,密码算法的运行速度较慢,如果数据的价值(比如卫星拍摄的视频、图像或声音等数据)不值得用密码技术对其进行保护,而只需保证其完整性时,就需要一种技术能实现高速的完整性鉴别。同时,为了防止发送信息的一方否认曾经发送过信息,也需要一种技术来鉴别信息确实发送自某个密钥持有者。信息摘要和数字签名可以满足这两方面的需求。

1)信息摘要。信息摘要的目的是将信息鉴别与数据保密分开,其基本设想是发送者用明文发送信息并在信息后面附上一个标签,允许接收者利用这个标签来鉴别信息的真伪。用于鉴别信息的标签必须满足以下两个条件:

第一,能够验证信息的完整性,即能辨别信息是否被修改;

第二,标签不可能被伪造。

为了辨别信息是否被修改,可以将一个散列函数作用到一个任意长的信息 m 上,生成一个固定长度的散列值 $H(m)$,这个散列值称为该信息的数字指纹,也称信息摘要(Message Digest,MD)。信息的发送者对发送的信息计算一个信息摘要 M_1,和信息一起发给接收者;接收者对收到的信息也计算一个消息摘要 M_2,如果 M_2 等于 M_1,则验证了信息的完整性,否则就证明信息被篡改了。

为了保证标签不可能被伪造,发送方可以用密码技术对信息摘要 M_1 进行加密保护,得到

加密后的信息摘要 C，接收方对 C 进行解密恢复 M_1，再与信息摘要 M_2 比较，从而判断信息的完整性。加密后的信息摘要也称为信息鉴别标签。

用于信息鉴别的散列函数 H 必须满足以下特性：

① H 能够作用于任意长度的数据块，并生成固定长度的输出。

② 对于任意给定的数据块 x，$H(x)$ 很容易计算。

③ 对于任意给定的值 h，要找到一个 x 满足 $H(x)=h$，在计算上是不可能的（单向性），这一点对使用加密散列函数的信息鉴别很重要。

④ 对于任意给定的数据块 x，要找到一个 $y\neq x$ 并满足 $H(y)=H(x)$，在计算上是不可能的，这一点对使用加密算法计算信息鉴别标签的方法很重要。

⑤ 要找到一对 (x,y) 满足 $H(y)=H(x)$，在计算上是不可能的。

目前使用最多的两种散列函数是 MD5 和 SHA 序列函数。MD5 的散列码长度为 128 位。SHA 序列函数是美国联邦政府的标准，如 SHA-1 散列码长度为 160 位，SHA-2 散列码长度为 256 位、384 位和 512 位。

2) 数字签名。数字签名（Digital Signature）是指用户用自己的私钥对原始数据的信息摘要进行加密所得的数据，即加密的摘要。信息接收者使用信息发送者的公钥对附在原始信息后的数字签名进行解密后获得信息摘要 M_1，并与原始数据产生的信息摘要 M_2 对照，便可确认原始信息是否被篡改。这样就保证了信息来源的真实性和数据传输的完整性。

数字签名算法常用 RSA 公钥算法实现。保证信息完整性的数字签名及完整性验证过程如图 4.14 所示。

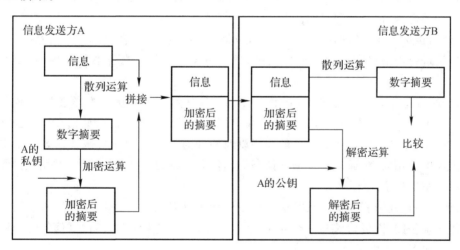

图 4.14 数字签名及完整性验证

为了对信息保密，通常将公钥密码技术和对称密码技术结合起来使用。在发送方 A 随机生成一个对称密码算法的密钥 K，然后用 K 对信息加密得到密文 C 并生成密文的数字摘要 M，接着用 A 的私钥对 K 和 M 签名，将密文 C 和签名发送给接收方 B。接收方 B 进行相反的操作，就可以实现信息的保密传输及完整性验证。

(3) 公钥基础设施与数字证书。为了在 Internet 上广泛使用密码技术，必须保证密钥能够通过公共网络安全地传输到通信的各方，公钥密码体制是传递密钥的最佳方式，其前提是确信拥有了对方的公钥。然而，通信双方很难确信获得了对方的公钥。考虑如下场景：

B 和 A 生成一对公/私钥，各自保存私钥，通过网络把公钥发送给对方；

B 用 A 的公钥加密一个文件并发送给 A；

A 用私钥解密文件，获得原始文件。

问题：如果入侵者监视 B 和 A 之间的网络通信，把 B 和 A 的公钥保存下来，并伪造 B 和 A 的公/私钥，将伪造的公钥分别发送给 A 和 B，则 B 和 A 都以为获得了对方的公钥。然而，真实的情况是 A 与 B 拥有的是入侵者伪造的公钥，A 与 B 之间的通信内容就会被入侵者窃取。

为了解决该问题，可以使用基于可信第三方的公开密钥基础设施（Public Key Infrastructure，PKI）方案，简称公钥基础设施。PKI 通过数字证书和数字证书认证机构（Certificate Authority，CA）确保用户身份和其持有公钥的一致性，从而解决了网络空间中的信任问题。

PKI 是一种利用公钥密码理论和技术建立起来的、提供信息安全服务的基础设施。PKI 的目的是从技术上解决网上身份认证、电子信息的完整性和不可抵赖性等安全问题，为网络应用（如浏览器、电子邮件、电子交易）提供可靠的安全服务。PKI 的核心是解决网络空间中的信任问题，确定网络空间中各行为主体身份的唯一性和真实性。

PKI 系统主要包括以下 6 部分：证书机构、注册机构（RA）、数字证书库、密钥备份及恢复系统、证书撤销系统、应用接口（API）。

（1）证书机构。证书机构也称为数字证书认证中心（或认证中心），是 PKI 应用中权威的、可信任的、公正的第三方机构，必须具备权威性的特征。它是 PKI 系统的核心，也是 PKI 的信任基础，管理公钥的整个生命周期。CA 负责发放和管理数字证书，其作用类似于现实生活中的证件颁发部门，如护照办理机构。

（2）注册机构。注册机构（也称注册中心）是 CA 的延伸，是客户和 CA 交互的纽带，负责对证书申请进行资格审查。如果审核通过，那么 RA 向 CA 提交证书签发申请，由 CA 颁发证书。

（3）数字证书库。数字证书库（简称证书库）集中存放 CA 颁发的证书和证书撤销列表（Certificate Revocation List，CRL）。证书库是网上可供公众查询的公共信息库。公众查询目的通常有两个：得到与之通信的实体的公钥以及验证通信对方的证书是否在黑名单中。为了提高证书库的使用效率，通常将证书和证书撤销信息发布到一个数据库中，并用轻量级目录访问协议（LDAP）进行访问。

（4）密钥备份及恢复系统。数字证书可以仅用于签名，也可仅用于加密，如果用户申请的证书是用于加密的，则可请求 CA 备份其私钥。当用户丢失密钥时，通过可信任的密钥恢复中心或 CA 完成密钥的恢复。

（5）证书撤销系统。证书由于某些原因需要作废时，如用户身份、姓名的改变，私钥被窃或泄露，用户与所属单位关系变更等，PKI 需要使用一种方法警告其他用户不要再使用该用户的公钥证书，这种警告机制被称为证书撤销。证书撤销的主要实现方法有以下两种：一是利用周期性发布机制，如证书撤销列表（CRL）；二是利用在线查询机制，如在线证书状态协议（Online Certificate Status Protocol，OCSP）。

（6）应用接口。为了使得各种各样的应用能够以安全、一致、可信的方式与 PKI 交互，PKI 提供了一个友好的应用程序接口系统。通过 API，用户不需要知道公钥、私钥、证书或 CA 的细节，也能够方便地使用 PKI 提供的加密、数字签名等安全服务，从而确保安全网络环境的完整性和易用性,同时降低管理维护成本。

数字证书是一个经证书授权中心数字签名的包含公开密钥拥有者信息以及公开密钥的文件。最简单的数字证书包含一个公开密钥、名称以及证书授权中心的数字签名。一般情况下,数字证书中还包括密钥的有效时间、发证机关(证书授权中心)的名称和证书的序列号等信息,证书的格式遵循 ITU X.509 国际标准。

一个标准的 ITU X.509 数字证书包含以下一些内容:

1)证书的版本信息;

2)证书的序列号,每个证书都有一个唯一的证书序列号;

3)证书所使用的签名算法;

4)证书的发行机构名称,命名规则一般采用 X.509 格式;

5)证书的有效期,现在通用的证书一般采用 UTC 时间格式,它的计时范围为 1950~2049;

6)证书所有人的名称,命名规则一般采用 X.509 格式;

7)证书所有人的公开密钥;

8)证书发行者对证书的签名。

证书发放流程如下:

1)录入用户申请;

2)审核提交证书申请;

3)索取密钥对并返回密钥对;

4)签发证书并发布;

5)下载证书。

当用户向某一服务器提出访问请求时,服务器要求用户提交数字证书。收到用户的证书后,服务器利用 CA 的公开密钥对 CA 的签名进行解密,获得信息的散列码。然后,服务器用与 CA 相同的散列算法对证书的信息部分进行处理,得到一个散列码,将此散列码与对签名解密所得到的散列码进行比较,若相等则表明此证书确实是 CA 签发的,而且是完整的未被篡改的证书。这样,用户便通过了身份认证。服务器从证书的信息部分取出用户的公钥以后向用户传递数据时,便以此公钥加密,而该信息只有用户可以进行解密。

对于大规模的应用,数字证书的签发和验证一般采用层次化的 CA,如图 4.15 所示。

用户 Alice 和 Bob 的数字证书从第三级 CA 获得。若 Alice 要向 Bob 发送加密的信息,则首先从证书库(或 Bob)中获得 Bob 的证书,然后按图 4.15(b)的步骤验证证书的真伪。比如,Bob 的证书是 B11 签发的,为了验证 Bob 的证书,需要获得 B11 的公钥证书以验证 Bob 证书的签名是有效的,这又涉及 B11 的公钥证书的验证,依此类推,验证过程在根 CA 中结束。根 CA 的证书是自签名的证书,该证书内置在操作系统中,或通过可信的途径导入(比如,开通网银时从柜台获得一个 U 盘,通过该 U 盘的软件导入网银证书),自签名的证书不必验证。

通过证书的逆向验证可以验证双方数字证书的真伪,从而可以确信自己获得了对方的公钥,这就建立了可靠的信任关系,以后的通信就以双方的公钥为基础,从而建立起安全的通信环境。

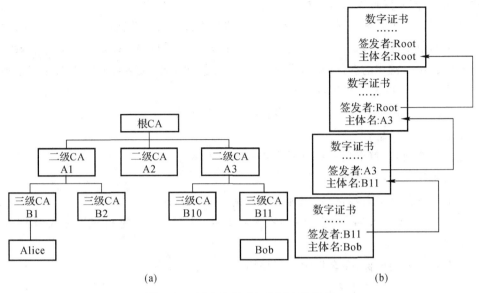

图 4.15 层次化的 CA 及证书的验证
(a)分层的 CA； (b)证书的逆向验证

思 考 题

1. 从网络安全的基本要素和影响网络安全性的因素来分析，指挥信息网络存在哪些安全威胁？
2. 对比几种网络安全模型，分析其对指挥信息网络的安全能力建设有什么指导意义？
3. 利用防火墙可以进行区域的划分，如何灵活实施？
4. 防火墙和入侵检测系统有什么区别，二者如何配合使用？
5. 身份认证技术和加密技术有什么联系，如何实现的？
6. 设计指挥信息网络的安全防护系统，除了防火墙、入侵检测系统，还应该应用哪些系统、技术和策略？

第 5 章 指挥信息网络集成

随着军事信息技术的发展,包括指挥机构在内的不同的业务部门根据不同的业务需求建立了各自独立的计算机网络系统,使得应用这些系统的业务部门的工作效率得到了极大的提高,但是这些承载不同业务的网络系统只能在系统内部实现信息资源共享,相互之间是没有连通的,各部门之间无法共享信息和资源。通过承载网络的多网集成技术,可以把这些网络相互连通起来,构造出一个能实现充分的资源共享、统一管理以及具有较高的性价比的网络系统,从而较好地解决网络系统之间信息不能共享、没有统一管理、总体性能低下的"信息孤岛"问题,真正实现网络系统的信息高度共享、通信联络通畅、彼此有机协调,达到系统整体效益最优的目的。

5.1 网络规划与设计

网络系统不是通过简单的设备堆砌就能够搭建起来的。网络设计人员首先要确定网络需求,然后选择可以满足需求的最佳解决方案。无论是新建网络还是系统升级改造,必须经过规范的规划设计,才能使所设计的网络安全、可用,易于扩展和管理。典型的网络系统规划设计的过程包括需求分析、逻辑设计、物理设计、原型测试、优化等过程。本章介绍一些基本的规划设计和升级的概念、方法,并针对典型的规划进行重点讨论。

5.1.1 网络系统的设计基础

1. 分层设计法

网络系统的设计,比较常用的方法是分层设计法。分层设计模型有三个基本层,如图 5.1 所示。各层分工如下:

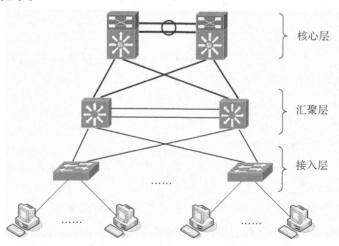

图 5.1 网络拓扑的分层结构

核心层——连接汇聚层设备；

汇聚层——将较小的本地网络相互连接起来；

接入层——为网络中的主机与终端设备提供连接。

(1)核心层。核心层的功能主要是实现骨干网络之间的优化传输,负责整个网络的网内数据交换。核心层设计任务的重点通常是冗余能力、可靠性和高速的传输。核心层一直被认为是流量的最终承受者和汇聚者,所以要求核心交换机拥有较高的可靠性和性能。

(2)汇聚层。汇聚层(也叫分布层)主要负责连接接入层接点和核心层中心,汇集分散的接入点,扩大核心层设备的端口密度和种类,汇聚各区域数据流量,实现骨干网络之间的优化传输。汇聚交换机还负责本区域内的数据交换,汇聚交换机一般与中心交换机同类型,仍需要较高的性能和比较丰富的功能,但吞吐量较低。

(3)接入层。接入层(也叫访问层)作为二层交换网络,提供工作站等设备的网络接入。接入层在整个网络中接入交换机的数量最多,具有即插即用的特性。对此类交换机的要求,一是价格合理;二是可管理性好,易于使用和维护;三是有足够的吞吐量;四是稳定性好,能够在比较恶劣的环境下稳定地工作。

分层网络设计相比较传统的平面网络设计(见图5.2)更有优势,它将平面网络分为较小、更易于管理的模块,本地流量只会留在本地,只有发往其他网络的流量进入更高的层。

平面网络中的第二层设备基本不能控制广播或过滤不需要的流量。随着平面网络中设备和应用程序的增多,响应时间也逐渐变慢,最后导致网络不可用。

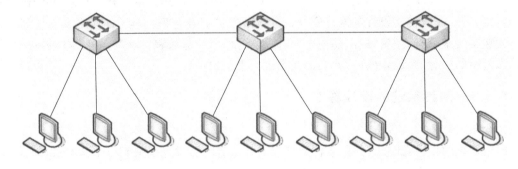

图5.2 平面网络结构

2.核心层的设计

核心层是网络的主干。核心层的路由器和交换机可以提供高速连接。核心层负责连接多栋大楼或多个站点,并为服务器群提供高速的连接。核心层包含数个连接到部门边缘设备的链路,以支持Internet、VPN、外联网以及WAN接入。核心层要全天候运作,确保网络不同模块间的高效数据传输。

在进行核心层的设计时,需要注意以下4项要点:

(1)高吞吐量的多层交换机。核心层使用的交换机要具有交换机和路由双重功能,而且还要保障尽可能高的吞吐量。

(2)三层冗余和负载均衡。核心层使用三层的冗余,一方面避免了由于STP协议的运行,只起到单纯的冗余功能。另一方面由于三层路由的原因,实现了流量的均衡。

(3)热插拔和全天候运作。核心层设备应该尽可能使用热插拔组件,以减少维修时间和网络服务的中断。

(4)高速模块和链路聚合技术。核心层交换机要使用一些高速模块,以保证较快的数据传输速率。尤其是对服务器群的连接,一定要使用高速模块。冗余连接的交换机之间,可以通过链路聚合技术,用低速的链路来聚合实现高速的通道。

3. 汇聚层的设计

汇聚层是核心层和接入层的中介。汇聚层的设计,需要实现以下功能:

(1)VLAN 的中继和路由。汇聚层交换机要能够实现同一 VLAN 数据跨交换机时的中继,还要实现接入层不同 VLAN 之间数据的路由。

(2)故障的隔离。在汇聚层中,可以将网络错误限制在较小的区域内,从而只会影响很少的用户。如果在汇聚层使用三层设备,就可以充当少量接入层用户的网关。

(3)流量的过滤。通过划分 VLAN 进行隔离,或者设置访问控制列表等方法,实现接入层流量的过滤。

(4)路由的汇总。基于 CIDR 的地址规划,可以在接入层通过路由协议实现自动汇总,以很好地减小路由表,减少路由器的工作量。

(5)冗余备份。汇聚层的设备与接入层的交换机以及核心层的设备建立了冗余连接。如果某链路或设备发生故障,这些连接可提供备用路径。此时如果是二层设备,就要考虑 STP 协议的启动和运行。

4. 接入层的设计

接入层是连接终端设备的网络边缘,与网络用户的具体业务密切相关。设计时要考虑网络边缘的软硬件需求,还要考虑不同业务的融合接入。

(1)为现有的网络设备提供连接,添加无线接入点和 IP 电话,提供到汇聚层网络的冗余链路。

(2)创建 VLAN,按照业务功能进行逻辑分组、命名。将语音设备、安防监控设备、无线接入设备和常规数据设备隔离开来。

(3)规划分配不同业务的优先级。

(4)实施边缘设备的安全措施。

(5)规划相关的软件和服务。

(6)物理接入的考虑。接入层的物理接入问题,主要和综合布线相关,参见 5.4 节"工作区子系统"和"水平子系统"相关内容。如果可能,为 IP 电话和无线接入点提供以太网供电(PoE)。

接入层由于多种业务的融合,可能会增加主机数量。这种情况并不意味着设备和端口需要相应增加。例如,IP 电话机和其他一些设备中内置有交换机,可以将 IP 电话机和 PC 接在一起(见图 5.3)。如果每个桌面都需要 PC 和 IP 电话连接时,内置的交换机就可以减少配线间内所需的端口数。通常 IP 电话会带有 3 个端口:

端口 1 是连接到交换机或另一 VoIP 设备的外部端口;

端口 2 是传输 IP 电话流量的内部 10/100 M 接口;

端口 3 是连接到 PC 或另一设备的外部接入端口。

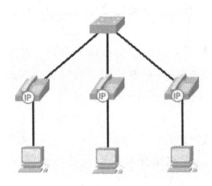

图 5.3 IP 电话机充当交换机使用

5.1.2 网络系统规划的需求与分析

用户需求就是用户对当前网络的认识和对未来网络建设目标的认识,不同的用户需求是不相同的。网络分析人员通过咨询用户和技术人员,了解一个全新或升级网络系统的业务和技术目标,然后描述现有网络的逻辑拓扑、物理拓扑和网络性能等,最后分析当前和未来的网络流量、负载、协议行为以及服务质量需求等。

1. 业务需求与分析

业务需求是用户对网络的业务诉求。对用户的调研包括网络规模、网络分布、网络现状、业务类型、多媒体需求、普通与特殊服务需求、安全性需求、管理性需求、无线业务需求、远程接入和移动办公需求等。网络设计人员要通过会谈纪要、访谈等方式将用户模糊的想法清晰化,为网络规划提供依据,使所设计方案更满足用户的个性化需求。

2. 技术需求与分析

技术需求要满足可扩展性、可用性、安全性和管理便利性。

(1)可扩展性。充分考虑到目前的业务需求和今后长时间内业务发展的需要,系统可方便地实现升级扩展,而不必大规模重新设计或中断服务。

(2)可用性。语音视频、安全和在线服务等始终对用户可用。系统具备网络诊断、测试和在线故障恢复能力,关键设备、线路能做到实时备份和自动故障切换。

(3)安全性。系统提供必要的安全保护手段,防止由于操作人员的失误以及系统的意外故障而造成数据丢失或破坏,同时能防止系统外部的侵入和操作人员的非法操作。

(4)管理便利性。在设计和安装网络时应用网络标准可使网络易于管理。而且,有必要安装带有报告和警报功能的管理应用程序,以帮助 IT 部门管理网络。此外,还需要向用户部门的 IT 职员提供有关如何管理和维护网络的培训。

通过业务需求和技术需求的分析,网络规划设计的地址规划、网络技术选型、设备选型就有了初步的方案。

5.1.3 网络系统的升级规划

网络技术的发展,使得许多部门的网络系统都面临着升级的问题。网络工程师要能够针对网络系统的现状进行勘察,提出最适合部门发展并且最经济的方案。

1. 升级所需信息的收集

要想正确地设计网络升级方案,必须进行现场勘测,勘测中要发现部门网络的不足,比如网络不一定符合当地在电力、建筑或安全方面的法规,也不一定遵守所有标准,电缆缺乏标识,网络设备的物理安全性差,缺少应急电源,某些关键设备缺少 UPS 等。

勘测时,要收集的信息包括:用户数量和设备类型、预期的发展规模、当前的 Internet 连接、应用系统的扩展要求、现有的网络基础架构和物理布局、安全性和隐私保护事项、可靠性和正常运行时间预期、预算限制、无线方面的需求等。

勘测时,记录现有的网络结构。还必须调查和记录部门网络的物理布局,确定可以安装新设备的位置,绘制网络的物理拓扑和逻辑拓扑。物理拓扑是电缆、计算机和其他外围设备的物理位置。逻辑拓扑则记录数据通过网络的路径以及网络功能(如路由)发生的位置。在拓扑上标记好所安装设备的软硬件信息,以备制定方案查阅。

2. 物理环境和综合布线系统的升级

许多部门的网络环境比较粗糙,线缆和设备布设比较零乱。规划网络升级时,应该尽可能地使用结构化综合布线系统。建筑内按照综合布线系统进行分系统规划,线缆的制作、铺设按照相关布线、建筑和电气标准进行施工。配线间、管理间、设备间按照电信机房标准进行配置,以提高网络系统的安全和可靠性。所有接口、布线工程设施,统一使用综合布线产品和工具。接口、模块、线缆尽量支持高类别线缆布线标准。

有关综合布线系统的相关知识,参阅本章 5.4 节介绍。

3. 设备升级

在分析需求之后,要对部门的网络设备提出升级建议,用以连接和支持新的网络功能。一般来说,网络设备在体系结构中所处的层越高,就越具有智能性。更高层的设备可以更进一步分析数据流量,并根据各层不同的信息来转发流量。例如,物理层的集线器只能将数据从所有端口转发出去,而链路层交换机则可以根据 MAC 地址过滤数据,仅将数据从连接到目的地的端口转发出去。对于链路层和网络层的设备,随着交换机和路由器的发展,两者之间的界线越来越模糊,但两者仍然存在一个基本的区别,局域网内使用交换机,网间使用路由器。除了交换机和路由器之外,局域网还可以使用其他连接方式。无线接入点可让计算机及其他设备通过无线的方式连接到网络或共享宽带连接。

网络设备的升级,除了考虑层次功能需要的升级之外,还要考虑设备处理能力的升级、接口数量和速率的升级。对于有新业务需求的,还要考虑模块扩展的预留。对于传输距离扩大的局域网,就要考虑在交换机上增加传输距离在数十千米或者一百千米以上的 SFP 光模块。对于一些重要的节点,还要升级增加冗余链路。

4. 地址升级

网络升级经常会涉及网络的扩容问题,这势必会增加网络的逻辑地址需求。一种情况是原有子网中增加设备数量,这些设备包括计算机、服务器、打印机、IP 电话、无线 AP 等。另一种情况是网络中增加了路由器等三层设备而引起子网的增加。地址的需求增加,如果超过一定的范围,就需要重新规划地址方案,或者更新部门的 DHCP、NAT 和 ACL 策略。

5.1.4 典型规划细节举例

网络规划是个系统的工程,涉及框架,也涉及很多细节问题。细节不可尽述,这里列举几个典型案例,给读者一些启示。

1. 地址规划的地址块分配问题

在园区网进行地址规划,通常有两种方式:一种是分层次的地址规划,另外一种是非分层的地址规划。非分层的地址规划比较随意,园区网内每个区域设置不同的网络地址。比如一个区域使用200.100.100.0/24,而另外一个区域可能使用10.10.10.0/24。这样做虽然可以明确区分各广播域,但是这种地址规划使得各区域间地址空间不连续。一方面不便于扩展和管理,另一方面由于路由汇总等原因,还可能会导致路由出错。所以建议使用分层的地址规划。使用分层的IP编址方案可以更容易地扩大规模,而且恰当地设计分层的IP编址方案也可使路由汇总更易于实行。分层的地址分配就是在一个大的地址块内再进一步划分,不重复、按区域大小再进行地址块分配。

地址块的分配是一个让初学者很困惑的问题。通常的做法是从最大的块开始分配,到最小的块为止。比如可以将园区网地址块划分成若干汇聚层块,再在汇聚层块内划分配线间块,再在配线间块内划分VLAN块,最后再划分更细的比如点对点链路地址。

实际操作时,可以使用表格或者二叉树的方法逐步地划分。二叉树的方法比较形象,如图5.4所示。在一个统一的园区网网络前缀后面,进一步地划分主机号字段的各个比特。每个分叉都是一个地址块,其拥有的地址数量是固定的。分配给不同区域时,要使地址块拥有的地址数量大于区域的主机数量。

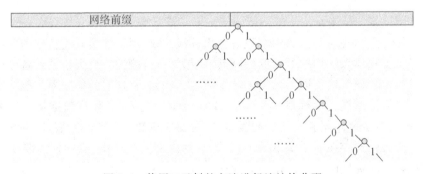

图5.4 使用二叉树的方法进行地址块分配

这里以谢希仁教授《计算机网络》教材中的一道习题为例,说明一下分配的方法。某网络系统有5个局域网,其连接图如图5.5所示。LAN_2到LAN_5上的主机数分别为91、150、3和15。该系统分配到的IP地址块为30.138.118.0/23。试给出每一个局域网的地址块。

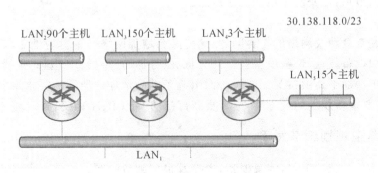

图5.5 地址分配需求举例

使用二叉树的方法进行分配,如图 5.6 所示。每一层的地址前缀对应的地址数量表示在虚线右侧。图中注明有 LAN 的三角形表示在三角形顶点下面所有的 IP 地址都包含在此局域网的网络前缀中。

可以看出,满足要求的方案可以有多种,按照图 5.6 所示的分配,结果如下:
LAN$_1$:30.138.119.192/29;
LAN$_2$:30.138.119.0/25;
LAN$_3$:30.138.118.0/24;
LAN$_4$:30.138.119.200/29;
LAN$_5$:30.138.119.128/26。

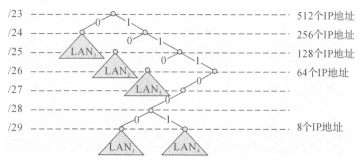

图 5.6　二叉树法地址分配过程举例

2. LAN 规划的跨度问题

以太网的作用距离受许多因素的影响,这让许多读者认为以太网的作用距离很小,达不到跨度数十千米,会以为大范围的传输,仍需要借助广域网的手段。事实上,对于全双工工作的交换式以太网,网络的距离,仅仅与信号强度有关。如果要在一些跨度比较大的园区网内实现以太网,只要保证信号的强度能够传输足够远就可以了。当然使用铜介质不能实现数十千米的传输,通常都要使用光缆实现。如图 5.7 所示,在交换机上使用 SFP 光模块,两模块之间按照类型不同可以实现数十千米到上百千米(需使用单模光纤)的跨度。需要注意,这么大的跨度,仍然是局域网,而不是广域网。

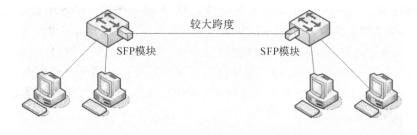

图 5.7　使用 SFP 模块实现以太网的远距离传输

在网络规划时,一定要因地制宜,使用最恰当的技术。当然,满足以上的要求,还有更为经济的方案。现在市场上有些光电转换器(俗称光猫),价格很便宜,也能够实现大跨度的光缆传输。

3. WAN 规划的远程站点连接问题

在广域网的规划中,要注意许多部门都有一些分散的分支机构,这些机构的远程站点,根据其业务服务的不同,可以有许多连接方法备选。如图 5.8 所示,可以通过互联网实现 VPN 连接,也可以通过专用的 WAN 连接。

通过互联网实现的 VPN 通常可以交付给 ISP 来管理。如果使用了专用 WAN 连接,这些 VPN 也可以作为备份连接。但如此一来,往往需要使用动态路由协议,保证远程 LAN 在 WAN 链路发生故障时,仍能保持连接。

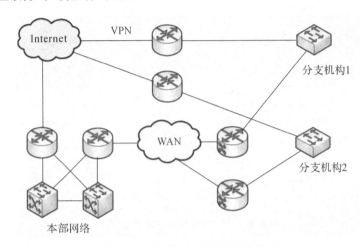

图 5.8 远程站点的不同连接方式

5.2 网络集成的高可靠性技术

根据国家标准 GB/T 6583—1994 的规定,产品的可靠性是指设备在规定的条件下、在规定的时间内完成规定的功能的能力。网络系统的可靠性包括耐久性、容错性和可维护性三方面的内容。对于一个网络系统来说,耐久性(Mean Time Between Failure,MTBF),即平均无故障时间,是指整个网络的各组件(链路、节点)不间断、无故障连续运行的平均时间。容错性(Mean Time to Repair,MTTR),即系统平均恢复时间,是指当网络中的组件出现故障时,网络从故障状态恢复到正常状态所需的平均时间。可维护性体现在两个方面:一方面在系统发生故障后,能够很快地定位问题并通过维护排除故障,这属于事后维护;另一方面根据系统告警提前发现问题(如 CPU 使用率过高、端口流量异常等),通过更换设备或调整网络结构来规避可能出现的故障,这属于预防维护。维护需要管理人员来实施,可维护性体现了管理的水平,也反映了系统可靠性的高低。

网络系统可靠性的公式一般表示为

$$MTBF/(MTBF+MTTR)\times 100\% \qquad (5-1)$$

从式(5-1)可以看出,提高 MTBF 或降低 MTTR 都可以提高网络可靠性。

随着承载网络的集成,网络规模不断扩大,承载在网络上的应用也越来越丰富,对网络的可靠性要求也越来越高,许多关键应用要求网络提供不间断服务,这就要求在多网集成过程中必须考虑网络的高可靠性。

网络高可靠性主要是指当设备或网络出现故障时,网络提供服务的不间断性,其可靠性要达到 5 个 9 以上。可靠性 99.999% 意味着每年故障时间不超过 5 min,可靠性 99.9999% 意味着每年故障时间不超过 30 s。为此,需要在多网集成中使用高可靠性技术来保障网络能够提供不间断的服务。

5.2.1 高可靠性技术

当前,多网集成中的高可靠性技术主要包括三类技术:链路备份技术、设备备份技术和堆叠技术。

1. 链路备份技术

链路备份技术用于避免由于单链路故障导致的网络通信中断。在主链路中断后,备用链路会成为新的主用链路。主要技术包括链路聚合、RRPP 和 Smart Link。

链路聚合是把多条物理链路聚合在一起,形成一条逻辑链路。采用链路聚合可以提供链路冗余性,又可以提高链路的带宽。快速环网保护协议(Rapid Ring Protection Protocol,RRPP)是一个专门应用于以太网环的链路层协议,在以太网环上一条链路断开时,RRPP 能迅速恢复环网上各个节点之间的通信通路,具备较高的收敛速度。Smart Link 解决方案实现了主备链路的冗余备份,具备快速收敛性能,收敛速度可达到亚秒级。

2. 设备备份技术

设备备份技术用于避免由于单设备故障导致的网络通信中断。在主设备中断后,备用板卡或备用设备会成为新的主设备。该技术分为两种:设备自身的备份技术和设备间的备份技术(VRRP)。

在设备自身的备份技术中,主备备份指备用主控板作为主用主控板的一个完全映象,除了不处理业务,不控制系统外,其他与主用主控板保持完全同步。当主用板发生故障或者被拔出时,备用板将迅速自动取代主用板成为新的主用板,以保证设备的继续运行。主备备份应用于分布式网络产品的主控板,提高网络设备的可靠性。

VRRP 是一种容错协议,它将可以承担网关功能的路由器加入到备份组中,形成一台虚拟路由器,当主机的下一跳路由器出现故障时,由另一台路由器来代替出现故障的路由器进行工作,从而保持网络通信的连续性和可靠性。

3. 堆叠技术

堆叠技术是在以太网交换机上扩展端口使用较多的一类技术,是一种非标准化技术。各个厂商之间不支持混合堆叠,堆叠模式为各厂商制定,不支持拓扑结构。

智能弹性架构(Intelligent Resilient Framework,IRF)是堆叠技术的典型应用,将多台设备通过堆叠口连接在一起形成一台"联合设备"。IRF 一般部署在汇聚层,也可以用于接入层,在组网中它相当于一台单独的逻辑设备,如图 5.9 所示。用户对这台"联合设备"进行管理,可以实现对堆叠中的所有设备进行管理。

IRF 堆叠中所有的单台设备称为成员设备。成员设备可以全部是集中式设备,也可以全部是分布式设备,同一个堆叠中的成员设备只需要型号兼容即可。

堆叠中的成员设备按照功能不同,分为两种角色:Master 设备负责堆叠的运行、管理和维护,Slave 设备在作为备份的同时也可以处理业务。一个堆叠中同一时刻只能有一台成员设备成为 Master 设备,但可以存在多台 Slave 设备。一旦 Master 设备故障,系统会迅速自动选举新的 Master,以保证通过堆叠的业务不中断,从而实现了设备级的 1∶N 备份。成员设备之间物理堆叠口支持聚合功能,堆叠系统和上、下层设备之间的物理连接也支持聚合功能,这样通过多链路备份提高了堆叠系统的可靠性。

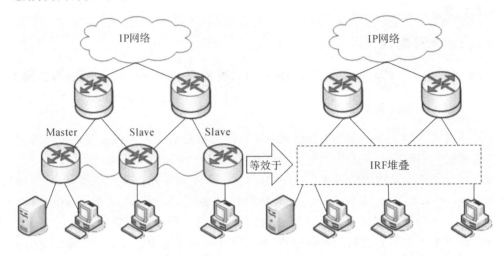

图 5.9　IRF 组网应用示意图

5.2.2　生成树协议

局域网中通常会存在冗余链路,一旦存在环路就会造成报文在环路内不断循环和增生,产生广播风暴,从而占用所有的有效带宽,使网络变得不可用。如图 5.10 所示,这是一个由于环路造成报文循环和增生的示例。假定 A 站点还没有发送过来任何包,因此网桥 B1、B2、B3 的地址表中都没有 A 的地址记录。当 A 发送了一个包,最初三个网桥都接收了这个包,记录 A 的地址在 LAN1 上,并排队等待将这个包转发到 LAN2 上。根据 LAN 的规则,其中的一个网桥将首先成功地发送包到 LAN2 上,假设这个网桥是 B1,那么 B2 和 B3 将会再次接收到这个包,因为 B1 对于 B2 和 B3 来说是透明的,这个包就像是 A 在 LAN2 上发送的一样,于是 B2 和 B3 记录 A 在 LAN2 上,排队等待将这个新包转发到 LAN1 上。假设这时 B2 成功将最初的包转发到 LAN2 上,那么 B1 和 B3 都接收到这个包。B3 还好,只是认为 A 仍然在 LAN2 上,而 B1 又发现 A 已经转移到 LAN2 上了,然后 B1 和 B3 都会排队等待转发新包到 LAN1 上,如此下去,包就在环路中不断循环,更糟糕的是每次成功的包发送都会导致网络中出现两个新包。

因此,需要一种方法阻塞冗余链路,消除路径环路,并且在必要时将冗余链路自动切换为转发状态,恢复网络的连通性。在这种环境下生成树协议应运而生。生成树协议(Spanning Tree Protocol,STP)又称扩展树协定,是一种基于 OSI 网络模型的数据链路层(第二层)通信协定,用于确保一个无路径回环的区域网络环境,它通过有选择性地阻塞网络冗余链路来达到消除网络二层环路的目的,同时具备链路的备份功能。

生成树协议有狭义和广义之分,狭义的 STP 是指 IEEE 802.1D—1998 中定义的 STP 协议,广义的 STP 包括 IEEE 802.1D—1998 定义的 STP 协议以及各种在它的基础上经过改进的生成树协议,如快速生成树协议(Rapid Spanning Tree Protocol,RSTP)、每 VLAN 生成树协议(Per VLAN Spanning Tree,PVST)和多生成树协议(Multiple Spanning Tree Protocol,MSTP)。

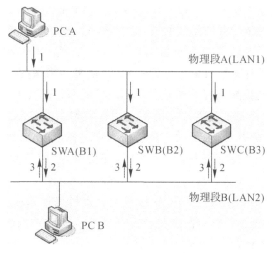

图 5.10　路径回环示例

1. STP

STP 的基本思想十分简单。自然界中生长的树是不会出现环路的,如果网络也能够像一棵树一样生长就不会出现环路。为此,STP 根据网络拓扑构建(生成)无回路的连通图(就是树),阻断冗余链路,消除桥接网络中可能存在的路径回环,保证数据传输路径的唯一性,同时,当前路径发生故障时,通过激活被阻断的冗余链路重新修剪拓扑结构以恢复网络的联通。

(1)STP 基本概念。STP 中定义了根桥(Root Bridge)、根端口(Root Port)、指定端口(Designated Port)等概念,如图 5.11 所示。

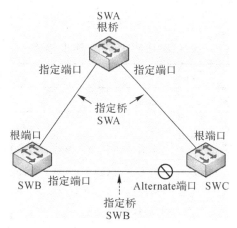

图 5.11　STP 基本概念示意图

1)桥 ID 和路径开销。桥 ID(Bridge Identifier,BID)是桥优先级(Bridge Priority)和交换机 MAC 地址拼接在一起的一个数值。桥优先级占据高 16 位,其余的低 48 位是 MAC 地址。

例如"6 AAAABBBBCCCC"中的"6"是桥的优先级,"AAAABBBBCCCC"是交换机的 MAC 地址。交换机的桥 ID 值越小,则交换机的优先级越高。

路径开销(Path Cost)是一个端口量,反映了本端口所连接网络的开销。该值越低,表示这个端口连接的网络越好。在一个 STP 网络中,某端口到根桥累计的路径开销就是通过所经过的各个桥上的各端口的路径开销累加而成,这个值叫作根路径开销(Root Path Cost)。

2)根桥和指定桥。STP 将具有最小桥 ID(Lowest Bridge Identifier)的交换机作为根桥。通常根桥是冗余连接的所有交换机中最好的一台(交换机),确保网络性能和可靠性。

STP 将每个网段中到根桥路径开销最低的(Lowest Root Path Cost)桥作为指定桥(Designated Bridge)。数据帧都是通过网段中的指定桥转发到本网段的。如果所有的交换机具有相同的根路径开销,则取桥 ID 值最小的交换机作为指定桥。

3)根端口和指定端口。在每一个运行 STP 的交换机上(根桥除外),端口都有三类:根端口、指定端口和替换端口。

所谓根端口,是指一个非根桥的 STP 交换机上离根桥最近的端口。在本交换机上所有使能 STP 的端口中,根路径开销最小者,就是根端口。很显然,在一个 STP 交换机上根端口有且只有一个。根桥上没有根端口。

指定端口的概念是针对某网段的,流量从根桥方向来而从这个端口转发出去。对一个连接到 STP 交换机的网段来说,该网段通过指定端口接收到根桥方向过来的数据,根桥上的所有端口都是指定端口。在每一个网段上,指定端口有且只有一个。

替换端口(Alternated Port)是指既不是指定端口,也不是根端口的端口。在拓扑稳定状态,只有根端口和指定端口转发流量,其他的替换端口都处于阻塞状态,它们只接收 STP 协议报文而不转发用户流量。

(2)BPDU 报文。STP 协议通过在交换机之间传递特殊的消息并进行分布式的计算,来决定一个有环路的网络中,哪台交换机的哪个端口应该被阻塞,用这种方法来剪切掉环路。这些信息交互单元称为桥协议数据单元(Bridge Protocol Data Unit,BPDU),也称为配置消息。其基本格式见表 5.1。

表 5.1 BPDU 报文基本格式

域	字节	说明
协议号	2	总是 0
版本	1	总是 0
类型	1	当前 BPDU 的类型;0=配置 BPDU,0x80=TCN BPDU
标志	1	最低位=TC(Topology Change,拓扑变化)标志 最高位=TCA(Topology Change Acknowledgment,拓扑变化确认)标志
根桥 BID	8	当前根桥的 BID
根路径开销	4	本端口累计到根桥的开销
发送者 BID	8	本交换机的 BID
发送端口 PID	2	发送该 BPDU 的端口 ID

续表

域	字节	说　明
Message Age	2	该 BPDU 的消息年龄
Max Age	2	消息老化年龄
Hello Time	2	发送两个相邻 BPDU 间的时间间隔
Forward Delay	2	控制 Listening 和 Learning 状态的持续时间

各台设备的各个端口在初始时生成以自己为根桥的配置消息,并向外发送自己的配置消息。网络收敛后,根桥向外发送配置 BPDU,其他的设备对该配置 BPDU 进行转发。

(3)STP 的工作过程。首先进行根桥的选举。选举的依据是网桥优先级和网桥 MAC 地址组合成的桥 ID。桥 ID 最小的网桥将成为网络中的根桥。网络中各网桥都以默认值启动,在网桥优先级都一样的情况下,MAC 地址最小的网桥成为根桥。通常,网桥默认优先级是 32768(0x8000)。

在选举根桥结束后,将选举根端口,根端口是交换机的端口中开销最靠近(开销最小)根交换机的端口。每一个非根交换机都将选出一个根端口。

然后,在每个网段选择一个指定端口。一个网段的指定端口是连接到网段中的一个桥接端口,它既向根桥发送数据,也通过此网段从根桥接收数据。包含某一网段的指定端口的网桥称为该网段的指定网桥。根网桥的所有启动端口都是指定端口,指定端口的选择与根端口选择一样,也基于到根桥的路径开销比较。

确定了根端口、指定端口和非指定端口后,STP 就为冗余连接的交换机创建了一个无环路的拓扑。根端口和指定端口被配置用来转发流量,非指定端口则阻塞流量。经过一段时间(默认值是 30 s 左右),生成树算法稳定之后,所有端口要么进入转发状态,要么进入阻塞状态。在交换机初始化之后,网桥端口从阻塞状态开始并按照顺序到转发状态。STP BPDU 仍然会定时从各个网桥的指定端口发出,以维护链路的状态。如果网络拓扑发生变化,生成树就会重新计算,端口状态也会随之改变。

STP 一共有阻塞、监听、学习、转发和禁用等 5 种状态。

1)堵塞(blocking)。不转发帧,只监听 BPDUs,主要目的是防止循环的产生。默认情况下,当 switch 启动时所有端口均为 blocking 状态;

2)监听(listening)。端口监听 BPDUs,来确定在传送数据帧之前没有循环会发生;

3)学习(learning)。监听 BPDUs 和学习所有路径,学习 MAC 地址表,不转发帧;

4)转发(forwarding)。转发和接收数据帧;

5)禁用(disabled)。不参与帧的转发和 STP,一般在这个状态下都是不可操作的。禁用状态是管理性的关闭 STP 状态。它不是正常 STP 端口过程的一部分。

一般来说,端口只处于转发和堵塞状态,如果网络拓扑发生了变化,端口会进入监听和学习状态,这些状态是临时的。

(4)STP 的工作举例。图 5.12 所示是一个 STP 工作的实例,5 台交换机连接成了一个环路。假设所有的优先级均为默认的 32768。

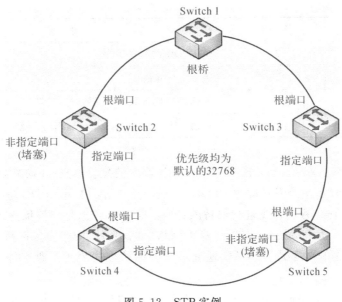

图 5.12 STP 实例

首先选举根桥。因为所有的优先级均为 32768,而由图可以看到,交换机 Switch1 的 MAC 地址最小,所以选择 Switch1 作为根桥。根桥的所有端口均为指定端口(工作于转发模式)。

接下来选举各交换机的根端口。为了选择哪些端口转发数据帧、哪些端口阻塞,交换机要查看 BPDU 中的 3 部分。

1) 路径开销。交换机首先查看端口的路径开销,路径开销是从交换机到根网桥方向的叠加。如果端口有最小的路径开销,就工作于转发状态。

2) 网桥信息。如果接收的 BPDU 的路径开销相同,交换机就查看网桥 ID 来决定哪个端口将成为转发端口。具有最低网桥 ID 的端口将工作于转发状态。

3) 端口信息。如果路径开销和网桥 ID 都是相同的,那么交换机就查看端口 ID 来决定端口工作模式。具有最低端口 ID 的端口将工作于转发状态。

通常,将直接与根桥相连的端口作为根端口,工作于转发状态。在没有冗余连接的情况下,交换机所有除根端口外的活动端口都会成为指定端口。但当两台交换机间有冗余连接时,则还要进行指定端口的选择,指定端口的选择也是基于到根桥的根路径开销和端口信息。本例中的 Switch2 和 Switch4 之间具有冗余连接,则依据以上原则选择其中一个作为指定端口,工作于转发状态,而另外一个作为非指定端口,工作于阻塞状态。

还有一种情况,就是当交换机连接成环路时,可能会出现两台交换机各自有一个端口到根桥的路径开销相同,如本例中的 Switch4 和 Switch5 之间,路径开销相同。但由于 Switch4 的 Bridge ID 小,所以 Switch4 的端口为指定端口,工作于转发状态,而 Switch5 的端口作为非指定端口被阻塞。

2. 其他生成树协议

随着应用的深入和网络技术的发展,STP 的缺点在应用中也被暴露了出来。STP 的缺陷主要表现在收敛速度上。当拓扑发生变化,新的配置消息要经过一定的时延才能传播到整个网络,这个时延称为 Forward Delay,协议默认值是 15 s。在所有网桥收到这个变化的消息之前,若旧拓扑结构中处于转发的端口还没有发现自己应该在新的拓扑中停止转发,则可能存在临时环路。

快速生成树协议(Rapid Spanning Tree Protocol,RSTP)对 STP 作了以下重要改进,收敛速度快得多。

(1) 为根端口和指定端口设置了快速切换用的替换端口(Alternate Port)和备份端口(Backup Port)两种角色。当根端口或指定端口失效时,替换端口和备份端口就会无时延地进入转发状态。

(2) 在只连接了两个交换端口的点对点链路中,指定端口只需与下游交换机进行一次握手就可以无时延地进入转发状态。如果是连接了三个以上交换机的共享链路,则下游交换机不响应指定端口发出的握手请求,只能等待两倍转发时延时间后进入转发状态。

(3) 直接与端主机相连而不与其他交换机相连的端口,称为边缘端口(Edge Port)。边缘端口可以直接进入转发状态,不需要任何延时。由于网桥无法知道端口是否直接与终端相连,所以需要人工配置。

为支持这些改进,BPDU 的格式作了一些修改,但仍然与 STP 协议向下兼容,二者可混合使用。RSTP 和 STP 都属于单生成树(Single Spanning Tree,SST),整个交换网络只有一棵生成树。这种单生成树网络存在以下不足:

(1) 在网络规模比较大或者拓扑改变的时候,会导致较长的收敛时间。

(2) 网络结构不对称的时候,单生成树会影响跨交换机 VLAN 的连通性。

(3) 那些被阻塞的链路不承载任何流量,从而增加了其他链路的负担,造成了带宽的极大浪费。

于是出现了支持 VLAN 的生成树协议 PVST。每个 VLAN 都生成一棵生成树是一种比较直接而且最简单的解决方法,它能够保证每一个 VLAN 都不存在环路。

PVST BPDU 的格式与 STP/RSTP BPDU 格式不同,发送的目的地址也改成了 Cisco 保留地址 01-00-0C-CC-CC-CD。在 VLAN 的干道上传输时,PVST BPDU 会加入 802.1Q 的标记。所以最初的 PVST 协议并不兼容 STP/RSTP 协议。Cisco 很快推出了经过改进的 PVST 协议,并成为交换机产品的默认生成树协议。经过改进的 PVST 协议在 VLAN 1 上运行的是普通 STP 协议,在其他 VLAN 上运行 PVST 协议。PVST 协议可以与 STP/RSTP 互通。在 VLAN 1 上生成树状态按照 STP 协议计算,在其他 VLAN 上普通交换机只会把 PVST BPDU 当作多播报文,按照默认 VLAN 或者标记帧进行转发。当然这会使得 VLAN 1 和其他 VLAN 的根桥选取可能不一致。由于每个 VLAN 都有一棵独立的生成树,所以单生成树的种种缺陷都被克服了,而且 PVST 能够支持二层负载均衡。

PVST 协议虽然克服了单生成树的种种缺陷并且能够支持负载均衡,但是也带来了以下几个新问题。

(1) 由于每个 VLAN 都生成一棵生成树,PVST BPDU 的通信量将随着使用干道的 VLAN 个数的增加而增加。

(2) 在创建 VLAN 个数比较多的时候,维护多棵生成树的计算量和资源占用量将急剧增长。

(3) PVST 协议并不是像 STP/RSTP 那样的标准协议,得不到不同厂家设备的支持。

与 PVST 不同,多实例生成树协议(Multi-Instance Spanning Tree Protocol,MISTP)采用了一种每实例一棵生成树的方法。多个 VLAN 可以映射到一个实例中去,但是一个 VLAN 不能同时映射到多个实例中去。实例拓扑由映射到里面的 VLAN 决定。

多生成树协议(MSTP)引入"域"的概念,把一个交换网络划分成多个域,每个域内形成多棵生成树,生成树之间彼此独立。在域间,MSTP 利用公共内部生成树(Common and Internal Spanning Tree,CIST)保证全网络拓扑结构的无环路存在。同时引入"实例"(Instance)的概念,将多个 VLAN 映射到一个实例中,以节省通信开销和资源占用率。MSTP 各个实例拓扑的计算是独立的(每个实例对应一棵单独的生成树),在这些实例上就可以实现 VLAN 数据的负载分担。另外,该协议把支持 MSTP 的交换机和不支持 MSTP 的交换机划分成不同的区域,分别称作 MST 域和 SST 域。在 MST 域内部运行多实例化的生成树,在 MST 域的边缘运行 RSTP 兼容协议。MST 域与 SST 域之间的边缘端口上,MSTP 的处理要稍微复杂一些。当边缘端口收到其他交换机发来的 STP BPDU 的时候,端口会进入 STP 兼容状态,发送 STP BPDU;当边缘端口收到 RSTP BPDU 的时候,端口会进入 RSTP 兼容状态,但仍然发送 MSTP BPDU。由于 RSTP 在设计的时候就考虑了扩展,所以对端的 RSTP 设备可以把 MSTP 报文理解成正确的 RSTP 报文。MSTP 具有 VLAN 认知能力,可以实现负载均衡,可以实现类似 RSTP 的端口状态快速切换,可以捆绑多个 VLAN 到一个实例中以降低各种资源的占用率,最难能可贵的是,MSTP 可以很好地向下兼容 STP/RSTP/PVST 协议。

5.2.3　RRPP 技术

城域网和园区网大多采用环网来构建以提供高可靠性,但环上任意一个节点发生故障都会影响业务。环网采用的技术一般是 RPR 或以太网环。RPR 需要专用硬件,因此成本较高,而以太网环技术日趋成熟且成本低廉,城域网和园区网采用以太网环的趋势越来越明显。

目前,解决二层网络环路问题的技术有 STP 和 RRPP(Rapid Ring Protection Protocol,快速环网保护协议)。STP 应用比较成熟,但收敛时间在秒级。RRPP 是专门应用于以太网环的链路层协议,具有比 STP 更快的收敛速度,并且 RRPP 的收敛时间与环网上节点数无关,可应用于网络直径较大的网络。

1. RRPP 概述

RRPP 是一个专门应用于以太网环的链路层协议。它在以太网环完整时能够防止数据环路引起的广播风暴,而当以太网环上一条链路断开时能迅速恢复环网上各个节点之间的通信通路,具备较高的收敛速度。

RRPP 组网示意如图 5.13 所示,其基本组成要素如下。

(1)RRPP 域。具有相同的域 ID 和控制 VLAN,并且相互联通的设备构成一个 RRPP 域。一个 RRPP 域具有 RRPP 主环、子环、控制 VLAN、主节点、传输节点、主端口和副端口、公共端口和边缘端口等要素。如图 5.13 所示,Domain 1 就是一个 RRPP 域,它包含了两个 RRPP 环 Ring 1 和 Ring 2,RRPP 环上的所有节点都属于这个 RRPP 域。

(2)RRPP 环。一个环形连接的以太网网络拓扑称为一个 RRPP 环。RRPP 环分为主环和子环,环的角色可以通过指定 RRPP 环的级别来设定,主环的级别为 0,子环的级别为 1。一个 RRPP 域可以包含一个或多个 RRPP 环,但只能有一个主环,其他均为子环。RRPP 环的状态有两种:"健康状态"表示整个环网物理链路是连通的;"断裂状态"表示环网中某处物理链路断开。如图 5.13 所示,RRPP 域 Domain 1 中包含了两个 RRPP 环 Ring 1 和 Ring 2。Ring 1 和 Ring 2 的级别分别配置为 0 和 1,则 Ring 1 为主环,Ring 2 为子环。

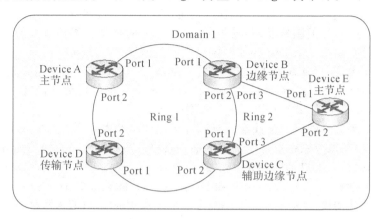

图 5.13 RRPP 组网示意图

(3)控制 VLAN 和数据 VLAN。控制 VLAN 和数据 VLAN 是相对而言的。控制 VLAN 用来传递 RRPP 协议报文。设备上接入 RRPP 环的端口都属于控制 VLAN,且只有接入 RRPP 环的端口可加入此 VLAN。每个 RRPP 域都有两个控制 VLAN:主控制 VLAN 和子控制 VLAN。主环的控制 VLAN 称为主控制 VLAN,子环的控制 VLAN 称为子控制 VLAN。配置时只需指定主控制 VLAN,系统会自动把比主控制 VLAN 的 VLAN ID 值大 1 的 VLAN 作为子控制 VLAN。同一个 RRPP 域中所有子环的控制 VLAN 都相同,且主控制 VLAN 和子控制 VLAN 的接口上都不允许配置 IP 地址。

数据 VLAN 则用于传输数据报文。数据 VLAN 中既可包含 RRPP 端口,也可包含非 RRPP 端口。

(4)节点。RRPP 环上的每台设备都称为一个节点。节点角色由用户的配置来决定,分为以下几种:

①主节点。每个环上有且仅有一个主节点。主节点是环网状态主动检测机制的发起者,也是网络拓扑发生改变后执行操作的决策者。

②传输节点。主环上除主节点以外的其他所有节点,以及子环上除主节点、子环与主环相交节点以外的其他所有节点都为传输节点。传输节点负责监测自己的直连 RRPP 链路的状态,并把链路变化通知主节点,然后由主节点来决策如何处理。

③边缘节点。同时位于主环和子环上的节点,是一种特殊的传输节点,它在主环上是传输节点,而在子环上则是边缘节点。

④辅助边缘节点。同时位于主环和子环上的节点,也是一种特殊的传输节点,它在主环上是传输节点,而在子环上则是辅助边缘节点。辅助边缘节点与边缘节点成对使用,用于检测主环完整性和进行环路预防。

如图 5.13 所示,Ring 1 为主环,Ring 2 为子环。Device A 为 Ring 1 的主节点,Device B、Device C 和 Device D 为 Ring 1 的传输节点;Device E 为 Ring 2 的主节点,Device B 为 Ring 2 的边缘节点,Device C 为 Ring 2 的辅助边缘节点。

(5)主端口和副端口。主节点和传输节点各自有两个端口接入 RRPP 环,其中一个为主端口,另一个为副端口。端口的角色由用户的配置来决定。主节点的主端口用来发送探测环路的报文,副端口用来接收该报文。当 RRPP 环处于健康状态时,主节点的副端口在逻辑上阻塞数据 VLAN,只允许控制 VLAN 的报文通过;当 RRPP 环处于断裂状态时,主节点的副端口将解除数据 VLAN 的阻塞状态,转发数据 VLAN 的报文。传输节点的主端口和副端口在功能上没有区别,都用于 RRPP 环上协议报文和数据报文的传输。

如图 5.13 所示,Device A 为 Ring 1 的主节点,Port 1 和 Port 2 分别为其在 Ring 1 上的主端口与副端口;Device B、Device C 和 Device D 为 Ring 1 的传输节点,它们各自的 Port 1 和 Port 2 分别为本节点在 Ring 1 上的主端口和副端口。

(6)公共端口和边缘端口。公共端口是边缘节点和辅助边缘节点上接入主环的端口,即边缘节点和辅助边缘节点分别在主环上配置的两个端口。边缘端口是边缘节点和辅助边缘节点上只接入子环的端口。端口的角色由用户的配置决定。如图 5.13 所示,Device B、Device C 同时位于 Ring 1 和 Ring 2 上,Device B 和 Device C 各自的端口 Port 1 和 Port 2 是接入主环的端口,因此是公共端口。Device B 和 Device C 各自的 Port 3 只接入子环,因此是边缘端口。

(7)RRPP 环组。RRPP 环组是为减少 Edge-Hello 报文的收发数量,在边缘节点或辅助边缘节点上配置的一组子环的集合。这些子环的边缘节点都配置在同一台设备上,同样,辅助边缘节点也都配置在同一台设备上,而且边缘节点或辅助边缘节点所在子环对应的主环链路相同,也就是说这些子环边缘节点的 Edge-Hello 报文都走相同的路径到达辅助边缘节点。

在边缘节点上配置的环组称为边缘节点环组,在辅助边缘节点上配置的环组称为辅助边缘节点环组。边缘节点环组内最多允许有一个子环发送 Edge-Hello 报文。

2. RRPP 协议报文

RRPP 协议报文的类型及其作用见表 5.2。

表 5.2 RRPP 报文类型及其作用

报文类型	说明
Hello	由主节点发起,对网络进行环路完整性检测
Fast-Hello	由主节点发起,对网络进行环路完整性快速检测
Link-Down	由传输节点、边缘节点或者辅助边缘节点发起,在这些节点的自身链路 down 时通知主节点环路消失
Common-Flush-FDB	由主节点发起,FDB 是 Forwarding Database 的缩写,在 RRPP 环迁移到断裂状态时通知传输节点更新各自 MAC 表项和 ARP/ND 表项
Complete-Flush-FDB	由主节点发起,在 RRPP 环迁移到健康状态时通知传输节点更新各自 MAC 表项和 ARP/ND 表项,同时通知传输节点解除临时阻塞端口的阻塞状态
Edge-Hello	由边缘节点发起,对边缘节点与辅助边缘节点之间的主环链路进行检测
Fast-Edge-Hello	由边缘节点发起,对边缘节点与辅助边缘节点之间的主环链路进行快速检测
Major-Fault	由辅助边缘节点发起,当边缘节点和辅助边缘节点之间主环链路不连通时通知边缘节点主环链路故障

3. RRPP 典型组网

(1)单域单环。单域单环典型组网方式如图 5.14 所示,物理网络拓扑中只有一个环,此时可以定义一个 RRPP 域和一个 RRPP 环。这种组网的特征是拓扑改变时反应速度快,收敛时间短。

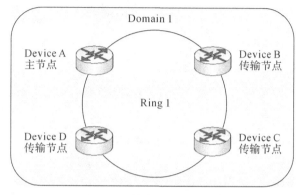

图 5.14 单域单环典型组网

(2)多域单环。多域单环典型组网方式如图 5.15 所示,物理网络拓扑中只有一个环,但同时存在多个 VLAN 的数据流量。为了实现负载分担,可以在物理拓扑环上定义多个 RRPP 域,每个 RRPP 域的保护 VLAN 不同,并且不同 RRPP 域的 RRPP 环的主节点不同或主节点相同而主副端口不同,从而实现不同 RRPP 域的保护 VLAN 有不同的逻辑拓扑。

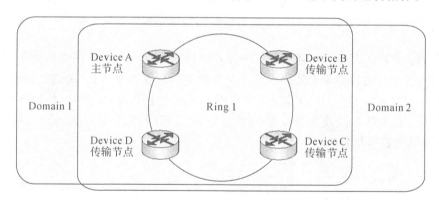

图 5.15 多域单环典型组网

(3)相切环。相切环典型组网方式如图 5.16 所示,物理网络拓扑中有两个及两个以上的环,各个环之间只有一个公共节点。此时每个环要配置成属于不同的 RRPP 域。当网络规模较大,同级网络需要分区域管理时,可以采用这种组网方式。

(4)单域相交环。单域相交环典型组网方式如图 5.17 所示,物理网络拓扑中有两个及两个以上的环,各个环之间有两个公共节点。此时可以只定义一个 RRPP 域,选择其中一个环为主环,其他环为子环。这种组网最典型的应用就是子环主节点可以通过边缘节点和辅助边缘节点双归属上行,提供上行链路备份。

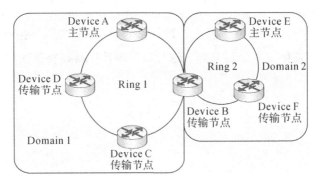

图 5.16 相切环典型组网

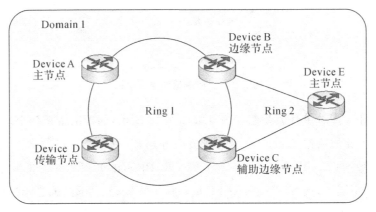

图 5.17 单域相交环典型组网

(5)多域相交环。多域相交环典型组网方式如图 5.18 所示,物理网络拓扑中有两个及两个以上的环,各个环之间有两个公共节点。如果网络中存在多个 VLAN 的数据流量,为了实现负载分担,可以定义多个 RRPP 域,每个 RRPP 域的保护 VLAN 不同,并且不同 RRPP 域的 RRPP 环的主节点不同或主节点相同而主副端口不同,从而实现不同 RRPP 域的保护 VLAN 有不同的逻辑拓扑。

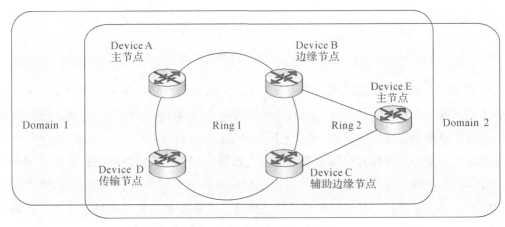

图 5.18 多域相交环典型组网

(6)RRPP 与 STP 混合组网。RRPP 与 STP 混合组网示意图如图 5.19 所示,RRPP 协议与 STP 协议在端口上使能是互斥的,这是为了避免 RRPP 与 STP 在计算端口阻塞/放开状态时产生冲突。当 RRPP 环与 STP 环邻接时,只支持 RRPP 环与 STP 环相切的组网,不支持二者相交的组网,也就是两种协议不能有公共的端口。

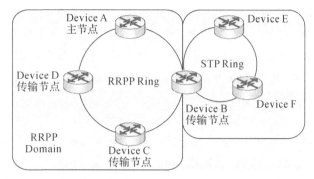

图 5.19　RRPP 与 STP 混合组网示意图

(7)RRPP 与 Smart Link 混合组网。RRPP 与 Smart Link 的混合组网示意图如图 5.20 所示,该方式可以通过 Smart Link 检测接入网络故障,基于主备模式实现快速切换。

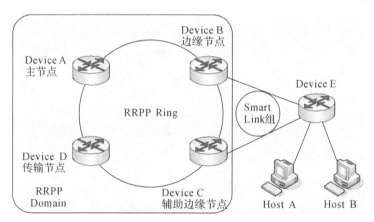

图 5.20　RRPP 与 Smart Link 混合组网示意图

4. RRPP 工作机制

RRPP 工作机制包括以下七个方面,通过这些机制的运行,使得 RRPP 在链路断开时能够迅速恢复环网上各个节点之间的通信通路,并具备较高的收敛速度。

(1)轮询机制。轮询机制是 RRPP 环的主节点主动检测环网健康状态的机制。主节点周期性地从其主端口发送 Hello 报文,依次经过各传输节点在环上传播。如果环路是健康的,主节点的副端口将在定时器超时前收到 Hello 报文,主节点将保持副端口的阻塞状态。如果环路是断裂的,主节点的副端口在定时器超时前无法收到 Hello 报文,主节点将解除数据 VLAN 在副端口的阻塞状态,同时发送 Common-Flush-FDB 报文通知所有传输节点,使其更新各自的 MAC 表项和 ARP/ND 表项。

(2)链路 down 告警机制。当传输节点、边缘节点或者辅助边缘节点发现自己任何一个属于 RRPP 域的端口 down 时,都会立刻发送 Link-Down 报文给主节点。主节点收到 Link-Down 报文后立刻解除数据 VLAN 在其副端口的阻塞状态,并发送 Common-Flush-FDB 报文通知所有传输节点、边缘节点和辅助边缘节点,使其更新各自的 MAC 表项和 ARP/ND 表项。各节点更新表项后,数据流则切换到正常的链路上。

(3) 环路恢复机制。传输节点、边缘节点或者辅助边缘节点上属于 RRPP 域的端口重新 up 后,主节点可能会隔一段时间才能发现环路恢复。这段时间对于数据 VLAN 来说,网络有可能形成一个临时的环路,从而产生广播风暴。为了防止产生临时环路,非主节点在发现自己接入环网的端口重新 up 后,立即将其临时阻塞(只允许控制 VLAN 的报文通过),在确信不会引起环路后,才解除该端口的阻塞状态。

(4) 主环链路 down,多归属子环广播风暴抑制机制。RRPP 组网示意图如图 5.21 所示,假设 Ring 1 为主环,Ring 2 和 Ring 3 为子环。当边缘节点和辅助边缘节点之间的两条主环链路均处于 down 状态时,子环 Ring 2 和 Ring 3 的主节点会放开各自的副端口,导致 Device B、Device C、Device E 和 Device F 之间形成环路,从而产生广播风暴。为了防止该环路的产生,在此种情况下边缘节点会临时阻塞边缘端口,在确信不会引起环路后,才解除该边缘端口的阻塞状态。

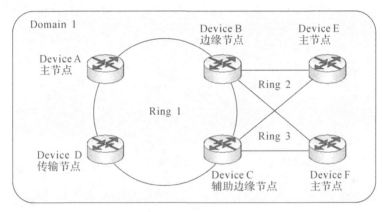

图 5.21 RRPP 组网示意图

(5) 负载分担机制。在同一个环网中,可能同时存在多个 VLAN 的数据流量,RRPP 可以实现流量的负载分担,即不同 VLAN 的流量沿不同的路径进行转发。

通过在同一个环网上配置多个 RRPP 域,不同 RRPP 域发送不同 VLAN(称为保护 VLAN)的流量,实现不同 VLAN 的数据流量在该环网中的拓扑不同,从而达到负载分担的目的。

如图 5.15 所示,Domain 1 和 Domain 2 都配置 Ring 1 为主环,两个 RRPP 域所保护的 VLAN 不同。Device A 为 Domain 1 中 Ring 1 的主节点;Device B 为 Domain 2 中 Ring 1 的主节点。通过配置,可以实现不同 VLAN 分别阻塞不同的链路,从而实现单环的负载分担。

(6) 环组机制。在边缘节点配置的 RRPP 环组内,只有域 ID 和环 ID 最小的激活子环才发送 Edge-Hello 报文。在辅助边缘节点环组内,任意激活子环收到 Edge-Hello 报文会通知给其他激活子环。这样在边缘节点/辅助边缘节点上分别对应配置 RRPP 环组后,只有一个子环发送/接收 Edge-Hello 报文,减少了对设备 CPU 的冲击。

如图 5.21 所示,Device B 和 Device C 分别为 Ring 2 和 Ring 3 的边缘节点和辅助边缘节点。Device B 和 Device C 都需要频繁收发 Edge-Hello 报文(若配置更多子环或多个域负载分担的情况,将会收发大量的 Edge-Hello 报文)。为减少 Edge-Hello 报文的收发数量,将边缘节点 Device B 上的 Ring 2 和 Ring 3 配置到一个环组,而将辅助边缘节点 Device C 上的 Ring 2 和 Ring 3 也配置到一个环组。这样在各环都激活的情况下,就只有 Device B 上的 Ring 2 发送 Edge-Hello 报文了。

(7)快速检测机制。RRPP 的快速收敛依赖于传输节点能够快速检测到链路故障,并立即发出通知。而在 RRPP 的实际运用中,环网中的某些设备并不支持 RRPP 协议,由于无法感知到这些设备之间的链路故障,RRPP 只能通过超时机制进行链路切换,但这将导致流量中断时间过长,不能达到用户毫秒级切换的需要。

RRPP 快速检测机制可以解决上述问题。在配置了快速检测功能之后,当 RRPP 在检测以太网环的链路状况时:

1)主节点会以 Fast-Hello 定时器周期性地从主端口发送 Fast-Hello 报文。在 Fast-Fail 定时器超时前,若其副端口收到了该报文,就认为环路处于健康状态;否则,认为环路处于断裂状态。

2)边缘节点会以最高精度定时器周期性地从公共端口发送 Fast-Edge-Hello 报文。在三倍于最高精度定时器值的时间间隔内,若辅助边缘节点没有收到该报文,就认为子环在主环上的传输通道处于断裂状态。

如图 5.14 所示,当在 Ring 1 的主节点 Device A 上使能了 RRPP 域 1 的快速检测功能后,Device A 将周期性地发送 Fast-Hello 报文,并根据在 Fast-Fail 时间内是否收到 Fast-Hello 报文来判断环路状态,从而实现链路状态的快速检测。

5.2.4 VRRP 技术

随着网络的快速普及和相关应用的日益深入,各种增值业务(如 IPTV、视频会议等)已经开始广泛部署,基础网络的可靠性日益成为用户关注的焦点,能够保证网络传输不中断对于终端用户非常重要。通常,同一网段内的所有主机上都设置一条相同的、以网关为下一跳的缺省路由。主机发往其他网段的报文将通过缺省路由发往网关,再由网关进行转发,从而实现主机与外部网络的通信。当网关发生故障时,局域网内所有以网关为缺省路由的主机将无法与外部网络通信。增加出口网关是提高系统可靠性的常见方法,此时如何在多个出口之间进行选路就成为需要解决的问题。虚拟路由冗余协议(Virtual Router Redundancy Protocol,VRRP)的出现很好地解决了这个问题。VRRP 能够在不改变组网的情况下,将多台路由设备组成一个虚拟路由器,通过配置虚拟路由器的 IP 地址为默认网关,实现默认网关的备份。

1. VRRP 概述

为解决局域网主机访问外部网络的可靠通信问题,因特网工程任务组(Internet Engineering Task Force,IETF)提出了虚拟路由冗余协议 VRRP。该协议通过把几台路由设备联合组成一台虚拟的路由设备,将虚拟路由设备的 IP 地址作为用户的默认网关实现与外部网络的通信。当网关设备发生故障时,VRRP 机制能够选举新的网关设备承担数据流量,从而保障网络的可靠通信。

VRRP 协议具备以下优点：

(1)冗余备份。VRRP 可以将多台路由设备配置为缺省网关路由器，当出现单点故障的时候通过备份链路进行业务传输，从而降低网络故障的可能性，保证用户的各种业务不中断传输。

(2)负载分担。VRRP 可以实现多台设备同时承担业务流量，从而减轻主用设备上数据流量的承载压力，在路由设备之间更均衡地分担流量。

(3)联动功能。VRRP 联动可以监视上行链路的故障。当上行接口或链路故障时，VRRP 备份组的 Master 设备降低优先级，重新进行选举，确保 Master 路由器为最佳的 VRRP 路由设备，保证流量的正常转发。此外，VRRP 与双向转发检测（BidirectionalForwardingDetection，BFD）联动可以提高 VRRP 备份组中主备设备的切换速度。利用 BFD 检测速度快的特点，在 Master 设备和 Backup 设备之间建立 BFD 会话并与 VRRP 备份组进行绑定，实现当 Master 设备和 Backup 设备之间的链路出现故障时，Backup 设备迅速切换为 Master，承担网络流量。

如图 5.22 所示，R1、R2、R3 构成一个虚拟路由器，这个虚拟路由器对外的 IP 地址为 10.128.1.4。虚拟路由器内部，各路由器拥有独立的 IP 地址，其中 R1 为 Master 路由器，R2、R3 为 Backup 路由器。结合图 5.22，介绍 VRRP 的基本概念。

1) VRRP 路由器(VRRP Router)：运行 VRRP 协议的设备。

2) 虚拟路由器(Virtual Router)：又称 VRRP 备份组，由一个 Master 设备和多个 Backup 设备组成，被当作一个共享局域网内主机的缺省网关。如 R1、R2 和 R3 共同组成了一个虚拟路由器。

3) Master 路由器(Virtual Router Master)：承担转发报文任务的 VRRP 设备，如 R1。

4) Backup 路由器(Virtual Router Backup)：一组没有承担转发任务的 VRRP 设备，当 Master 设备出现故障时，它们将通过竞选成为新的 Master 设备，如 R2、R3。

5) VRID：虚拟路由器的标识。如 R1 和 R2 组成的虚拟路由器的 VRID 为 1。

6) 虚拟 IP 地址(Virtual IP Address)：虚拟路由器的 IP 地址，一个虚拟路由器可以有一个或多个 IP 地址，由用户配置。如 R1 和 R2 组成的虚拟路由器的虚拟 IP 地址为 10.128.1.4/24。

7) IP 地址拥有者(IP Address Owner)：如果一个 VRRP 设备将虚拟路由器 IP 地址作为真实的接口地址，则该设备被称为 IP 地址拥有者。如果 IP 地址拥有者是可用的，通常它将成为 Master。如果 R1 接口的 IP 地址与虚拟路由器的 IP 地址相同，均为 10.1.1.10/24，则称它是这个 VRRP 备份组的 IP 地址拥有者。

8) 虚拟 MAC 地址(Virtual MAC Address)：虚拟路由器根据 VRID 生成的 MAC 地址。一个虚拟路由器拥有一个虚拟 MAC 地址，格式为：00-00-5E-00-01-{VRID}(VRRP for IPv4)或 00-00-5E-00-02-{VRID}(VRRP for IPv6)。当虚拟路由器回应 ARP 请求时，使用虚拟 MAC 地址，而不是接口的真实 MAC 地址。如 SwitchA 和 SwitchB 组成的虚拟路由器的 VRID 为 1，因此这个 VRRP 备份组的 MAC 地址为 00-00-5E-00-01-01。

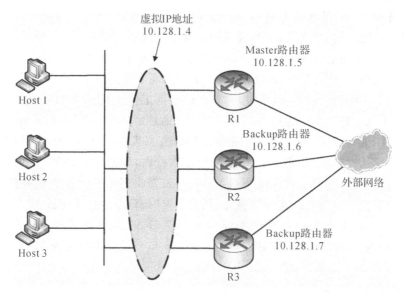

图 5.22　VRRP 组网示意图

2. VRRP 工作机制

VRRP 协议中定义了三种状态机：初始状态（Initialize）、活动状态（Master）和备份状态（Backup）。其中，只有处于活动状态的设备才可以转发那些发送到虚拟 IP 地址的报文。VRRP 状态的转换如图 5.23 所示。

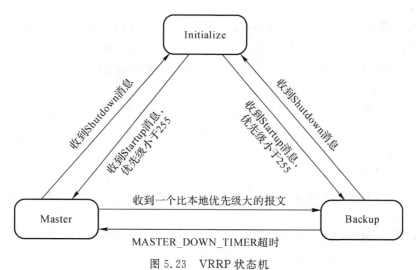

图 5.23　VRRP 状态机

当 VRRP 设备处于 Initialize 状态时，VRRP 为不可用状态，在此状态时设备不会对 VRRP 报文做任何处理。通常刚配置 VRRP 时或设备检测到故障时会进入 Initialize 状态。收到接口 up 的消息后，如果设备的优先级为 255，则直接成为 Master 设备；如果设备的优先级小于 255，则会先切换至 Backup 状态。

当 VRRP 设备处于 Master 状态时，它将会做下列工作：①定时（Advertisement Interval）发送 VRRP 通告报文；②以虚拟 MAC 地址响应对虚拟 IP 地址的 ARP 请求；③转发目的

MAC 地址为虚拟 MAC 地址的 IP 报文;④如果它是虚拟 IP 地址的拥有者,则接收目的 IP 地址为这个虚拟 IP 地址的 IP 报文;⑤如果收到比自己优先级大的报文,立即成为 Backup;⑥如果收到与自己优先级相等的 VRRP 报文且本地接口 IP 地址小于对端接口 IP,立即成为 Backup;⑦当接收到接口的 Shutdown 事件时,转为 Initialize 状态。

当 VRRP 设备处于 Backup 状态时,它将会做下列工作:①接收 Master 发送的 VRRP 通告报文,判断 Master 的状态是否正常;②对虚拟 IP 地址的 ARP 请求,不做响应;③收到目的 IP 地址为虚拟 IP 地址的 IP 报文时按照正常二层转发流程进行处理;④如果收到比自己优先级小的报文时,默认立刻成为 Master,如果配置了不抢占,则重置定时器;⑤如果配置了抢占延迟,则重置定时器,待抢占延迟到期再成为 Master;⑥收到比自己优先级高的报文时,重置定时器(如果收到优先级和自己相同的报文,则重置定时器,不进一步比较 IP 地址);⑦如果收到比自己优先级小的报文且该报文优先级不是 0,丢弃报文,立刻成为 Master;⑧当接收到 MASTER_DOWN_TIMER 定时器超时的消息时,Backup 状态才会转为 Master 状态;⑨当接收到接口的 Shutdown 消息时,转为 Initialize 状态。

VRRP 协议的工作过程如下:

(1) VRRP 备份组中的设备根据优先级选举出 Master。Master 设备通过发送免费 ARP 报文,将虚拟 MAC 地址通知给与它连接的设备或者主机,从而承担报文转发任务。

(2) Master 设备周期性向备份组内所有 Backup 设备发送 VRRP 通告报文,以公布其配置信息(优先级等)和工作状况。

(3) 如果 Master 设备出现故障,VRRP 备份组中的 Backup 设备将根据优先级重新选举新的 Master。

(4) VRRP 备份组状态切换时,Master 设备由一台设备切换为另外一台设备,新的 Master 设备会立即发送携带虚拟路由器的虚拟 MAC 地址和虚拟 IP 地址信息的免费 ARP 报文,刷新与它连接的主机或设备中的 MAC 表项,从而把用户流量引到新的 Master 设备上来,整个过程对用户完全透明。

(5) 原 Master 设备故障恢复时,若该设备为 IP 地址拥有者(优先级为 255),将直接切换至 Master 状态。若该设备优先级小于 255,将首先切换至 Backup 状态,且其优先级恢复为故障前配置的优先级。

3. VRRP 的主要功能

VRRP 的主要功能包括主备备份、负载分担、接口状态监视、虚拟 IP 地址 Ping 开关、VRRP 快速切换等。

主备备份为 VRRP 提供 IP 地址备份。在正常情况下,业务全部由 Master 承担;当 Master 出现故障时,业务由 Backup 承担。

负载分担可以通过多虚拟路由器实现负载分担。在负载分担中,需要建立两个或多个虚拟路由器,每个虚拟路由器都对应一个 Master 设备和多个 Backup 设备;同一台路由器可以加入多个不同的虚拟路由器,同时也可以拥有不同的优先级。负载分担可以达到分担数据流、相互备份的目的。

VRRP 可以监视所有接口的状态。当被监视接口的状态发生变化时,改路由器的优先级会升高或降低一定数值,使得备份组中各路由器优先级排序发生变化,重新竞选 Master。

虚拟 IP 地址 Ping 开关允许用户通过设定,控制虚拟 IP 地址是否可以 ping 通,便于对虚拟路由器进行监控，但也带来了 ICMP 攻击的隐患。因此在配置此功能时，需要充分考虑安全需求。

VRRP 快速切换主要用于解决设备切换时延问题。VRRP 备份组通过收发 VRRP 协议报文进行主备状态的协商，以实现设备的冗余备份功能。当 VRRP 备份组之间的链路出现故障时，由于此时 VRRP 报文无法正常协商，Backup 设备需要等待 3 倍协商周期（通常为 3 s 左右）后才会切换为 Master 设备，在等待切换期间内，业务流量仍会发往 Master 设备，此时会造成业务流量丢失。BFD 能够快速检测、监控网络中链路的连通状况，通过部署 VRRP 与 BFD 联动，可以使主备切换的时间控制在 1 s 以内，有效解决上述问题。通过在 Master 设备和 Backup 设备之间建立 BFD 会话并与 VRRP 备份组进行绑定，由 BFD 机制快速检测 VRRP 备份组之间的通信故障，并在出现故障时及时通知 VRRP 备份组进行主备切换，从而大大减少应用中断时间。VRRP 支持与静态的 BFD 会话类型或静态标识符自协商的 BFD 会话类型的联动。

5.2.5 堆叠技术

堆叠是指将多台支持堆叠特性的交换机通过堆叠线缆连接在一起，从逻辑上变成一台交换设备，作为一个整体参与数据转发。

（1）提高可靠性。堆叠系统中多台成员交换机之间冗余备份，当其中某台交换机发生故障时，其他交换机可以接替工作保证系统的正常运行。另外，堆叠系统支持跨设备的链路聚合功能，也可以实现链路的冗余备份。

（2）扩展端口数量。如图 5.24 所示，当接入的用户数增加到原交换机端口密度不能满足接入需求时，可以增加新交换机与原交换机组成堆叠系统扩展端口数量。

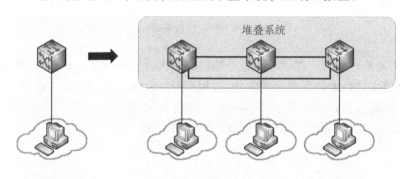

图 5.24　扩展端口数量示意图

（3）增大带宽。如图 5.25 所示，当需要增大交换机上行带宽时，可以增加新交换机与原交换机组成堆叠系统，将成员交换机的多条物理链路配置成一个聚合组，提高交换机的上行带宽。

（4）简化组网。如图 5.26 所示，网络中的多台设备组成堆叠，虚拟成单一的逻辑设备。简化后的组网不再需要使用 MSTP 等破坏协议，简化了网络配置，同时依靠跨设备的链路聚合，实现单设备故障时的快速切换，提高可靠性。

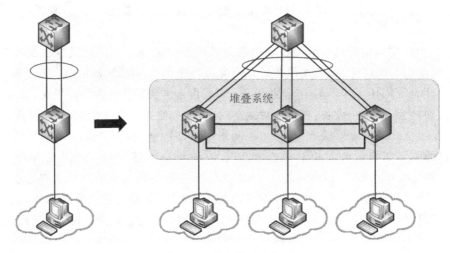

图 5.25　带宽扩展示意图

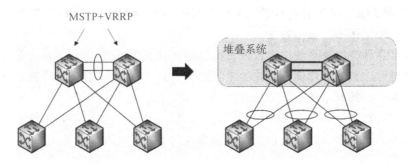

图 5.26　简化组网示意图

(5)长距离堆叠。如图 5.27 所示,每个楼层的用户通过楼道交换机接入外部网络,现将各相距较远的楼道交换机连接起来组成堆叠,这相当于每栋楼只有一个接入设备,网络结构变得更加简单。每栋楼有多条链路到达核心网络,网络变得更加健壮、可靠。对多台楼道交换机的配置简化成对堆叠系统的配置,降低了管理和维护的成本。

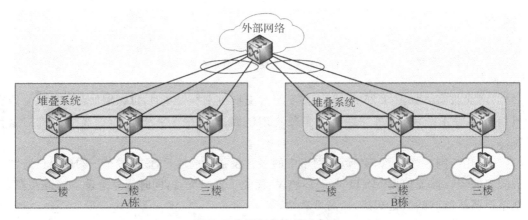

图 5.27　长距离堆叠示意图

根据连接介质的不同,堆叠方式可以分为堆叠卡堆叠和业务口堆叠。堆叠卡堆叠使用专用的堆叠插卡及专用的堆叠线缆相连接;业务口堆叠指的是交换机之间通过与逻辑堆叠端口绑定的物理成员端口相连,不需要专用的堆叠插卡。专用堆叠线缆如图 5.28 所示。

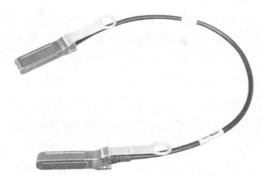

图 5.28 堆叠线缆

每种连接方式都可组成链式和环式两种连接拓扑,如图 5.29 所示。

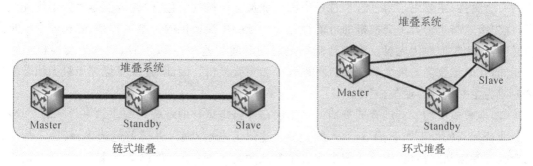

图 5.29 堆叠拓扑连接方式

链式连接的优点是首尾不需要有物理连接,适合长距离堆叠。其缺点是可靠性低,其中一条堆叠链路出现故障,就会造成堆叠分裂;另外,由于整个堆叠系统只有一条路径,堆叠链路带宽利用率相对较低。链式连接适用于堆叠成员交换机距离较远时,组建环式连接比较困难的场景。

环式连接的优点是可靠性高,其中一条堆叠链路出现故障,环形拓扑变成链形拓扑,不影响堆叠系统正常工作;由于数据能够按照最短路径转发,堆叠链路带宽利用率高。其缺点在于首尾需要有物理连接,不适合长距离堆叠。环式连接主要用于堆叠成员交换机距离较近时,且对可靠性和堆叠链路利用率有性能需求的场景。

1. 堆叠工作机制

(1) 角色。堆叠系统中所有的单台交换机都称为成员交换机,按照功能不同,可以分为以下三种角色:

1) 主交换机(Master)。主交换机负责管理整个堆叠。堆叠系统中只有一台主交换机。

2) 备交换机(Standby)。备交换机是主交换机的备份交换机。堆叠系统中只有一台备交换机。当主交换机故障时,备交换机会接替原主交换机的所有业务。

3) 从交换机(Slave)。从交换机用于业务转发,堆叠系统中可以有多台从交换机。从交换机数量越多,堆叠系统的转发带宽越大。

除主交换机和备交换机外,堆叠中其他所有的成员交换机都是从交换机。当备交换机不可用时,从交换机承担备交换机的角色。交换机、备交换机和从交换机都可以进行业务流量的转发。添加、移除或替换堆叠成员交换机,都可能导致堆叠成员角色的变化。

(2)堆叠 ID 和堆叠优先级 堆叠 ID 用来标识堆叠成员交换机,是成员交换机的槽位号,取值范围是 0~8,默认是 0。每个堆叠成员交换机在堆叠系统中具有唯一的堆叠 ID。未加入堆叠系统并且未修改堆叠 ID 时,交换机堆叠 ID 缺省为 0。堆叠时由堆叠主交换机对成员交换机的堆叠 ID 进行管理,当堆叠系统有新成员加入时,如果新成员与已有成员堆叠 ID 冲突,则堆叠主交换机从 0 到最大的堆叠 ID 进行遍历,找到第一个空闲的 ID 分配给该新成员。新建堆叠或堆叠成员变化时,如果不在堆叠前手动指定各交换机的堆叠 ID,则由于启动顺序等原因,最终堆叠系统中各成员的堆叠 ID 是随机的。因此,在建立堆叠时,建议提前规划好交换机的堆叠 ID,或通过特定的操作顺序,使交换机启动后的堆叠 ID 与规划的堆叠 ID 一致。在建立堆叠的实际过程中,可以按照以下方法分配堆叠 ID:①先摆放好堆叠成员交换机;②逐台配置交换机的堆叠 ID 为期望值;③用堆叠线将各交换机连接建立堆叠。堆叠优先级是成员交换机的一个属性,主要用于角色选举过程中确定成员交换机的角色,优先级值越大表示优先级越高,优先级越高当选为主交换机的可能性越大。堆叠主交换机的选举过程是:先比较交换机启动时间,再比较堆叠优先级。当两台交换机启动时间相差 20 s 以内时,则认为交换机启动时间相同,此时堆叠优先级大的交换机将被选举为主交换机。因此,建议将优先级最大值分配给希望成为主交换机的设备。

(3)堆叠成员加入。堆叠成员加入是指向已经稳定运行的堆叠系统添加一台新的交换机。堆叠成员加入的过程如下:①新加入的交换机连线上电启动后,进行角色选举,新加入的交换机会被选举为从交换机,堆叠系统中原有主备从角色不变;②角色选举结束后,主交换机更新堆叠拓扑信息,同步到其他成员交换机上,并向新加入的交换机分配堆叠 ID(新加入的交换机没有配置堆叠 ID 或配置的堆叠 ID 与原堆叠系统的冲突);③新加入的交换机更新堆叠 ID,并同步主交换机的配置文件和系统软件,之后进入稳定运行状态。

(4)堆叠成员退出。堆叠成员退出是指成员交换机从堆叠系统中离开。根据退出成员交换机角色的不同,对堆叠系统的影响也有所不同:当主交换机退出时,备份交换机升级为主交换机,重新计算堆叠拓扑并同步到其他成员交换机,指定新的备交换机,之后进入稳定运行状态;当备交换机退出时,主交换机重新指定备交换机,重新计算堆叠拓扑并同步到其他成员交换机,之后进入稳定运行状态;当从交换机退出时,主交换机重新计算堆叠拓扑并同步到其他成员交换机,之后进入稳定运行状态。

堆叠成员交换机退出的过程,主要就是拆除堆叠线缆和移除交换机的过程:对于环形堆叠,成员交换机退出后,为保证网络的可靠性还需要把退出交换机连接的两个端口通过堆叠线缆进行连接;对于链形堆叠,拆除中间交换机会造成堆叠分裂,这时需要在拆除前进行业务分析,尽量减少对业务的影响。

2.堆叠的建立

堆叠建立的过程包括物理连接、主交换机选举、堆叠 ID 分配和备交换机选举以及软件版本和配置文件同步 4 个阶段。

(1)物理连接。本阶段的主要工作是根据网络需求,选择适当的连接方式和连接拓扑,组建堆叠网络。网络管理人员需要根据交换机的硬件特性和业务需求选择使用堆叠卡堆叠或是业务口堆叠;确定堆叠方式后,还需要根据业务需求选择链式拓扑或是环式拓扑等拓扑结构。

(2)主交换机选举。本阶段的主要工作是成员交换机之间相互发送堆叠竞争报文,并根据选举原则,选出堆叠系统主交换机,在配置好优先级之后由设备自主协商完成。主交换机选举规则如下(依次从第一条开始判断,直至找到最优的交换机才停止比较)。

1)运行状态比较,已经运行的交换机比处于启动状态的交换机优先竞争为主交换机。堆叠主交换机选举超时时间为 20 s,堆叠成员交换机上电或重启时,由于不同成员交换机所需的启动时间可能差异比较大,因此不是所有成员交换机都有机会参与主交换机的第一次选举。20 s 后启动的交换机加入堆叠系统时,会重新进行主交换机的竞争。原主交换机竞争失败时会重启然后再以非主交换机加入堆叠,后启动交换机竞争失败时只能被动加入堆叠成为非主交换机,加入过程可参见堆叠成员加入与退出。因此,如果希望指定某一成员交换机成为主交换机,则可以先为其上电,待其启动完成后再给其他成员交换机上电。譬如,A-B-C 三台设备链形堆叠,如果 A、B 先启动,C 后启动,C 加入堆叠系统时,只能被动加入堆叠成为非主交换机;如果 A、C 先启动,A、C 已分别成为主交换机,B 再启动加入堆叠系统时,A 和 C 会根据启动时间重新进行主交换机的竞争,竞争主交换机失败的交换机会重启再以非主交换机加入堆叠。另外,以 A-B-C-D-A 四台设备环形堆叠为例,如果 A、B 先启动,C 和 D 后启动,C 和 D 加入堆叠系统时,只能被动加入堆叠成为非主交换机;如果 A、C 先启动,A、C 已分别成为主交换机,B 和 D 再启动加入堆叠系统时,A 和 C 会根据启动时间重新进行主交换机的竞争,竞争主交换机失败的交换机会重启再以非主交换机加入堆叠。

2)堆叠优先级高的交换机优先竞争为主交换机。

3)堆叠优先级相同时,MAC 地址小的交换机优先竞争为主交换机。

(3)堆叠 ID 分配和备交换机选举。本阶段的主要工作是主交换机收集所有成员交换机的拓扑信息,向所有成员交换机分配堆叠 ID,之后选出堆叠系统备交换机。当除主交换机外其他交换机同时完成启动时,备交换机的选举规则如下(依次从第一条开始判断,直至找到最优的交换机才停止比较):

1)堆叠优先级最高的交换机成为备交换机。

2)堆叠优先级相同时,MAC 地址最小的成为备交换机。

除主交换机和备交换机之外,剩下的其他成员交换机作为从交换机加入堆叠。

(4)软件版本和配置文件同步。角色选举、拓扑收集完成之后,所有成员交换机会自动同步主交换机的软件版本和配置文件。堆叠系统具有自动加载系统软件的功能,待组成堆叠的成员交换机不需要具有相同软件版本,只需要版本间兼容即可。当备交换机或从交换机与主交换机的软件版本不一致时,备交换机或从交换机会自动从主交换机下载系统软件,然后使用新系统软件重启,并重新加入堆叠。另外,堆叠系统具有配置文件同步机制,主交换机保存整个堆叠系统的配置文件,并进行整个堆叠系统的配置管理。备交换机或从交换机会将主交换机的配置文件同步到本交换机并执行,以保证堆叠中的多台设备能够像一台设备一样在网络中工作,并且在主交换机出现故障之后,其余交换机仍能够正常执行各项功能。

5.3 多网集成中的网络隔离和集中管控问题

5.3.1 多网集成

网络系统集成是指根据应用的需要,将硬件设备、网络基础设施、网络设备、网络系统软件、网络基础服务系统、应用软件等组织成为一体,使之成为能够满足设备目标并具有优良性能价格比的计算机网络系统的过程。承载网络的多网集成是通过结构化的综合布线系统和计算机网络技术,将多个分离的承载网络集成到相互关联的、统一和协调的系统之中,既能够使资源达到充分共享,又能够实现集中、高效、安全、便利的管理。主要包括以下几方面的内容。

(1)网络硬件的集成。包括通信子网的硬件系统集成和资源子网的硬件系统集成。

(2)网络软件的集成。主要是指根据网络所支撑的应用的具体特点,选择网络操作系统和网络应用系统,然后通过网络软件的集成解决异构操作系统和异构应用系统之间的相互接口问题,从而构造一个灵活高效的网络软件系统。

(3)数据和信息的集成。数据和信息集成的核心任务包括合理部署组织的数据和信息,减少数据的冗余,努力实现有效信息的共享,确保数据和信息的安全可靠等。

(4)技术与管理的集成。技术与管理的集成是指将技术与管理有效地集成在一起,在满足需求的前提下,努力为用户提供性价比高的解决方案。在此基础上,使网络系统具有高性能、易管理、易扩充的特点。

(5)个人与组织机构的集成。通过网络系统集成使组织内部的个人行为与组织的目标高度一致、高度协调,从而实现提高个人工作效率和组织管理效率的目标。

在诸多问题中,本节重点讨论多个网络在集成过程中的隔离问题和集中管控问题。

5.3.2 网络隔离技术

网络隔离技术的目标是确保把有害的攻击隔离,在可信网络与非可信网络之间,在保证可信网络内部信息不外泄的前提下,完成网间数据的安全交换。网络隔离技术是在原有安全技术的基础上发展起来的,它弥补了原有安全技术的不足,能够很有效地保证网络数据的安全。在多网集成中采用网络隔离技术既可以保证各个独立网络的安全,又可以实现网间数据的安全交换。

1. 网络隔离技术的发展

隔离的概念是在为了保护高安全度网络环境的情况下产生的,隔离产品的大量出现,也是经历了五代隔离技术不断的实践和理论相结合后得来的。

第一代隔离技术:完全的隔离。虽然做到了完全的物理隔离,但使得网络处于信息孤岛状态,网络间信息交流不便,成本提高,给维护和使用带来了极大的不便。

第二代隔离技术:硬件卡隔离。在客户端增加一块硬件卡,客户端硬盘或其他存储设备首先连接到该卡,然后再转接到主板上,通过该卡能控制客户端硬盘或其他存储设备。而在选择不同的硬盘时,同时选择了该卡上不同的网络接口,连接到不同的网络。但是,这种隔离产品有的仍然需要网络布线为双网线结构,产品存在着较大的安全隐患。

第三代隔离技术:数据转播隔离。利用转播系统分时复制文件的途径来实现隔离,切换时间非常之久,甚至需要手工完成,不仅明显地减缓了访问速度,更不支持常见的网络应用,失去了网络存在的意义。

第四代隔离技术:空气开关隔离。它是通过使用单刀双掷开关,使得内外部网络分时访问临时缓存器来完成数据交换的,但在安全和性能上存在有许多问题。

第五代隔离技术:安全通道隔离。此技术通过专用通信硬件和专有安全协议等安全机制,来实现内外部网络的隔离和数据交换,不仅解决了以前隔离技术存在的问题,并有效地把内外部网络隔离开来,而且高效地实现了内外网数据的安全交换,透明支持多种网络应用,成为当前隔离技术的发展方向。

2. 网络隔离技术产品

现有隔离技术主要包括以下几种类型。

(1)双机双网。双机双网隔离技术方案是指通过配置两台计算机来分别连接内网和外网环境,再利用移动存储设备来完成数据交互操作。然而这种技术方案会给后期系统维护带来诸多不便,同时还存在成本上升、占用资源等缺点,而且通常效率也无法达到用户的要求。

(2)双硬盘隔离。双硬盘隔离技术方案的基本思想是通过在原有客户机上添加一块硬盘和隔离卡来实现内网和外网的物理隔离,并通过选择启动内网硬盘或外网硬盘来连接内网或外网网络。由于这种隔离技术方案需要多添加一块硬盘,所以对那些配置要求高的网络而言,就造成了成本浪费,同时频繁地关闭、启动硬盘容易造成硬盘的损坏。

(3)单硬盘隔离。单硬盘隔离技术方案的实现原理是从物理层上将客户端的单个硬盘分割为公共和安全分区,并分别安装两套系统来实现内网和外网的隔离,这样就可具有较好的可扩展性,但是也存在数据是否安全界定困难、不能同时访问内外两个网络等缺陷。

(4)集线器级隔离。集线器级隔离技术方案的一个主要特征是在客户端只需使用一条网络线就可以部署内网和外网,然后通过远端切换器来选择连接内外双网,避免了客户端要用两条网络线来连接内外网络。

(5)服务器端隔离。服务器端隔离技术方案的关键内容是在物理上没有数据连通的内外网络下,如何快速分时地处理和传递数据信息,该方案主要是通过采用复杂的软硬件技术手段来在服务器端实现数据信息过滤和传输任务,以达到隔离内外网的目的。

3. 安全隔离网闸——GAP 技术

目前网络隔离主要采用的是 GAP(安全隔离网闸)技术,GAP 源于英文的"AirGap",是一种通过专用硬件使两个或者两个以上的网络在不连通的情况下实现安全数据传输和资源共享的技术。它采用独特的硬件设计,保证在任意时刻使网络间的链路层断开,阻断 TCP/IP 协议及其他网络协议,能够显著地提高内部用户网络的安全强度。

(1)GAP 的组成。GAP 的体系结构如图 5.30 所示,一般包括内网处理单元、外网处理单元和专用隔离交换单元三部分。其内、外网处理单元各拥有一个网络接口及相应的 IP 地址,分别对应连接内网和外网,专用隔离交换单元受硬件电路控制高速切换,在任一瞬间仅连接内网处理单元或外网处理单元之一。

(2)GAP 技术的基本原理。GAP 技术的基本原理是在内网和外网的系统之间架构"安全隔离网闸",保证内网连通时,断开与外网的连接;外网连通时,断开与内网的连接,分时地使用内外网中的数据通路进行数据交换,以达到隔离与交换的目的。也就是单个用户在同一时间、同一空间不能同时使用内网和外网两个系统。只要使两个系统在空间上物理隔离,在不同的时间运行,就可以得到两个完全物理隔离的系统。在数据交换过程中要进行防病毒、防恶意代码等信息过滤,以保证信息的安全;切断网络之间的通用协议连接;将数据包进行分解或重组为静态数据;对静态数据进行安全审查,包括网络协议检查和代码扫描等;确认后的安全数据流入内部单元;内部用户通过严格的身份认证机制获取所需数据。

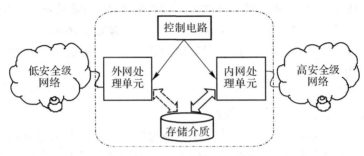

图 5.30　GAP 的体系结构图

(3)GAP 技术的工作机制。

1)GAP 硬件采用多主机架构,以获得更好的处理性能和更好的灵活性、可扩展性。GAP 设备需要对在网络间交换的数据进行预处理。预处理过程包括:将网络上传送的数据还原为应用层数据;对这些数据进行由用户所定义的检查;读取和发送这些应用数据。多台主机用专用硬件串联的架构形成纵深防御,即使外部主机被攻击,也可以保证内部主机的安全。

2)GAP 硬件架构中采用专用防篡改硬件隔断 TCP/IP 协议通信,保证数据传送和检查机制固化、防篡改,保证网络隔离的有效性。

3)GAP 的"白名单"策略面向应用数据,并对未知来源的主动请求拒绝。用户对所传输的数据的定义只能是面向应用,而不可能面向网络会话或者 IP 报文。读取和发送这些数据时,GAP 采用主动请求或者专用安全接口或专用安全客户端的方法。内部网络的服务端口暴露在各种各样的未知请求面前时,很难避免遭受堆栈溢出、绕过安全检查、拒绝服务等的攻击。通过主动请求的方法可以避免开放服务端口;通过专用安全接口或者专用安全客户端进行数据读取和发送,可以避免接收未知数据,以避免绝大多数存在的安全隐患。

4)GAP 提供内容检查机制。采用病毒查杀引擎对已知病毒进行查杀,根据用户对数据的定义检查数据的格式和内容。GAP 技术隔断了从物理层到应用层所有网络层次的协议信。GAP 技术是以硬件隔离部件为基础的软硬件有机整合的网络安全技术,具有硬件的物理隔离、协议的拆分和重组、细粒度的访问控制以及日志管理和安全策略的灵活自定义特性。

(4)GAP 技术在网络安全上的优势。

1)GAP 技术可以在链路层隔离的前提下提供各种形式的信息共享。GAP 使得黑客基于网络协议的攻击失效,这样不但消除了 TCP/IP 协议给网络带来的威胁,同时也使内部的系统与软件的后门和漏洞不会被外网利用。即使是目前最难对付的 Dos、DDos 攻击,对该产品本身和内部网络也没有影响。GAP 技术利用专用硬件对黑客攻击的物质基础——网络介质进行隔离,保证了两个网络在链路层断开的前提下实现数据安全传输和资源共享,因而 GAP 技术可以为涉密网络提供可靠的保护。

2)GAP 采用专用隔离硬件的设计完成隔离功能,硬件设计保证在任意时刻可使网络间的链路层断开,阻断 TCP/IP 协议以及其他网络协议;同时该硬件不提供编程软接口,不受系统控制,仅提供物理上的控制开关。这样黑客无法从远程获得硬件的控制权。隔离硬件工作在系统的最底层,保证不会导致安全问题产生。隔离硬件与暂存区的设计满足了数据传输的实时性和传输效率。

3)GAP技术集合多种安全技术,消除了数据交换中的安全隐患,并有合理的软件策略保障多层面的安全。GAP在专用硬件基础上,紧密集成了内核防护、协议转化、病毒查杀、身份验证、访问控制、安全审计等模块。这些模块可以与隔离硬件结合形成整体的防御体系。

(5)GAP在多网集成中的部署位置。

1)在涉密网络系统中的部署。GAP可以部署的位置包括不同的涉密网络之间,同一涉密网络的不同安全域之间,涉密网与没有接入互联网的办公网络之间,办公网络、公众信息服务网与互联网之间。

2)在常规网络系统中的部署。GAP可以部署的位置包括内部核心业务网与内部一般业务网之间,各分支机构/分部与总部网络之间,内部网络与外部网络之间,内部核心业务网、内部一般业务网和外部网络之间,行业之间。

5.3.3 集中管控

要解决核心资源的访问安全问题,首先从管理模式上进行分析。管理模式是首要因素,管理是从一个很高的高度,综合考虑整体的情况,然后制定出相应的解决策略,最后落实到技术实现上。管理解决的是面的问题,技术解决的是点的问题,管理的模式决定了管理的高度。随着应用的发展,多网的集成,设备越来越多,维护人员也越来越多,必须由分散的管理模式逐步转变为集中的管理模式。只有集中才能够实现统一管理,也只有集中才能把复杂问题简单化,集中管控是运维管理思想发展的必然趋势。

1. 基本思路

在多网集成过程中,集中管控建设的基本思路是:以保护信息系统为核心,严格参考等级保护的思路和标准,从物理层面、网络层面、系统层面、应用层面和管理层面多个层面进行建设,满足信息系统的安全需求。主要包括以下四方面:

(1)构建分域的控制体系。集中管控解决方案在总体架构上将按照分域保护思路进行,参考信息安全技术框架(IATF),从保护计算环境、保护边界、保护网络基础设施三个层面进行设计,将网络系统从结构上划分为不同的安全区域,各个安全区域内部的网络设备、服务器、终端、应用系统形成单独的计算环境,各个安全区域之间的访问关系形成边界,各个安全区域之间的连接链路和网络设备构成了网络基础设施。

(2)构建纵深的防御体系。集中管控安全建设方案包括技术和管理两个部分,针对通信网络、区域边界、计算环境,综合采用访问控制、入侵防御、恶意代码法防范、安全审计、防病毒、传输加密、集中数据备份等多种技术和措施,实现业务应用的可用性、完整性和保密性保护,并在此基础上实现综合集中的安全管理,同时充分考虑各种技术的组合和功能的互补性,合理利用措施,从外到内形成一个纵深的安全防御体系,保障信息系统整体的安全保护能力。

(3)实现集中的安全管理,保证一致的安全强度。信息安全管理的目标就是通过采取适当的控制措施来保障信息的保密性、完整性、可用性,从而确保信息系统内不发生安全事件、少发生安全事件,即使发生安全事件也能有效控制事件造成的影响。通过建设集中的安全管理平台,运用分级的办法,采取强度一致的安全措施,并采取统一的防护策略,使各安全措施在作用和功能上相互补充,形成动态的防护体系。

(4)在安全管理平台上实现各个级别系统的基本保护,比如统一的防病毒系统、统一的日志系统、统一的审计系统,然后在基本保护的基础上,再根据各个系统的重要程度,采取高强度的保护措施,并实现对信息资产、安全事件、安全风险、访问行为等的统一分析与监管,通过关联分析技术,使系统管理人员能够迅速发现问题,定位问题,有效应对安全事件的发生。

2. 安全域划分与隔离

在承载网的多网集成过程中,承载网一般都承载着提供各种服务的多个业务系统,这些业务系统彼此承载的数据、应用人员分属不同的部门和类别,不同的业务系统具有不同的安全防护需求,这些业务系统与其他网络区域及业务系统可能存在多个数据交互的边界,需要在这些边界实施统一有效的安全防护策略。

根据网络系统与信息系统各节点的网络结构、具体的应用以及安全等级的需求,通常使用逻辑隔离技术(VLAN 或防火墙技术)将整个网络系统划分为三个层次的安全域,如图 5.31 所示。

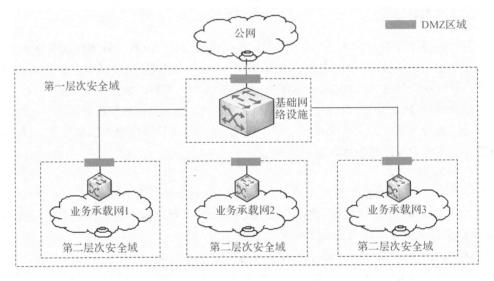

图 5.31 安全域划分示意图

第一层次安全域:将多网集成后的整个网络信息系统看作是一个大的安全域,包含基础网络、多个网络及应用系统。

第二层次安全域:将同安全等级各应用系统从逻辑上和物理上分别划分,同时设立一个非安全系统与安全系统之间的缓冲区,称为 DMZ 区域。该缓冲区位于内部网络和外部网络之间的小网络区域内,在这个小网络区域内放置一些必须公开的服务器设施,如 Web 服务器、FTP 服务器和论坛等。另外,通过一个 DMZ 区域,更加有效地保护了内部网络,增加外部攻击者的攻击难度。

第三层次安全域:主要是各应用系统内部根据应用人群的终端分布、部门等划分子网或子系统;同一职能部门的终端划分为同一 VLAN,不同职能部门间 VLAN 数据交换需要经过三层网络设备或防火墙实施访问控制策略。

3. 用户安全管理策略

集中管控方案在用户安全管理方面实现了统一账号管理、统一认证、统一授权和统一审计等功能,为多业务系统提供身份管理、资源管理、权限管理、审计管理等统一、安全、有效的配置和服务,见图 5.32。

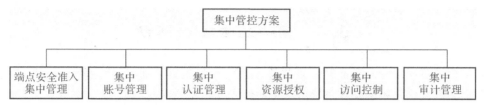

图 5.32 集中管控方案功能模块图

(1) 端点安全准入集中管理。端点安全准入可以根据不同的用户分配不同的网络区域(VLAN 隔离和下发终端 IP),分配不同的网络访问权限;同时还可以对入网请求的终端进行网络合规性检查和评估,并根据客户制定的检查标准,对不满足条件的终端提供修复向导。

(2) 集中账号管理。集中账号管理包含对所有服务器、网络设备账号的集中管理。账号和资源的集中管理是集中授权、认证和审计的基础。集中账号管理可以完成对账号整个生命周期的监控和管理,而且还降低了管理大量用户账号的难度和工作量。同时,通过统一的管理还能够发现账号中存在的安全隐患,并且制定统一的、标准的用户账号安全策略。

通过建立集中账号管理,可以实现将账号与具体的自然人相关联。通过这种关联,可以实现多级的用户管理和细粒度的用户授权,而且,还可以实现针对自然人的行为审计,以满足审计的需要。

(3) 集中认证管理。集中管控系统为用户提供统一的认证接口。采用统一的认证接口不但便于对用户认证的管理,而且能够采用更加安全的认证模式,提高认证的安全性和可靠性。通常集中身份认证可以提供静态密码、Windows NT 域、Windows Kerberos、双因素、一次性口令和生物特征等多种认证方式,而且系统具有灵活的定制接口,可以方便地与第三方认证服务器对接。

(4) 集中资源授权。集中资源授权系统对用户、角色及行为和资源进行授权,以达到对权限的细粒度控制,最大限度保护用户资源的安全。集中访问授权和访问控制可以对用户通过 B/S、C/S 时对服务器主机、网络设备的访问进行审计和阻断。

在集中资源授权里强调的"集中"是逻辑上的集中,而不是物理上的集中。即在各网络设备、服务器主机系统中可能拥有各自的权限管理功能,管理员也由各自的归口管理部门委派,他们可以对各自的管理对象进行授权,而不需要进入每一个被管理对象才能授权。授权的对象包括用户、用户角色、资源和用户行为。系统不但能够授权用户可以通过什么角色访问资源这样基于应用边界的粗粒度授权,对某些应用还可以限制用户的操作,以及在什么时间进行操作等的细粒度授权。

(5) 集中访问控制。访问控制策略是保护系统安全性的重要环节,制定良好的访问策略能够更好地提高系统的安全性。集中访问控制系统能够提供细粒度的访问控制,最大限度保护用户资源的安全。细粒度的命令策略是命令的集合,可以是一组可执行命令,也可以是一组非可执行的命令,该命令集合用来分配给具体的用户,来限制其系统行为,管理员会根据其自身的角色为其制定相应的控制策略来限定用户。

（6）集中审计管理。集中审计管理系统主要审计操作人员的账号使用（登录、资源访问）情况、资源使用情况等。在各服务器主机、网络设备的访问日志记录都采用统一的账号、资源进行标识后，操作审计能更好地对账号的完整使用过程进行追踪。

5.4 网络综合布线系统

网络命令是网络管理和故障诊断排除中最常用的工具。通常，PC操作系统所支持的命令与路由器等网络设备的操作系统所支持的命令各不相同。

5.4.1 结构化综合布线系统概述

综合布线系统最初产生于20世纪80年代初期的美国，是随着通信技术和计算机联网技术的发展而发展起来的。80年代末期综合布线技术在设计、产品、标准、测试等方面取得了突飞猛进的进展，欧美许多发达国家先后制定标准对其进行规范，其中被许多国家广泛采用的有美国电子工业协会/电信工业协会制定的TIA/EIA 568B标准和国际标准化组织制定的ISO/IEC 11801标准。这两个标准的制定对促进综合布线技术的普及和计算机网络技术的发展奠定了基础。我国对综合布线技术的推广应用也非常重视，并于1995年由中国工程建设标准化协会制定了国内第一部结合国情的综合布线标准《建筑与建筑群综合布线系统工程设计规范》。1997年该标准得到了进一步完善，对抗干扰、防噪声、防火、防毒等关键技术方面做出了新的规定。同时《建筑与建筑群综合布线系统工程施工及验收规范》也相继出台，这对规范我国综合布线产业无疑产生了积极的影响。

随着网络技术的突飞猛进，尤其是千兆位以太网应用的不断发展，2002年3月TIA/EIA 568B标准发布，该标准包括三部分：TIA/EIA 568 B.1标准为主文件，主要包括商业建筑物布线的安装和测试要求。TIA/EIA 568 B.2标准定义了100 Ω平衡双绞线连接器件标准，工作区跳线的长度从3 m改为5 m，配线间跳线的长度从6 m改为不能超过5 m，用永久链路测试模型取代基本链路测试模型，5类布线系统正式退出历史舞台，超5类成为布线最低要求。TIA/EIA 568B.3标准阐述了光纤连接器件标准，该部分在集中式光纤布线标准TSB-72的基础上重新定义了光纤标准，认可小型光纤连接器（SFF），认可高带宽的50/125 μm多模光纤作为水平或垂直主干传输介质。标准为了满足主干是万兆的园区以太网的需求，将主配线间（MC）到二级配线间（IC）的最长距离配合万兆以太网的需要，从500 m改为300 m，二级配线间（IC）到楼层配线间的最长距离从1 500 m改为1 700 m。

2002年6月，6类标准颁布，并作为TIA/EIA 568B的附录以TIA/EIA 568 B.2-1正式出版，继而ISO/IEC 11801—2002版本也于2002年正式出台，与TIA/EIA 568B基本保持一致。

综合布线系统的特点如下：

（1）综合布线系统是一套标准的配线系统，综合了语音、图像与控制等设备，并以标准的信息插座提供各种设备终端接口。

（2）兼容不同厂家的语音、数据设备，使用相同的电缆与配线架、相同的插头和模块插孔。因此，无论布线系统多么复杂、庞大，不再需要与不同的厂商进行协调，也不再为不同的设备准备不同的配线零件,以及复杂的线路标志与管理线路图。

(3)采用模块化设计,布线系统中除固定于建筑物内的水平线缆外,其余的都是积木标准件,易于扩充及更新配置。因此当用户因发展而需要增加配线时,不会因此而影响到整体布线系统,可以保证用户在以前布线上的投资。综合布线系统为所有语音、数据和图像设备提供了一套实用的、灵活的、可扩充的模块化的介质通道。

(4)综合布线系统能将当前和未来的语音、数据、网络、互联设备以及监控设备很方便地扩张进去,是面向未来的先进技术。

可见,综合布线系统较好地解决了传统布线方法的许多问题。其实,随着科学技术的迅猛发展,人们对信息资源共享的要求越来越迫切,越来越重视能够同时提供语音、数据和图像传输的集成通信网。因此,综合布线系统取代单一、昂贵、繁杂的传统布线,是信息时代的要求,也是历史发展的必然。

5.4.2 综合布线系统的组成

目前,在综合布线领域被广泛遵循的标准是 EIA/TIA 568A,即 Commercial Building Telecommunications Wiring Standard。各布线系统器件生产厂家遵照此标准提供了自己的布线产品。在 EIA/TIA 568A 中把综合布线系统分为 6 个子系统:建筑群子系统、设备间子系统、垂直干线子系统、管理子系统、水平系统和工作区子系统,如图 5.33 所示。

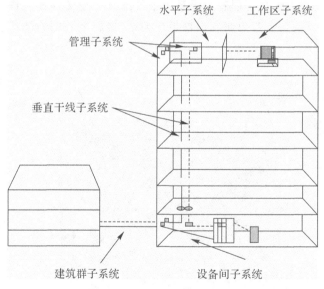

图 5.33 综合布线系统的组成

1. 工作区子系统(Work Area Subsystem)

工作区是放置用户终端设备的区域。工作区子系统由终端设备连接到信息插座的连线和适配器组成,其中包括装配线、连接器以及连接所需的扩展线。工作区系统中的信息插座,通常会同时提供语音(RJ11)和数据设备(如 RJ45)的接口。

信息插座分为嵌入式安装和表面安装两种插座。用户可以根据需要来确定所需插座类型,通常新建筑物采用嵌入式信息插座,现有建筑物则采用表面安装的信息插座。信息插座的安装常见的有两种形式:信息插座安装于地面上、信息插座安装于墙上。安装于地面的信息插座通常装在一个密封、防水、防尘的金属盒内,使用时利用其升降功能从盒内取出。图 5.34 所示为工作区 RJ45 信息插座安装在墙上的示意图。通常在信息插座的旁边还会安装电源插座,二者之间保持 20 cm 的距离。

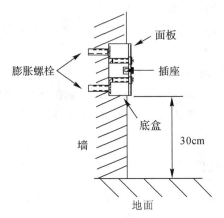

图 5.34　RJ45 插座、面板示意图

2. 水平子系统(Horizontal Subsystem)

水平布线子系统将电缆从每层管理子系统中的配线架连接到各工作区的信息点,一般仅使用非屏蔽双绞线,目的在于避免使用多种线缆类型,造成灵活性的降低和管理上的困难,如图 5.35 所示。

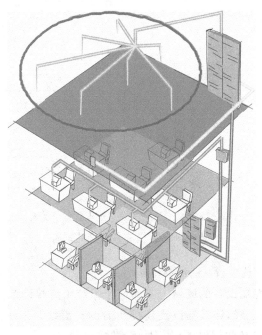

图 5.35　水平区子系统

水平区子系统的施工要根据施工现场建筑装修情况而决定。在走廊吊顶敷设线槽,或者

在防静电地板下面进行地面线槽走线,如图 5.36 所示。进入房间时,从线槽引出金属管,以暗埋方式沿墙壁布置到各信息点。

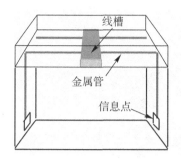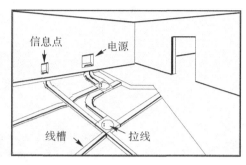

图 5.36 水平区子系统的两种走线敷设

3. 管理子系统(Administration Subsystem)

管理子系统由各层的配线间组成,配线间内设各种交叉连接的端接配线架,一部分用来端接垂直主干线,另一部分用来端接水平主干线。在管理子系统中,可以使用交连和互连手段对电缆进行连接,交连即交叉连接,是用跨线或插接线将单元一端的电缆连到单元另一端的电缆上,这种连接方式比较方便,不需要专门的做线工具;互连不使用跨线和插接线,直接或使用带插头的导线、插座等将两条电缆连接起来。

常用的管理子系统设备有局域网交换机、布线配线系统和其他相关设备,网络管理员可以很方便地对水平子系统的布线连接关系进行调整。当需要调整连接时,就可以通过配线架的跳线来重新配置连接的顺序。跳线有各种类型,如光纤跳线、双绞线跳线。管理子系统如图 5.37 所示。

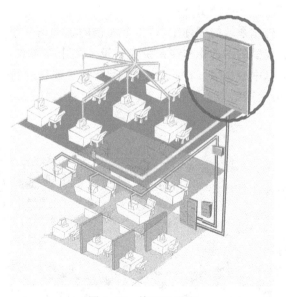

图 5.37 管理子系统

4. 垂直干线子系统(Riser Backbone Subsystem)

垂直干线子系统简称干线子系统,由设备间的建筑物配线设备、跳线以及设备间至各楼层管理间的干线电缆组成,如图5.38所示。干线电缆通常由垂直大对数铜缆或光缆组成。它的一端端接于设备机房的主配线架上,另一端通常接在楼层配线间的各个管理配线架上。

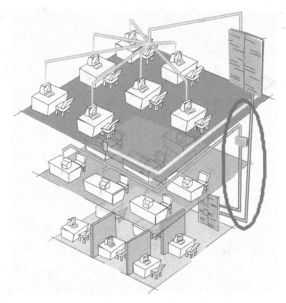

图5.38 垂直干线子系统

干线传输电缆的设计必须既满足当前的需要,又适应今后的发展。干线子系统布线走向应选择干线线缆最短、最安全、最经济的路由。干线子系统在系统设计施工时,应预留一定的线缆作冗余信道,这一点对于综合布线系统的可扩展性和可靠性来说是十分重要的。

5. 设备间子系统(Equipment Subsystem)

设备间子系统是结构化系统的管理中枢,整个大楼的各种信号都经过各类通信电缆汇集到该子系统。具备一定规模的结构化布线系统通常设立集中安置设备的主控中心,即通常所说的网络中心机房或信息中心机房。在此处安装、运营和管理系统的公共设备,如计算机局域网主干通信设备、各种公共网络服务器和电话程控交换机等,如图5.39所示。

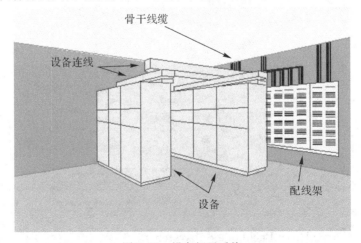

图5.39 设备间子系统

与机房的建设相同,设备间的建设要考虑温度、湿度、尘埃和电磁干扰等环境因素,要采取防火、防雷以及防盗等安全措施,还要有 UPS、存储备份等冗余方案。对于一些重要的部门而言,设备间子系统要具备一定的抗毁能力。

6. 建筑群子系统(Campus Backbone Subsystem)

建筑群子系统将一栋建筑的线缆延伸到建筑群内其他建筑的通信设备和设施中,也称楼宇管理子系统,如图 5.40 所示。建筑群子系统包括铜线、光纤以及避免涉及其他建筑的铜线漏电的保护设备。建筑群子系统的线缆以光纤电缆为主。当然对于信息点并不多的一些建筑而言,也可以使用双绞线,但是其布线距离一定要符合相关标准的要求。建筑群子系统的主干线缆以地下管道敷设为主,埋设深度至少要离地面 4 572 cm。当不得已使用架空敷设时,要注意采取措施防止物理损坏。

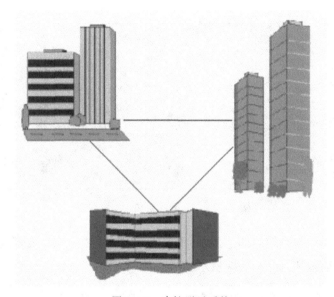

图 5.40 建筑群子系统

5.4.3 综合布线产品和工具

1. 综合布线产品

(1)配线架。配线架是管理子系统中最重要的组件,用于垂直干线子系统和水平子系统的线缆连接。配线架通常安装在综合布线机柜中。在网络工程中常用的配线架有双绞线配线架、光纤配线架和语音配线架。

双绞线配线架。双绞线配线架(RJ45 配线架,如图 5.41 所示)的模块全部为 RJ45 模块,连接在所有信息点的双绞线均集中端接到配线架的背部。配线架的正面是各模块的 RJ45 接口,接口数量常见的有 12、24、48 口。在应用中,配线架的前后面板都需要进行标记,便于安装和后期管理。这样用户在日常应用中进行信息点的调整非常方便。

语音配线架。110 配线架系统为常用的语音数据线缆终端连接配线方式,它既可以用于墙装机柜也可用于立式机柜。图 5.42 所示是 110 配线架和其专用跳线。

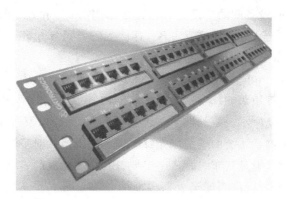

图 5.41 双绞线配线架

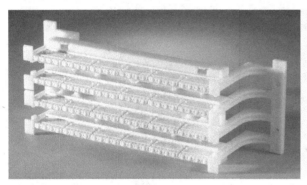 

图 5.42 110 配线架和 110 跳线

光纤配线架。光缆与光缆间的连接,必须使用专用的光缆连接箱或配线架,以保护光缆不容易受到外界撞击而损坏,如图 5.43 所示。

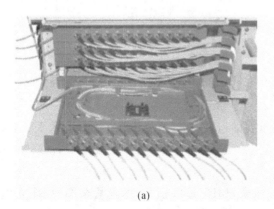 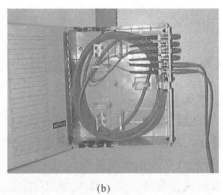

(a) (b)

图 5.43 光纤配线设备

(a)配纤单元箱; (b)挂墙式光缆配线架

(2)理线架。理线架也叫理线槽、网络理线器,可安装于 19 英寸(1 英寸≈2.54 厘米)标准机架上,有效地缓解线缆产生的应力,保护线缆的弯曲半径,给线缆提供最为合理的路由。采用表面可脱卸的安装面板设计,方便现场施工操作。在施工应用中适用于配线架及设备跳线的水平和垂直方向的线缆管理,如图 5.44 所示。

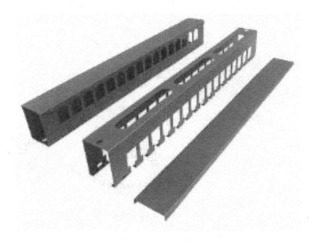

图 5.44　理线架

(3)信息插座。信息插座是综合布线常用的设备,通常将数据、话音的接口以模块的形式,安装在信息插座的底盒内,用户所看到的,只是盖在外面的面板,上面标有接口的说明和标识。图 5.45 所示就是最常见的信息插座的结构图,主要包括面板、模块和底盒。

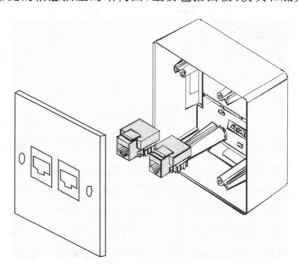

图 5.45　信息插座示意图

信息插座的主要接口有 RJ45 接口和 RJ11 接口,还有一些则是出于使用目的增加的电源接口,视、音频接口等。图 5.46 显示了具有 RJ45 和 RJ11 两种接口的信息插座,与主机等数据设备和电话等语音设备的连接。

信息插座也可以是图 5.47 所示的形式。挂墙式信息盒在不方便采用图 5.45 所示底盒的情况下使用,图 5.47 所示的挂地式综合接线盒则通常用于机房施工中常用的架空防静电地板上。

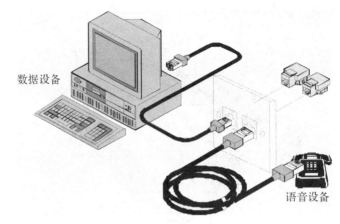

图 5.46　信息插座的连接

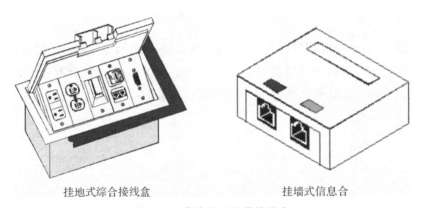

图 5.47　信息插座的其他形式

(4)机柜。标准机柜广泛应用于计算机网络设备、有/无线通信器材、电子设备的叠放,机柜具有增强电磁屏蔽、削弱设备工作噪声、减少设备地面面积占用的优点,对于一些高档机柜,还具备空气过滤功能,提高精密设备工作环境质量。现代新式的一体化机柜将基础设施产品进行深度整合,可包含UPS、配电、制冷、机柜、消防等多个子系统,其管理也可以统筹实施。

很多布线工程设备的面板宽度都采用19寸,所以19寸的机柜是最常见的一种标准机柜,如图5.48所示。通常网络工程设备都使用一种L型支架安装在19寸机柜上,如图5.49所示。

标准机柜的结构比较简单,主要包括基本框架、内部支撑系统、布线系统、通风系统。标准机柜根据组装形式和材料选用的不同,可以分成很多性能和价格档次。19寸标准机柜外形有宽度、高度、深度三个常规指标。19寸面板设备安装宽度为465.1 mm,机柜的物理宽度常见的产品为600 mm和800 mm两种。高度一般为700～2 400 mm,根据柜内设备的多少和统一格调而定。通常厂商可以定制特殊的高度,常见的成品19寸机柜高度为1 600 mm和2 000 mm。机柜的深度一般为400～800 mm,根据柜内设备的尺寸而定。通常厂商也可以定制特殊深度的产品,常见的成品19寸机柜深度为500 mm、600 mm、800 mm。19寸标准机柜内设备安装所占高度用一个特殊单位"U"表示,通常称之为"安装高度",1 U=1.75 in=

44.45 mm。使用19寸标准机柜的设备面板一般都是按n×U的规格制造。对于一些非标准设备,大多可以通过附加适配挡板装入19寸机箱并固定。

图 5.48 19寸机柜及其在机房布线中的应用

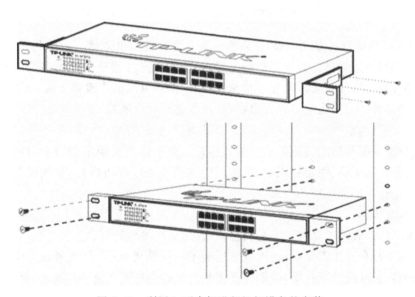

图 5.49 利用L型支架进行机柜设备的安装

机柜的使用使得管理间和设备间的布线科学合理,易于管理操作。通过机柜的边槽,可以固定设备连线,如图5.50(a)所示。由于各种路由器、交换机和服务器的高度通常是安装高度的倍数,并不统一,可以合理规划内部空间,实现各类设备的安装,如图5.50(b)所示。

机柜的材料与机柜的性能有密切的关系,制造19寸标准机柜材料主要有铝型材料和冷轧钢板两种材料。由铝型材料制造的机柜比较轻便,适合堆放轻型器材,且价格相对便宜。铝型材料由于质地不同所以制造出来的机柜物理性能也有一定差别,尤其在一些较大规格的机柜更容易现出差别。冷轧钢板制造的机柜具有机械强度高、承重量大的特点。同类产品中钢板用料的厚薄和质量以及工艺都直接关系到产品的质量和性能。有些廉价的机柜使用普通薄铁板制造,虽然价格便宜,外观也不错,但性能自然大打折扣。通常优质的机柜分量比较重。

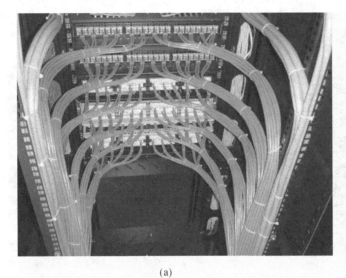 

图 5.50　机柜内的布局
(a)机柜内线缆的规划；　(b)机柜内设备的规划

19寸标准机柜从组装方式来看,大致有一体化焊接型和组装型。一体化焊接型价格相对便宜,焊接工艺和产品材料是这类机柜的关键,一些劣质产品遇到较重的负荷容易产生变形。组装型是目前比较流行的形式,包装中都是散件,需要时可以迅速组装起来,而且调整方便,灵活性强。一些劣质产品往往接口部位很粗糙,拼装起来比较困难,移位明显。

另外机柜的制作水准和表面油漆工艺,以及内部隔板、导轨、滑轨、走线槽、插座的精细程度和附件质量也是衡量标准机柜品质的参考指标。好的标准机柜不但稳重,符合主流的安全规范,而且设备装入平稳、固定稳固,机柜前后门和两边侧板密闭性好,柜内设备受力均匀,而且配件丰富,能适合各种应用的需要。

2.综合布线工具

(1)做线工具。做线工具主要有剪切与剥线工具、压线钳和打线工具。

剪切工具应符合人体工学设计,重复使用而不使操作者疲劳,并要考虑安全性和牢固性。锯齿形刃口可防止线缆护套打滑,手柄应适于握持和施加压力。剪切线缆时,要注意留足冗余的长度。

线缆端接时,要剥去一段电缆外护套。剥去外护套时,要注意不得刮伤内部线对的绝缘层。无论对于常见的圆形截面,还是非圆截面双绞线电缆,都必须用专用剥线工具进行加工,这样既能保证工程质量,又可提高效率。剥去电缆的外皮长度够端接即可,线对应尽可能保持扭绞状态。

图 5.51 所示的剥线工具,通过对护套的环切完成剥线。使用这种工具应注意调节刀片位置,使刀口符合线缆类型,这样可保证刀刃不伤线芯的绝缘层。对线芯的任何损伤都会导致回波损耗指标的下降。例如 IDEAL 公司 45-165 剥线工具,只在护套上刻出划痕,绝对保证线芯绝缘层的完整性。

图 5.51　剥线工具

压线钳如图 5.52(a)所示,是制作 RJ45 水晶头的工具。许多厂家的产品集切线、剥线和压线于一体,所以切割刀片的锋利程度和刀片间距离、夹线齿的硬度、压线端的外形尺寸、弹簧弹性等共同决定了压线钳的质量。

图 5.52　压线钳和打线刀
(a)压线钳；(b)打线刀

打线刀,也叫打线钳,如图 5.52(b)所示,主要用于双绞线的接口端接施工。将双绞线的 8 根铜线接到配线架背板,或者信息插座内部模块上时,需要使用打线刀来完成线缆的卡接。

有关压线钳和打线刀的使用,本章将在后续的内容中详细介绍,这里不再赘述。

(2)布线工具。

1)弯管器。在综合布线工程中经常使用钢管进行线缆安装,所以要解决钢管的弯曲问题。工程布线中常使用弯管器来解决这一问题。图 5.53 所示是两种弯管器及其使用。

使用时,先将管子需要弯曲部位的前段放在弯管器内,焊缝放在弯曲方向背面或侧面,以防管子弯扁。然后用脚踩住管子,手扳弯管器进行弯曲,并逐步移动弯管器,便可得到所需要的弯度。

2)牵引线。施工人员遇到线缆需穿管布放时,多采用铁丝牵拉。由于普通铁丝的韧性和强度不是为布线牵引设计的,操作极为不便,施工效率低,还可能影响施工质量。国外在布线工程中已广泛使用牵引线作为数据线缆或动力线缆的布放工具,如图 5.54 所示。

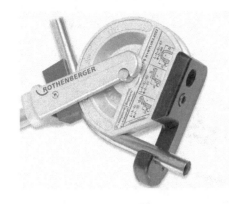  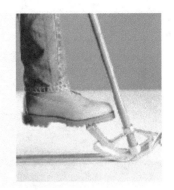

图 5.53 弯管器

图 5.54 牵引线

专用牵引线材料具有优异的柔韧性与高强度,表面为低摩擦系数涂层,便于在 PVC 管或钢管中穿行,可使线缆布放作业效率与质量大为提高。

根据综合布线设计与验收规范相关规定:直线布管每 30 m(98 英尺)应设置过线盒装置;有弯头的管段长度超过 20 m 时,应设置过线盒装置;有 2 个弯时,不超过 15 m 应设置过线盒装置。

对于垂直干线部分,应由高层向底层下垂布设,借助线缆自重,每次最多牵拉 10~15 根电缆,线缆拉出后应剪断 30 cm 的线头,避免应力影响线缆结构。水平电缆布设应组成线束,远离电力、热力、给水和输气管线,防止磨、刮、蹭、拖等损伤。

3)润滑剂。由于通信线缆的特殊结构,线缆在布放过程中承受的拉力不要超过线缆允许张力的 80%。线缆最大允许值:

1 根 4 对双绞线,拉力为 10 kg;

2 根 4 对双绞线,拉力为 15 kg;

3 根 4 对双绞线,拉力为 20 kg;

n 根 4 对双绞线,拉力为 $(n\times 5+5)$ kg。

其最大拉力不得超过 40 kg,必要时要采用润滑剂,如图 5.55 所示。

4)线缆绑扎工具。在线缆布放到位后应适当绑扎,如图 5.56 所示是常用的尼龙扎带及其布线使用效果。

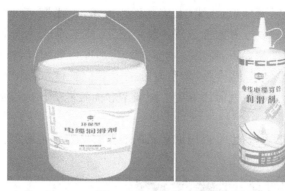

图 5.55　线缆布放专用润滑剂

图 5.56　线缆的绑扎

因双绞线结构的原因,绑扎不能过紧,不使缆线产生应力。要确保工程中绑扎力的一致性又能提高施工效率,就要依靠适当的工具,如图 5.57 所示是便携式的扎带枪(机)。

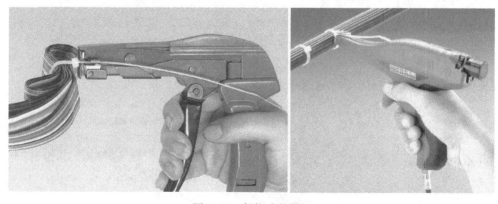

图 5.57　便携式扎带机

5)手持标签打印机。在布线系统中,网络应用的变化会导致连接点的移动、增加和变化。一旦没有标识或使用了不恰当的标识,最终都会使用户不得不付出更高的维护费用来解决连接点的管理问题。所以,越来越多的用户都认识到了标识系统对于综合布线的重要性。建立和维护标识系统的工作贯穿于布线的建设、使用及维护过程中。

在综合布线系统标准中,有一个标准专门对布线标识系统作了规定和建议。这个标准就是 EIA/TIA-606 标准,该标准对布线系统各个组成部分的标识管理工作做了说明。

布线系统中有五个部分需要标识：线缆（电信介质）、通道（走线槽/管）、空间（设备间）、端接硬件（电信介质终端）和接地。五者的标识相互联系，互为补充，而每种标识的方法及使用的材料又各有各的特点。像线缆的标识，要求在线缆的两端都进行标识，严格的话，每隔一段距离都要进行标识，而且要在维修口、接合处、牵引盒处的电缆位置进行标识。空间的标识和接地的标识要求清晰、醒目，让人一眼就能注意到。配线架和面板的标识除应清晰、简洁易懂外，还要美观。

通常，用户可以购买预印标识，也可以根据自己的需要打印各种内容的标签，如图 5.58 所示为打印的线缆标签和标签打印机示例。

图 5.58　标签打印机

（3）测试工具。在综合布线施工完工后和施工的过程中，都要用到线缆测试工具。通常在综合布线中使用的测试工具主要有两种：一种是简单易用的 LED 测试工具，另一种是专用的线缆验证测试设备。前一种测线器比较常见，如图 5.59 所示，可以利用 LED 是否发光来判断所测试双绞线的 8 根铜线的连通状况。

图 5.59　LED 测线器

线缆验证测试设备是为网络工程施工、管理及维护人员提供，能对语音线缆、数据线缆及同轴电缆进行验证测试的便携仪器，如图 5.60 所示。用户可通过它完成接线图测试、获得线缆长度（断点所在位置）、音调寻线、识别信息端口、识别集线器等任务。其主要特点是采用双行液晶屏幕,背光照明对双绞线进行屏蔽层连续性、短路、开路、错接、反接、分岔线对、识别信息端口的各项测试;对同轴电缆可识别不同的接线图;采用电容法测量电缆长度,测量准确;采用4种不同声调区分线缆。

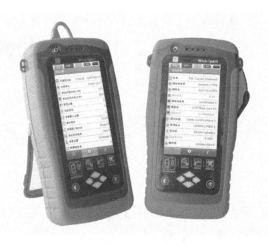

图 5.60 线缆验证测试设备

另外,在施工中,也常会用到数字万用表。比如检查电源插座是否输出正常电压、测试 PC 电源、利用温度测试功能来检查机箱内的温度是否正常等。

5.4.4 网络工程施工的技能

对于普通的局域网用户而言,并不一定所有的网络布线施工都由专业工程人员完成。在日常的维护管理中,经常会用到一些基本的网络工程施工技能。

1. 双绞线接头的制作

双绞线接头的制作是很常见的一种施工,规范的制作过程如下。

从线缆箱中抽出一段,用压线钳剥去前端的一小段外包层,如图 5.61 所示。注意不要剥去太长,以免压线时水晶头的第一压接点不能压住线缆,使 RJ45 水晶头因经常插拔而导致接触不良。

图 5.61 剥去一小段外包层的双绞线

此时看到四对绞合在一起的绞线对,分别为橙、蓝、绿、棕四色线和相应的花线。反向将其绕开,按标准排线,其排线标准有 T568A 和 T568B,如图 5.62 所示。

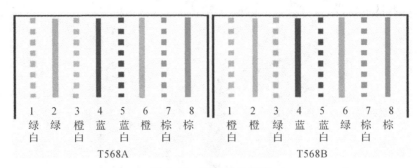

图 5.62 两种排线标准

注意:

(1)T568A 的排线顺序为:绿白、绿、橙白、蓝、蓝白、橙、棕白、棕,而 T568B 的排线顺序为:橙白、橙、绿白、蓝、蓝白、绿、棕白、棕。

(2)二者没有本质的区别,本质的问题是保证:1、2 线对是一个绕对,3、6 线对是一个绕对,4、5 线对是一个绕对,7、8 线对是一个绕对。100Base-T 或 10Base-T 网络仅使用第 1、2 和 3、6 线对。其中 1、2 用于发送数据,3、6 用于接收数据,其他线对保留。

(3)直通线缆两端须使用相同排线标准。交叉线在电缆一端用 T568A,另一端用 T568B。

(4)工程中使用比较多的是 T568B 打线方法。

将 8 根线依标准排列整齐后,铰齐线头,插入插头(注意,插入时保持标准排线顺序于 RJ45 水晶头平的一面),插入时,应当保证线芯一直插入到顶端,如图 5.63 所示。

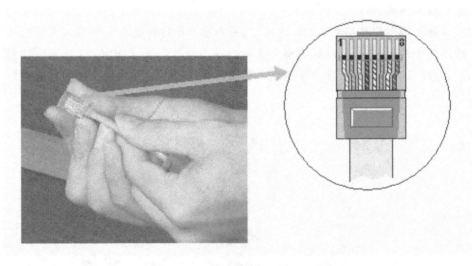

图 5.63 将铰齐的线插入水晶头

然后用压线钳夹紧(如图 5.64 所示)。当压线钳压下以后,第一压接点被压断并卡住线缆外皮,同时 8 片触点刀片也会被压下并刺入线芯中。

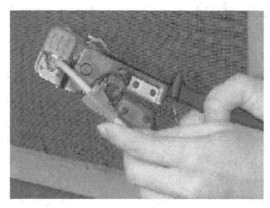

图 5.64　用压线钳夹紧

注意：

(1)水晶头的 8 个触点刀片形状如图 5.65 所示，通常有两齿和三齿两种。制作 RJ45 接头时，一定要保证将这 8 个刀片分别刺入 8 根铜线中。

(2)剥去外皮时，不要剥得太多。如图 5.65 所示，要保证第一压接点能够压住线缆外皮。防止线缆受力时，将铜线从刀片中拖出。

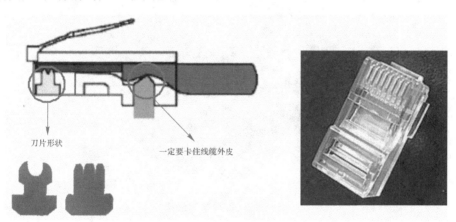

图 5.65　水晶头的细部特征

2. 双绞线连接和信息插座的端接

双绞线端接的一般要求：

1)线缆在端接前，必需检察标签颜色和数字的含义，并按顺序端接；

2)线缆中间不得产生接头现象；

3)线缆端接处必须卡接牢靠，接触良好；

4)线缆端接处应符合设计和厂家安装手册要求；

5)双绞电缆与连接硬件连接时，应认准线号、线位色标，不得颠倒和错接。

(1)配线架的端接。把配线架按顺序依次固定在标准机柜的垂直滑轨上，用螺钉上紧，每个配线板需配有 1 个 19 U 的配线管理架。

1)在端接线对之前，首先要整理线缆。用带子将线缆缠绕在配线板的导入边缘上，最好是将线缆缠绕固定在垂直通道的挂架上,这可保证在线缆移动期间避免线对的变形。

2)从右到左穿过线缆,并按背面数字的顺序端接线缆;

3)对每条线缆,切去所需长度的外皮,以便进行线对的端接;

4)对于每一组连接块,设置线缆通过末端的保持器(或用扎带扎紧),这使得线对在线缆移动时不变形;

5)当弯曲线对时,要保持合适的张力,以防毁坏单个的线对;

6)绕对必须正确地安置到连接块的分开点上,这对于保证线缆的传输性能是很重要的;

7)开始把线对按顺序依次放到配线板背面的索引条中,从右到左的色码依次为棕、棕/白、橙、橙/白、绿、绿/白、蓝、蓝/白;

8)用手指将线对轻压到索引条的夹中,使用打线工具将线对压入配线模块并将伸出的导线头切断,然后清除切下的碎线头,如图 5.66 所示;

9)将标签插到配线模块中,以标示此区域。

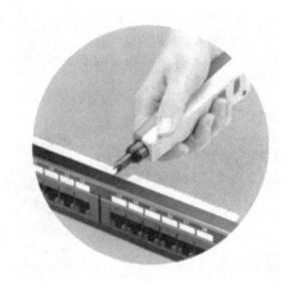

图 5.66 配线架的端接

(2)信息插座端接。

1)安装要求。信息插座应牢靠地安装在平坦的地方,外面有盖板。安装在活动地板或地面上的信息插座,应固定在接线盒内。插座面板有直立和水平等形式;接线盒有开启口,应可防尘。

安装在墙体上的插座,应高出地面 30 cm,若地面采用活动地板时,应加上活动地板内净高尺寸。固定螺钉须拧紧,不应有松动现象。

信息插座应有标签,以颜色、图形、文字表示所接终端设备的类型。本节示例中采用 TIA/EIA 568A 标准接线。

2)信息模块端接。信息插座分为单孔和双孔,每孔都有一个 8 位/8 路插针。这种插座的高性能、小尺寸及模块化特点,为设计综合布线提供了灵活性。它采用了标明多种不同颜色电缆所连接的终端,保证了快速、准确的安装。

图 5.67 所示为信息模块安装的示意图。

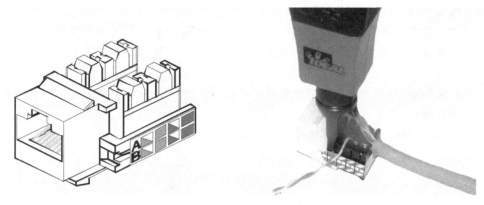

图 5.67 信息模块及其安装

具体过程如下：
1) 从信息插座底盒孔中将双绞电缆拉出约 20~30 cm；
2) 用环切器或斜口钳从双绞电缆剥除 10 cm 的外护套；
3) 取出信息模块，根据模块的色标分别把双绞线的 4 对线缆压到合适的插槽中；
4) 使用打线工具把线缆压入插槽中，并切断伸出的余缆；
5) 将制作好的信息模块扣入信息面板上，注意模块的上下方向；
6) 将装有信息模块的面板安到墙上，用螺钉固定于底盒；
7) 为信息插座标上标签，标明所接终端类型和序号。

3. 防静电地板的施工

对于较大规模的布线工程，为了防止静电带来的危害、保护机房设备、利用布线空间，通常在关键的房间内安装高架防静电地板（实际中，还有安装防静电吊顶板、电屏风、办公桌、幕墙和隔断等）。用支架架起的地板下可以进行线缆敷设，防静电地板可附带电源插座、信息插座、走线口（在地板下设相应插座），并提供微孔通风地板。图 5.68 显示了防静电地板常见附件。

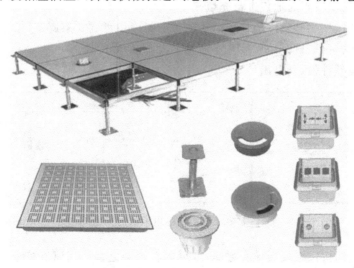

图 5.68 电源插座、信息插座、走线口及微孔通风地板

防静电地板常用的接地方式如下：

1）采用全钢联网支架的地板，将接地线一端接在建筑物接地体，一端接在最近的支架上；

2）房间铺装"十"字型或者"井"字型铜带，接地线一端接在建筑物接地体，一端接在铜带上；

3）机房密铺铜带（每个支架下都有铜带交叉通过），在机房外另做防静电接地体，用接地线连接铜带和接地体。

图5.69是防静电地板专用接地铜带以及接地的支架示意图。

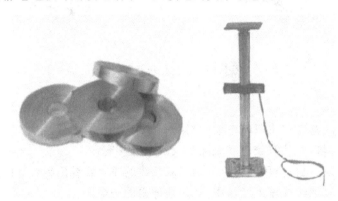

图5.69　铜带及接地的支架

高架防静电地板的安装步骤可简单地描述如下（见图5.70）：

1）地面清理。

2）拉水平线。以活动地板的高度线减去地板厚度后的高度为标准点，目的就是将活动支架调整在一个水平面上，以保证活动地板的水平度。

3）调整支架高度。调整支架座上的螺母，使其符合要求所达到的高度，然后拧紧。

4）安装地板。在组装好的支架上放置地板，将累计误差集中到次要的墙边部位，然后用无齿锯按边缘缝隙切割适当的地板进行充填。

在铺设地板时，往往要反复调整。活动地板的高度用可调支架调节，相邻板块高度差不得大于1 mm，接缝差不大于2 mm，接缝宽度差不大于3 mm。

5）布线、安装各种强、弱电出口。

图5.70　高架防静电地板的安装

注意：敷设线缆可以在安装地板之前，也可以在安装之后。通常在安装完成后再进行，因为防静电地板可以很方便地用专用工具（见图5.71）取下，以进行线缆的安装与维护。

图 5.71 单杯吸板器

4. 双绞线缆传输测试

(1)线缆传输的验证测试。线缆传输验证的测试重点在于跳线、插座、模块等网络系统中各个连接部件的连接状况,测试验证是否存在连接故障,如电缆标签错、连接开路、双绞电缆接线图错(包括错对、极性接反、串绕)以及短路。

1)开路、短路。在施工时由于安装工艺技巧,或接墙内、地板下布线的技术问题,会导致此类故障。

2)反接。同一对线的两端的排线接反,如一端为 1—2,另一端为 2—1。

3)错对。将一对线接到另一端的另一对线上,比如一端在 1—2 针,另一端接在 4—5 针上。打线时混用 T568A 与 T568B 的色标常导致此类错误。

4)串绕。就是将原来的两对线分别拆开而又重新组成新的线对。因为出现这种故障时,端对端连通性没有问题,所以万用表等工具检查不出来,只能通过专用电缆测试仪才能检查出来。由于串绕使相关的线对没有扭结,线对间有信号通过时,就会产生很高的近端串扰(见下文详解)。

(2)线缆传输的认证测试。线缆传输的认证测试是最全面和最复杂的测试方法,能够更快速地评估线缆的实际性能指标,它除了包括 TIA/EIA 568 标准中所指定的电气参数外,还增加了网线性能和速度测试能力。

认证测试的主要标准如下:

1)TIA/EIA 568A《商业建筑电信布线标准》;

2)TSB-67《现场测试非屏蔽双绞电缆布线测试传输性能技术规范》;

3)ISO/IEC 11801:1995(E)国际布线标准。

认证测试的主要参数有:

1)接线图(Wire Map)。这一测试是确认链路的连接,即确认链路导线的线对正确而且不能产生任何串绕。

正确的接线图要求端到端相应的针连接是:1 对 1,2 对 2,3 对 3,4 对 4,5 对 5,6 对 6,7 对 7,8 对 8。

通常,测试仪能以图形方式直观显示测试结果。图 5.72 所示是 IDEAL 公司的 LANTEK 线缆认证测试仪所显示的正确接线图测试结果。

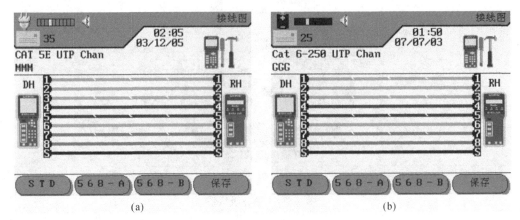

图 5.72 正确的接线图
(a)568A 标准； (b)568B 标准

接线图故障有开路、短路、错对及串绕等。

开路:指 8 芯线缆的端接出现一根及多根芯线连接断开问题,一般解决方法是检查模块及配线架端接、跳线水晶头压接情况,这是工程中最常见的错误,可在端接时避免,跳线尽量采用原装成型跳线,在多信息点的工程中提高实施的效率。

短路:指一根或多根芯线互相连通所导致的线路故障。排除方法可以用测试仪器的时域反射技术定位故障点,根据短路点的位置,然后再确定该问题是出现在连接点还是线缆中间,以便迅速排除故障。

错对:指线路两边的线对颜色对调了,该问题常出现在一边采用 T568A,另一边采用 T568B 的施工中。这里要说明的是在 100Base-TX 网络里面,根据线对发送与接收的原则,这种接法可以用于双机网卡直连,除此之外在工程中不允许出现。

串绕:表现为从不同的绕对中组合新的传输线对,导致其中 3、6 传输芯线由不同的绕对组合而成,因这种排法破坏了双绞线的平衡原理,虽用普通通断测试仪连通性测试正常,但 3、6 芯会出现极大近端串扰,导致网络无法连通,该问题常出现在直接手工制作水晶头的连接链路上。

2)链路长度(Length)。目前综合布线系统所允许的双绞线链路最长的接线长度(Channel)是 100 m,如果长度超过指标则衰减和延迟太大,影响网络传输。而电话系统对于长度要求不限于 100 m 以内。影响长度测试的重要因素是 NVP 值,NVP 值是"信号在电缆中传输的速度与真空中光速的百分比"的意思。为了达到实际长度的精确测试,该值需要在测试前取一段该批线缆的实际丈量长度样板对测试仪器进行校正,该样板长度一般为 25 m。经过事先校正过的现场测试,其链路长度比较接近于实际的线缆外观尺寸。

NVP 计算公式为

$$NVP = \frac{信号在电缆中的传播速度}{光在真空中的传播速度} \times 100\% \qquad (5-2)$$

3)衰减(Attenuation)。当信号在电缆上传播时,信号强度随着距离增大逐渐变小,如图

5.73 所示。衰减量与线路长度、芯线直径、温度、阻抗、信号频率有关。这里要强调的衰减值在同样测试条件下是比较固定的,影响该项目性能的因素主要跟线缆的制造工艺有关。但是为了达到较好的传输效果,布线工程设计时机房的位置尽量要靠近施工环境的平面中心,使布线的路由最短化。

衰减在不同的布线等级标准里要求是不一致的,但在芯线直径不能大规模增大的情况下,不同性能等级之间的衰减值规定并不像串扰那样差别巨大。

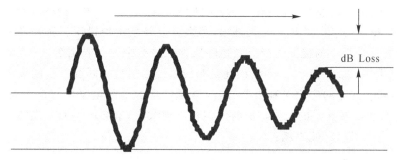

图 5.73　信号在电缆上的衰减

4) 近端串扰(NEXT)损耗。串扰分近端串扰和远端串扰(FEXT),由于存在线路损耗,因此 FEXT 的量值的影响较小。近端串扰损耗是一条 UTP 链路中从一对线到另一对线的信号耦合尺度,如图 5.74 所示。对于 UTP 链路,NEXT 是一个关键的性能指标,也是最难精确测量的一个指标。随着信号频率的增加,其测量难度将加大。

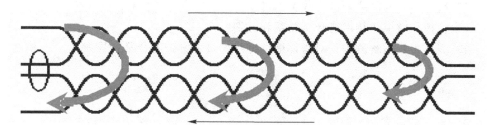

图 5.74　近端串扰示意图

NEXT 并不表示在近端点所产生的串扰值,它只是表示在近端点所测量到的串扰值。这个量值会随电缆长度不同而改变,电缆越长,其值变得越小。同时发送端的信号也会衰减,对其他线对的串扰也相对变小。实验证明,只有在 40 m 内测量得到的 NEXT 是较真实的。如果另一端是远于 40 m 的信息插座,那么它会产生一定程度的串扰,但测试仪可能无法测量到这个串扰值。因此,最好在两个端点都进行 NEXT 测量。现在的测试仪都配有相应设备,使得在链路一端就能测量出两端的 NEXT 值。

在一条典型的 4 对 UTP 链路上测试 NEXT 值,需要在每一对线之间测试,即 12/36,12/45,12/78,36/45,36/78,45/78。

5) 特性阻抗(Impedance)。特性阻抗是指电缆无限长时的阻抗。电缆的特性阻抗是一个复杂的特性,它是由电缆的各种物理参数如电感、电容、电阻的值决定的。而这些值又取决于导体的形状、同心度、导体之间的距离以及电缆绝缘层的材料。网络的良好运行取决于整个系统中一致的阻抗,阻抗的突变会造成信号的反射,从而使信号传输发生畸变,导致网络错误。

特性阻抗的标准值是 100±20 Ω,如果能维持在 100±10 Ω 以内则比较理想。

6)衰减串扰比(ACR)。衰减串扰比类似于信噪比,是同一频率下近端串扰和衰减的差值,用公式可表示为

$$ACR＝衰减的信号－近端串扰的噪声$$

它不属于 TIA/EIA 568B 标准的内容,但它对于表示信号和噪声串扰之间的关系有着重要的价值。为了达到满意的误码率,近端串扰以及信号衰减都要尽可能的小。ACR 是一个数量指数指示器,表明了在接受端的衰减值与串扰值的比值。为了得到较好的性能,ACR 指数需要在几分贝左右。如果 ACR 不是足够大,那么将会频繁出现错误。在许多情况中,即使是在 ACR 值中的一个很小的提高也能有效地降低整个线路中的误码比率。

7)回波损耗(Return Loss)。回波损耗是布线系统中阻抗不匹配产生的反射能量,回波损耗对使用双向同时传输的应用尤其重要,回波损耗以反射信号电平的对应分贝(dB)来表示。100 Ω 的链路系统如果其中的元器件的特性阻抗波动太大,就会产生回波损耗。另外,施工中不规范的操作也会引起回波损耗。

思 考 题

1. 以指挥所网络为例,思考指挥信息网络的规划应该注意哪些问题?
2. STP 协议和 RRPP 协议的区别有哪些?
3. VRRP 可适用于指挥信息网络中的什么应用场景?
4. 如何选择不同的网络隔离方式?
5. 集中管控和虚拟化技术有什么联系和区别?
6. 网络综合布线系统的理论对指挥信息网络的日常维护有什么指导意义?

第6章 管理维护与故障处理

通常讲的网络管理并不是指对网络进行行政上的管理。网络的管理不单涉及局域网技术的管理，还包括与局域网对外互联和访问的相关技术的管理，以及借助技术的手段对网络的应用业务进行的管理。作为网络管理的一个特例，故障处理已经形成一个相对独立的知识体系。但由于所用的方法和手段与网络管理又有相同之处，本章将二者合并在一起统一进行讨论。

6.1 网络管理概述

6.1.1 网络管理的基本概念

按照国际标准化组织的定义，网络管理是指规划、监督、控制网络资源的使用和网络的各种活动，以使网络的性能达到最优。网络管理的目的在于提供对计算机网络进行规划、设计、操作运行、管理、监视、分析、控制、评估和扩展的手段，从而合理地组织和利用系统资源，提供安全、可靠、有效和友好的服务。网络管理的目标是通过收集、监控网络中各种设备和设施的工作参数、工作状态信息并显示给管理员接收处理，从而最大限度地增加网络的可用时间，提高网络性能服务质量和安全性，保证网络设备的正常运行，控制网络运行成本以及提供网络长期规划等。

国际标准化组织定义了网络管理的5个功能域：故障管理（Fault Management）、配置管理（Configuration Management）、安全管理（Security Management）、性能管理（Performance Management）以及计费管理（Accounting Management），如图6.1所示。

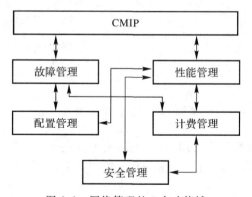

图 6.1 网络管理的5个功能域

其中 CMIP 是在 OSI 制订的网络管理框架中提出的网络管理协议。5个功能域简介如下：

（1）故障管理。利用科学的故障管理系统，定位故障位置，记录每个故障的产生原因及相关信息,分析并改正故障,保证网络能提供连续可靠的服务。网络管理系统要能够向网络管理者提供快速检查问题并启动恢复过程的工具,使得网络的可靠性得到增强。

(2) 配置管理。在多厂家设备相互连接而成的网络中负责以下工作:获得关于当前网络配置的信息;远程修改设备配置;根据最新的设备清单报告被管对象状态的变化。

(3) 安全管理。监视、控制、记录、审计网络中信息的访问过程。包括对授权机制、访问控制、加密和加密关键字的管理,另外还要提供警报机制并维护和检查安全日志。

(4) 性能管理。测量网络中硬件、软件和媒体的性能,监控网络设备和连接的使用情况。利用收集的信息及时掌握和调整网络的当前性能,并判断可能出现的情况,从而避免网络饱和可能带来的低性能。

(5) 计费管理。测量和报告基于个人或团体用户的计费信息,分配资源并计算用户通过网络传输数据的费用,然后据此数据给用户开具账单。这一方面可以维持网络的运行和发展,另一方面,管理者也可以根据情况更好地为用户提供其所需的资源量,并促使用户合理地使用网络资源。

6.1.2 网络管理的基本模型和管理模式

在网络管理中,一般采用基于代理的模型,如图 6.2 所示。该模型的核心是一对相互通信的系统管理进程,即网络管理者进程和网管代理进程。由代理进程负责完成对被管对象的访问,管理者进程再通过二者之间的相互作用来间接实现对管理对象的管理。

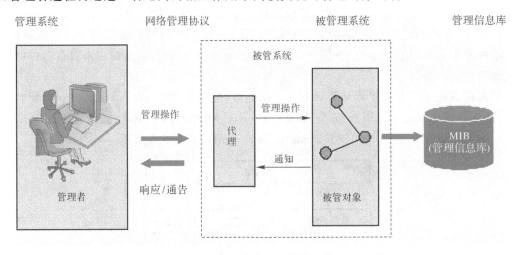

图 6.2 基于代理的网络管理模型

该模型的 4 个要素包括网络管理者(Network Manager)、网管代理(Managed Agent)、网络管理协议(Network Management Protocol)和管理信息库(Management Information Base, MIB)。

(1) 网络管理者进程是管理指令的发出者。网络管理者进程通过各网管代理对网络内的各种设备和资源实施监视控制。

(2) 网管代理进程负责管理指令的执行,并且以通知的形式向网络管理者进程报告被管对象发生的一些重要事件。网管代理进程具有两个基本功能:一是从 MIB 中读取各种变量值;

二是在 MIB 中修改各种变量值。

(3)网络管理协议是最重要的部分,它定义了网络管理者进程与网管代理进程间的通信方法,规定了管理信息库的存储结构、信息库中关键词的含义以及各种事件的处理方法。目前最有影响的网络管理协议是 SNMP 和 CMIS/CMIP。其中 SNMP 流传最广,获得支持也最广泛,已经成为事实上的国际标准。

(4)MIB 是对被管对象结构化组织的一种抽象。它是一个概念上的数据库,由管理对象组成,各网管代理进程管理 MIB 中属于本地的管理对象,各个网管代理控制的管理对象共同构成全网的管理信息库。

网络管理的模式主要有以下三种,见表 6.1。

表 6.1 网络管理的模式

管理模式	基本思想	优缺点
集中式网络管理模式	集中式网络管理模式是在网络系统中设置专门的网络管理站。所有的网管代理在管理站的监视和控制下协同工作,实现集成的网络管理	优点:便于集中管理。缺点:(1)管理信息集中汇总到管理站上,信息流拥挤;(2)管理站发生故障会影响全部的管理工作
分布式网络管理模式	将信息管理和智能判断分布到网络各处,将数据采集、监视以及管理分散开来,它可以从网络上的所有数据源采集数据而不必考虑网络的拓扑结构	优点:自适应基于策略的管理;分布式的设备查找与监视;智能过滤;分布式阈值监视;轮询引擎;分布式管理任务引擎。缺点:不利于集中管理
集中式与分布式管理模式的结合	(1)以分布管理模式为基础,指定某个或某些节点为网络管理节点。(2)部分集中,部分分布。处理能力较强的中、小型计算机节点,仍按分布式管理模式配置,它们相互之间协同配合,保证网络的基本运行。同时在网络中又设置专门的网络管理节点,重点管理那些专用网络设备,同时也对全网的运行进行可能的监控。(3)联邦制管理模式。(4)分级网中的分级管理	结合了集中式网络管理模式和分布式网络管理模式的优点

6.2 简单网络管理协议

6.2.1 简单网络管理协议(SNMP)的发展

在 TCP/IP 协议族使用的早期,网络管理协议并未得到太大的重视。直到 20 世纪 70 年代,还一直没有网络管理协议,只有互联网络控制信息协议(ICMP)可以作为网络管理的工具。但是到了 80 年代后期,当互联网络的发展呈指数增加时,人们才意识到应该开发功能更强并易于普通网络管理人员学习和使用的网管协议。1987 年 11 月发布的简单网关监控协议(SGMP),成为提供专用网络管理工具的起点。SGMP 提供了一个直接监控网关的方法。随着对通用网络管理工具需求的增长,出现了 3 个有影响的方法:高层实体管理系统(HEMS)、简单网络管理协议(Simple Network Management Protocol,SNMP)和 TCP/IP 上的 CMIP(CMOT)。

1988 年,因特网体系结构研究委员会(IAB)确定了将 SNMP 作为近期解决方案进一步开发,而把 CMOT 作为远期解决方案的策略。IAB 要求 SNMP 和 CMOT 使用相同的被管对象数据库,即在任何主机、路由器、网桥以及其他管理设备中,两个协议都以相同的格式使用相同的监控变量。因此,两个协议有一个公共的管理信息结构(SMI),和一个管理信息库。但是,人们很快发现这两个协议在对象级的兼容是不现实的。SNMP 的对象根本就不能称为对象,它们只是带有一些如数据类型、读写特性等基本特性的变量。因此 IAB 最终放松了公共 SMI/MIB 的条件,并允许 SNMP 独立于 CMOT 发展。从而 SNMP 得以迅速发展,很快被众多的厂商设备所支持,并在互联网中活跃起来。而且,普通用户也选择了 SNMP 作为标准的管理协议。

SNMP 最重要的进展是远程监控(RMON)能力的开发。RMON 为网络管理者提供了监控整个子网而不是各个单独设备的能力。除了 RMON,还对基本 SNMP 进行了扩充。但是,单靠定义新的或更细致的 MIB 扩充 SNMP 是有限的。当 SNMP 被用于大型或复杂网络时,它在安全和功能方面的不足就变得明显了。为了弥补这些不足,1992 年 7 月 IAB 发表了 3 个增强 SNMP 安全性的文件作为建议标准。增强版与原来的 SNMP 是不兼容的,它需要改变外部消息句柄及一些消息处理过程。但实际定义协议操作并包含 SNMP 消息的协议数据单元(PDU)保持不变,并且没有增加新的 PDU。目的是尽量实现向 SNMP 的安全版本的平滑过渡。但是这个增强版受到了另一个方案的冲击。同样是在 1992 年 7 月,四名 SNMP 的关键人物提出一个称为 SMP 的 SNMP 新版本,并实现了四个可互操作的方案。其中两个是商业产品,两个是公开软件。SMP 在功能和安全性两方面提高了 SNMP,特别是 SMP 增加了一些 PDU。所有的消息头和安全功能都与提议的安全性增强标准相似。最终 SMP 被接受为定义第二代 SNMP 即 SNMPv2 的基础。1993 年,安全版 SNMPv2 发布。

经过几年试用以后,因特网工程部(Internet Engineering Task Force,IETF)决定对 SNMPv2 进行修订。1996 年发布了一组新的 RFC(Request For Comments),在这组新的文档中,SNMPv2 的安全特性被取消了,消息格式也重新采用 SNMPv1 的基于"共同体"(community)概念的格式。

1999 年 4 月,IETF SNMPv3 工作组提出了 RFC2571~RFC2576,形成了 SNMPv3 的建议。SNMPv3 提出了 SNMP 管理框架的一个统一的体系结构。在这个体系结构中,采用 User-based 安全模型和 View-based 访问控制模型保障 SNMP 网络管理的安全性。安全机制是 SNMPv3 的最具特色的内容。

6.2.2 SNMP 基本框架

1. 网络管理模型结构

按照图 6.2 所示的网络管理模型,SNMP 的网络管理模型包括以下关键元素:管理站、网管代理、管理信息库和网络管理协议,如图 6.3 所示。管理站运行管理进程,提供网络管理员监控网络的接口,具备将网络管理员的要求转变为对远程网络元素的实际监控的能力,并维护一个从所有被管网络实体的 MIB 中抽取信息的数据库。

主机或路由器等每个被管对象中运行代理进程。管理进程和代理进程利用 SNMP 报文进行通信。如图 6.3 所示,SNMP 报文使用 UDP 来传送。这些协议栈中带有阴影的部分是原来这些主机和路由器所具有的,而没有阴影的部分则是为实现网络管理而增加的。

SNMP 将网络资源抽象为对象进行管理,这些对象表示被管资源某一方面的数据变量。对象被标准化为跨系统的类,对象的集合被组织为 MIB。MIB 作为设在代理者处的管理站访问点的集合,管理站通过读取 MIB 中对象的值来进行网络监控。管理站可以在代理者处产生动作,也可以通过修改变量值改变代理者处的配置。

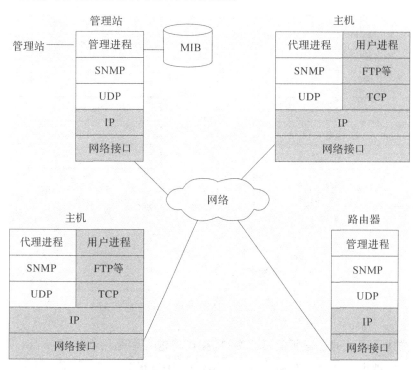

图 6.3 SNMP 的网络管理模型结构

在标准中,没有特别指出管理站的数量及管理站与代理者的比例。一般地,至少要有两个系统能够完成管理站功能,以提供冗余度,防止故障。另一个实际问题是一个管理站能带动多少代理者。只要 SNMP 保持它的简单性,这个数量可以高达几百。

2. 网络管理协议结构

SNMP 为应用层协议,是 TCP/IP 协议族的一部分。图 6.4 描述了 SNMP 的协议环境。SNMP 规定了 5 种协议数据单元(PDU,也就是 SNMP 报文),用来进行管理进程和代理之间的交换。

get-request 操作:用来查询一个或多个变量的值;
get-next-request 操作:允许在一个 MIB 树上检索下一个变量,此操作可反复进行;
set-request 操作:对一个或多个变量的值进行设置;
get-response 操作:对 get/set 报文做出响应,并提供差错码、差错状态等信息;
trap 操作:向管理进程报告代理中发生的事件。

这 5 种操作中,前面的 3 种操作是由管理进程向代理进程发出的,后面的 2 个操作是代理进程发给管理进程的。

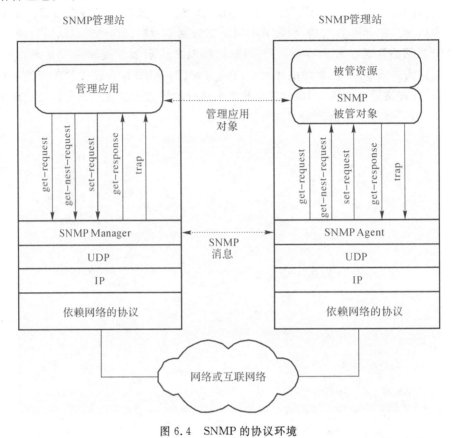

图 6.4　SNMP 的协议环境

图 6.5 描述了通信的进程所使用的端口,在代理进程端是用熟知端口 161 来接收 get 或 set 报文,而在管理进程端是用熟知端口 162 来接收 trap 报文。

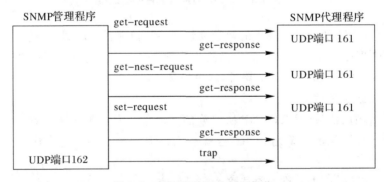

图 6.5　SNMP 的 5 种报文操作

由于 SNMP 依赖 UDP,而 UDP 是无连接型协议,所以 SNMP 也是无连接型协议。在管理站和代理者之间没有在线的连接需要维护,每次交换都是管理站和代理者之间的一个独立的传送。

3. Trap 引导轮询（Trap-directed polling）

SNMP 管理进程定时向被管理设备周期性地发送探询信息，这可以使系统相对简单，能限制通过网络所产生的管理信息的通信量。但探询管理协议不够灵活，而且所能管理的设备数目不能太多，探询系统的开销也较大。如探询频繁而并未得到有用的报告，则通信线路和计算机的 CPU 周期就被浪费了。因此管理站采取 Trap（陷阱）引导轮询技术对 MIB 进行控制和管理。

所谓 Trap 引导轮询技术是在初始化时，管理站轮询所有知道关键信息的代理者，这些信息包括接口特性和作为基准（阈值）的一些性能统计值，如发送和接收的分组的平均数。一旦建立了基准，管理站将降低轮询频度。相反地，由每个代理者负责向管理站报告异常事件。例如，代理者崩溃和重启动、连接失败、过载等。这些事件用 SNMP 的 trap 消息报告。

管理站一旦发现异常情况，可以直接轮询报告事件的代理者或它的相邻代理者，对事件进行诊断或获取关于异常情况的更多的信息。

Trap 引导轮询可以有效地节约网络容量和代理者的处理时间。网络基本上不传送管理站不需要的管理信息，代理者也不会无意义地频繁应答信息请求。

6.2.3 管理信息库

管理信息库是一个网络中所有可能的被管对象的集合的数据结构。只有在 MIB 中的对象才是 SNMP 所能够管理的。SNMP 的管理信息库采用和域名系统 DNS 相似的树形结构，它的根在最上面，根没有名字。图 6.6 所示的是管理信息库的一部分，它又称为对象命名树（Object Naming Tree）。

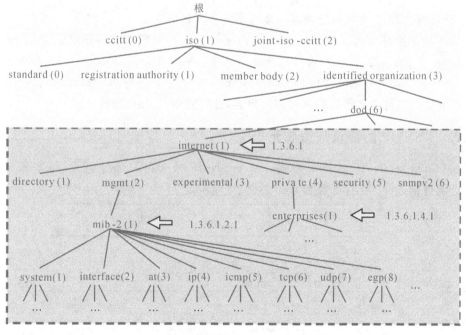

图 6.6 管理信息库的对象命名举例

对象命名树的顶级对象有三个，即 iso、ccitt（ITU-T 的前身）和这两个组织的联合体。在

iso 的下面有 4 个节点,其中标号为 3 的是 identified organization,在其下面有一个美国国防部(Department of Defense,DoD)的子树(标号是 6),再下面就是 Internet(标号是 1)。在只讨论 Internet 中的对象时,可只画出 Internet 以下的子树(图中带阴影的虚线方框),并在 Internet 节点旁边标注上{1.3.6.1}即可。在 Internet 节点下面的第二个节点是 mgmt(管理),标号是 2,再下面是管理信息库,原先的节点名是 mib,1991 年定义了新的版本 MIB-II,故节点名改为 mib-2,其标识为{1.3.6.1.2.1}。这种标识为对象标识符。

mib-2 最初所管理的信息分为 8 个类别(现在已超过 40 个),见表 6.2。

表 6.2 最初的节点 mib 管理的信息类别

类别	标号	所包含的信息
system	(1)	主机或路由器的操作系统
interfaces	(2)	各种网络接口
address translation	(3)	地址转换(例如,ARP 映射)
ip	(4)	IP 软件
icmp	(5)	ICMP 软件
tcp	(6)	TCP 软件
udp	(7)	UDP 软件
egp	(8)	EGP 软件

应当指出,MIB 的定义与具体的网络管理协议无关,这对于厂商和用户都有利。厂商可以在产品(如路由器)中包含 SNMP 代理软件,并保证在定义新的 MIB 项目后该软件仍遵守标准。用户可以使用同一网络管理客户软件来管理具有不同版本的 MIB 的多个路由器。当然,一个没有新的 MIB 项目的路由器不能提供这些项目的信息。

MIB 中的对象{1.3.6.1.4.1},即 enterprises(企业),其所属节点数已超过 3 000。例如 IBM 为{1.3.6.1.4.1.2},Cisco 为{1.3.6.1.4.1.9},Novell 为{1.3.6.1.4.1.23}等。世界上任何一个公司、学校只要用电子邮件发往 iana-mib@isi.edu 进行申请即可获得一个节点名。这样各厂家就可以自定义产品的被管理对象名,使它能用 SNMP 进行管理。

6.2.4 SNMP 的协议数据单元

图 6.7 所示为 SNMP 的报文格式。一个 SNMP 报文由三部分组成:版本和共同体等 SNMP 公共首部、get/set 首部或者 trap 首部、变量绑定。

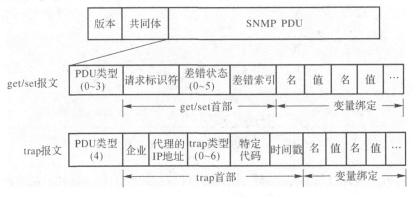

图 6.7 SNMP 报文格式

各字段说明如下。

1. SNMP 公共首部

(1) 版本。真实的版本号减 1,如 SNMPv1 应写入 0。

(2) 共同体。共同体就是一个字符串,作为管理进程和代理进程之间的明文口令,常用的是 6 个字符 "public"。

(3) PDU 类型。PDU 类型编号,SNMPv1 定义了 5 种 PDU 类型,其对应关系见表 6.3。

表 6.3 PDU 类型

PDU 编号	名 称
0	get-request
1	get-next-request
2	get-response
3	set-request
4	trap

2. get/set 首部

(1) 请求标识符(request ID)。这是由管理进程设置的一个整数值。代理进程在发送 get-response 报文时也要返回此请求标识符。管理进程可同时向许多代理发出 get 报文,这些报文都使用 UDP 传送,先发送的有可能后到达。设置了请求标识符可使管理进程能够识别返回的响应报文对应于哪一个请求报文。

(2) 差错状态(error status)。由代理进程回答时填入 0~5 中的一个差错状态编码,见表 6.4。

表 6.4 差错状态描述

差错状态	名 字	说 明
0	noError	一切正常
1	tooBig	代理无法将回答装入到一个 SNMP 报文之中
2	noSuchName	操作指明了一个不存在的变量
3	badValue	一个 set 操作指明了一个无效值或无效语法
4	readOnly	管理进程试图修改一个只读变量
5	genErr	某些其他的差错

(3) 差错索引(error index)。当出现 noSuchName、badValue 或 readOnly 的差错时,由代理进程在回答时设置一个整数,它指明有差错的变量在变量列表中的偏移。

3. trap 首部

(1) 企业。填入 trap 报文的网络设备的对象标识符。此对象标识符在图 6.6 的对象命名树上的 enterprise 节点{1.3.6.1.4.1}下面的一棵子树上。

(2) trap 类型。此字段正式的名称是 generic-trap,共分为表 6.5 中的 7 种(0~6)。

表 6.5 trap 类型描述

trap 类型	名 字	说 明
0	coldStart	代理进行了初始化
1	warmStart	代理进行了重新初始化
2	linkDown	一个接口从工作状态变为故障状态
3	linkUp	一个接口从故障状态变为工作状态
4	authenticationFailure	从 SNMP 管理进程接收到具有一个无效共同体的报文
5	egpNeighborLoss	一个 EGP 相邻路由器变为故障状态
6	enterpriseSpecific	代理自定义的事件,需要用后面的"特定代码"来指明

当使用上述类型 2、3、5 时,在报文后面变量部分的第一个变量应标识响应的接口。

(3)特定代码(specific code)。指明代理自定义的时间(如 trap 类型为 6),否则为 0。

(4)时间戳(timestamp)。指明自代理进程初始化到 trap 报告的事件发生所经历的时间,单位为 ms。例如时间戳为 1908 表明在代理初始化后 1 908 ms 发生了该事件。

4. 变量绑定(variable-bindings)

变量绑定指明一个或多个变量的名和对应的值。在 get 或 get-next 报文中,变量的值应忽略。

6.3 网络管理系统及其应用

实际中的网络管理,广义地讲,包括了许多方面的内容。比如在一些网吧,网管的主要任务就是三项:游戏升级、维修机器和杀毒。但是如果只是针对网络本身的管理,则主要依靠网络管理系统和网络管理维护的常用命令。

6.3.1 网络管理系统概述

网络管理系统承担了网络管理的具体实施工作,它由一组软件组成,可以大大提高网络的效率。网络管理系统不仅仅只是完成常规任务,作为发现问题的辅助手段,它可以持续地监视网络;它还可以产生网络信息日志并利用这些信息日志去研究和分析网络。这些工作对于网络管理员而言根本无法如此快速有效地展开。

当前,网络管理系统的产品很多。Cisco 公司的 CiscoWorks2000、Advent 公司的 Advent 系列产品、HP 的 OpenView、IBM 的 NetView、CA 的 Unicenter TNG、micromuse 公司的 NetCool、ConCord 公司的 eHealth console 产品、NetScout 公司的 NetScout 等占据了绝大部分市场。一些国产设备的厂商也开发了网管软件,如华为的 Quidview 网络管理软件、方正网略网络管理系统、神州数码网络的 LinkManager 和北大青鸟的青鸟网硕(NetSureXpert)、游龙科技的 SiteView、大用软件的 eUniVision 等,很有后来者居上的趋势。

总体来说,网络管理系统的发展大概经历了三代。

第一代网络管理系统基于命令行方式,结合了一些基本的网络监测工具。这些系统要求管理员要精通计算机网络的原理、概念,还要了解不同厂商的不同网络设备的配置方法。这种网络管理系统具有很大的灵活性,但容易引发误操作,不具备图形化和直观性,风险系数增大。这种网络管理系统只能统计和分析网络的数据流量,并不能监控具体设备的状态,因此需要配合一系列 CLI 命令在网络设备上查看信息。

第二代网络管理系统基于图形界面。网络管理员不需要掌握所有具体设备的配置方法,可以利用图形化手段,对多台网络设备同时进行配置和监控,大大提高了工作效率。尤其是拓扑和物理设备的管理,直观而集中。网络管理员可以较为容易地理解设备提供的管理数据,无需对远程站点上的每台设备进行物理检测就能够全面掌握网络中的设备工作状况。

第三代网络管理系统是智能的软件系统,将网络和管理进行了有机的结合,具有"自动配置"和"自动调整"功能。对网络管理员来说,只要把用户情况、设备情况以及用户与网络资源之间的分配关系输入管理系统,系统就能自动地建立图形化的人员与网络的配置关系,并自动鉴别用户身份,分配用户所需的资源(如电子邮件、Web、文档服务等)。第三代网管系统是企业级的管理平台,由多个软件包构成,涉及 OSI 全部七层协议。虽然网管系统发展到了第三代,但并不等于前两代系统已经淘汰,如何选择在于用户具体的网络管理需求,这三代系统分别适应不同的网络规模和网络应用。

6.3.2 网络管理软件举例

在使用中,网络管理系统往往与实际的业务相关。所以在不同的业务应用场合,需要选择不同的网络管理系统。有的场合更关心网络中设备的技术特性,有的场合则更关注用户自身的业务层面管理(如小区网络计费)。对于指挥信息网络则主要关注网络的技术特性。技术类网络管理软件更强调网络自身的工作,这类软件的典型代表如华为公司的 Quidview 网络管理软件、CiscoWorks2000 网络管理系统、方正网略网络管理系统、金盾网络管理系统、Xunfei-1000 网络管理系统等。技术类网络管理软件通常包括以下的一些功能。

1. 网络拓扑相关的管理

为管理方便,许多网络管理软件提供统一的拓扑发现功能,实现全网监控,实时监控所有设备的运行状况,并根据网络运行环境变化提供合适的方式对网络参数进行配置修改,保证网络以最优性能正常运行。例如在 Quidview 中与拓扑相关的功能主要包括以下几项:

(1) 实行全网设备的统一拓扑视图;
(2) 实现网络的拓扑自动发现,拓扑结构动态刷新;
(3) 提供可视化操作方式,直接点击拓扑视图节点即可进入设备操作面板;
(4) 在网络、设备状态改变时,可以改变节点的显示颜色,提示管理员;
(5) 对网络设备进行定时(轮询间隔时间可配置)的轮询监视和状态刷新并表现在网络视图上;
(6) 支持拓扑过滤,让管理员关注所关心的网络设备情况;
(7) 支持快速查找拓扑对象,并在导航树和拓扑视图中定位该拓扑对象。

在这种管理中,管理员在可视化的管理界面上,可以方便地对网络对象的属性进行浏览,快捷地 Ping、Telnet 设备,浏览设备的 MIB 信息,管理起来直观而便捷。

图 6.8 所示为 Quidview 的拓扑编辑器。

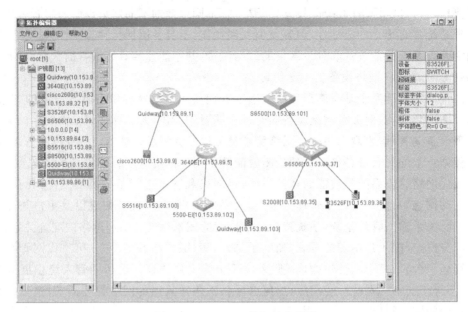

图 6.8　Quidview 的拓扑编辑器

2. 网络设备的管理

在网络管理软件中,要能够提供针对具体网络设备的管理功能,包括对网络设备信息的查询和对设备某些连接特性的配置管理。这里说的连接特性的配置,指在硬件连接固定的前提下,在网络中经常会进行的划分 VLAN、堆叠、集群、端口聚合等操作。

图 6.9 所示为华为 Quidview 的一个设备界面。在设备界面上,管理员可以针对所关心的信息进行浏览。

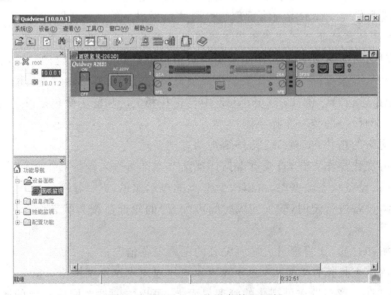

图 6.9　Quidview 的设备管理面板

可浏览的信息不仅包括具体网络设备的整体配置信息,也包括与设备中某个接口及子接口有关的配置信息。图 6.10 所示的列表,可以浏览接口当前运行状况的一些重要的数据记录。

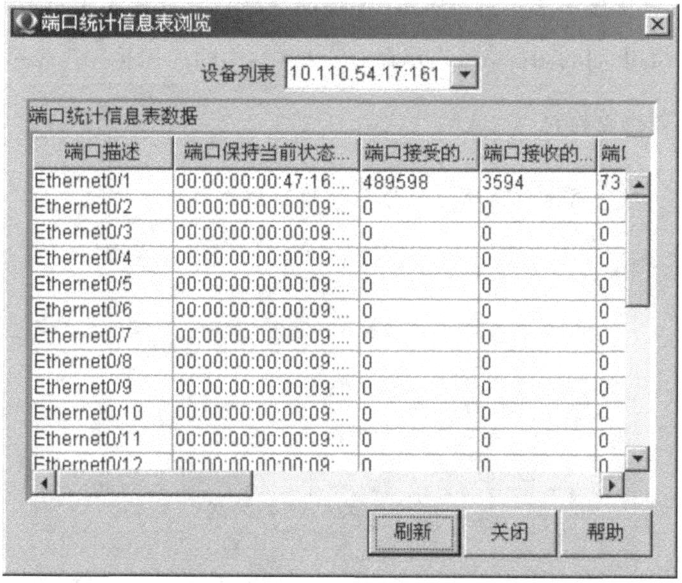

图 6.10 Quidview 的接口信息浏览

与 VLAN 相关的操作是交换机的重要管理操作。除了在交换机中直接配置以外,也可以在网络管理软件中实现 VLAN 的创建、删除和成员分配,VLAN 虚接口、Trunk 端口以及 PVLAN 的配置。图 6.11 是在 Quidview 中实现 VLAN 配置/创建的对话框。

图 6.11 Quidview 实现 VLAN 配置/创建的对话框

在 Quidview 中还可以实现集群的创建、删除和成员交换机的加入等。对于集群中的设备（命令交换机或成员交换机），系统能够打开相应的设备面板视图对其进行管理。除此以外，集群管理还提供连线流量显示、拓扑信息保存等辅助管理功能。图 6.12 显示了 Quidview 中的集群拓扑图，图中，最上面的图标 表示命令交换机，中间的图标 表示成员交换机，最下方的图标 表示候选交换机。

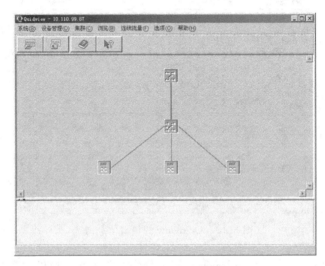

图 6.12　Quidview 中的集群拓扑图

3. 流量性能监控

当然，作为网络管理的一项重要任务就是网络性能的监控。网络管理软件中的性能监视主要是通过图表形式将设备或设备的某些接口的性能特征显示出来，帮助网络管理员了解设备或接口的运行状况，以便网络管理员在紧急情况下采取必要措施。Quidview 网络管理软件提供的 Traffic View 工具，能够检测网络设备端口流量变化，它使得网络管理者能够直观地观测设备流量的变化，从而对网络设备进行有效的管理，如图 6.13 所示。

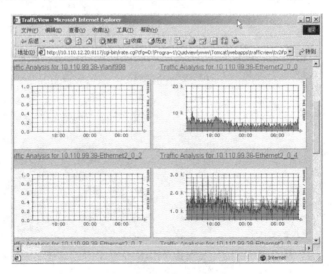

图 6.13　Quidview 中的流量检测工具

4. 网络配置管理

网络配置管理主要包括：针对路由器、交换机基本信息的配置；网络设备的接口的配置；网络接口中的一些重要的二层和三层协议的配置。以交换机为例，Quidview 管理软件可以对交换机的多种二层协议进行配置，如 STP、GARP、GVRP、GMRP 和 IGMP Snooping 等。图 6.14 所示为 Quidview 中进行交换机 RSTP 协议配置对话框。

图 6.14　Quidview 中进行 RSTP 协议配置对话框

5. 故障管理

故障管理主要功能是对全网设备的告警信息和运行信息进行实时监控，查询和统计设备的告警信息，如图 6.15 所示。Quidview 网管软件中提供了以下一些告警功能：

(1) 告警实时监视，提供告警声光提示；
(2) 支持告警转到 E-mail、手机短信；
(3) 支持告警过滤，让用户关注重要的告警，查询结果可生成报表；
(4) 支持告警级别重新定义，支持告警转存，保证系统的运行效率和稳定性；
(5) 支持告警拓扑定位，将显示的焦点定位到产生选定告警的拓扑对象；
(6) 支持告警相关性分析，包括屏蔽重复告警、屏蔽闪断告警等。

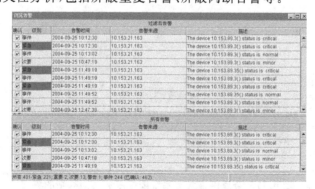

图 6.15　Quidview 的告警浏览窗口

故障管理更多的只是针对故障的发现和报警,故障的处理仍需要管理员来实施。所以故障管理功能很重要的一点就是要能够将网络中的故障及时地反馈给网络管理员。图 6.16 所示是方正 NetInWay Pro 网络管理软件中将故障向管理员邮件报告的设定界面。

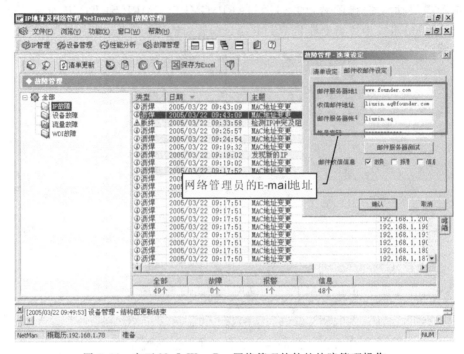

图 6.16　方正 NetInWay Pro 网络管理软件的故障管理操作

6.安全管理

安全管理通常是针对防火墙、访问控制设备、IDS 设备所进行的管理。图 6.17 所示是金盾网络管理系统配置服务访问规则的界面。

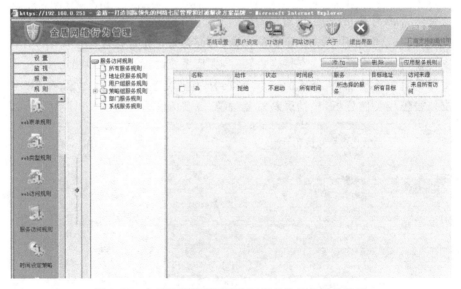

图 6.17　金盾网络管理系统配置服务访问规则的界面

7. 网络用户的上网行为管理

网络管理系统不仅要能管理网络行为,还要能够管理网络用户的上网行为,即由管理员带有强制性地统一规范所有用户或者一部分用户的上网行为。例如限制某些用户的流量,限制某些用户的上网时段,限制用户的某些特定应用等。

图 6.18 显示了某网络管理系统中限制用户上网时间的控制界面。

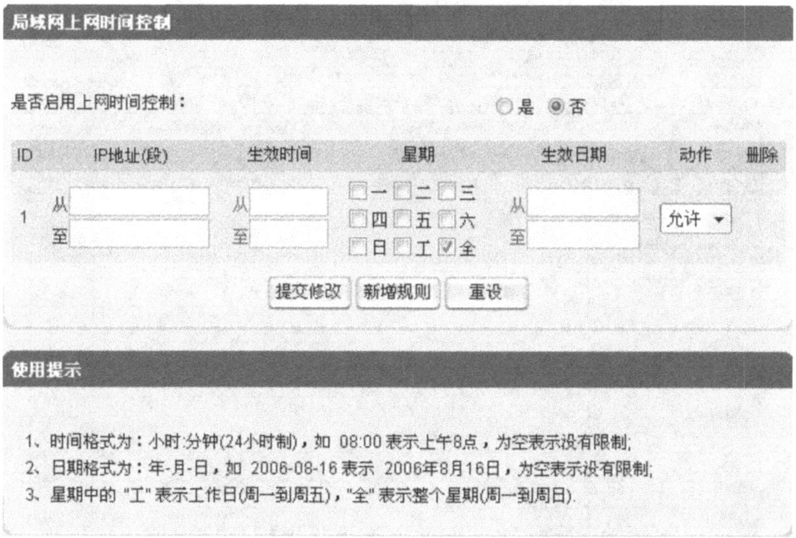

图 6.18 某网络管理系统中上网时间控制界面

随着以"电驴"为代表的 P2P 应用的普及,在一些网络中,尤其是以高校园区网为代表的网络中,BT、酷狗、电驴、迅雷等软件的使用,占用了大量的网络带宽。所以网络管理系统要能够限制网络中每个 IP 或者服务端口的流量,将 P2P、迅雷等软件的使用带宽限制到非常小,或者直接关闭相关软件,如 QQ、MSN、电驴等。图 6.19 显示了某网络管理系统中禁止 P2P 工具的规则设置界面。

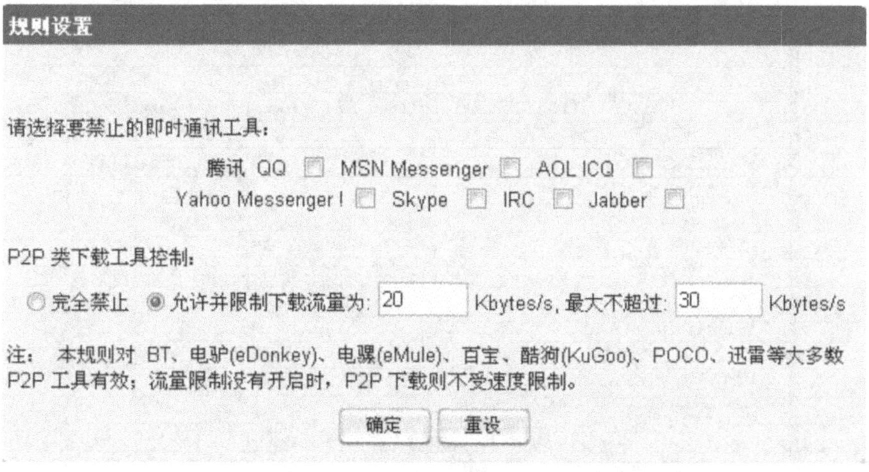

图 6.19 某网络管理系统中禁止 P2P 的操作界面

8. 管理工具的操作

网络命令（详见本章下一节）等网络管理和故障诊断排除中最常用的工具，往往有自己的运行环境和固定格式。许多网络管理系统将这些应用集成到自己的管理软件中，便捷而易于操作。例如 Quidview 系列软件中有一个专门用 Web 平台进行网络管理的组件 HRMS，其连通性测试具备了普通的 Ping、Tracert 工具的一些功能，如图 6.20 所示。

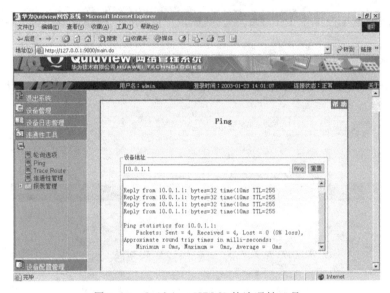

图 6.20　Quidview HRMS 的连通性工具

9. 报表生成

网络管理系统通常具有报表生成功能。根据生成报表的数据源、文件标题、报表标题、报表宽度和高度等，依照模板即可生成固定格式的报表，通常为.htm 文件。图 6.21 所示为方正 NetInWay Pro 生成的性能报告书的报表模板。

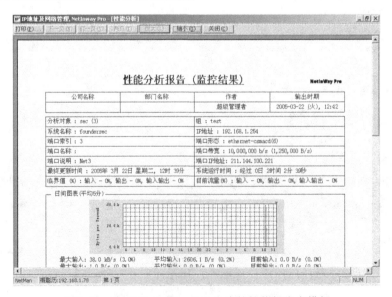

图 6.21　方正 NetInWay Pro 生成的性能报告书模板

6.4 网络管理维护常用命令

网络命令是网络管理和故障诊断排除中最常用的工具。通常,计算机操作系统所支持的命令与路由器等网络设备的操作系统所支持的命令各不相同。

6.4.1 Windows 中的网络管理命令

本节 Windows 系统中所支持的几个主要的网络管理命令。这些命令的使用都可以在 Windows 系统所提供的标准命令环境下得到相应的英文帮助。这里依照其字母顺序介绍如下。

1. arp

该命令的使用和地址解析协议(ARP)息息相关,能够显示和修改 IP 地址到硬件地址的映射表。该命令的一般格式如图 6.22 所示。

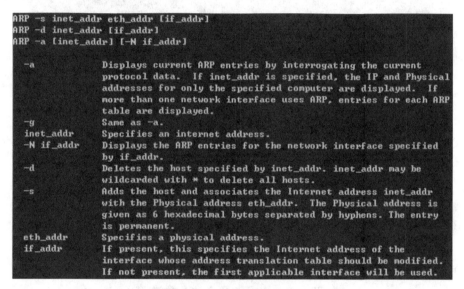

图 6.22 arp 命令的格式

相关参数的说明见表 6.6。

表 6.6　arp 命令的参数说明

参　　数	说　　明
-a、-g	显示 ARP 高速缓存中的 IP 地址到硬件地址的映射表。如果指定了特定的 IP 地址,则只显示指定主机的 ARP 表
inet_addr	指定特定的 IP 地址
-N if_addr	显示由 if_addr 指定的网络接口的 ARP 表
if_addr	如果写了该参数选项,表示指定要进行操作的网络接口的 IP 地址。如果不存在,将使用第一个可适用的接口

续表

参 数	说 明
-d	在 ARP 高速缓存中删除由 inet_addr 指定主机的 ARP 表项。该参数在使用时,可以使用通配符(*)来删除所有主机
-s	在 ARP 缓存中添加静态项,指定 IP 地址 inet_addr 和物理地址 ether_addr 的关联。这种表项是持久的,不受缓存生命期的限制
ether_addr	指定物理地址

2. nbtstat

该诊断命令使用 NBT(TCP/IP 上的 NetBIOS)显示协议统计和当前 TCP/IP 连接。该命令只有在安装了 TCP/IP 协议之后才可用。该命令的一般格式如图 6.23 所示。

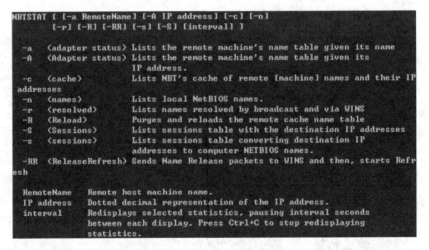

图 6.23 nbtstat 命令的格式

相关参数的说明见表 6.7。

表 6.7 nbtstat 命令的参数说明

参 数	说 明
-a remotename	使用远程计算机的名称列出其名称表
-A IP address	使用远程计算机的 IP 地址并列出名称表
-c	给定每个名称的 IP 地址并列出 NetBIOS 名称缓存的内容
-n	列出本地 NetBIOS 名称。"已注册"表明该名称已被广播(Bnode)或者 WINS(其他节点类型)注册
-R	清除 NetBIOS 名称缓存中的所有名称后,重新装入 Lmhosts 文件
-r	列出 Windows 网络名称解析的名称解析统计。在配置使用 WINS 的 Windows 计算机上,此选项返回要通过广播或 WINS 来解析和注册的名称数
-S	显示客户端和服务器会话,只通过 IP 地址列出远程计算机

续表

参数	说明
-s	显示客户端和服务器会话。尝试将远程计算机 IP 地址转换成使用主机文件的名称
interval	重新显示选中的统计信息,在每个显示之间暂停 interval 秒。按 CTRL+C 停止重新显示统计信息。如果省略该参数,nbtstat 打印一次当前的配置信息

3. netstat

netstat 命令显示协议统计和当前的 TCP/IP 网络连接。该命令只有在安装了 TCP/IP 协议后才可以使用。该命令的一般格式和参数说明如图 6.24 所示。

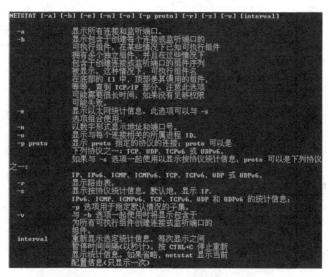

图 6.24　netstat 命令的格式和参数说明

4. ping

ping 命令验证与远程计算机的连接。该命令只有在安装了 TCP/IP 协议后才可以使用。该命令的一般格式如图 6.25 所示。

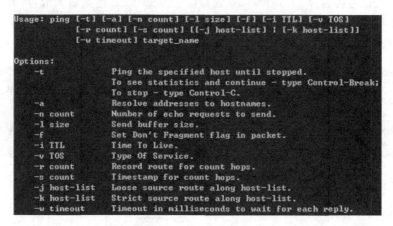

图 6.25　ping 命令的格式

相关参数的说明见表 6.8。

表 6.8　ping 命令的参数说明

参　数	说　明
-t	ping 指定的计算机直到中断
-a	将地址解析为计算机名
-n count	发送 count 指定的 ECHO 数据包数,默认值为 4
-l size	发送包含由 size 指定的数据量的 ECHO 数据包,默认为 32 字节,最大值是 65 527
-f	在数据包中发送"不要分段"标志,数据包就不会被路由上的网关分段
-i TTL	将"生存时间"字段设置为 ttl 指定的值
-v TOS	将"服务类型"字段设置为 tos 指定的值
-r count	在"记录路由"字段中记录传出和返回数据包的路由。count 可以指定最少 1 台,最多 9 台计算机
-s count	记录 count 指定的跃点数的时间戳
-j host-list	利用 host-list 指定的计算机列表路由数据包。连续计算机可以被中间网关分隔(路由稀疏源),IP 允许的最大数量为 9
-k host-list	利用 host-list 指定的计算机列表路由数据包。连续计算机不能被中间网关分隔(路由严格源),IP 允许的最大数量为 9
-w timeout	指定超时间隔,单位为毫秒
target_name	目标计算机的名称

5. tracert

该跟踪实用程序将包含不同生存时间(TTL)值的 Internet 控制消息协议回显数据包发送到目标,以决定到达目标采用的路由。在转发数据包上的 TTL 之前至少递减 1,数据包所经路径上的每个路由器都会减 1,所以 TTL 是有效的跃点计数。数据包上的 TTL 到达 0 时,路由器应该将"ICMP 已超时"的消息发送回源系统。tracert 先发送 TTL 为 1 的回显数据包,并在随后的每次发送过程将 TTL 递增 1,直到目标响应或 TTL 达到最大值,从而确定路由。路由通过检查中级路由器发送回的"ICMP 已超时"的消息来确定路由。不过,有些路由器悄悄地下传包含过期 TTL 值的数据包,而 tracert 看不到。该命令的一般格式如图 6.26 所示。

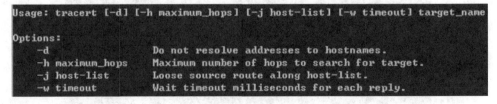

图 6.26　tracert 命令的格式

相关参数的说明见表 6.9。

表 6.9　tracert 命令的参数说明

参　　数	说　　明
-d	不将地址解析成主机名
-h maximum_hops	搜索目标的最大跃点数
-j host-list	与主机列表一起的松散源路由(仅适用于 IPv4)
-w timeout	等待每个回复的超时时间(以毫秒为单位)
-R	跟踪往返行程路径(仅适用于 IPv6)
-S srcaddr	要使用的源地址(仅适用于 IPv6)
-4	强制使用 IPv4
-6	强制使用 IPv6

6. net

net 命令是 windows 中最丰富的一个网络命令。命令选项为

net [accounts | computer | config | continue | file | group | help | helpmsg | localgroup | pause | session | share | start | statistics | stop | time | use | user | view]

(1) net accounts。

命令作用：更新系统中的用户账号数据库、更改口令及所有账号的登录要求。

命令格式：net accounts [/forcelogoff:{minutes | no}] [/minpwlen:length] [/maxpwage:{days | unlimited}] [/minpwage:days] [/uniquepw:number] [/domain]

参数介绍：

不带参数的 net accounts 命令用于显示系统当前的口令设置、登录时限及域信息；

/forcelogoff:{minutes | no}，强制用户在时间到期之后多久必须注销；

/minpwlen:length，设置用户账号口令的最少字符数；

/maxpwage:{days | unlimited}，设置用户账号口令最短使用期限(天)；

/minpwage:days，设置用户账号口令最长使用期限(天)；

/uniquepw:number，要求用户更改口令时，必须在经过 number 次后才能重复使用与之相同的口令；

/domain，在当前域的主域控制器上执行该操作；

/sync，当用于主域控制器时，该命令使域中所有备份域控制器同步。

命令使用举例：

net accounts /minpwlen:7

将用户账号口令的最少字符数设置为 7。

(2) net computer。

命令作用：从域数据库中添加或删除指定主机。

命令格式：net computer \\computername {/add | /del}

参数介绍：

\\computername，要添加到域或从域中删除的主机；

/add,将指定主机添加到域;

/del,将指定主机从域中删除。

命令使用举例:

net computer \\use /add

将计算机 use 添加到域。

(3)net config。

命令作用:显示或更改某项服务的设置。

命令格式:net config [server | workstation] [options]

参数介绍:

不带参数的 net config 命令用于显示可配置服务的列表;

server | workstation,显示或改变关于服务器/工作站服务的配置的有关信息;

options,服务选项。

server 的选项:

/autodisconnect:<minutes>,账号处于非激活状态多长时间后,强行与之断开连接。有效值为 1~65 535。-1 表示不断开连接。

/srvcomment:"text",为主机设置说明。

/hidden:<yes or no>,将指定的主机从主机列表中隐藏起来。

workstation 的选项:

/charcount:<bytes>,最小传输数据量。缺省值为 16,有效值为 0~65 535。

/chartime:<msec>,发送数据之前等待的时间(ms),与最小传输数据量有关。缺省值为 250 ms,有效值为 0~65 535 000。

/charwait:<seconds>,等待通信设备就绪的时间(s)。缺省值为 3 600,有效值为 0~65 535。

(4)net continue。

命令作用:重新激活挂起的服务。

命令格式:net continue service

(5)net file。

命令作用:显示所有打开的共享文件名及锁定文件数。

命令格式:net file [id [/close]]

参数介绍:

不带参数的 net file 命令可以获得本机打开文件的列表;

id,文件标识号;

/close,关闭打开的文件并释放锁定记录。

(6)net group。

命令作用:在域中添加、显示或更改全局组。

命令格式:net group [groupname [/comment:"text"]] [/domain]

groupname {/add [/comment:"text"] | /delete} [/domain]

groupname username [...] {/add | /delete} [/domain]

参数介绍:

不带参数的 net group 命令用于显示服务器名称及服务器的组名称；
groupname,要添加、扩展或删除的组；
/comment:"text",为新建组或现有组添加注释；
/domain,在当前域的主域控制器中执行该操作,否则在本地计算机上执行操作；
username[...],列表显示要添加到组或从组中删除的一个或多个用户,使用空格分隔多个用户名称项；
/add,添加组或在组中添加用户名；
/delete,删除组或从组中删除用户名。
命令使用举例：
net group gp1 ddd eee/add
将现有用户账号 ddd 和 eee 添加到本地主机的 gp1 组。
(7)net localgroup。
命令作用:添加、显示或更改本地组。
命令格式:net localgroup[groupname [/comment:"text"]] [/domain]
　　　　　groupname {/add [/comment:"text"] | /delete} [/domain]
　　　　　groupname name [...] {/add | /delete} [/domain]
参数介绍：
不带参数的 net localgroup 命令用于显示服务器名称和本机的本地组名称。
groupname,要添加、扩充或删除的本地组名称。
/comment:"text",为新建或现有组添加注释,注释文字的最大长度是 48 个字符,并用引号引住。
/domain,在当前域的主域控制器中执行操作,否则仅在本地计算机上执行操作。
name[...],列出要添加到本地组或从本地组中删除的一个或多个用户名或组名,多个用户名或组名之间以空格分隔,可以是本地用户、其他域用户或全局组,但不能是其他本地组。如果是其他域的用户,要在用户名前加域名。
/add,将全局组名或用户名添加到本地组中,在使用该命令将用户或全局组添加到本地组之前,必须为其建立账号。
/delete,从本地组中删除组名或用户名。
命令使用举例：
net localgroup gp1 /add
将名为 gp1 的本地组添加到本地用户账号数据库。
(8)net name。
命令作用:添加或删除消息名(有时也称别名),或显示计算机接收消息的名称列表。使用该命令,必须启动信使服务。
命令格式:net name [name[/add | /delete]
参数介绍：
不带参数的 net name 命令用于列出当前使用的名称；
name,指定接收消息的名称；
/add,将名称添加到计算机中；

/delete,从计算机中删除名称。

(9) net pause。

命令作用:暂停正在运行的服务。

命令格式:net pause service

(10) net session。

命令作用:列出或断开本地计算机和与之连接的客户端的会话,也可以写为 net sessions 或 net sess。

命令格式:net session [\\computername] [/delete]

参数介绍:

不带参数的 net session 命令用于显示所有与本地计算机的会话的信息。

\\computername,标识要列出或断开会话的计算机。

/delete,结束与\\computername 计算机会话并关闭本次会话期间计算机的所有打开文件。如果省略该参数,将取消与本地计算机的所有会话。

命令使用举例:

net session \\use

显示计算机名为 use 的客户端会话信息列表。

(11) net share。

命令作用:创建、删除或显示共享资源。

命令格式:net share sharename＝drive:path [/users:number | /unlimited] [/remark:"text"]

参数介绍:

不带参数的 net share 命令用于显示本地计算机上所有共享资源的信息;

sharename,共享资源的网络名称;

drive:path,指定共享目录的绝对路径;

/users:number,设置可同时访问共享资源的最大用户数;

/unlimited,不限制同时访问共享资源的用户数;

/remark:"text",添加关于资源的注释,注释文字用引号引住。

命令使用举例:

net shareusing＝c:\tt /remark:"share it"

以 using 为共享名共享 C:\tt。

(12) net start。

命令作用:启动服务,或显示已启动服务的列表。

命令格式:net start service

(13) net statistics。

命令作用:显示本地工作站或服务器服务的统计记录。

命令格式:net statistics [workstation | server]

参数介绍:

不带参数的 net statistics 命令用于列出其统计信息可用的运行服务;

workstation,显示本地工作站服务的统计信息;

server,显示本地服务器服务的统计信息。

(14)net stop。

命令作用:停止某些网络服务。

命令格式:net stop service

参数介绍:

service 所指的 Windows 服务主要有:

alerter、client service for netware、clipbook server、computer browser、directory replicator、ftp publishing service、lpdsvc、net logon、network dde、network dde dsdm、network monitor agent、nt lm security support provider、ole、remote access connection manager、remote access isnsap service、remote access server、remote procedure call(rpc)locator、remote procedure call (rpc) service、schedule、server、simple tcp/ip services、snmp、spooler、tcp/ip netbios helper、ups、workstation、messenger、dhcp client、eventlog

(15)net time。

命令作用:使计算机的时钟与另一台计算机或域的时间同步。

命令格式:net time [\\computername | /domain[:name]] [/set]

参数介绍:

\\computername,要检查或同步的服务器名;

/domain[:name],指定要与其时间同步的域;

/set,使本计算机时钟与指定计算机或域的时钟同步。

(16)net use。

命令作用:连接计算机或断开计算机与共享资源的连接,或显示计算机的连接信息。

命令格式:net use [devicename | *] [\computername\sharename[\volume] [password | *]]

        [/user:[domainname]username]

        [/user:[dotted domain name]username]

        [/user:[username@dotted domain name]

        [/smartcard]

        [/savecred]

        [[/delete] | [/persistent:{yes | no}]]

参数介绍:

不带参数的 net use 命令用于列出网络连接。

devicename:指派名称以便连接到资源或指定断开的设备。有两种类型的设备名:磁盘驱动器号(即 D:到 Z:)和打印机(即 LPT1:到 LPT3:)。如果键入星号(*)而不是特定设备名,则系统会指派下一个可用的设备名。这个名称以后可以作为访问共享资源的名称进行引用。

\computername:指控制共享资源的计算机的名字。如果计算机名中包含有空字符,就要将双反斜线(\)和计算机名一起用引号(" ")括起来。计算机名可以有 1~15 个字符。

\volume:指定一个服务器上的 NetWare 卷。用户必须安装 Netware 的客户服务(Windows 工作站)或者 Netware 的网关服务(Windows 服务器)并使之与 NetWare 服务器相连。

password:指定访问共享资源所需的密码。输入星号产生一个密码提示,在密码提示行处键入密码时不显示密码。

/user:在其后指定建立连接时使用的不同于目前登录用户的用户名。

domainname:指定不同于目前登录域的其他域。如果省略则 net use 使用当前登录的域。

注意,/user:后的登录用户和域可以有三种不同的表示形式,分别为 domainname\username,dotted domain name\username 和 username@dotted domain name,其中 dotted domain name 是域名的全称,也即域名加域后缀的完全形式。

/savecred:指定保留用户名和密码。除非命令提示输入用户名和密码,否则此开关被忽略,

/smartcard:指定连接使用在智能卡上的凭据。

/delete:取消指定的网络连接。如果使用星号指定连接,则所有网络连接均将取消。

/persistent:{yes | no}:控制持久网络连接的使用。默认值为最后一次使用的设置。非设备连接不会持久。Yes 将按其建立时的原样保存所有连接,并在下次登录时还原它们。No 则不保存已建立的连接或后续连接。现存的连接在下一次登录时还原。使用 /delete 删除持久连接。

net use 命令还有另两种使用格式,分别如下:

net use {devicename | *} [password | *] /home

net use [/persistent:{yes | no}]

其中,第一种命令格式将用户连到其域的主目录并将主目录映射为设备名 devicename。后一种格式用来修改持久连接的使用。

命令使用举例:

net use g:\user\tt

将\user\tt 映射为本地 g 盘。

net use g:/delete

断开上述映射连接。

(17) net user。

命令作用:添加或更改用户账号或显示用户账号信息。该命令也可以写为 net users。

命令格式:net user [username [password | *] [options] [/domain]

参数介绍:

不带参数的 net user 命令用于查看计算机上的用户账号列表;

username,添加、删除、更改或查看用户账号名;

password,为用户账号分配或更改密码;

*,提示输入密码;

/domain,在计算机主域的主域控制器中执行操作。

命令使用举例:

net user ddd

查看用户 ddd 的信息。

(18) net view。

命令作用:显示域列表、计算机列表或指定计算机的共享资源列表。

命令格式:net view [\\computername | /domain[:domainname]]
参数介绍:
不带参数的 net view 命令用于显示当前域的计算机列表;
\\computername,指定要查看其共享资源的计算机;
/domain[:domainname],指定要查看其可用计算机的域。
命令使用举例:
net view \\use
查看 use 的共享资源列表;
net view /domain:dddd
查看 dddd 域中的机器列表。

6.4.2 网络设备的一些管理命令

本小节以华为网络设备为例,介绍网络设备中的一些管理命令。华为操作系统软件提供了功能丰富的命令,可以用来进行故障查找与排除、问题诊断以及性能检测。主要有 display 命令、debugging 命令以及 ping 命令和 tracet 命令。一些命令与 Windows 中所使用的命令虽然类似,但仍有差别,读者在阅读时注意区别。

1. display 命令

display 命令是最常用的查看命令(思科、锐捷等设备类似的命令是 show 命令,参见本章最后的案例)。例如当用户完成一组配置之后,需要验证是否配置正确,就可以利用 display current-configuration 命令来查看当前生效的参数。对于某些参数,虽然用户已经配置,但如果这些参数所在的功能没有生效,则不予显示。交换机当前生效的配置参数显示如下:

<Quidway>display current-configuration
#
interface GigabitEthernet1/0/1
#
interface Pos2/0/0
link-protocol ppp
#
user-interface con 0
#
sysname Quidway
#
vlan batch 10
#
interface Vlanif10
ip address 192.164.2.1 255.255.255.0
#
interface GigabitEthernet2/0/1

```
port hybrid pvid vlan 10
port hybrid untagged vlan 10
#
user-interface con 0
set authentication password simple 123456
history-command max-size 30
user-interface vty 0 4
#
return
```

下面的例子,用于显示当前路由表的概要信息,路由 1.1.1.1/32 为两条静态路由(下一跳不同),所以路由计数为 8。

<Quidway> display ip routing-table

Route Flags: R-relied, D-download to fib

——————————————————————————

Routing Tables: Public
　　Destinations: 7　Routes: 8

Destination/Mask	Proto	Pre	Cost	Flags	NextHop	Interface
1.1.1.1/32	Static	60	0	D	0.0.0.0	NULL0
	Static	60	0	D	100.0.0.1	Ethernet8/1/0
100.0.0.0/24	Direct	0	0	D	100.0.0.1	Ethernet8/1/0
100.0.0.1/32	Direct	0	0	D	127.0.0.1	InLoopBack0
103.0.0.0/24	Direct	0	0	D	103.0.0.1	Ethernet8/1/1
103.0.0.1/32	Direct	0	0	D	127.0.0.1	InLoopBack0
127.0.0.0/8	Direct	0	0	D	127.0.0.1	InLoopBack0
127.0.0.1/32	Direct	0	0	D	127.0.0.1	InLoopBack0

2. debugging 命令

debugging 命令用来打开系统调试开关,调试命令可以在路由器正常工作或者发生网络故障时获得在路由器中交换的报文和帧的详细信息。通常情况下,调试命令的大量输出将会增加处理器的负担。调试命令针对故障排除,如果只是查看,最好不要使用这些命令。在获得了足够的信息后,应立刻中止调试命令的执行。undo debugging 命令可以用来关闭系统调试开关,缺省情况下,系统会关闭全部调试开关。

例如使用 debugging ospf packet 命令可以打开 OSPF 收发报文的调试开关。undo debugging ospf packet 命令用来关闭调试信息开关。缺省情况下,关闭调试信息开关。如果未指定进程号,则显示所有 OSPF 进程的报文信息。OSPF 报文类型包括 ACK、DD、HELLO、REQUEST 和 UPDATE。如果未指定报文类型,则显示所有类型的报文信息。

3. ping 命令

与 PC 的 ping 命令一样,网络设备中的 ping 也是最常使用的故障诊断与排除命令。它使用 ICMP 报文信息来检测远程设备是否可用、与远程主机通信的来回旅程(round-trip)的延迟

(delay)、包(packet)的丢失情况。

相关的命令参数和输出信息描述见表 6.10 和表 6.11。

表 6.10　华为设备 ping 命令的参数说明

参　　数	参数说明	取　　值
ip	使用 IP 协议	—
-a source-ip-address	指定发送 ICMP ECHO-REQUEST 报文的源 IP 地址。 如果不指定源 IP 地址,将采用出接口的 IP 地址作为 ICMP ECHO-REQUEST 报文发送的源地址	只能为 A、B、C 类合法地址
-c count	指定发送 ICMP ECHO-REQUEST 报文次数。 ping 命令每发送一个 ICMP ECHO-REQUEST 报文,顺序号就加 1,顺序号从 1 开始,默认情况下发送 5 个 ICMP ECHO-REQUEST 报文,也可以通过命令行参数 count 设置发送 ICMP ECHO-REQUEST 报文的个数。如果对端可达,则在对端会相应回应 5 个和请求端同样序号的 ICMP ECHO-RESPONSE 报文。 当网络质量不高时,可以增加发送报文数目,通过丢包率来检测网络质量	整数形式,取值范围是 1～4 294 967 295。缺省值是 5
-d	设置 socket 为 debug 模式	缺省为非 debug 模式
-f	设置报文发送的过程中不分片	只有 IPv4 支持
-h ttl-value	指定 TTL 的值。 报文在转发过程中,如果 TTL 字段的值减为 0,报文到达的路由器就会向源端发送ICMP 超时报文,表明远程设备不可达	整数形式,取值范围是 1～255。缺省值是 255
-i interface-type interface-number	设置发送 ICMP ECHO-REQUEST 报文的接口。 说明： 对于广播式链路(以太网),指定的目的地址将作为报文的下一跳地址	—
-m time	指定发送下一个 ICMP 请求报文的等待时间。 ping 发送 ICMP ECHO-REQUEST 报文后等待应答(reply),缺省等待 2 000 ms 后发送下一个 ICMP ECHO-REQUEST 报文。可以通过 time 参数配置发送时间间隔。在网络状况较差情况下,不建议此参数取值小于2 000 ms	整数形式,取值范围是 1～10 000,单位 ms。缺省值是 2 000

续表

参　数	参数说明	取　值
-n	将host参数直接作为IP地址,不需作域名解析	—
-ppattern	指定ICMP ECHO-REQUEST报文填充字节。 可以通过配置ICMP ECHO-REQUEST报文的填充字节,便于故障定位人员从大量ICMP ECHO-RESPONSE报文中识别出某类报文	16进制整数,取值范围是0～FFFFFFFF。缺省情况下,填充方式为从0x01开始,依次递增
-q	指定只显示统计信息。 ping命令指定此参数后,系统只显示发送、接收报文数,报文丢失率,最小返回时间,平均返回时间和最大返回时间	缺省情况下,显示全部信息
-r	指定记录路由 如果指定记录路由,那么在IP报文传送过程中,在IP包到达路由器后,经过的每一个路由器都把它的IP地址放入选项字段中。当数据报到达目的端时,所经过的IP地址都应该复制到ICMP回显应答中,并且返回途中所经过的路由器地址也要被加入到回应的IP报文中。当ping程序收到回显应答时,它就可以显示出经过的路由器的IP地址	缺省情况下,不记录路由
-spacketsize	指定ECHO-REQUEST报文长度(不包括IP和ICMP报文头)	整数形式,取值范围是20～8 100,单位是字节。缺省报文长度是56字节
-system-time	显示报文发送时的系统时间	—
-ttimeout	指定发送完ICMP ECHO-REQUEST后,等待ICMP ECHO-RESPONSE的超时时间。 ping命令会发送ICMP ECHO-REQUEST报文到某个地址,然后等待应答(reply),在ICMP ECHO-REQUEST报文到达目标地址以后,在一个有效的时间内(timeout之前)返回ICMP ECHO-RESPONSE给源地址,则说明目的地可达。如在有效时间内,没有收到回应,则在发送端显示超时。 正常情况下,发送完ICMP ECHO-REQUEST后会在1～10 s内收到应答(replay)。当网络传输速率较慢时,可以使用此参数加大ICMP ECHO-REQUEST报文的响应超时时间	整数形式,取值范围是0～65 535,单位是ms。缺省超时间是2 000 ms

续表

参　数	参数说明	取　值
-tos tos-value	指定发送 ICMP ECHO-REQUEST 报文的 TOS 值。通过设置 TOS 值，配置 ICMP 报文的优先级别	整数形式，取值范围是 0～255。缺省值是 0
-v	指定显示接收到的非本用户的 ICMP ECHO-RESPONSE 的 ICMP 报文 如果不指定-v，系统只显示本用户收到的 ICMP ECHO-RESPONSE 报文。 如果指定-v，系统会显示设备收到的所有 ICMP ECHO-RESPONSE 报文	缺省情况下，不显示非 ECHO-RESPONSE 的 ICMP 报文
-vpn-instance vpn-instance-name	VPN 实例名	字符串形式，不支持空格，长度范围是 1～31
host	目的主机的域名或 IP 地址	字符串形式主机名，不支持空格，区分大小写，长度范围是 1～20，或者合法的点分十进制 IPv4 地址
ipv6	对使用 IPv6 协议的主机进行 ping 测试	—
-tc traffic-class-value	指定回应请求报文中的流量类别	整数形式，取值范围是 0～255，缺省值是 0
-vpn6-instance vpn6-instance-name	IPv6 VPN 实例名称	字符串形式，长度范围是 1～31

表 6.11　华为设备 ping 命令输出信息描述

项　目	描　述
ping x.x.x.x	目的主机的 IP 地址
x data bytes	发送的 ECHO-REQUEST 报文的长度
press CTRL_C to break	键盘操作＜CTRL＋C＞将终止正在进行的 ping 测试
Reply from x.x.x.x	目的主机对每个 ECHO-REQUEST 报文的响应情况，包括： bytes：响应报文的长度； sequence：响应报文的序号； ttl：响应报文的 TTL；　time：响应时间，以 ms 为单位； 如果超时后没有收到响应报文，则显示"Request time out"
x.x.x.x ping statistics	对目的主机进行 ping 测试的统计结果，包括： packets transmitted：发送的 ECHO-REQUEST 报文数目； packets received：接收到的 ECHO-RESPONSE 报文数目； ％ packet loss：未响应报文数占应发送报文总数的百分比； round-trip min/avg/max：响应时间的最小值、平均值、最大值

使用 ping 检测网络连接是否出现故障或检查网络线路质量时,主要有以下几种场景。

场景一:检查本机协议栈。执行 ping<环回地址>,可以检查本机 TCP/IP 协议栈是否正常。

场景二:在 IP 网络中检测目的主机是否可达。执行 ping<目的 IP 地址>,向对端发送 ICMP ECHO-REQUEST 报文,如果能够收到对端应答(reply),则可以判定对端路由可达。

场景三:在三层 VPN 网络中检测对端是否可达。在三层 VPN 网络中,由于各设备间可能没有彼此的路由信息,无法直接使用 ping<目的 IP 地址>命令进行检测,只能通过 VPN 到达对端。执行 ping-vpn-instance vpna <目的 IP 地址>命令,在指定 VPN 实例名的情况下,可以实现向对端发送 ICMP ECHO-REQUEST 报文,如果能够收到对端应答(reply),则可以判定对端可达。

场景四:网络环境较差时,例如可通过 ping-c 20-t 5000 202.168.12.32 这样的命令检测本端到对端 202.168.12.32 设备间的网络质量。通过分析显示结果中的丢包率和平均时延,可以评估网络质量。对于可靠性较差的网络,建议发包次数(-c)和超时时间(-t)取较大值,这样可以更加准确地得到检测信息。

场景五:检测路径。执行 ping-r<目的 IP 地址>命令,可以得到本端到对端的路径节点信息。

场景六:检测路径 MTU。执行 ping-f-s 3500 202.168.12.32,可以设置 ICMP 报文不分片和 ICMP 报文大小,从而实现在多次探测后得到的路径的 MTU 值。

下面的例子是检查 IP 地址为 10.1.1.2 的主机是否可达,设置发送报文的源 IP 地址为 202.38.160.243,设置发送报文次数为 8。

<Quidway>ping -a 202.38.160.243 -c 8 10.1.1.2
  PING 10.1.1.2: 56 data bytes, press CTRL_C to break
   Reply from 10.1.1.2: bytes=56 Sequence=1 ttl=255 time=32 ms
   Reply from 10.1.1.2: bytes=56 Sequence=2 ttl=255 time=32 ms
   Reply from 10.1.1.2: bytes=56 Sequence=3 ttl=255 time=32 ms
   Reply from 10.1.1.2: bytes=56 Sequence=4 ttl=255 time=32 ms
   Reply from 10.1.1.2: bytes=56 Sequence=5 ttl=255 time=32 ms
   Reply from 10.1.1.2: bytes=56 Sequence=6 ttl=255 time=32 ms
   Reply from 10.1.1.2: bytes=56 Sequence=7 ttl=255 time=32 ms
   Reply from 10.1.1.2: bytes=56 Sequence=8 ttl=255 time=32 ms
  --- 10.1.1.2 ping statistics ---
  8 packet(s) transmitted
  8 packet(s) received
  0.00% packet loss
  round - trip min/avg/max=32/32/32 ms

下面的例子是检查 IP 地址为 10.1.1.2 的主机是否可达,设置发送报文长度为 300 字节,设置发送下一个报文需要等待时间为 3 000 ms。

<Quidway>ping-m 3000-s 300 10.1.1.2
  PING 10.1.1.2: 300 data bytes, press CTRL_C to break

```
Reply from 10.1.1.2: bytes=300 Sequence=1 ttl=255 time=31 ms
Reply from 10.1.1.2: bytes=300 Sequence=2 ttl=255 time=31 ms
Reply from 10.1.1.2: bytes=300 Sequence=3 ttl=255 time=31 ms
Reply from 10.1.1.2: bytes=300 Sequence=4 ttl=255 time=31 ms
Reply from 10.1.1.2: bytes=300 Sequence=5 ttl=255 time=31 ms
——— 10.1.1.2 ping statistics ———
5 packet(s) transmitted
5 packet(s) received
0.00% packet loss
round-trip min/avg/max = 31/31/31 ms
```

4. tracert 命令

tracert 命令与 PC 机的 tracert 命令类似,提供路由器到目的地址的每一跳的信息。为了获得往返延迟时间的信息,tracert 发送三个报文并显示平均延迟时间。相关参考说明见表 6.12。

表 6.12 华为设备 tracert 命令的参数说明

参 数	参数说明	取 值
-a source-ip-address	指定探测报文的源地址	—
-f first-ttl	指定初始 TTL。TTL(time to live)是 IP 报文首部的生存时间字段,它指定了数据包的生存时间,设置了数据包可以经过的最多路由器数。TTL 字段由发送报文的源主机设置,每经过一个路由器,TTL 字段的值都会减 1,当该字段的值为 0 时,数据包就被丢弃,并发送 ICMP 超时报文通知源主机。 设置 first-ttl,当经过的跳数小于此参数值,由于 TTL 字段的值大于 0,经过的这几个节点不会返回 ICMP 超时报文给源主机。如果已经设置了 max-ttl 参数值,first-ttl 的取值必须小于 max-ttl	整数形式,取值范围是 1~max-ttl。缺省值是 1
-m max-ttl	指定最大 TTL。 通常情况下,max-ttl 的值被设置为经过站点的跳数。当需要修改 TTL 的值时,使用此参数。如果已经设置了 first-ttl 参数值,max-ttl 的取值必须大于 first-ttl	整数形式,取值范围是 first-ttl ~ 255。缺省值是 30
-name	使能显示每一跳的主机名	—
-p port	指定目的主机的 UDP 端口号。如果不指定目的主机的 UDP 端口号,tracert 命令使用大于 32 768 的随机的端口作为目标设备的接收报文端口。如果指定目的 UDP 端口号,需要避免采用对端已经开启的端口号,否则会导致 tracert 失败	整数形式,取值范围是 0~65 535。缺省值是 33 434

续表

参　数	参数说明	取　值
-qnqueries	指定每次发送的探测数据包个数。当网络质量不高时，可以增加发送探测数据包数目，保证探测报文能够到达目的节点	整数形式，取值范围是1～65 535。缺省值是3
-vpn-instancevpn-instance-name	本次tracert目的地址的VPN属性，即关联的VPN实例名称	字符串形式，不支持空格，长度范围是1～31
-wtimeout	指定等待响应报文的超时时间。当发送数据包到达某网关超时，则输出"*"。如果网络质量不高且速度很慢，建议增加发送数据包的超时时间	整数形式，取值范围是0～65 535，单位是ms。缺省值是5 000 ms
host	指定目的主机的域名或IPv4地址	字符串形式主机名，不支持空格，区分大小写，长度范围是1～20，或者合法的点分十进制IPv4地址
ipv6	对使用IPv6协议的主机进行tracert测试	—
-vpn6-instancevpn6-instance-name	IPv6 VPN实例名称	字符串形式，不支持空格，长度范围是1～31
ipv6-host	目的主机的域名或IPv6地址	—

对于网络中出现的故障，可以执行ping命令，根据回应的报文，查看网络连通的情况，然后进一步使用tracert命令查看网络中出现故障的位置，为故障诊断提供依据。可以使用tracert命令参数组合，对特定场景进行检测。

(1) 执行tracert host命令，可以检测源端到目的主机间的节点信息。

(2) 执行tracert-vpn-instance vpn-instance-name host命令，可以检测在三层VPN网络中源端到目的主机间的节点信息。在三层VPN网络中，由于各设备间可能没有彼此的路由信息，无法直接使用tracert host命令进行检测，只能通过VPN到达对端。执行tracert-vpn-instance vpn-instance-name host命令，在指定VPN实例名的情况下，可以检测源端到目的主机间的节点信息。

(3) 网络环境较差时，执行tracert-q nqueries-w timeout host命令可以检测源端到目的主机间的节点信息。对于可靠性较差的网络，建议发包次数(-q)和超时时间(-w)取较大值，这样可以更加准确地得到检测信息。

(4) 执行tracert-f first-ttl-m max-ttl host命令，通过指定起始TTL(first-ttl)和最大TTL(max-ttl)实现对某一段路径节点的检测。

tracert命令的执行过程如下：

(1) 发送一个TTL为1的数据包，TTL超时，第一跳发送回一个ICMP错误消息以指明此数据包不能被发送。

(2) 发送一个TTL为2的数据包，TTL超时，第二跳发送回一个ICMP错误消息以指明此数据包不能被发送。

(3) 发送一个 TTL 为 3 的数据包，TTL 超时，第三跳发送回一个 ICMP 错误消息以指明此数据包不能被发送。

上述过程不断进行，直到到达目的地。

在每一跳的目标设备接收到 IPv4 报文后，由于报文探测指定的端口是一个在目标设备没有应用的端口，目标设备就会响应 ICMP port unreachable 信息给源端，表示目标端口不可达，同时说明 tracert 执行完毕。从而可以从源端显示的结果中，看到目标设备所经过的路径。

执行 tracert 命令发现网络出现故障时可能输出以下信息符号，具体信息如下：

！H 代表主机不可达；

！N 代表网络不可达；

！代表端口不可达；

！P 代表协议类型错误；

！F 代表报文分片错误；

！S 代表源路由错误。

注意，tracert 命令检测和 ping 命令指定 -r 参数检测都会返回从源端到目的主机间的节点信息。但是二者最主要区别在于：

ping 命令一旦在中间某一个节点超时，则整个 ping 测试返回超时，不显示任何路径信息。

tracert 命令如果在中间某一个节点超时，只会在显示信息中标识此节点信息超时"＊ ＊ ＊"，不影响整个 tracert 命令操作。

下面的例子是查看从本地主机到目的地址 18.26.0.115 所经过的网关。

<Quidway> tracert 18.26.0.115
traceroute to 18.26.0.115 (18.26.0.115), 30 hops max, press CTRL_C to break1
1 128.3.112.1   10 ms   10 ms   10 ms
2 128.32.216.1   19 ms   19 ms   19 ms
3 128.32.216.1   39 ms   19 ms   19 ms
4 128.32.136.23   19 ms   39 ms   39 ms
5 128.32.168.22   20 ms   39 ms   39 ms
6 128.32.197.4   59 ms   119 ms   39 ms
7 131.119.2.5   59 ms   59 ms   39 ms
8 129.140.70.13   80 ms   79 ms   99 ms
9 129.140.71.6   139 ms   139 ms   159 ms
10 129.140.1.7   199 ms   180 ms   300 ms
11 129.140.7.2   300 ms   239 ms   239 ms
12 ＊ ＊ ＊
13 128.11.4.7   259 ms   499 ms   279 ms
14 ＊ ＊ ＊
15 ＊ ＊ ＊
16 ＊ ＊ ＊
17 ＊ ＊ ＊

18 18.26.0.115 (18.26.0.115) 339 ms 279 ms 279 ms
以上命令输出信息的描述解释如下：
traceroute to：到某个目的地址的 tracert 检测。
max hops：最大 TTL 数。
packet length：发送的报文长度。
1 128.3.112.1 10 ms 10 ms 10 ms："1"表示第一跳网关。每增加一跳，序号递增。缺省情况下，最大跳数是 30 跳。"128.3.112.1"表示第一跳的网关地址。每一跳序号后的 IPv4 地址表示本跳的网关地址。"10 ms 10 ms 10 ms"表示发送的三个 UDP 报文和相应接收的 ICMP Time Exceeded 报文或者 ICMP 端口不可达报文的时间差。缺省情况下，检测每跳时，发送的 UDP 探测数据包个数是三个。
MPLS Label：MPLS 标签值。
Exp：优先级。
TTL：生存时间。
S：栈底标志。
* * *：经过第 N 跳时，在一定时间内没有收到 ICMP Time Exceeded 报文或者 ICMP 端口不可达报文。缺省情况下，等待响应报文的超时时间是 5 000 ms。

6.5 网络故障处理

6.5.1 网络故障处理概述

随着因特网新应用的不断开发，网络中的数据传输也越来越复杂。数据、语音、视频等多种应用对带宽的要求不断增加，一些新技术和老技术的兼容问题也不断出现，网络中的不安全因素越来越难以确定。这些都导致了网络环境的复杂化，意味着网络的连通性和性能发生故障的可能性越大，而且引发故障的原因也越发难以确定。同时，由于人们越来越多地依赖网络处理日常的工作和事务，一旦网络故障不能及时修复，其损失可能很大甚至是灾难性的。

能够正确地维护网络尽量不出现故障，并确保出现故障之后能够迅速、准确地定位问题并排除故障，对网络维护人员和网络管理人员来说是个挑战，这不但要求对网络协议和技术有着深入的理解，更重要的是要建立一个系统化的故障处理思想并合理应用于实际中，以便将一个复杂的问题隔离、分解或缩减排错范围，从而及时修复网络故障。

1. 网络故障的类别

网络的故障，无外乎两种，一种是性能问题，一种是连通性问题。

对于连通性问题，故障现象比较明显，管理员不得不解决。而对于性能问题，通常很难引起管理员的注意。事实上，由于管理不当而引起的性能问题，往往是网络用户抱怨的主要方面。在一些网络中，开启了一些并不十分需要的协议。这些协议产生大量广播包，耗费着宝贵的网络带宽资源。还有一些网络中，一些用户使用了大量的 P2P 下载软件，24 小时不停地工作，使得其他用户的网络性能严重下降。所以，了解网络产生故障的类别原因，是排除故障的第一要点。

2. 网络故障处理常用方法

网络故障处理常用的方法有分层分析、分段排查和替换尝试。

分层分析：计算机网络自身的特点，决定了其工作是一个系统性工程。在网络体系结构的不同层次，关心的问题各有不同。相应地，每一层的协议、软件、硬件出现故障时，所产生的故障现象也各有不同。所以在排除故障之前，首先要清楚网络的体系结构中，各层的主要功能是什么，都有哪些协议。这需要管理员具备将一个复杂、系统的问题进行分层分析的能力。相关知识参见本书第 1 章相关的内容。

分段排查：对于普通的网络用户，有一个常识，当自己的主机不能正常访问网络时，可以一段段地进行测试。先 ping 环回测试地址 127.0.0.1，如果该地址无法 ping 通，则表明本机 TCP/IP 协议不能正常工作。如果 ping 通了该地址，证明 TCP/IP 协议正常。这时候再 ping 本机的 IP 地址，如果 ping 不通，表明本地主机的网卡出现故障。若能 ping 通，再 ping 本地网关的 IP 地址，ping 不通则表明本地主机与本地网关之间出现故障。依此类推，逐段地进行排查。作为管理员，在进行网络故障处理时，也同样可以使用类似的方法，将所管理的网络分段，逐段地进行排查，找到故障，进行处理。

替换尝试：在检查硬件是否存在问题时最常用的方法。当怀疑是网线问题时，更换一根确定是好的网线查看故障是否依旧。当怀疑是接口模块有问题时，更换一个其他接口模块查看故障现象是否仍存在。

3. 网络故障处理的解决步骤

网络故障处理的步骤如图 6.27 所示。首先观察故障现象，根据用户服务反馈或者利用网络管理系统收集相关的信息。再针对故障现象进行分析，做出初步的判断，制定故障排除的方案。实施故障排除后，若仍不能排除故障则将所有连接和配置恢复到故障排除前的状态，重复这一过程，直到故障排除。

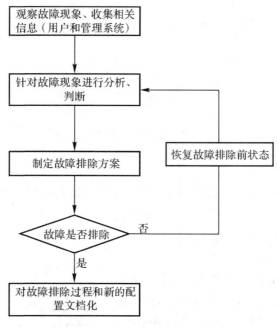

图 6.27 网络故障处理的解决步骤

故障排除完以后,还有一个非常重要的任务,就是对所做工作的文档化。总结经验是一方面,对网络进行规范化的文档记录也是一个重要的考虑,要对故障处理的过程和所修改的配置进行记录,主要包括以下内容:网络的拓扑和硬件连接细节信息;网络中的协议和软件使用以及配置信息的整理;故障处理的完整过程,包括故障现象、分析过程、排除方法和所用工具与资料。

6.5.2 网络故障处理案例分析

本小节以一个案例对网络故障处理的过程进行一个完整的描述。由于在实际的网络中,并不一定只涉及某一个公司的某一种网络设备,因此本例中涉及两个不同公司的交换机和路由器。

1. 故障现象

图 6.28 所示的拓扑中,网络设备的硬件连接完好,所有接口的物理特性和二层功能均正常工作。在完成配置以后,三个 VLAN 中的网络用户,只有 VLAN10 中的 PC 可访问外部网络资源,VLAN20 和 VLAN30 中的 PC 都无法访问外部网络。

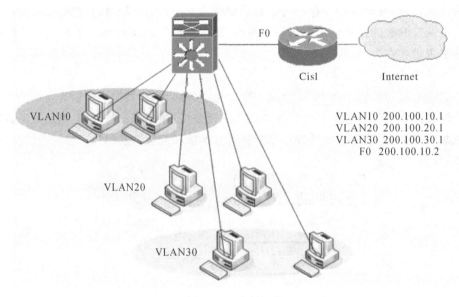

图 6.28 案例拓扑

2. 分析、解决的过程

首先在出现该故障的 VLAN20 和 VLAN30 两处虚拟局域网中的主机上分别 ping 自己的默认网关。这个默认网关,就是 VLAN 的地址。

VLAN20 中的主机 ping 的结果如下:

C:\>ping 200.100.20.1

Pinging 200.100.20.1 with 32 bytes of data:

Reply from 200.100.20.1: bytes=32 time<10 ms TTL=255

Reply from 200.100.20.1: bytes=32 time<10 ms TTL=255

Reply from 200.100.20.1: bytes=32 time<10 ms TTL=255

Reply from 200.100.20.1：bytes=32 time<10 ms TTL=255
Ping statistics for 200.100.20.1：
  Packets：Sent = 4, Received = 4, Lost = 0 (0% loss),
Approximate round trip times in milli-seconds：
  Minimum=0 ms, Maximum=0 ms, Average=0 ms
C:\>

以上过程表明 VLAN20 中的主机可以 ping 通自己的网关。

VLAN30 中的主机 ping 的结果如下：

C:\>ping 200.100.30.1
Pinging 200.100.30.1 with 32 bytes of data：
Reply from 200.100.30.1：bytes=32 time<10 ms TTL=255
Reply from 200.100.30.1：bytes=32 time<10 ms TTL=255
Reply from 200.100.30.1：bytes=32 time<10 ms TTL=255
Reply from 200.100.30.1：bytes=32 time<10 ms TTL=255
Ping statistics for 192.168.140.1：
  Packets：Sent = 4, Received = 4, Lost = 0 (0% loss),
Approximate round trip times in milli-seconds：
  Minimum = 0 ms, Maximum = 0 ms, Average = 0 ms
C:\>

各 VLAN 的网关均能 ping 通，这说明交换机上的三层配置无误，故障应当发生在路由器上。

可以进一步跟踪数据包发送的路径。通过 Windows 下的 tracert 命令进行跟踪操作来访问外网，发现数据包有去无回，可以得出结论：在路由器上无返回路径。

查看三层交换机的路由表：

Switch#show ip route
Codes: C — connected, S — static, R — RIP
   O — OSPF, IA — OSPF inter area
    E1 — OSPF external type 1, E2 — OSPF external type 2
Gateway of last resort is 200.100.10.2 to network 0.0.0.0
C 200.100.20.0/24 is directly connected
C 200.100.30.0/24 is directly connected
C 200.100.10.0/24 is directly connected
S *0.0.0.0/0 is directly connected, VLAN10
……

交换机的路由配置没有问题，再查看路由器的路由表：

Router#show ip route
Codes: C - connected, S - static, R - RIP
   O - OSPF, IA - OSPF inter area
    E1 - OSPF external type 1, E2 - OSPF external type 2

Gateway of last resort is10.1.1.1 to network 0.0.0.0
1.0.0.0/24 is subnetted，1 subnets
C 1.1.1.0 is directly connected，FastEthernet3
10.0.0.0/30 is subnetted，1 subnets
C 10.1.1.0 is directly connected，FastEthernet1
C 200.100.10.0/24 is directly connected，FastEthernet0
……

从上面的查看结果可以看出，在路由器中只有到VLAN10的一个直连路由，而没有返回VLAN20和VLAN30的路由。所以，VLAN20和VLAN30中的主机不能正常地访问外部网络资源。

找到了故障的原因，也就找到了解决这一故障的方法，只需要在路由器中增加如下的两条静态路由项，即可解决这一故障：

Router(config)♯ip route 200.100.20.0 255.255.255.0 f0
Router(config)♯ip route 200.100.30.0 255.255.255.0 f0

3．故障分析结论

本案例中的故障，虽然是局域网的故障，但却是一个三层故障，是一个典型的单向路由的问题。即只在交换机上指定了出去的路由，而并没有在路由器上指定返回的路由，所以造成数据无法返回。在解决故障的过程中，利用了ping、tracert和路由器中的show命令等工具。在排除故障的过程中，用到了分段排查的方法。

思 考 题

1．网络管理理论对指挥网络的运维管理和相关系统开发有什么启示？
2．网络管理系统通常需要在被管设备中进行哪些配置？
3．在网络管理维护的过程中，哪些场合可使用哪些网络管理命令？
4．网络故障处理与其他系统的故障处理有什么异同？
5．网络设备与底层传输设备可否统一管理，设计时要考虑哪些因素？

第7章 指挥信息网络的发展

当下,军事科技变革愈演愈烈,传统网络架构已成为制约作战效能发挥的瓶颈,亟须从根源和机制上予以突破。传统指挥信息网络所基于的 IP 网络,采取的是一种尽力而为的转发机制,很难满足异构互联、动态组网、智能安防、弹性服务、绿色节能等新需求。本章对软件定义网络、网络动态赋能、内生安全机制、可信计算、边缘计算等新兴技术进行介绍,以期对读者从事相关研究和实践有所启发。

7.1 SDN 与 NFV 技术

7.1.1 SDN 技术

传统的互联网架构下,数据的转发功能和控制逻辑是紧密耦合在一起的,以硬件芯片的形式固定在路由器、交换机等网元设备中。基于分布式转发控制协议,各类交换设备划分成若干自治域,将信息承载在数据包中,突破地理位置的界限,在网络空间中流转。然而,这种分域自治、转控一体的机制,也使对网络设备的管理维护变得十分复杂。比如,为了实现高级的网络管理策略,需要网络运维人员采取逐架逐机的方式对网元设备进行配置。当网络规模日趋庞大,网络管理的复杂性呈几何级数上升,造成网络的维护、升级十分困难。同时,来自不同厂商的设备虽然都具备对通用协议的支持,但在一些功能特性上彼此并不完全兼容,有可能导致通信意外中断、网络传输不畅等问题且难以排查。此外,这种架构也成为网络技术发展创新的瓶颈。以 IPv4 协议向 IPv6 协议的迁移为例,由于现网中的路由器、交换机主要还是以 IPv4 协议为主,更换设备既需要大量的资金,也会产生不可控的通信中断,导致十几年来 IPv6 协议仍然难以大规模应用。可见,传统架构产生的资金开销(CAPEX)、运维开销(OPEX),以及对服务质量产生的负面影响,都催生了改变现有网络架构的意愿和动机。

软件定义网络(software defined networking,SDN)技术在这种背景下应运而生,并被寄予厚望。SDN 是一种控制与转发分离并直接可编程的网络架构,其核心是将传统网络设备紧耦合的网络架构解耦成应用、控制、转发三层分离的架构,并通过标准化实现网络的集中管控和网络应用的可编程。基于 SDN 技术,可以将网络的控制逻辑与底层设备分离,使用具有简单转发功能的交换设备取代路由器,并且获得全网的统一逻辑视图,使网络的配置和升级进一步简化,从而提升网络的可用性、可靠性和弹性。SDN 的基本架构如图 7.1 所示。

SDN 网络的最底层为数据平面,是由最基本的转发设备构成,这些转发设备通常称为SDN 交换机。SDN 交换机可以接收来自上层的指令,对通过自身的网络数据包进行解析、分类、封装、转发、缓存等处理。数据平面中的 SDN 交换机是数据处理的实际执行者。

SDN 网络的中间层是控制平面,部署有软件形式的控制器,用于将上层应用翻译成通用指令,发送给 SDN 交换机,并收集汇总 SDN 交换机运行数据,为上层应用提供网络状态视图。

控制平面中的 SDN 控制器可以看作是 SDN 网络的决策机构。为了实现 SDN 网络的高可用性,防止造成单点瓶颈,在实际环境中 SDN 控制器通常需要采用分布式部署。

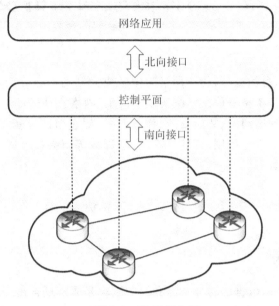

图 7.1　SDN 架构图

SDN 网络的最上层是各类网络应用,部署于 SDN 控制器提供的实时运行环境中,可以实现流量工程、移动性管理、网络监控、网络安全管理等功能。

控制平面与数据平面的应用编程接口称为南向接口,与网络应用之间的应用编程接口称为北向接口。当前较为主流的南向接口协议包括 OpenFlow、Netconf 等,北向接口因控制器的不同而不尽相同,一般依赖 HTTP(S) 协议实现。

与传统网络对比,SDN 网络同样由一系列网络设备的集合构成,而其中的主要区别在于使用 SDN 交换机取代了传统路由交换设备,从而将嵌入在设备内部的硬件控制芯片提取出来构成了统一的软件控制平面。更重要的是,通过统一交互标准、开放编程接口,使得不同通信设备的通信更加兼容,有助于解决不同硬件生产厂商带来的互操作问题。

SDN 交换机的核心在于统一的南向接口,目前最主流的协议是 OpenFlow。OpenFlow 模型如图 7.2 所示。

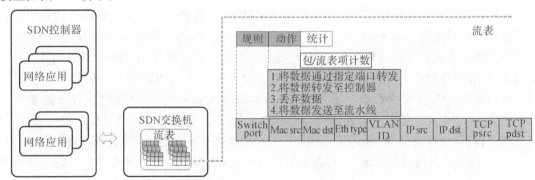

图 7.2　OpenFlow 协议模型

流表是 OpenFlow 协议中最核心的概念。在 SDN 交换机中，内置了专门的硬件芯片用于存储流表项。每个流表项主要分为三个部分：匹配规则、动作和统计信息。当流经 SDN 交换机的网络数据包符合某条流表项的匹配规则，便执行对应的动作，并将相关信息记录进统计信息。常见的匹配规则包括对网络数据包进入端口、以太网地址、VLAN ID、IP 地址、TCP/UDP 端口的分析，OpenFlow 协议 1.2 版本之后还加入了对 IPv6 协议的支持。支持的动作包括将数据通过指定端口转发、将数据传送至控制器、丢弃以及发送至流水线等。SDN 交换机使用 TCAM 存储流表，当前主流水平已经可以存储 8 K 条流表项，较好的可以存储 64 K 条流表项，使用高性能芯片优化的可以存储 125 K～1 000 K 条流表项。

SDN 的核心优势体现在敏捷化、开放化和软件化（虚拟化）。所谓敏捷化是其内在特征，可以实现快速的网络升级部署，提升市场响应速度。其外在表现为开放性，为运营商网络能力开放提供便利性，丰富了通信产业链。最核心的特征为软件化，使得电信业务由复杂的软硬一体化设备变为通用硬件上的软件功能，开发门槛大幅降低，开发集成与部署的速度明显加快。目前，SDN 技术得到了多家云服务公司、IT 企业、通信设备提供商的力推，并逐步从持续关注走向积极研发并部署商用。谷歌在 2011 年试验采用 OpenFlow 协议配置数据中心网络，2012 年宣布实现了全球主要节点数据实时拓扑、带宽按需动态调整，网络利用率从约 30% 提升到超过 90%；美国 FOX 电视台将 SDN 技术应用在电视节目转播中，实现了流量的动态调度；广东移动引入 SPTN-SDN，实现了将政府企业专线业务在线申请、自动开通的处理时间，从过去的数月缩短到现在的一小时；香港 HKT 构建的云网协同数字化转型平台，可支持 DCN 网络在线变更，TOR/EOR/FW 的自动化部署配置，一键式业务开通和运营，开通企业专线仅需 3 个工作日。多个 SDN 应用案例表明，SDN 技术具有良好的前景和价值。

SDN 技术仍然处于逐渐发展成熟的过程中，仍有许多问题需要解决。当前最主要的问题在于 SDN 网络采用通用服务器和 SDN 交换机组网，在性能、容量上与专用路由器仍然存在差距，还没有达到大规模应用的相关性能指标。此外，将传统网络升级为 SDN 网络也会带来巨额的资金、运维开销，这也是决定 SDN 技术能否迅速落地的外部因素。结合当前发展情况来看，SDN 网络是已有传统网络的重要补充，它们发挥着各自的优势，长期并存会是一个必然的趋势。

7.1.2 NFV 技术

在传统互联网架构中，网络连接关系是与硬件设备部署高度耦合的，如路由交换设备部署在大型机房和管井之中，通信链路由各种地下光缆、高架电缆承载，用户设备则与接入层的交换设备相连。在这种架构下，网络功能（Network Function，NF）如入侵检测系统、防火墙、网络地址转换器（Network Address Translator，NAT）、负载均衡器（Load Balancer，LB）等由网络设备制造商提供专有硬件，部署在网络核心侧或边缘侧，用以调整网络流量、识别恶意行为、优化用户体验等。这类硬件设备称为网络中间盒，开发周期长、部署开销大，且不同厂商提供的外部管理接口不同，难以集中统一部署和维护，对网络服务的更新升级造成了较大制约。在此背景下，网络功能虚拟化（Network Functions Virtualization，NFV）技术通过将网络功能软件部署在通用服务器上，取代硬件网络中间盒设备，将网络功能与硬件设备解耦，从而具备快速部署、动态编排、在线更新、集中管理等特性。

根据 RFC 3234 定义，网络中间盒是源主机到目的主机之间，位于数据路径上除路由器、交换机以外的设备。这些网络中间盒对外提供网络功能,包括防火墙、入侵检测系统、流量整形器、深度包检测器、网络地址转换器等,主要是基于 ASIC 芯片的专门硬件设备。由于开发周期长,因此成本昂贵,且与路由器、交换机专门布线连接,往往部署在网络出口等关键位置,因此维修更换可能导致网络中断,升级困难。同时,网络中间盒由不同的厂家开发,因此运行维护的方式各不相同,故而设备的测试、部署、运行和维护需要大量的人力物力支持,提高了运营成本。

欧洲电信标准化协会(European Telecommunications Standards Institute,ETSI)从 2012 年起推广 NFV 的概念,并于 2015 年正式提出 NFV-MANO 架构。如图 7.3 所示,NFV-MANO 由自底向上的三层结构组成,分别为基础设施层、虚拟网络层和编排层。基础设施层包括管理底层通用硬件设备的网络功能虚拟化基础设施层(NFV Infrastructure,NFVI)和管控 NFVI 的虚拟化基础设施管理器(Virtualized Infrastructure Manager,VIM)。虚拟网络层包括虚拟网络功能(Virtualized Network Function,VNF)和管理 VNF 生命周期的虚拟网络功能管理器(Virtualized Network Function Manager,VNFM)。编排层是 MANO 架构的核心,包括运营和业务支持系统(Operations Support System/Business Support System,OSS/BSS),用以支持订单、续约、账单、排错等服务。同时,OSS/BSS 须与编排器(NFV orchestration,NFVO)协同工作,完成网络服务描述、资源监控、状态告警和策略管理等功能。NFV-MANO 架构推出后,其他 NFV 架构也基本遵循此架构,现有开源 NFV 平台大多参考了 NFV-MANO 的思路进行顶层设计。

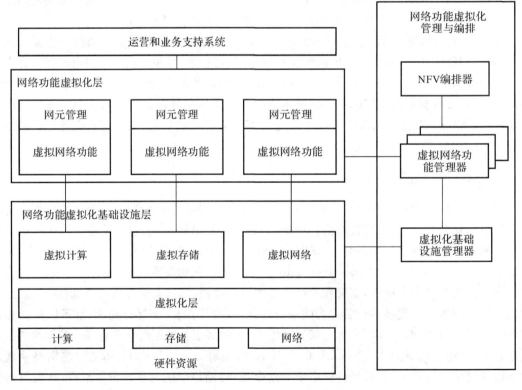

图 7.3 NFV-MANO 架构

目前开源的网络功能虚拟化平台，主要基于 ETSI 提出的 NFV-MANO 架构设计实现。其中，ETSI 推出了 OSM 平台，该项目除支持网络服务自动部署、资源和服务联合编排等功能外，还具有管理 NFV 场景的特性，便于用户订制个性化的业务场景。柏林工大和 FOKUS 合作，推出了 Open-Baton 平台。该平台的核心是一个网络流事件引擎，通过将业务需求映射成事件，交付给 Open-Baton 内部组件订阅并依次处理，从而实现了平台的高扩展性。华为和中国移动牵头发起了 Open-O 开源平台，主要应用在传统网络向 SDN 网络演进的场景中。OpenDaylight 是由 Linux 基金会发起的一个开源分布式 SDN 控制器项目，于 2013 年联合 Cisco、Juniper、Broadcom 等公司共同推出。OpenDaylight 基于 OSGI 框架开发，支持包括 SNMP、Netconf、OpenFlow、sFlow 在内的多种网络管理协议，并引入了模型驱动的服务抽象层的概念，具备高可用、分布式、模块化、动态插拔等特点，可管理异构混联的大规模网络。Juniper 公司推出了 OpenContrail(2018 年更名为 Tungsten Fabric)，可与多种云平台集成互操作，在网络管理中具备单点控制、可观察性和可分析性等特性。

NFV 平台繁盛的开源生态说明，传统网络设备生产商在这一领域充分竞争，通过制定标准、引领社区开发进程以保持其既有优势。但同时，各个平台功能并不完善，对特定工作场景下的应用仍处于快速迭代中。

7.1.3 SDN 与 NFV 的关系

从 SDN 的需求可以看出，SDN 主要解决的是现网因为网络复杂导致的静态网络、不一致的转发策略、无法扩展、依赖于设备厂商等问题。SDN 可以使网络设备硬件归一化，网络的智能化全部由软件实现，可定制各种网络参数，如路由、安全、策略、QoS、流量工程等，并实时配置到网络中。

从 NFV 的需求可以看出，NFV 框架并不提供新的业务能力，NFV 框架解决的是电信网络功能部署、运维过程中如何解决基础设施资源共享、软硬件解耦合、动态调整分配基础设施资源等问题。NFV 框架可以提高电信网络功能和业务部署、运维的效率(计算、存储和网络资源、时间)，从而改变原有网络和业务部署中存在的周期长、不能灵活有效使用资源等问题，从而满足未来业务生命周期短、业务量和业务特征变化频繁、个性化定制比例高的特点。

NFV 和 SDN 的概念、系统架构和功能完全不同。首先，NFV 是以软件方式实现网络功能，而 SDN 是通过集中控制和可编程网络架构以提供更好连接性。其次，NFV 旨在降低资金开销、操作开销以及存储空间和功耗，SDN 旨在提供网络抽象、实现灵活的网络控制、配置和快速创新。最后，NFV 将网络功能与专有硬件分离，以实现敏捷配置和部署，而 SDN 将网络控制平面与数据平面转发分离，通过可编程性提供一个集中式的控制器。

从实践角度观察，狭义的 SDN 技术是网络控制转发的一种重要优化技术，并非是网络架构的革命性技术；NFV 技术不仅包含了网元的虚拟化，也涵盖了在网络资源整体基础上进行的上层对下层垂直调度编排和管理，还囊括了从数据中心经交换网络到用户端的水平分布的网络资源管理，结合云平台等的强大功能，使网络具备了快速部署、弹性伸缩、灵活编排等优点，因此受到运营商的青睐。可以说，NFV 应用的领域更广、范围更大，在一定程度上是带有网络变革性的技术。

总之，NFV 与 SDN 高度互补，但并不相互依赖。NFV 可以独立于 SDN 实施，这两个概念及方案也可以配合使用，并能获得潜在的叠加增值效应。通过 SDN 模式实现设备控制平面与数据平面的分离,能够提高网络虚拟化的实现性能,易于兼容现有的系统,并有利于操作和维护工作。NFV可以通过提供容许SDN软件运行的基础设施来支持SDN。随着SDN和NFV的发展,将SDN与NFV集成为基于软件定义的网络功能虚拟化来实现各种网络控制和管理的趋势明显增长。NFV通过SDN可以解决动态资源管理和智能服务编排方面的挑战。SDN通过NFV能够为特定类型的服务功能链动态创建一个虚拟服务环境来进行部署,从而避免了专有的硬件,节省了人力资源。

7.2 网络动态赋能

现有的网络安全防御体系综合采用防火墙、入侵检测、主机监控、身份认证、防病毒软件、漏洞修补等多种手段构筑堡垒式的刚性防御体系,阻挡或隔绝外界入侵。这种静态分层的深度防御系统基于先验知识,在面对已知攻击时,具有反应迅速、防护有效的优点,但是在对抗未知攻击对手时则力不从心,且存在自身易被攻击的危险。在这种防御体系中,由于基本的安全防护设施通常采用固定部署模式,相关协议、服务、应用和运行参数等也普遍缺少变化部署,使攻击者可以进行长期分析,查找并利用系统漏洞,攻击得手后即可以持续长期控守,持续危害系统安全,而且单个攻击手段一旦对局部生效,很容易扩散开来对全网造成大面积影响。

动态目标防御技术体现了网络空间安全游戏的新理念和新技术。这种技术旨在通过部署和运行不确定、随机动态的网络和系统,大幅度提高攻击成本,改变网络防御的被动态势。动态目标防御的方向一经确立,相关研究迅速展开,主要分为理论研究和技术实现。理论模型方面主要从攻击者和防御者策略对抗的角度出发,基于攻击面构建攻防博弈模型,对动态目标防御机理和效能进行探讨;在技术实现方面,动态目标防御技术涵盖了信息系统从网络、平台、运行环境到软件和数据等各个方面。

动态赋能网络空间防御是一种需要在网络空间信息系统全生命周期设计过程中贯彻的基本安全理念,其目的在于通过一切可能的途径,在保证网络空间信息系统可用性的同时,使信息系统全生命周期运转过程中所有参与主体、通信协议、信息数据等都具备在时间和空间两个领域单独或同时变换自身特征属性或属性对外呈现信息的能力,从而达到以下效果:

(1)攻击者难以发现目标;
(2)攻击者发现的目标是错误的;
(3)攻击者发现了目标但是无法实施攻击;
(4)攻击者能实施攻击但不可持续;
(5)攻击者能实施攻击但能够很快被检测到。

符合以上特点的技术都隶属于动态赋能网络安全防御技术的范畴。动态赋能网络安全防御技术以软件定义的安全防护设施为基础,以服务化的后台安全服务设施为支撑,将静态设防的网络空间安全能力载体,变成动态赋能的活体系,通过集约使用有限的资源和力量,提供全局赋能的新活力。动态赋能颠覆了传统的网络防御思路,主张采用动态的、开放的、主动的体系来实施网络防御,通过重构的软件定义安全理论与技术使安全能力灵活扩展、按需部署。动态赋能网络安全防御体系架构如图7.4所示,包括多个负责防控或探测的前端容器、一个负责动态生成和输送任务载荷的后台服务,以及一个负责系统配置和评估的管理服务。

第 7 章 指挥信息网络的发展

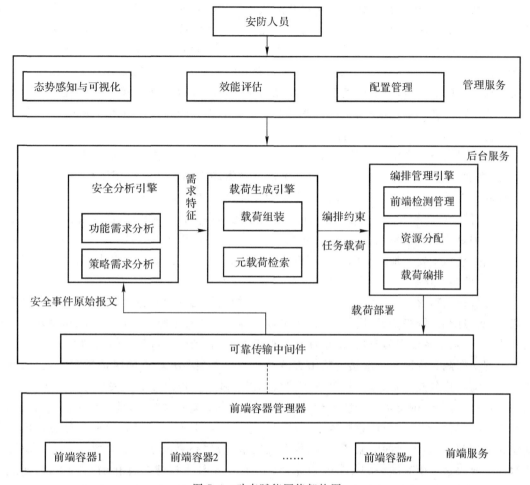

图 7.4 动态赋能网络架构图

基于动态赋能网络安全防御体系架构对核心防护网络进行动态化改造，包括动态赋能前端容器技术、安全分析引擎技术、动态赋能安全载荷的生成方法、动态赋能安全载荷的编排方法、动态赋能载荷可靠传输方法以及基于虚拟化技术的安全载荷网络动态加载等技术手段。前端容器负责动态加载并执行软件或硬件任务载荷，是一种软件或硬件可编程的物理设施。前端容器动态加载的任务载荷包括面向可编程的功能载荷，如可执行程序、FPGA下载文件，以及面向可配置的策略载荷，如检查规则配置、访问控制策略、病毒库升级补丁。前端容器管理器提供安全功能载荷的运行环境，在网络可达的情况下，可接受后台服务器的集中管理。安全载荷运行在前端容器中提供特定的安全防御能力，在容器管理器的控制下，能够实现启动、关闭、删除、迁移等功能。

后台服务负载动态生成和输送任务载荷，包括安全分析引擎、载荷生成引擎、编排管理引擎、元载荷库和可靠传输中间件。安全分析引擎负责分析威胁情报、安全事件及原始报文，并提取任务载荷的功能和策略需求特征值发送给载荷生成引擎。元载荷库负责存储和提供用于组合生成新载荷的任务载荷（即元载荷）。载荷生成引擎根据安全分析引擎提供的任务载荷需求特征值，在元载荷库中检索满足条件的候选任务载荷集合，并从中选取出最优子集，得到最终的任务载荷集合,同时给出任务载荷集合的编排约束。编排管理引擎负责根据底层物理网络中前端容器的资源消耗和负载状态,为每个任务载荷指定待部署的前端容器,生成最优的资源分配方案,并对所有任务载荷进行全生命周期的管理和维护。可靠传输中间件负责将前端容器的安全信息传输给后台服务的安全分析引擎,并将任务载荷及其部署方案以可靠传输方式发送到指定的前端容器,从而使任务载荷在前端容器中正确部署和运行。管理服务将网络空间态势进行可视化呈现给安防人员,并对系统安全防护效能进行评估和改进,安防人员还可以对后台服务的各功能引擎进行配置管理。

为实现对网络安全空间中信息系统的保护,在动态赋能架构技术基础上,将软件动态防御技术、网络动态防御技术、平台动态防御技术以及数据动态防御技术应用于核心防护网络中,以提升网络空间安全防御能力。现在对这几种关键技术进行简要介绍。

(1)软件动态防御技术。软件动态防御技术是指动态更改应用程序自身及其执行环境的技术。这种更改可包括更改指令集、内存空间分布以及更改程序指令或其执行顺序、分组或格式等。相关技术主要有地址空间布局随机化(ASLR)技术、指令集随机化技术、就地代码随机化技术、软件多态化技术以及多变体执行技术等。

(2)网络动态防御技术。网络动态防御技术是指在网络层面实施动态防御,具体是指在网络拓扑、网络配置、网络资源、网络节点、网络业务等网络要素方面,通过动态化、虚拟化和随机化方法,打破网络各要素静态性、确定性和相似性的缺陷,抵御针对目标网络的恶意攻击,提升攻击者网络探测和内网节点渗透的攻击难度。相关技术主要有动态网络地址转换技术、网络地址空间随机化分配技术、端信息跳变防护技术以及基于覆盖网络的相关动态防护技术。

(3)平台动态防御技术。传统平台系统设计往往采用单一的架构,且在交付使用后长期保持不变,这就为攻击者进行侦察和攻击尝试提供了足够的时间。一旦系统漏洞被恶意攻击者发现并成功利用,系统将面临服务异常、信息被窃取、数据被篡改等严重危害。平台动态防御技术即是解决这种固有缺陷的一种有效途径。平台防御技术构建多样化的运行平台,通过动态改变应用运行的环境来使系统呈现出不确定性和动态性,从而缩短应用在某种平台上暴露的时间窗口,给攻击者造成侦察迷雾,使其难以摸清系统的具体构造,从而难以发动有效的攻击。相关技术主要包括基于动态可重构的平台动态化、基于异构平台的应用热迁移、Web 服务的多样化以及基于入侵容忍的平台动态化。

(4)数据动态防御技术。数据动态防御主要是指能够根据系统的防御需求,动态化更改相关数据的格式、句法、编码或者表现形式,从而增大攻击者的攻击面,达到增强攻击难度的效果。在当前已知的研究中,数据动态化技术主要指面向内存数据的随机化和多样化技术,但部分研究中也将应用程序中协议语法和配置数据方面的多样化技术归结为数据动态化技术研究范畴。相关技术主要包括数据随机化技术、N 变体数据多样化技术、面向容错的 N-Copy 数据多样化以及面向 Web 应用安全的数据多样化技术等。

完整的动态赋能安全防御体系,不仅包括架构赋能及动态防御技术,也应当包含对系统的防御效能评估,以及依据评估结果进行动态反馈调节的智能决策的能力。这样,整个防御系统才能形成完整的闭环控制,具备对变化的安全攻击态势实现安全策略动态调整及优化的能力。与之相关的技术主要有两类,即动态赋能防御效能评估技术以及动态防御策略职能决策技术。

动态赋能防御技术采用基于加/解密的信息随机化方法隐秘实体特征信息,力求从本质上直接遏制攻击的发生。其次为对抗攻击采取多态化技术,使得攻击者很难用一种攻击方式同时侵入多个变体。动态技术针对实体的某种组成部分或者实体呈现形式,在空间、时间或者空间和时间上实施规律性的变化或者驱动性的变化,提供动态化网络环境。

7.3 内生安全机制

现有的互联网技术从1969年诞生起,至今已有50多年的历史。在这期间的发展历程中,互联网给人类文明带来了前所未有的繁荣,促进了社会、经济、科学、教育等各个领域的进步,却也让新的难题层出不穷,如信息窃取、隐私泄露、网络犯罪等。每当一项新的技术问世,针对其漏洞发起的恶意攻击便纷至沓来,如Web技术刚刚兴起时,针对前台服务器对用户输入过滤不严格的漏洞,黑客采取SQL注入技术对后台数据库进行攻击;当网页应用防火墙(Web Application Firewall,WAF)技术日臻成熟、互联网进入Web2.0时代后,针对用户前端交互的XSS、CSRF攻击技术又形成了新的更隐蔽的威胁;当云计算兴起之后,Web服务向云端迁移,具备了可快速恢复、可弹性伸缩、可编排资源等特性,安全性能进一步提升,但不久之后虚拟机逃逸技术等针对云平台的攻击手段又引入了全新的威胁。总而言之,网络安全和网络威胁如同一对孪生兄弟,在攻防较量中彼此伴生、共同进化、难以分离,乃至呈现出"道高一尺、魔高一丈"的态势。

缝缝补补又一年,如何从源头上解决上述问题? 近年来,学术界对互联网的体系结构创新进行了大量探索,期望从结构设计上融合主动防御的思想,突破固有"尽力而为、缝缝补补"的传统网络架构,提高网络的抗毁性、安全性、有效性、顽健性和稳定性,抵御外界灾害和人为破坏。本节分网络系统和应用系统两个层次,分别对未来网络体系和移动目标防御及拟态防御机制思想进行简要介绍,为读者了解内生安全机制提供参考借鉴。

7.3.1 支持主动防御的未来网络体系架构

在传统互联网的架构模型中,IP协议是上下层协议转换分发的中间管道,其下层是种类繁多的链路层协议和物理信道,上层是更加复杂的传输层和应用层协议。当前的互联网模型呈现出"细腰结构"。由于IP协议的初衷是"尽力而为的转发",即通信的首要需求是保持端对端通信,而在原始设计中安全、服务质量等需求考虑的并不充分,因此在安全管理、服务质量管理上IP协议具有诸多"先天缺陷"。随着互联网"Everything on IP"的发展,无疑放大了这种缺陷,传统架构与用户需求产生了更为突出的矛盾。从网络安全的角度来讲,产生的缺陷主要可归结为以下四方面。

(1)真实性缺陷。IP地址采用了身份与位置耦合的设计。攻击者只要伪造数据包源地址IP,即可伪造自己身份。由于IP地址容易伪造、缺乏有效的自验证机制,攻击者可以对通信进行劫持、监听,甚至开展大规模反射性DDOS攻击。

(2)可审计性缺陷。在IP协议通信过程中,用户缺少永久性标识符。同时在互联网用户暴涨、移动服务增加的背景下,IP地址具有临时性、动态性,在发生网络安全事件后,难以对攻击者身份进行溯源。

(3)保密性缺陷。IP协议缺乏内生的密钥生成和验证机制,哪怕采用了TLS/SSL等加密协议,在密钥协商过程中也可能发生IP地址伪造、截获篡改密钥、破解加密流量等攻击行为。

(4)可用性缺陷。IP网络采取了分域自制的设计思想,自制域之间缺少协同联动,当发生

DDOS攻击时只能在攻击面对流量进行过滤,难以抵御大规模流量攻击,一旦防护设备计算能力和吞吐量不足,将造成服务瘫痪。

上述问题的根源来自IP协议自身的设计缺陷,如IP地址直接透明地暴露在数据报文头部,流量经过的任何节点都拥有读取、篡改的机会;缺乏内在的加密机制,只能通过架设第三方认证服务进行鉴别,降低了安全机制的效能;IP地址既代表位置信息,又代表用户标识,形成了隐私保护与路由转发的矛盾。总之,不论安全防护手段如何发展,都无法摆脱IP协议带来的结构性缺陷。为了突破既有体制的局限,学术界提出了一系列新型网络架构,来抵御越来越复杂的网络攻击。

对于未来网络如何发展,目前主要存在两种不同的意见。第一种建议实施"演进性路线",以美国佐治亚理工学院的Dovrolis教授、麻省理工学院的Clark教授等人为代表。"演进性路线"参照了生物进化机制,认为互联网的发展也应是个渐进演化的过程,如果重建庞大的互联网大厦,无疑是代价高昂、不切实际的,因此应对现有互联网中的核心原则,如端到端传输、无连接分组交换等,予以保留并保持相对稳定,在此基础上扩展互联网的控制能力、服务机制。第二种建议实施"革命性路线",其支持者认为现有互联网的设计原则已经成为网络管理、安全性、移动性、扩展性的障碍,必须从零开始设计下一代互联网。宏观来看,两种论调是对现实和未来的不同权衡,各有其利益考量。在电信服务商、网络设备提供商中间,"演进性路线"拥有较多的支持者,而在大学、科研机构,"革命性路线"赢得了坚定的支持。孰是孰非,并没有明确的答案,随着未来网络体系研究的深入,两派的观点也在不断融合。从争夺未来网络空间主导权的考虑出发,世界各主要国家都逐步着手开展"革命性路线"的研究论证,包括美国的全球网络体系创新环境(Global Environment for Networking Innovations,GENI)计划和未来互联网设计(Future Internet Design,FIND)项目,欧盟的未来互联网研究试验(Future Internet Research and Experiment,FIRE),日本的AKARI以及我国由自然科学基金和"973"课题支持的若干项目。在这些项目中,对未来网络体系结构中的路由、安全、服务、管理等方面提出了很多革命性的方案,如基于内容寻址、面向服务构建、内嵌安全机制、支持移动性等。当然,这些方案基本都处于理论论证阶段,只是在试验床上进行搭建和测试,距产品化还有很长的距离。同时这些方案彼此之间的关系比较松散,底层依赖于互不相同甚至矛盾的架设,还没有一个方案将其集成为一个统一的体系结构。

当前,未来网络体系架构的研究基本完成了研究方向的摸索,世界各国相继开始对特定关键技术开展研究,整体上看仍处于较为初期的阶段。目前比较典型的研究实践包括美国推动的内容命名网络(Named Data Networking,NDN)、MobilityFirst、XIA、Nebula,欧盟推动的FIRE、4WARD、SAIL,日本推动的AKARI。我国一些科研团队也提出了新型网络架构,如中国人民解放军战略支援部队信息工程大学提出的可重构网络,清华大学提出的可信网络,中国科学院提出的SOFIA,等等。上述项目在关键技术、关注领域上各有不同,但研究思路和落脚点是基本一致的,即赋予未来网络体系结构以下特征。

(1)多样化寻址与路由方式。传统互联网依托IP协议寻址,存在语义过载、缺乏原生安全机制和移动性支持等结构性缺陷。多样化寻址与路由通过构建一种多态路由模型,允许网络上运行不同的路由协议,使用不同结构的地址表示方法。在这种模型下,传统的IP协议和新型的NDN、LISP等协议可以兼容共存,也可以根据用户的需要灵活切换,不同的网络间具有良好的互操作性,解决了异构网络互操作的问题。

（2）柔性可重构网络结构。传统网络依赖物理链路，连接关系是刚性不可塑的，在业务需求发生变化时难以调整，同时网络扩展的代价巨大。柔性可重构网络结构通过网络结构的自组织、功能的自调节和业务的自适配，最大限度地弥合网络能力与网络需求。换句话讲，该结构可以根据用户的业务需求，动态、实时地为用户分配信道、带宽、数据缓存等资源，解决了网络弹性伸缩、动态扩展的问题。

（3）抵近式缓存技术。传统互联网的设计初衷是解决"点到点"通信问题，在宽带业务广泛普及的背景下，难以适应"点到多点""点到区"等场景，特别是在出现热点内容时，网络资源被大量重复内容占据，造成了服务瓶颈和资源浪费。抵近式缓存技术采取"以存储换传输"的思路，根据网络访问的时空局部性效应，预测用户访问的热点内容并下沉到靠近用户的网络边缘存储，以缩短传输时延，提升用户体验。

（4）内嵌式安全机制。传统的互联网采用增量部署安防软硬件的方式抵御网络威胁，难以从根源上解决身份伪造、数据篡改、流量攻击问题。内嵌安全机制是在采用新型地址格式的基础上，将用户身份与网络位置分离，并采取网络地址内部验证、身份标识动态加密、网络流量分级过滤等方式，可以从源头上防范身份篡改，并可以分担DDOS攻击流量，便于网络攻击溯源取证，进而提升网络安全效能。

可以预见，未来网络体系架构将具有更全面的开放、更灵活的扩展、更多维的融合、更智能的服务、更安全的管理，全方位地改变人类社会生活。当前有关研究实践仍在不断深入，感兴趣的读者可以进一步查阅相关文献，深入理解其原理机制和关键技术。

7.3.2 移动目标防御及拟态防御

当今，发生在网络空间的攻防博弈呈现出愈演愈烈之势，丝毫没有止歇的迹象，并且呈现出易攻难守的局面。追根溯源，其原因是多方面的：其一，在信息系统构建过程中，受研发人员自身能力和认知限制，难以避免地会产生漏洞、缺陷；其二，人为预留的系统后门、逻辑陷阱，随着全球技术合作分工沿着产业链传播，系统开发难以"独善其身"；其三，当前的技术水平，难以全面穷尽地检测系统中存在的漏洞、后门；其四，网络攻击往往以单点突破为前提，而安全防护需要层层堵截，攻击的成本更低。因此，各种新型攻击手段层出不穷，网络安全防护手段则疲于应付。

为了改变这种局面，学术界和工业部门都开展了深入的持续研究。美国提出了移动目标防御（Moving Target Defense，MTD），并评价其为"改变游戏规则"的技术。该技术受枪械射击运动启发，即移动靶射击的瞄准难度和命中率远远低于固定靶，形成了"构建、评价和部署机制及策略是多样的、不断变化的，这种不断变化的思路可以增加攻击者的攻击难度及代价，有效限制脆弱性暴露及被攻击的机会，提高系统弹性"的思路。该技术采取通信信道动态化、IP地址动态化、网络和主机标识随机化、执行代码随机化、指令集随机化以及数据存储随机化等方式，构建一种动态的、异构的、不确定网络，增加攻击者的难度。该技术本质上属于一种加壳技术，是通过对信息系统运行时的关键环境参数信息进行随机加密，使攻击者无法收集系统信息、构造攻击载荷，进而抵御来自外部的未知攻击。当前，移动目标防御技术在美国政府的推动下，形成了从学术界到工业界的合力，诸如变形网络、自适应计算机网络、自清洗网络、移动目标IPv6防御、开放流随机主机转换技术等研究取得了一系列进展，移动目标防御技术已经逐步落地，进入了原型部署、试验验证的阶段。然而，移动目标防御技术也存在诸多内在缺陷。

首先,移动目标防御的科学性缺少原理上的证明,难以从数学抽象的角度评估该技术的有效性;其次,由于美国在IT产业链占据主导地位,具有头部优势,因而该技术对系统内部后门、漏洞造成的影响考虑不足,难以抵御加密勒索病毒、逻辑炸弹等内源性安全问题;再次,该技术与保护目标系统共享资源,产生的性能损耗较大;最后,该技术在工程实现上存在诸多难题,如自变体技术、虚拟环境安全、移动目标系统自身安全等问题,距离完全解决仍然有待时日。

在主动防御、移动目标防御等技术的基础上,我国邬江兴院士提出了拟态防御的理念。该技术的灵感来源于拟态章鱼。这种神奇的生物直到1998年才在南太平洋的海域中被人类发现。它不光能改变自身的颜色,同时在面临外敌的威胁时,可以通过调整触角姿态,在极短时间内模仿其他剧毒、强攻击性的生物,趁敌不备迅速逃走。据统计,拟态章鱼可以模仿比目鱼、狮子鱼、海蛇、海蜘蛛等15种不同的动物(见图7.5),堪称自然界的伪装大师。

图 7.5 拟态章鱼对比目鱼、海蜘蛛、海蛇的模仿

为进一步提升系统的可靠性,拟态防御还借鉴了飞行器设计中的鲁棒控制理论。一架飞机中往往包含数十万个零部件,其中任何一个关键部件出现异常,都可能导致机毁人亡的惨剧。为了提升飞行器的安全性,业界不光着力于提升部件自身的可靠性,同时还采取了一种非相似余度构造(Dissimilar Redundancy Structure,DRS),将一个关键部件扩展成多个相互独立的部件组,哪怕出现了个别失效的问题,也可以通过表决机制抑制异常,从而提升飞行器整体的可靠性。

拟态防御的基本思想是通过为系统引入动态异构冗余(Dynamic Heterogeneous Redundancy,DHR)架构,使信息系统内外随机变化、容忍异常错误,使系统对外呈现出随时都在改变的黑盒状态,同时破坏系统内部的漏洞和后门执行路径,使系统具备点面结合的防御能力,从根源上杜绝外来攻击和内部漏洞。DHR基本架构如图7.6所示。

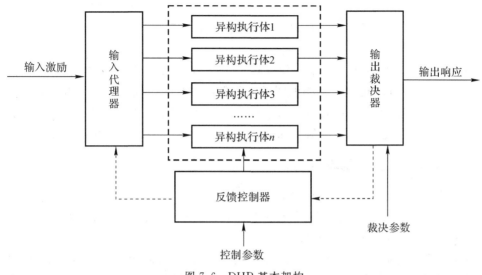

图 7.6 DHR 基本架构

DHR 架构由输入代理器、输出裁决器、反馈控制器和功能等价异构执行体集合构成。输入代理器负责将外部的输入激励复制,传递给异构执行体集合。异构执行体集合中的异构执行体功能是一致的,即对于非异常的输入,经过处理后的输出是一致的;模拟量子力学中的"测不准"效应,如果因外部攻击、系统漏洞及后门导致输出结果不一致,则输出裁决器根据特定的裁决算法,选择非恶意的输出给其他组建,并把裁决情况告知反馈控制器。在反馈控制器的支配下,异构执行体内部进行重新组合,形成新的功能等价异构执行体集合。为了实现拟态伪装,拟态防御系统可根据控制参数,将系统的返回数据、响应时间、服务标识等指纹信息进行加工,模仿其他服务器的特征,进一步迷惑外部攻击者;对系统内部存储的数据,采取分片化、碎片化等方式进行拆分,并通过加密、伪装文件名等方式,使内部的后门运行被破坏,敏感数据也无法泄漏到外部。

同移动目标防御技术对比,拟态防御技术明确引入了动态异构冗余架构,增强了防御的动态性、异构性;运用多模表决机制,拟态防御可以让系统内部隐藏的漏洞、后门失效,系统的稳定性大大提高;移动目标防御技术局限于软件层面,而拟态防御技术将网络通信、硬件设备、软件都纳入冗余异构体集合,参与实施防护的对象更广泛、更多元。某种程度上来讲,移动目标防御技术是拟态防御技术的一个特例。

截至目前,已有近两百篇论文对拟态防御技术有效性、业务系统拟态防御架构设计、异构冗余执行体实现、多模裁决算法等问题进行了研究,学术大厦日渐高起,理论成果逐步充实。可编程硬件、可重构路由交换设备、跨平台虚拟化技术、即时编译技术的进步为拟态防御的落地奠定了基础,已经有拟态路由器、拟态防火墙、拟态 Web 虚拟机、拟态云服务器等产品或原理样机陆续面世。在 2019 年举办的一次"白帽"黑客邀请赛上,拟态防御系统成功抵御了来自中、美、俄等国家顶尖黑客团队发起的 290 万次攻击。可以断言,拟态技术拥有广阔的发展空间和应用前景,将引起未来网络空间安全形态的深刻变革。大力发展拟态防御技术,对我国构筑内生安全网络空间、争夺网络安全主导权具有重要的现实意义和深远的未来考量。

7.4 可信计算

面对层出不穷的漏洞、后门、病毒、网络攻击,传统的杀毒软件、防火墙等网络安全防护手段已经难以应付,从计算机体系结构的根源入手解决安全问题成为学术界和产业界的共识。除上节介绍的拟态防御技术外,构建可信计算体系结构也是在国内外拥有巨大影响力的思路。本节将从可信计算的基本概念、发展情况、基本原理和未来发展趋势等方面进行简要介绍。

7.4.1 可信计算的基本概念

可信计算的概念来源于美国国防部 1983 年颁布的《可信计算机系统评价标准》(TCSEC)。TCSEC 第一次提出了可信计算和可信计算基(Trusted Computing Base,TCB)的概念,并把 TCB 作为系统安全的基础。

什么是可信?国际标准化组织与国际电子技术委员会 1990 年提出的定义:"如果第 2 个实体完全按照第 1 个实体的预期行动时,则第 2 个实体被第 1 个实体认为是可信的。"1999 年,该组织的定义被进一步具体化:"参与计算的组件、操作或过程在任意条件下都是可信的,并能抵御病毒和一定的物理干扰。"国际可信组织(Trusted Computing Group,TCG)则定义:"如果一个实体是可信的,则它的行为必须按照预期的目的达到预期的目标。"我国沈昌祥院士团队则提出:"可信计算系统是能够提供系统的可靠性、可用性、信息和行为安全性的计算机系统。系统的可靠性和安全性是现阶段可信计算最主要的两个属性。因此,可简单表述为:可信≈可靠＋安全"。

传统计算科学的核心——图灵机模型和冯·诺依曼架构的原始目的是求解计算,并没有考虑安全问题,由此衍生出被动防御和不断"打补丁"的问题。可信计算的基本思路是从计算机系统的架构出发,首先在计算系统中创建一个绝对安全信任的区域,然后自底向上依次构造可信硬件、可信操作系统、可信网络、可信软件应用,形成一条逐级依赖的信任链。信任链的下一级必须经过上一级的度量,通过验证之后才能在环境中运行,进而为用户创建一个安全可信的操作环境。简单地理解,可信计算是一种从硬件体系结构出发,采用密码学技术对组件的属性和行为进行校验,只有吻合预期目标才允许放行的白名单技术。

7.4.2 可信计算的发展概况

20 世纪 60 年代,美国科学家香农等人归纳提出了冗余理论,即使用复数个不可靠组件,屏蔽单个组件的缺陷,建立相对可靠的逻辑系统,这成为可信计算的萌芽。20 世纪 70 年代,安德森首次提出可信系统的概念,并以此为基础在 TCSEC 中首次明确了可信计算的概念。20 世纪 90 年代,随着计算机产业的发展和可信计算内涵的不断丰富,可信计算组织和标准日趋规范、完善。1999 年,微软、惠普、英特尔、IBM 等科技巨头发起可信计算平台联盟(Trusted Computing Platform Alliance,TPCA),当年便在全球发展了 200 多家会员。2003 年,TPCA 改组为 TCG,旨在增强各种可信计算异构平台的安全性标准,形成统一的工业级指标。目前该组织相继推出可信计算机、可信平台模块(Trusted Platform Module,TPM)、可信软件栈、可信网络连接等多种标准规范,且不断对这些规范进行升级。

可信计算的方案规范、关键技术直接决定信息安全命脉能否落在自己手中。为打造自主可控、安全可靠的信息安全体系,防止算法后门、高额专利费用等问题,我国在 21 世纪初就开始关注可信计算,并采取了先引进技术再自主研发、先产品化再标准化的思路。2005 年,国家密码局组织成立可信计算组,与国内龙头企业专项工作组共同制定了《可信计算平台密码技术方案》。为掌握信息安全的自主权,同年年底,国家密码局发布相关生产销售规定,国内商用密码产品必须经过指定机构测试、认证。2007 年年底,《可信计算密码支撑平台功能与接口规范》公布并过审,该方案提出了可信密码模块(Trusted Cryptography Module,TCM)。TCM 是一项与 TPM 对标的标准规范,自此 TPM 退出中国市场。近年来,关于 TCM 与 TPM 的博弈仍在继续。2014 年起,沈昌祥院士团队提出了"可信计算 3.0"的概念,即将可信计算渗透到计算机全部体系结构及运行状态中,并由传统单机安全向计算机网络扩展,开创了可信计算的新时期。

随着技术水平的提升和业界对系统安全的重视,可信计算逐步从理论概念落地,形成了一系列成果,并得到了一定推广应用。在操作系统安全升级领域,可信计算芯片可保证不被植入 rootkit 后门;在保障应用完整性方面,可信计算软件栈可以防范木马篡改文件;在安全策略实现上,可以保障安全策略不被绕过。在手机移动端,可信计算得到的应用更为广泛,如 iPhone 的 Touch ID 和安卓手机的指纹验证业务。当下火热的区块链技术,也在积极推进与可信计算的融合,保证分布式记账簿的不可篡改。

虽然可信计算取得了不小的进步,被视为未来信息安全领域的必争之地,但当前发展仍基本处于 TPM 对 BIOS 进行保护,或对磁盘进行加密,典型的如 ARM 的 Trust Zone 技术、Intel 的 SGX 技术以及微软的 Bit Locker 全盘加密技术等。可信计算尚没有大规模应用的原因很多,大体上可以归结为以下三方面。

(1)技术水平制约。由于完整意义上的可信计算需要对软硬件建立完整的行为规则库,实施实时监控,会与计算任务产生难以调和的矛盾。庞大的规则库既占用空间,又难以实时检索,因而在一些计算密集型服务和办公、家庭、娱乐场景下,对用户还不够友好,带来的安全收益并不足以平衡性能损耗带来的成本。

(2)商业利益制约。可信计算的入口在于信任根。谁掌握了信任根,谁就掌握了数据的通行证。因此,不光领域内的巨头参与了激烈的标准竞争,世界各大国也纷纷参与规则的制定。对于 IT 行业的下游而言,更不愿被在源头上卡住脖子,在上游厂商或源头企业颁发许可证、校验通过的情况下才能生存。因而可信计算在商业推广上更多应用在政府、军队、电力等核心敏感部门,市场化大规模应用的驱动力还需要进一步挖掘。

(3)伦理隐私制约。可信计算架构下每台终端都有自己独一无二的标识,因而参与可信计算的服务提供方通过用户标识,可以相对容易地确定用户身份,某种程度上与互联网用户追求匿名安全的心理相抵触。出于对隐私性的考虑,可信计算理念被部分坚持隐私伦理的人所抵制,特别是一些西方国家以法律的形式对技术的匿名性进行了规约,因而可信计算需要进一步平衡匿名性和可追溯性的矛盾,使其适应法律条款限制和公众心理需要。

7.4.3 可信计算原理概述

可信计算的理论基础是信任链模型。在该模型下,信任由信任根保证,由信任链传递。信任的获得分为直接获得和间接获得两种方式。如果 A 和 B 历史上有过交互,则 A 对 B 的可信度可以通过考察 B 以往的表现来确定,这种通过直接交往得到的信任为直接信任。如果 A

和 B 历史上没有任何交互，但 A 信任 C，并且 C 信任 B，那么 A 对 B 的信任为间接信任。有时还可能出现多级间接信任的情况，以此类推便产生了信任链。

信任链模型的实现依赖于 TPM（国内为 TCM/TPCM，下同）。TPM 本质上是一种具有存储密钥、加密计算、数据校验等功能的片上系统（System on Chips，SoC），默认是可信的，作为信任根。在 BIOS 加载操作系统之前，由 TPM 检测 BIOS 的完整性，而后检查操作系统镜像文件是否被篡改，保证系统安全策略不被绕过；在启动后，对系统内的各类软件进行监控，只有行为规则库内允许的操作才能运行，否则会被拦截。如图 7.7 所示，从 TPM 到应用软件构造出一条信任链，沿着这条信任链，一级度量一级，一级信任一级，确保平台资源的完整性。

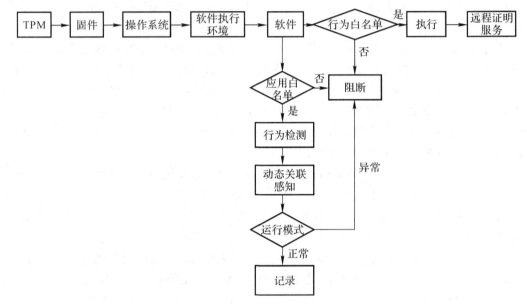

图 7.7　可信计算架构信任链模型

7.4.4　可信计算技术发展趋势

未来的可信计算架构，将聚焦于构造可信云环境。在云环境下的可信计算与传统意义上的可信计算形成了鲜明对比，主要在于系统管理以云中心为主，保证资源可信；安全（策略）管理以用户为主，负责安全可信策略制定和授权；审计管理由云中心和用户协同处理，负责应急和追踪处置。此外，还有科研人员集中对 5G 以及区块链的安全进行了研究攻关，提出了可信 5G 及区块链结构框架。

7.5　边缘计算

随着物联网技术的快速发展和 4G/5G 技术的迭代更新，越来越多的智能设备、移动终端开始接入网络，昭示着万物互联的时代正逐步来临。人们在享受云计算、大数据等技术带来的巨大便利时，也发现固有云计算技术体系难以满足爆炸性增长的终端设备及其产生的海量数据。如何解决这一问题？自 2014 年开始，边缘计算的概念走近了人们的视野。本节将从边缘计算的背景、发展历程、架构模型、典型场景和面临挑战五方面，对它的来龙去脉作以简要介绍。

7.5.1 背景

过去十余年互联网行业的发展,以云计算、大数据技术的异军突起最具典型性。云计算的基本思想是对大数据进行集中存储和集中处理,通过建设大型数据中心,依靠其强大的处理能力集中解决计算和存储问题。在云的实际部署中,数据中心通过综合运用负载均衡、资源调度、分布计算、并行计算、网络存储、冗余热备份等技术,获得了较好的弹性伸缩能力,可以根据用户需求的变化动态调整资源,从而获得了服务质量和商业利益的双赢。

随着万物互联时代的来临,各种移动终端、可穿戴设备、传感器以及智能家电设备接入网络,这些设备不光从互联网中获取数据,同时也成为数据的生产者。现有的云计算技术,无论是从网络带宽、处理能力以及存储空间哪一方面,都难以满足海量接入的终端设备。云计算模式的不足主要体现在以下三方面。

(1) 难以满足传输实时性需求。物联网环境下,海量终端设备的接入,使得数据量呈现出爆炸式增长的趋势,如果将边缘设备产生的大量实时数据全部传输至云计算中心处理,会给网络带宽造成巨大压力,产生难以避免的传输时延;另外,由于向云计算中心发送的处理请求还要受到任务调度排序、虚拟机性能等因素影响,还会产生不可忽视的处理时延。以波音787飞机为例,这种机型每秒产生的数据都超过5 GB,由于数据量庞大,飞机与卫星之间的通信链路根本无法支撑数据实时传输。

(2) 难以满足安全隐私性需求。随着智能家居设备的普及,许多家庭开始在住所内安装智能摄像头、温度感应器、智能电器等。如果将家庭视频数据或电器工作状态直接上传到云数据中心,一方面无价值视频数据占用了大量的带宽和存储空间,另一方面关于用户的个人生活隐私也暴露在相对开放的环境内,引起了用户的担忧。例如攻击者可以通过攻击云计算中心、网络爬虫爬取等方式获得用户的房屋内部智能电灯开关的信息判断用户的作息规律,甚至可以在房屋长期无人居住的情况下入室盗窃。

(3) 难以满足能耗经济性需求。针对云数据中心的能耗问题,许多研究者进行了深入的调查研究。Sverdlik 的研究结果表明,2020年美国所有数据中心能耗将增长4%,达到730亿千瓦时,我国数据中心所消耗的电能也已经超过了匈牙利和希腊两国用电总和。随着用户应用程序越来越多,处理数据量越来越大,能耗将会成为限制云计算中心发展的瓶颈。

云计算技术发展即将步入瓶颈,云服务提供商、电信服务提供商、IT下游企业和用户多方共同呼唤一种新的计算范式,解决云计算技术在万物互联时代面临的实时性、安全性和低能耗问题。

7.5.2 发展历程

1996年,麻省理工学院一个研究小组为了改善网络质量,提出了内容分发网络(Content Delivery Network,CDN)的构想,这可以看作是边缘计算模型的萌芽。CDN依靠部署在各地的缓存服务器,通过中心平台的负载均衡、内容分发、调度等功能模块,将用户的访问指向距离最近的缓存服务器上,以此降低网络拥塞,提高用户访问速度。CDN强调在抵近用户的服务器上缓存数据,而边缘计算的思想则强调在靠近用户的网络节点上缓存服务。

随着云计算技术的兴起,一批老牌通信公司加入市场份额争夺,并利用自身技术优势提出新的解决方案,以进一步抢占话语权。2012年,思科公司提出了雾计算(Fog Computing)的概念。雾计算本质上是将云计算中心任务迁移到网络边缘设备执行的一种高度虚拟化计算方式,通过减少云计算中心和移动用户之间的通信次数,以缓解主干链路的带宽负载和能耗压力。另外,为提高信息系统的感知、传输、存储和处理能力,同时降低数据中心能耗,中国科学院于2012年发起了下一代信息与通信技术倡议。倡议的主旨是实施"海云计算系统项目"研究。其核心是通过"云计算"系统与"海计算"系统的协同和集成,增强传统云计算能力。其中,"海"端指由人类本身、物理世界的设备和子系统组成的终端。2013年,美国太平洋西北国家实验室的瑞安·拉莫特在一个内部报告中提出了"边缘计算"(Edge Computing)一词,这是现代意义上边缘计算的首次提出。2016年5月,美国韦恩州立大学施巍松教授团队在论文 *Edge Computing:Vision and Challenges* 中给出了边缘计算的正式定义,并指出了边缘计算面临的挑战。2017年3月,欧洲电信标准化协会将移动边缘计算行业规范工作组更名为多接入边缘计算(Multi-access Edge Computing,MEC),以更好地分析边缘计算需求,制定行业标准规范。

我国边缘计算的发展与世界几乎同步。2016年5月,华为公司、中科院沈阳自动化研究所、中国信息通信研究院、Intel、ARM等公司成立了边缘计算产业联盟(Edge Computing Consortium,ECC),致力于"政产学研用"各方面的合作。2017年5月,首届边缘计算技术研讨会在合肥开幕,标志着边缘计算得到了专业学会的认可。目前,边缘计算得到了学术界和产业界的共同关注,在体系结构、核心技术、标准规范等方面都取得了深入进展,经历了技术积累、爆发增长后,逐步进入稳健发展阶段。

7.5.3 架构模型

根据施巍松教授的定义,边缘计算是在网络边缘执行计算的一种新型计算模型,边缘计算操作的对象包括来自于云服务的下行数据和来自于万物互联服务的上行数据,而边缘计算的边缘是指从数据源到云计算中心路径之间的任意计算和网络资源,是一个连续统(Continuum)。

在传统的云计算模型(见图7.8)中,内容生产者将数据推送到云数据中心进行处理、存储;当终端用户需要时,则向云发起请求,云对用户发来的请求进行排队、分析、处理,并将结果返回给终端用户。

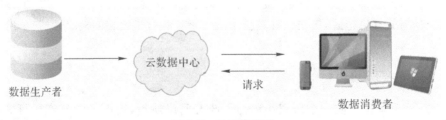

图7.8 云计算模型

在边缘计算模型(见图7.9)中,边缘设备既是数据的消费者,也是数据的生产者。数据产生之后,会根据数据的类别、大小以及安全级别,部分或全部地存储在网络边缘节点上,经过边缘节点处理后按需发送给云数据中心;云数据中心视业务需要,将部分计算任务卸载到边缘节点上,以此降低数据在链路上往返造成的传输开销,从而为用户提供实时服务。边缘计算模型和云计算模型并不是取代的关系,而是相辅相成的关系,边缘计算需要云计算中心强大的计算能力和海量存储的支持,而云计算中心也需要边缘计算中边缘设备对海量数据及隐私数据的处理。

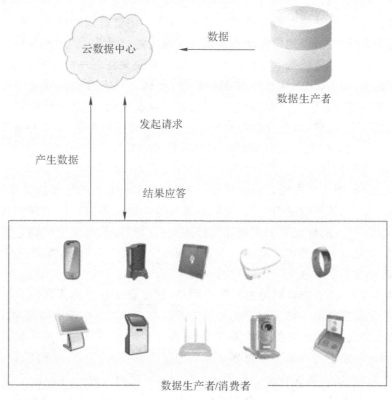

图 7.9 边缘计算模型

边缘计算模型具有 3 个明显的优点:

(1)在靠近数据生产者处作数据处理,不需通过网络请求云计算中心的响应,大大减少了系统延迟,增强了服务响应能力;

(2)边缘计算将用户隐私数据不再上传,而是存储在网络边缘设备上,减少了网络数据泄露的风险,保护了用户数据安全和隐私;

(3)在网络边缘处理大量临时数据,不需全部上传云端,这极大地减轻了网络带宽和数据中心功耗的压力。

近年来,在软件定义网络、可编程硬件、新型网络协议(如 NDN)、操作系统容器、分布式数据库等技术的基础上,边缘计算快速发展,逐步从理念构想转变为原型产品,开始落地开花。经过在多种场景下验证,边缘计算模型是可行的、高效的、经济的。

7.5.4 典型场景

(1)智慧城市。智慧城市是利用先进的信息技术,实现城市的智能化管理运行。比如阿里云于 2016 年提出了"城市大脑"的概念,本质上是对城市的数据资源进行集中治理,从而提高城市管理效率。然而,智慧城市的建设依赖于大量散布在街道、商店、地下管道的摄像头和传感器,上行数据来源多、体量大、结构差异大,同时涉及居民的隐私安全性问题。在这一场景下,边缘计算是一个不错的解决方案。在城市路面检测中,在道路两侧路灯上安装传感器收集城市路面信息,检测空气质量、光照强度、噪声水平等环境数据,当路灯发生故障时能够及时反馈至维护人员。在地下管网维护中,可以在供水、供电、供气设备以及下水管道布置传感器,监测水气压力和电力用量,并将数据储存在小区节点;当发生管道故障或用电波动时,可以通报云数据中心进行告警,也可以使用自动控制系统调整线路参数,进行应急处理。

(2)自动驾驶。自动驾驶是未来地面交通运输中最受关注的一种形式。通过安装在车辆外部的各种摄像头、雷达、GPS 定位装置等传感器,车辆可以实时感知周边环境状态,并通过车载计算机系统与其他车辆进行协同交互,具备目标路线规划、紧急情况处置、车内娱乐等功能,从而降低驾驶员劳动强度,提升公路运输吞吐量。根据 Intel 在 2016 年提出的报告,1 辆无人驾驶汽车 1 天至少产生 4 TB 的数据,而要实现实时安全驾驶,车辆的分析决策和方向控制时间必须控制在毫秒级,上传到云计算中心进行处理的模式无疑是无法满足带宽限制和安全要求。边缘计算模式可以很好地解决这一问题,由车辆上的边缘节点设备对车辆自身运行数据进行预处理,上传给智能信号灯、智能摄像头等边缘设备进行区域局部规划,进而增强了自动驾驶的实时性。此外还有人提出针对公共交通出行的车内安全问题,使用视频方式进行监控,如司机出现疲劳驾驶或与乘客发生口角则紧急上报安全中心,既能遇有紧急情况迅速定位处置,也防止在正常时段上传无效数据浪费带宽。

(3)工业物联网。工业物联网是将计算机网络、机械设备和操作人员结合起来,进行资源柔性调度、设备自动控制的一种新型工业生产模式。由于在工业生产的实践中,对仪器设备控制的实时性要求更高,而生产数据诸如库存、产量及原料配比等都是工厂的核心敏感数据,有保密性要求,因此不能上传到云上去处理。应用边缘计算技术,可以在车间、设备处设立边缘节点,分析生产数据、发出紧急告警会更迅速;除此以外,还可以避免将信息发送到公共开放环境下,造成不必要的敏感数据泄露。有学者运用边缘计算对薄膜焊接工业机器人进行了优化,设计了物理资源—边缘—云的架构,发现系统的实时性得到了提高,并极大节约了带宽。

(4)智能家居。随着物联网技术的发展,智能家居系统得到了巨大的关注,其依托大量的物联网设备(摄像头、温湿度传感器、光线感应器、智能开关等)实时监控房屋内的情况,并根据主人命令及预定场景进行智能控制,为用户提供更为便捷的生活。由于各类设备来自于不同的厂商,使用不同的传输协议收发数据,因此可以通过部署边缘服务器的形式构建各类设备的统一操作接口;另外,由于人们对于家庭内部信息的隐私性格外关注,因此与云端存储处理相比,将服务和数据都下沉到边缘服务器上降低了数据外泄的可能,提升了系统的保密性。

(5)多媒体服务优化。近年来音视频直播类应用迅速走近人们的生活,远程教育、在线办公也逐步从广告宣传变成日常习惯。按照云计算的模式,多媒体内容生产者将数据上传到云,再由云推送给用户,这种方式使数据中心成为所有流量的中转站,而网络被大量的重复流量所占据。比如在 2020 年新冠肺炎疫情的背景下,大量中小学采用视频直播的方式远程授课,也有相当一部分企业采用远程办公的形式复工,视频卡顿、声音延迟等问题广为人们诟病。依靠边缘计算,将视频的存储和流量的分发调度功能部署到边缘节点上,一方面减少了对网络带宽的挤占,另一方面也可极大缩短传输时延,既能降低服务商的压力,也可以进一步提升用户满意度。

边缘计算在城市、交通、工业、教育、生活等领域的应用为解决现实问题提供了一种有效的新思路,相信随着相关安全技术的不断发展和军民融合研究的更加深入,边缘计算在指挥信息网络与系统中也将大有用武之地。

7.5.5 面临挑战

随着物联网和 5G 通信技术的进步,边缘计算受到了学术界和产业界越来越多的关注,在各种边缘计算的理论、新型边缘计算应用不断涌现的同时,边缘计算发展过程中亟待解决的问题也逐步凸显出来,其中受到较多关注的主要包括以下四方面。

(1)边缘计算性能优化。边缘计算架构下,不同边缘设备角色各不一致,在用户流量上行和服务能力下行的过程中必须充分考虑计算能力、存储能力、传输带宽以及能耗成本等因素,合理分配工作负载,实现系统的最优分配策略。特别是在边缘环境中,设备具有移动性,频繁接入、断开,用户终端处理能力和能源持续能力都相对较弱,因此设计计算负载在大量设备中的动态分配算法成为边缘计算面临的首要挑战。

(2)安全性管理。边缘计算将服务下沉到海量的底层设备中,边缘设备也具有了计算和存储能力,难免被恶意攻击者利用,成为攻击向量的新维度。2016 年,美国东部出现大面积网络瘫痪,美国域名解析服务提供商 Dyn 公司遭到了峰值达到 1.1 Tb/s 的 DDoS 攻击,包括 Twitter、Facebook 在内的多家美国网站无法通过域名访问。根据安全机构分析,攻击来自于 200 余万台家用路由器、摄像头等物联网设备构成的僵尸网络。这次网络攻击体现了边缘设备在网络安全防护手段方面的缺失。虽然该问题引起了人们的关注,但边缘设备的复杂异构性使传统的安防手段难以对其进行保护,设备的高度动态性更使安全防护手段难以发挥全时保护的作用。

(3)设备之间的互操作性。设备互操作性是边缘计算架构能够大规模落地的重要前提。不同设备商之间需要通过制定相关的标准规范和通用的协作协议,实现异构边缘设备和系统之间的互操作性。目前设备之间使用多种不同的通信协议,包括蓝牙、Wi-Fi、ZigBee 等等,缺乏开放统一的通信协议和全局唯一的命名规范,成为设备之间交互数据、同步状态、分配资源的巨大鸿沟。

(4)边缘服务管理问题。对于网络边缘提供的各种服务,边缘计算模型必须对服务的差异性、可靠性、隔离性和扩展性进行管理,解决互相冲突、异常崩溃和难以扩展等问题。服务的差异性就是需要为服务赋予不同优先级,例如车载应急管理服务的优先级必须高于娱乐服务的优先级,智能医疗设备心脏监控服务的优先级必须高于信息显示的优先级,等等。服务的可靠性要求设备一旦发生故障、失去供电等问题,服务可以迁移到其他节点上或告知用户。服务的隔离性要求服务之间相互隔离,一个服务出现故障不会影响其他服务,同时服务之间存储的用户信息对其他服务也是不可见的。服务的可扩展性要求当新的设备进入网络边缘后可以自动发现服务、缓存服务功能,并提供一定程度的性能优化。

尽管在性能优化、安全性、互操作性及服务管理等诸多方面需要进一步深入研究,边缘计算在性能和经济上的优势仍然是现有云计算架构无法比拟的。在短短几年里,边缘计算领域的进展突飞猛进,按照这种趋势继续发展,边缘计算必将成为未来万物互联时代的基石。

思 考 题

1. 简单描述 SDN 与 NFV 技术的基本内容。
2. 动态赋能的思想对现有指挥信息网络的发展有什么启示？
3. 内生安全机制与可信计算分别是如何解决现有网络系统安全问题的？
4. 边缘计算可以应用在指挥信息网络与系统的哪些方面？

参 考 文 献

[1] 李海龙,董泽峰,叶霞. 网络系统工程[M]. 北京:国防工业出版社,2011.

[2] 李海龙,韦素媛,叶霞,等. 网络系统应用[M]. 北京:国防工业出版社,2012.

[3] 谢希仁. 计算机网络[M]. 7版. 北京:电子工业出版社,2017.

[4] ANDREW S. TANENBAUM,DAVID J. WETHERALL. 计算机网络[M]. 5版. 严伟,潘爱民,译. 北京:清华大学出版社,2012.

[5] JAMES F. KUROSE,KEITH W. ROSS. 计算机网络:自顶向下方法[M]. 陈鸣,译. 北京:人民邮电出版社,2018.

[6] 曹雷,等. 指挥信息系统[M]. 2版. 北京:国防工业出版社,2016.

[7] 郭良. 网络创世纪:从阿帕网到互联网[M]. 北京:中国人民大学出版社. 1998.

[8] 李化玉. 基于网络安全滑动标尺的安全防护体系建设探讨[J]. 科技视界,2019(10):228-229.

[9] 王洪亮. 虚拟化技术与应用[J],科技浪潮,2008(4):23-24.

[10] 赵建华,韩智慧. 浅谈储存虚拟化与服务器虚拟化[J]. 电脑知识与技术,2009(7):5606,5609.

[11] 吴靖,刘功申. 基于VMware虚拟化技术的远程教育平台设计[J]. 电信快报,2009(10):11-13.

[12] 王伟. 云计算原理与实践[M]. 北京:人民邮电出版社,2018.

[13] 顾炯炯. 云计算架构技术与实践[M]. 北京:清华大学出版社,2014.

[14] 张继平. 云存储解析[M]. 北京:人民邮电出版社,2013.

[15] 刘鹏. 云计算[M]. 3版. 北京:人民邮电出版社,2016.

[16] 陈驰. 云计算安全体系[M]. 北京:科学出版社,2014.

[17] RFC 3768:Virtual Router Redundancy Protocol (VRRP)[S/OL]. [2020-02-03]. https://dl. acm. org/doi/pdf/10. 17487/RFC3768

[18] IEEE 802. 1D-1998:Media Access Control (MAC) Bridges[S/OL]. [2020-03-01]. https://ieeexplore. ieee. org/stamp/stamp. jsp? tp=&arnumber=1389253

[19] IEEE 802. 1w:Media Access Control (MAC) Bridges-Amendment 2:Rapid Reconfiguration[S/OL]. [2020-03-03]. https://ieeexplore. ieee. org/stamp/stamp. jsp? tp=&arnumber=946612

[20] IEEE 802. 1D-2004:Media Access Control (MAC) Bridges[S/OL]. [2020-03-05]. https://ieeexplore. ieee. org/stamp/stamp. jsp? tp=&arnumber=1309630

[21] IEEE 802. 1s-2002:Virtual Bridged Local Area Networks-Amendment 3:Multiple Spanning Trees[S/OL]. [2020-03-05]. https://ieeexplore. ieee. org/stamp/stamp. jsp? tp=&arnumber=1159618

[22] IEEE 802.1Q－2011:Media Access Control (MAC) Bridges and Virtual Bridge Local Area Networks[S/OL].[2020－04－06]. https://ieeexplore.ieee.org/stamp/stamp.jsp?tp=&arnumber=6359730

[23] KENNETH D S,AUBREY ADARNS.思科网络技术学院教程 CCNA Discovery:计算机网络设计和支持[M].思科系统公司,译.北京:人民邮电出版社,2009.

[24] ALLAN REID,JIM LORENZ.思科网络技术学院教程 CCNA Discovery:在中小型企业或 ISP 工作[M].思科系统公司,译.北京:人民邮电出版社,2009.

[25] 邬江兴.网络空间拟态防御导论[M].北京:科学出版社,2018.

[26] 邬江兴.网络空间拟态安全防御[J].保密科学技术,2014(10):4－9,1.

[27] 邬江兴.鲁棒控制与内生安全[J].网信军民融合,2018(3):19－23.

[28] 邬江兴.多模态智慧网络与内生安全[J].网信军民融合,2018(11):11－14.

[29] 蒋侣.基于动态攻防博弈模型的移动目标防御决策方法研究[D].郑州:中国人民解放军战略支援部队信息工程大学,2019.

[30] 常啸林,樊永文,朱维军,等.基于拟态防御的管理信息系统[J].计算机科学,2019,46(S2):438－441.

[31] 樊永文.基于拟态防御的数据保护安全架构研究[D].郑州:郑州大学,2019.

[32] 颜昌沁.基于异构冗余的拟态数据库模型分析[J].信息与电脑(理论版),2019,31(22):138－139,142.

[33] 朱维军,郭渊博,黄伯虎.动态异构冗余结构的拟态防御自动机模型[J].电子学报,2019,47(10):2025－2031.

[34] 宋昊天.面向大规模 MIMO 的内生安全传输技术研究[D].郑州:中国人民解放军战略支援部队信息工程大学,2018.

[35] 江伟玉,刘冰洋,王闯.内生安全网络架构[J].电信科学,2019,35(09):20－28.

[36] 斯雪明,王伟,曾俊杰,等.拟态防御基础理论研究综述[J].中国工程科学,2016,18(06):62－68.

[37] 王灿.应用于门户系统中的拟态防御技术研究[D].北京:中国电子科技集团公司电子科学研究院,2019.

[38] 吕迎迎.拟态 SDN 控制器架构安全关键技术研究[D].郑州:中国人民解放军战略支援部队信息工程大学,2018.

[39] 胡宇翔,伊鹏,孙鹏浩,等.全维可定义的多模态智慧网络体系研究[J].通信学报,2019,40(8):1－12.

[40] 樊永文,朱维军,班绍桓,等.动态异构冗余数据保护安全架构[J].小型微型计算机系统,2019,40(9):1956－1961.

[41] 陈钟,孟宏伟,关志.未来互联网体系结构中的内生安全研究[J].信息安全学报,2016,1(2):36－45.

[42] 张晓玉,李振邦.移动目标防御技术综述[J].通信技术,2013,46(6):111－113.

[43] CAI G L,WANG B S,WEI H U,et al. Moving Target Defense:state of the art

and characteristics[J]. 信息与电子工程前沿(英文版),2016(17):1153.

[44] 沈昌祥,陈兴蜀. 基于可信计算构建纵深防御的信息安全保障体系[J]. 四川大学学报(工程科学版),2014,46(1):1-7.

[45] 林基艳. 并行的 Windows 应用层主动防御信任链模型[J]. 计算机与现代化,2012(4):1-5.

[46] 郁湧,陈长赓,刘强,等. 基于构件的软件系统信任链模型和信任关系分析[J]. 信息网络安全,2018(3):8-13.

[47] 何申,黄静,赵海燕,等. 基于可信计算构建物联网安全边界[J]. 电信工程技术与标准化,2019,32(12):7-11.

[48] 安宁钰,赵保华,王志皓.《可信计算体系结构》标准综述[J]. 信息安全研究,2017,3(4):299-304.

[49] 程戈,李聪,张云. 基于实体依赖关系的信任链模型与构建机制[J]. 计算机应用研究,2015,32(6):1801-1805.

[50] 张家伟. 基于 Linux 的可信计算平台研究与实现[D]. 北京:北京邮电大学,2018.

[51] 熊光泽,常政威,桑楠. 可信计算发展综述[J]. 计算机应用,2009,29(4):915-919,931.

[52] 张焕国,罗捷,金刚,等. 可信计算机技术与应用综述[J]. 计算机安全,2006(6):8-12.

[53] 刘莉,孟杰,徐宁. 可信计算技术在操作系统发展中的应用综述[J]. 信息安全研究,2018,4(1):45-52.

[54] 王勇,徐小琳,吕慧勤. 可信计算研究综述[J]. 信息网络安全,2008(8):34-36.

[55] 徐明迪,张焕国,张帆,等. 可信系统信任链研究综述[J]. 电子学报,2014,42(10):2024-2031.

[56] 何欣枫,田俊峰,刘凡鸣. 可信云平台技术综述[J]. 通信学报,2019,40(2):154-163.

[57] 沈昌祥. 浅谈可信计算的发展态势及知识产权保护[J]. 中国发明与专利,2019,16(12):6-11.

[58] 石文昌,单智勇,梁彬,等. 细粒度信任链研究方法[J]. 计算机科学,2008(9):1-4.

[59] 郑志蓉,顾燕. 一种改进的信任链模型[J]. 舰船电子工程,2013,33(7):79-82.

[60] 万鑫. 云计算环境下可信虚拟数据中心构建及其关键技术研究[D]. 武汉:华中科技大学,2017.

[61] 郑逢斌,朱东伟,臧文乾,等. 边缘计算:新型计算范式综述与应用研究[J]. 计算机科学与探索,2020,1(20):1-17.

[62] 施巍松,孙辉,曹杰,等. 边缘计算:万物互联时代新型计算模型[J]. 计算机研究与发展,2017,54(5):907-924.

[63] 施巍松,张星洲,王一帆,等. 边缘计算:现状与展望[J]. 计算机研究与发展,2019,56(1):69-89.

[64] 陶耀东,徐伟,纪胜龙. 边缘计算安全综述与展望[J]. 计算机集成制造系统,2019,25(12):3043-3051.

[65] 葛悦涛,尹晓桐. 边缘计算的发展趋势综述[J]. 无人系统技术,2019,2(2):60-64.

［66］ 刘子杰,张成伟,许萌萌,等. 边缘计算综述:关键技术与应用方向[J]. 电脑知识与技术,2019,15(28):278-281.

［67］ 丁春涛,曹建农,杨磊,等. 边缘计算综述:应用、现状及挑战[J]. 中兴通讯技术,2019,25(3):2-7.

［68］ 李子姝,谢人超,孙礼,等. 移动边缘计算综述[J]. 电信科学,2018,34(1):87-101.

［69］ CHEN Y, FENG Q, SHI W. An Industrial Robot System Based on Edge Computing:An Early Experience[C/OL].［2020-02-14］. https://www.usenix.org/conference/hotedge18/presentation/chen.